• 终身学习与可持续发展教育研究丛书 •

史枫　王巧玲　沈欣忆◎主编

可持续发展视角的学习型社会

跨界·融合·革新

知识产权出版社
全国百佳图书出版单位
—北京—

图书在版编目（CIP）数据

可持续发展视角的学习型社会：跨界·融合·革新 / 史枫，王巧玲，沈欣忆主编 .—北京：知识产权出版社，2021.7

ISBN 978-7-5130-7571-8

Ⅰ.①可… Ⅱ.①史… ②王… ③沈… Ⅲ.①社会教育—可持续性发展—研究—中国 Ⅳ.① G779.2

中国版本图书馆 CIP 数据核字（2021）第 117104 号

责任编辑：王颖超　　**责任校对：**潘凤越
文字编辑：卢文宇　　**责任印制：**孙婷婷

可持续发展视角的学习型社会：跨界·融合·革新

史　枫　王巧玲　沈欣忆　主编

出版发行：知识产权出版社有限责任公司　　**网　　址：**http：//www.ipph.cn
社　　址：北京市海淀区气象路 50 号院　　**邮　　编：**100081
责编电话：010-82000860 转 8655　　**责编邮箱：**wangyingchao@cnipr.com
发行电话：010-82000860 转 8101/8102　　**发行传真：**010-82000893/82005070/82000270
印　　刷：北京建宏印刷有限公司　　**经　　销：**各大网上书店、新华书店及相关专业书店
开　　本：720mm × 1000mm　1/16　　**印　　张：**23
版　　次：2021 年 7 月第 1 版　　**印　　次：**2021 年 7 月第 1 次印刷
字　　数：360 千字　　**定　　价：**128.00 元

ISBN 978-7-5130-7571-8

目　录

第一篇　终身学习与学习型城市的创新发展

第二篇　生态文明与可持续发展教育

第三篇　大教育观下终身学习与可持续发展教育的融合

第四篇 国际视野的触及与拓展

第五篇 学习型社会与教育技术革新

第一篇　终身学习与学习型城市的创新发展

● 主题一：终身学习

疫情危机与终身教育：影响、启示与展望*

史　枫　沈欣忆

摘　要　疫情危机给教育带来重大影响，从终身教育视角进行的思考和探讨别具价值。基于不同维度加以审视，文章提出终身教育是大教育，是全民教育和全纳教育，终身教育正在向家庭、社区和企业等多元主体回归。疫情对终身教育影响深远，尤其改变着终身教育的形态和学习方式，终身教育的发展重点也将呈现新的动向。疫情给终身教育带来挑战，但“后疫情时代”的终身教育大有可为，必将通过重构与再生，面向跨界与融合，走向治理优化和创新发展。

关键词　疫情危机　终身教育　启示与展望

新冠肺炎疫情是一场全球性重大危机，是人类社会的重大灾难，是当今世界的重大挑战。疫情对中国、对全球、对世界格局产生着深远影响，对经济、社会、文化、生活乃至生存有着多重叠加的深刻影响。教育也不例外，因为疫情学校关闭、学生居家、教学远程，所受影响前所未有。从终身教育的视角和维度，考量疫情带来的影响和挑战，谋求重大危机之下的发展之策，对整体教育的变革与发展亦具时代价值。

一、多维度审视终身教育

（一）纵向与横向视角的终身教育：完善体系和建构大教育

纵向视角的终身教育是社会个体终其一生所接受的教育的总和，是一个

* 该文曾发表于《福建广播电视大学学报》2020 年第 3 期，收入本书时有修改。

人“从摇篮到坟墓”的教育。就全球而言终身教育的提出已有半个多世纪，在我国也有40多年，但理念的普及任务依然最为关键，因为至少一半以上的成人还没有树立终身教育或终身学习理念。我国国民教育体系比较健全，但终身教育体系的构建还有很远的路要走。横向视角的终身教育是大教育，涵盖学校教育、家庭教育、社会教育和企业教育，是对正规教育、非正规教育、非正式教育的所有囊括。长期以来，我们把目光主要放在了学校教育，然而家庭、社区、社会机构和企业等都是重要的教育主体或场所，缺失了这些层面的教育不仅不完整还会出现很多问题。正规教育重要，非正规教育乃至非正式教育同样重要，社会的发展将越来越验证这一点。总之，没有大教育观就没有终身教育。

（二）面向及涵盖：终身教育是全民教育、全纳教育

终身教育面向社会的每一个人，未成年人、成年人和老年人，城市人和农村人，健全人和残疾人，边缘人群和弱势群体，等等。面向全民的终身教育是教育公平的重要指向，并且终身教育需要持续加大面向农村人口、老年人、残疾人、社会弱势群体倾斜的力度。终身教育在内容的涵盖上是最为丰富的，除了德智体美劳，还包括越来越受到关注的生命教育、健康教育、生活技能教育、生态文明教育、科普教育，此次疫情突如其来和全球蔓延，使得人们尤其重视健康教育、生态文明教育等。

（三）终身教育的载体回归：家庭、社区和企业

终身教育的首要载体是学校，包括中小学、职业院校、成人高校和普通大学等，各级各类学校除了人才培养的基本功能之外，还应敞开校门对外开放，面向更多人群发挥终身教育功能。目前为止，各类学校尤其大学的终身教育功能发挥空间还很大。在终身教育体系构建中，家庭、社区和企业可以发挥更大的作用，终身教育需要依托于家庭、社区和企业，并且实践层面上终身教育更多借助家庭教育、社区教育和企业教育得以实现，尤其对于成年人群体，社区教育和企业教育是终身教育的落地所在。随着社会转型和人群对社区的融入，社区教育将愈发重要和受到关注，而企业向来是关键性的教育主体，尤其对于在职人力资源的持续开发具有重大价值。

二、疫情对终身教育影响深远

疫情对教育的影响举世瞩目，首当其冲的是绝大多数学校关闭，现场教学迫不得已被网上课堂和在线学习替代。世界银行 2020 年 5 月发布的数据显示，全球 85% 的学生因为疫情影响和学校关闭只能待在家里。疫情不仅影响学校教育，对家庭教育、社区教育等也产生了连带影响。此外，疫情深度影响了全球经济、社会交往、社会心理和文化，对教育系统产生间接的深刻影响，使得终身教育的方向与模式发生改变。

（一）疫情对终身教育的直接影响

1. 促使终身教育与学习的形态改变

此次疫情导致学校大面积停课，而在线教育、空中课堂、网络学习发挥了作用，助力实现“停课不停学”。随着信息技术、移动互联和人工智能的快速发展，信息化与教育教学不断融合，信息技术在教育教学中的应用持续深化，而这次疫情就像一剂催化剂、强心针，使得在线教育如火如荼。有理由相信，疫情结束以后，在线教育和学习不会衰减。信息技术能使终身教育和学习更加便利和易于实现，人们对不断发展的信息技术的学习本身就是终身教育的一部分。在终身学习社会，教师必须首先成为终身学习的领先者，由于疫情而加强的在线教育对很多教师构成挑战，教师持续提升教育技术并熟练运用教育信息化成为一个重要命题。

2. 家庭教育和学习发挥重要价值

因为疫情的突如其来，居家学习成为普遍，基于家庭的教育和学习虽然是迫不得已的替代模式，但着实凸显了家庭教育在终身教育体系中的重要位置。随着终身学习时代的持续深化，家庭教育将越来越受到重视，疫情强化了家庭的教育功能，但倾斜于知识学习而有失偏颇，家庭应在价值观教育、养成教育、如何做人、爱的教育等方面发挥更多独到价值。

3. 终身教育的内容和指向呈现新的动向

疫情的发生带给整个世界太多思考，包括对于生态的保护，对于人与自然关系的处理，对于生命的珍重，对于健康的关切，对于人的全面发展，对于社会的可持续发展，等等，投射到教育领域和终身教育的使命。不难预测，未来一个时期，整个社会必将强化生态文明教育的发展，必将更加重视生命教育和健康教育，必将加强联合国17个可持续发展目标（SDG）的落地，推动可持续发展教育深入发展。

（二）疫情对终身教育的间接影响

1. 经济大衰退影响政府对终身教育的投入

世界银行在2020年6月发布的《全球经济展望》显示：新冠肺炎疫情对全球造成了巨大冲击，导致许多国家陷入深度衰退，预计2020年全球GDP将收缩5.2%，为几十年来程度最深的衰退。中国抗击疫情取得举世成就，但疫情对经济的冲击依然巨大，2020年的经济发展不再设定GDP增长目标，这是前所未有的。经济大衰退导致财政收入断崖式下降，必然影响到对各级各类教育的投入。以继续教育、社区教育、老年教育为代表的终身教育受到的影响更大，因为这一类教育的刚性需求弱于基础教育和普通高等教育等。

2. 前所未有的失业将强化终身教育的增进型功能

疫情带来的失业极其严重。美国官方公布的2020年6月份失业率是13.3%，虽然已经非常之高但数据还被质疑不实；疫情控制得力的韩国，经季节调整后的5月份失业率为4.5%，是2010年以来的最高水平；我国国家统计局发布的3月份全国城镇调查失业率为5.9%，亦反映出疫情导致的失业非常惊人。终身教育的基本功能是持续提升国民素质，在大面积失业背景之下，终身教育的经济功能，尤其是人力资源开发功能将被强化，职业培训、在职训练将受到更多重视，消费型、娱乐型的社区教育、老年教育可能走向边缘化。

三、疫情带给终身教育的主要启示

（一）疫情中的种种现象引发对终身教育与学习的反思

随着疫情的全球蔓延，文化的差异与碰撞，科学的常识与背离，不同治理与冲突，自由的边界与公德，让人眼花缭乱，反转演绎如同电影大片，同样反映出针对成人的终身教育的不足乃至缺失。比如，作为呼吸道传染病的疫情已经大面积暴发，瑞典还有不少人在争论要不要戴口罩，戴口罩有没有用，公民的基本科学素养哪里去了？再比如在英国，有人散布谣言说新冠病毒是5G信号传播的，竟然真的有人相信，而且点火烧毁5G基站，这种反智行为从哪里来，有没有教育的缺位或偏差？

（二）坚定不移推动大教育，以行动落地大学习观

现在社会需要大教育，没有大教育观就没有终身教育。我们在谈论教育话题的时候开始更多提及了学习，有关学习的概念提法蜂拥而至，比如“混合学习”“泛在学习”“移动学习”“深度学习”等。对应于大教育观，就有大学习观，而大学习观就是超越基于书本、超越基于纸笔、超越基于课堂、超越基于知识和超越时空局限的学习。2013 年首届国际学习型城市大会发布的《建设学习型城市北京宣言》特别倡导了“激发家庭和社区学习活力”“促进工作场所学习”。新冠肺炎疫情的发生，使得不同场所的学习更加凸显其价值，而且学校之外的学习行为越来越普遍。我们正在进入终身学习时代，基本特征就是“时时可学，处处能学，人人皆学”，必须采取行动让终身学习尽可能覆盖每一个人，尤其社会不利人群，在社会遇到重大危机的关口，其重要价值不言而喻。

（三）“后疫情时代”终身教育与学习大有可为

在线教育、空中课堂、云端讨论、网络互动在疫情期间发挥了前所未有的作用，教育和学习得以多方面拓展，学习方式呈现多元变化。可以预见，由于信息技术的支持和学习理念的转变，疫情之后终身教育将迎来新的发展格局。同时，终身教育的参与力量将不断扩大，特别是大学作为终身教育的积极供给方，将有更多作为，其他社会机构也是如此。还有，在抗击疫情过程中，社区发挥了有目共睹的重要作用，社区教育通过提升居民的公共精神和志愿精神，积极参与和有机融入社区治理创新，彰显了终身教育的多元社会功能。

四、终身教育的未来展望

（一）重构与再生

未来一个时期，对于终身教育发展，机遇与挑战并存，挑战可能更为严峻。疫情之后，经济需要重振，社会需要回归常态，终身教育的经济功能将被置于重要位置，尤其是职业培训、技能提升、在职教育等。此外，健康教育、生命教育、生态文明教育等将发展为终身教育的重要内容，终身教育机

构要抢抓机遇，例如推动热度持续提升的中医养生和中医文化相关教育内容的积极发展。还有，随着老龄化趋势的不断加深，老年教育和乐龄学习的需求逐年增加，积极老龄化和老年人力资源开发将成为终身教育的重要增长极。终身教育在局部区域，在阶段发展上也许会遇到不被重视、支持不力的困难，长远看必然是阔步向前，因为它代表了发展的方向。

（二）跨界与融合

终身教育作为大教育，其发展更不能没有跨界。终身教育机构要善于跨界，同区域内的人社、文旅、民政、发改、环保、卫健、妇联、文明办、老龄委等多个部门建立联系，发挥优势，协同合作，从而做到局面越来越开，格局越来越大。当今时代也是一个融合的时代，在教育领域常见的是校企合作、产教融合，终身教育因为涵盖宽广，面向对象丰富多元，可以在产教融合、城教融合等多个层面做好融合发展的大文章。“城教融合”最先在北京提出，其内涵就是教育和城市发展的全方位深度融合，尤其跟城市的产业、文化、社会、生态发展的融合，本质是推动学习型城市高水平深度发展。

（三）治理与创新

终身教育源于学习根在教育，其理念和实践的探索成果又反过来推动教育系统的综合变革。党的十九届四中全会提出国家治理体系和治理能力现代化，教育的治理发展是其中一个重要命题。终身教育和学习在许多国家上升为一种战略，终身教育的发展将持续推动整个教育向灵活、开放、人本、便利、弹性、融合的方向前进。终身教育发展到一定阶段，融入和促进社会治理优化的功能就愈发显现，此次疫情中社区教育、社会教育的表现和作用即为一个验证。就终身教育自身而言，机制建设和法制化进程则越来越迫切。未来一个时期，终身教育将充分利用信息技术和人工智能、移动互联和万物互联，在发展路径、发展格局、多元介入、协同机制、融合创新上渐入佳境，更上层楼。

首都终身学习服务体系教师发展动力研究：基于社会支持理论的分析*

沈欣忆　史　枫

摘　要　教师是终身教育提供服务的重要窗口，教师的服务能力决定着终身学习服务体系的服务能力，解决好教师问题，可切实提升首都终身学习服务体系的可持续发展源动力，为首都终身学习的落地执行奠定良好基础。深入分析首都终身学习服务体系教师发展动力现状和制约因素，基于社会支持理论提出增强师资队伍发展动力的支持体系：一是面向现状改善的实际的社会支持，包括建立职称评价体系、改革绩效工资标准、完善进人机制；二是面向未来的领悟的社会支持，包括搭建培训平台以提升专业素养和发展信心、形成教师共同体以增强可持续发展能力和归属感。

关键词　社会支持理论　终身学习　教师发展

一、引言：被遗忘的教育工作者的发展诉求

“改革开放四十年来，中国的终身教育从一股思潮、一种理论延伸到顶层政策设计，终身教育实践亦在蓬勃开展。”[1]当今世界正处于大发展大变革大调整期，技术革命和社会转型对人力资本提出更高要求，综合型、终身学习型人才更顺应发展潮流。为满足时代要求，加快改革与发展，教育领域需突破其传统模式，终身教育的出现，是传统教育领域外的有效补充，促进了中国现代社会的发展。在新的战略规划中，终身教育以一种全新姿态出现。

*　该文为首都终身教育研究基地一般课题“北京市终身学习基础现状调查研究与分析”（编号：2018SKJDY003）的成果，曾发表于《职教论坛》2019 年第 7 期，收入本书时有修改。

[1] 吴遵民 . 改革开放 40 年中国终身教育的历史回顾与展望［J］. 复旦教育论坛，2018（6）.

2019年，中共中央、国务院印发了《中国教育现代化2035》提出将“更加注重终身学习”作为八大基本理念之一；将“建成服务全民终身学习的现代教育体系”作为主要发展目标之一。

自2007年，北京大力推进学习型城市建设，加快建立首都终身学习服务体系。截至2016年，市级层面的北京开放大学，区级的社区学院、社区学习中心（远郊区县的乡校、村校）、职业学校，构成了北京市民终身学习的主体机构。[1]服务北京市民终身学习的师资队伍主要包括三类群体，分别是专职教师、兼职教师以及志愿者。在这三支队伍中，专职教师是宣传终身教育理念、落实终身教育政策、开展终身教育活动、总结终身教育经验的实施者、服务者、管理者和组织者，是发展终身教育的中坚力量，其职业素养是直接影响终身教育能否健康稳定发展的决定因素。构建一支结构合理、相对稳定、具备专业素养的教师队伍是终身教育发挥作用的关键所在，也是终身教育健康发展的当务之急。

服务终身学习的师资队伍作为终身教育发展和进步的主力军，理应以一种集适应性、补缺性和发展性为一体的教育形式提供“全员、全程、全方位”的终身教育服务。但是，随着终身教育的发展，教师队伍无法应对新形势下快速发展的终身教育，与国民教育体系的师资队伍相比，服务终身学习的师资队伍近乎被遗忘，各种问题不断涌现：数量不足、专业欠缺、年龄老化、劳动强度大、待遇低、无法满足社会需求、教师专业技术职务晋升通道不畅、专业化发展道路受阻等。师资队伍的问题将严重影响终身教育的建设和发展，为了首都终身教育健康可持续的发展，厘清和解决终身教育师资队伍问题是燃眉之急。

二、多元支持：社会支持理论

“社会支持”被定义为作为供者与接受者的两个个体之间所感知到的资源的交换，最早出现于社区心理学和流行病学的研究中。[2]20世纪中后期，社

[1] 高勤丽．北京终身学习网的服务定位与模式［J］．北京广播电视大学学报，2016（1）．

[2] S A Shumaker，A Brownell．Toward a Theory of Social Support：Closing Conceptual Gaps［J］．Journal of Social Issues，1984（1）．

会支持理论被引入社会学相关研究中。❶ 美国社会学家卡普兰指出社会支持的资源包括物质和精神两方面，主要作用是汲取个体之外有效资源来促进个体发展。❷

社会支持理论重视个人对周围环境中资源的利用，强调人在社会环境中的感受，认为人与环境中的各种系统是相互关联、相互作用的。良好的支持系统，是个体获得社会支援、增强信心的重要依托，可以增强个体的归属感。❸ 肖水源等在 20 世纪 80 年代把社会支持归纳为三个方面：一是客观的支持，主要包括物质上的援助和社会网络、团体关系的参与和存在；二是主观的情绪上的支持，主要包括个体在社会或团体中被理解、被支持和被尊重的情绪体验及对这种体验的满意程度；三是个体对所能得到的社会支持的利用情况。❹ 也有专家提出社会支持包括六种形式，分别是提供金钱等的物质帮助、分担劳动等的行为支持、表示尊重理解的亲密互动、提供建议等的指导、对他人感受给予的反馈、为了娱乐和放松而参与社会互动。❺ 社会支持已经逐步从一元化向多元化转变。❻

学者们对社会支持的分类基本达成了一致的观点。一般来说，社会支持分成两大类，即实际的社会支持和领悟的社会支持。实际的社会支持往往是客观可见的支持，不以个体感受为转移，如社会资源和物质的直接援助。领悟的社会支持是偏主观情感上的一种支持，这种支持可以让被支持者体会到被理解、被支持、对发展有信心等情感上的满足和愉悦。❼

三、制约因素：首都终身学习服务体系教师发展动力现状和问题

2016 年，北京市 14 个委办局联合发布《北京市学习型城市建设行动计

---

❶ 闫静 . 基于社会支持理论的公共育儿支持体系构建初探［J］. 滁州学院学报，2018（3）.

❷ G Caplan. The Family as a Support System［M］.New York：Grune & Stratton，1974：19.

❸ 姚红梅 . 基于社会支持理论的监狱民警压力应对［J］. 湖北警官学院学报，2013（8）.

❹ 肖水源，杨德森. 社会支持对身心健康的影响［J］. 中国心理卫生杂志，1987（4）.

❺ M Barrera，S L Ainlay .The Structure of Social Support：A Conceptual and Empirical Analysis［J］. Journal of Community Psychology，1983（11）.

❻ 丘海雄，陈健民，任焰 . 社会支持结构的转变：从一元到多元［J］. 社会学研究，1998（4）.

❼ 刘志芬 . 社会支持的研究综述［J］. 文教资料，2011（30）.

划（2016—2020年）》，提出到2020年，建成100个终身学习示范基地，构建覆盖城乡的终身学习服务体系；将北京终身学习网（京学网）打造成资源丰富的个性化、移动化、智能化终身学习公共服务平台。《北京市海淀区"十三五"时期教育改革与发展规划》中提出，整合社区教育资源，构建惠及全区市民的终身学习服务体系。推进海淀区学习型城市示范建设工作。拓展个体、组织学习空间，引导全民学习、终身学习，推动各类学习资源开放共享。北京市西城区教育"十三五"规划提出，在2020年西城区市民终身学习服务基地要达到100家左右，西城区大力开展"市民终身学习服务基地"建设，整合区域内各种优质科技、文化、教育资源，构建区域性、立体化的市民终身学习基地网络。[1]丰台区在终身学习和学习型城区的理念引导下，初步构建了终身学习服务体系，形成了以社区学院为龙头的区、街（乡镇）、社区（村）三级联创模式。[2]

应该说北京对终身学习的支持力度不小，其师资队伍体量也较大。北京市终身教育相关工作人员共有1667人，其中教师为1067人，占64%，行政管理人员416人，占25%，校级干部83人，占5%，其他相关人员如会计、工程师、经济师等101人，占6%。终身教育教师总数最多的西城，有406人，其次是房山，有279人，大兴和平谷的总数接近，分别为188人和185人。对首都各个区终身教育教师发展现状进行深入调研，分析首都终身学习服务体系教师发展动力问题，探究制约因素。

（一）师资队伍职称评定的制约因素

1. 无单独的职称评定标准和体系

密云、大兴、东城、怀柔、顺义、延庆等9个区都提到了当前从事终身教育教师的职称评定是沿用学历教育职称评定标准，缺乏单独评定标准。从事终身教育的教师，其工作内容和工作性质与学历教育体系差异较大，如果仍然采用传统教学体系的评定标准，一方面对教师不公平，教师繁杂的日常工作得不到认可和认定，不利于调动和发挥教师的积极性，另一方面无法彰

---

[1] 王晋，王俊明. 北京市西城区市民终身学习服务基地建设实践研究［J］. 北京宣武红旗业余大学学报，2018（2）.

[2] 陶玉侠，史奎宏. 丰台区学习型城区建设现状及对策研究［J］. 北京宣武红旗业余大学学报，2015（4）.

显终身教育的主体性和重要性，不利于终身教育整体的可持续发展。

2. 中高级职称结构比例不合理

调研得出北京终身教育正高职称的教师占 1%，副高职称的教师占 23%，也就是说高级职称的教师（含正高和副高）占 24%，中级职称的教师占 50%，初级职称的教师占 21%（见图 1）。北京市普通中小学职称结构规定高级、中级、初级的比例是 2∶4∶4，从调查结果可以看出，农村成人教育中的高级职称比例（24%）略高于规定比例（20%），中级职称比例显著超出规定比例，这在一定程度上可以判断农村成人教育的学校中级职称和初级职称的教师晋升高一级职称非常困难。职称和工资是学校调动教师积极性的两大法宝，职称又与工资挂钩，当职称无法晋升或近期都看不到晋升希望时，教师的工作积极性必然受到影响，对农村成人教育事业的发展是不利的。

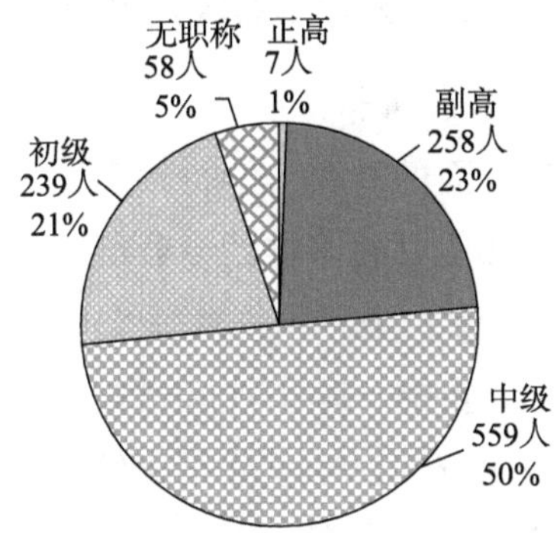

图 1　北京终身学习服务体系教师职称结构

几乎所有区都将职称评定比例失衡列为终身教育专职教师队伍职称评定和晋级方面的主要问题。由于我国现行的中小学教师职称管理制度，在岗位设置上大都采用教师结构比例以及控制最高级别的方法，对教师职称名额的分配是按照每个学校实际核定的岗位，通过一定的比例进行宏观确定。目前很多终身教育单位的岗位设置已满，导致这些机构没有教师职称晋升的名额，许多具备职称晋升条件的教师得不到晋升的机会，损伤教师的积极性，流失有能力、有闯劲的教师。

3. 教师来源异质化加大晋升难度

终身教育的教师职称类型非常多样，基础教育系列、中专系列、高校教学系列比例大体相当，分别占 26%、27% 和 34%，而教育管理系列占比相对较少，仅为8%（见图2）。具有基础教育系列、中专系列、高校教学系列、教育管理系列职称类型的教师，同属终身教育，但职称系列却大相径庭，这为教师调动工作时职称再次评定、不同学校教师的考核带来诸多问题。

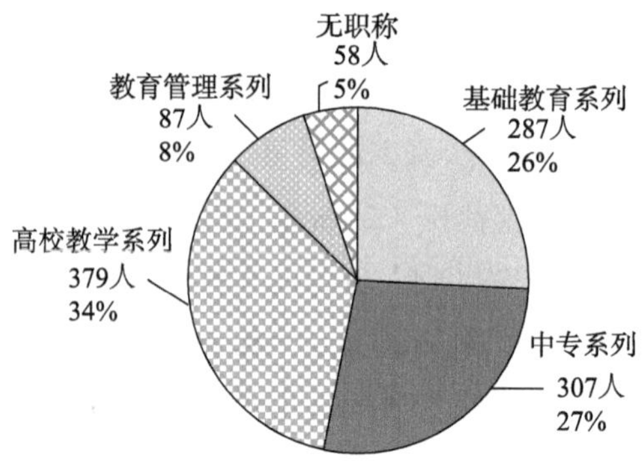

图2　北京终身学习服务体系教师职称类型

终身教育的教学内容涉猎面非常广泛，涉及文化、艺术、道德、法制、生理健康、心理健康等各方面的教育，学科种类面广量大，这其实是要求终身学习服务体系专职教师队伍具有多样的专业结构。虽然终身教育教师来源非常丰富，有来自普教、高教、中专、管理等，但是主要集中在语文、英语、数学、政治等少数专业上。目前，除了社区教育学院等少部分终身教育机构的专职教师队伍专业门类比较多，专业分布比较合理之外，其余的终身教育机构，特别是街道（乡镇）社区教育中心，专职教师数量非常少，加之终身教育的工作性质与这些教师原有的工作经历和工作经验差异很大，导致教师在终身教育工作后晋升难度大，找不到依托学科。

（二）师资队伍工资收入的制约因素

1. 以职称取酬制约了教师工作积极性

5%的教师年收入在5万~8万元，年收入在8万~10万元、10万~12万元、12万~15万元的教师各占21%、30%、26%，可见大部分的教师收入在8万~15万元（见图3）。2017年北京市平均工资为6906元，折合年收入为82872元，绝大部分农村成人教育教师的收入基本高于北京市平均收入。但结合教师的年龄结构看，调查对象中66%为40岁以上阶层，这个收入相对差强人意。目前教师工资是以职称取酬，不同职称教师的工资不同，由于职称评定后形成事实上的终身制，“平均主义、大锅饭”仍然是一种潜规则，不能

体现按劳分配、优绩优酬，严重影响教师工作积极性。

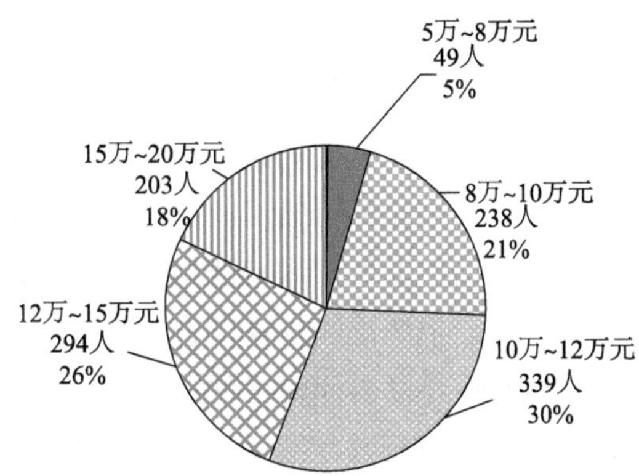

图 3　北京终身学习服务体系教师工资水平

2. 教师工作量大，付出与收入不成正比

终身教育工作工作量大、任务繁重，却无法像基础教育一样进行工作的量化，从而工作的付出也不能在绩效工资和年终奖金中体现出来。教师实际收入水平偏低。调查显示，一些北京郊区终身教育机构的老师，虽然都是在乡村阵地进行培训工作，却没有享受到乡村补贴。对于某些终身教育教师如乡镇文教助理来说，更是多头管理、任务繁重，压力较大。文教助理作为一个乡镇的教育负责人，对区教工委、区教委、区督导委以及乡镇政府安排的各项工作都要负责，工作量非常大，但没有与工作量对应的绩效工资收入。

3. 机构无绩效工资发放权

由于事业单位对教职工的增量工作无绩效工资发放权，对于主管和分管的领导而言“派活”压力大，虽然目前工作能够正常完成，但对职工的激励完全停留在精神层面，并非长久之计。通过调研得知，16 个区县中只有西城、朝阳、海淀设有培训中心。东城、怀柔、平谷和丰台曾经设有独立的培训中心，但由于机构改革、业务量不足等原因均被撤销。在一定程度上可以判断，除了设有培训中心的 3 个区县外，其他区县均无绩效工资。

（三）师资队伍自身服务能力的制约因素

1. 教师队伍数量不足

随着终身教育的理念深入和实践发展，服务市民终身学习的各类学校或机构的教师需求量不断增加。各地都要求按常住人口的一定比例，配备终身教育的专职管理人员和师资队伍。调研发现各地实际的专职教师队伍比例参差不齐，在绝对数量上也存在严重不足。

终身学习服务体系一般依托的主体学校有电大、教师进修学校等，这些主体学校在开展终身学习服务之后，其教师也随之成为终身教育的专职教师，这也是各地终身教育专职教师数量显得充足的主要原因。实际上，这部分教师在学校仍然从事着全日制的职业教育或其他相关工作，只是少部分教师才从事与终身教育有关的工作。乡镇层级的社区教育中心，大多依托乡镇成人教育中心而建，只有少量从中小学转职而来的教师，无法满足乡镇的终身教育任务。由此可见，在目前的终身教育网络中，各地名义上有相当数量的终身教育教师，但真正算得上是终身教育专职教师的其实很少，而且主要集中在县市级以上城市中，乡镇及广大农村社区中只有少量专职教师存在。

2. 教师队伍老龄化严重

终身教育教师队伍中，40 岁以下教师占 34%，41~50 岁教师占 43%，40 岁以上教师占比高达 66%（见图 4），这个比例在一定程度上反映了农村成人教育教师队伍的年龄结构整体呈现年龄偏大的特点；30 岁以下的教师只占 5%，基本可以判断，北京终身教育并没有定期招聘和引进年轻人，目前终身教育的工作对年轻人缺乏吸引力，青年教师较少会致使整个教师队伍缺乏活力和朝气，教师队伍结构需要优化。

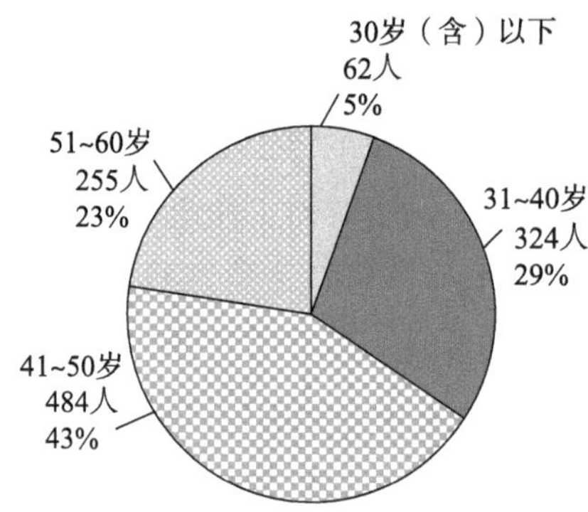

图 4　北京终身学习服务体系教师年龄结构分布

由于职称、晋升、工资等问题使得终身学习服务体系不能吸引优秀人才和年轻教师进入，导致教师队伍老化，影响终身教育现代化发展水平。总体来看，目前终身教育教师队伍年龄结构欠合理，老龄化严重，队伍整体活力不足，如此的队伍现状缺乏吸引有能力的年轻人加入的魅力，会使得老龄化更加严重，而老龄化的严重会进一步降低师资队伍的魅力，从而进入一种恶性循环。师资队伍老龄化会导致队伍失去活力，创新意识弱化，服务能力降低，因此队伍结构老龄化的问题亟待解决。

3. 教师的服务意识和服务能力有待提高

由于终身教育教师基本来自基础教育、高等教育、中专系列等，教师的教学观念相对固化，服务意识较弱。终身教育体系跟传统学历教育体系差异较大，学生不同，学习目的不同，学习过程也不同，教师需要转变传统学历教育的观念，提升对市民学习的服务意识，根据市民的实际需求进行教学设计和教学开展。

调研显示，目前终身教育机构的教师多数为文化课教师，专业课教师非常少，不能满足老百姓的学习需求。终身教育教师的教学能力亟待提高，教学培训的组织能力、乡镇工作的协调能力也有待提升。区县具有非常强烈的教师培训需求，以全面提升教师的教学、教研、服务能力。

四、支持体系：增强终身学习服务体系教师发展动力

社会支持可以分成两大类：实际的社会支持和领悟的社会支持。实际的社会支持是实际存在的，不以个体感受为转移，有助于解决目前的问题，面向现状改善。领悟的社会支持可以让被支持者充分体会到被支持、被理解等感受，对教师来说情感支持更多的是提升归属感，提升发展信心，面向未来发展。

（一）面向现状改善：实际的社会支持

1. 构建配套制度，建立职称评价体系

建立终身教育的职称评价标准和体系，针对终身教育工作的特点和内容，形成有针对性的考核标准和考核办法；同时加强职称评定过程监督，从制度上遏制职称评审的腐败，打造公平、公正、合理有效的职称评定体系。

分配终身教育体系专有的职称份额，不与基础教育等体系共享职称名额。灵活增设中高级职称评审渠道，让有能力、有想法、有闯劲的教师有机会参评。破除职称终身制，实现职称流动，每隔几年重新进行职称审定，杜绝

“职称到手，万事放手”的现状。

职称评定的科学化、合理化，不仅仅依靠教育内部的科学构建，还需要健全的人事制度、工资制度、社会保障制度作为支撑，以及上级相关领导部门的重视和配合，制定符合终身教育教师实际的职称评定及晋级体系，创设政策顺利执行和有效落实的制度环境。

2. 实现多劳多得，改革终身教育教师绩效工资标准

建立更加合理的薪酬体系。核定工作量，体现分配公平公正原则，在分配中坚持多劳多得、优绩优酬原则，重点向一线教师、骨干教师和做出突出成绩的其他工作人员倾斜。充分发挥绩效工资分配的激励导向作用，切实提高教师工资待遇。

适当提高自主发放比例，提供必要的交通、通信和工作补助。加快落实事业单位办学自主权，推动教育管、办、评分离，给予学校在人事管理、内部收入分配等方面充分的自主权，使学校能切实有能力通过绩效分配激发教师工作积极性。

中共中央、国务院出台的《关于全面深化新时代教师队伍建设改革的意见》中明确提出“要不断提高教师的地位待遇，真正让教师成为令人羡慕的职业”。终身教育是推动学习型城市建设的重要阵地，促进城市建设，助力国家战略。转变终身教育“可有可无”的观念，加大对终身教育的经费投入，增加终身教育教师的收入，以增加终身教育的活力和发展动力。

3. 完善进人机制，提升终身教育教师队伍的活力

终身教育教师队伍年龄结构老化，是制约终身教育持续发展的关键因素。年龄结构的老化使得组织缺乏活力，创新意识淡化，容易以既定的思路和已有的经验去处理各类新旧问题，然而终身教育在新时期有新的任务、新的使命，需要创造性地解决各种问题，为终身教育注入新鲜的力量是当务之急。

完善进人机制，重视人才引进，灵活开展因人设岗。开展工作分析，是夯实终身教育师资队伍的基础。通过全面开展工作分析，理顺、简化工作流程，明确终身教育工作职责及用人标准，形成合理的职位描述和工作说明书。另外，深入分析终身教育教师的能力和素质，扬长避短，在激活现有的终身教育师资队伍的同时，根据需求补充新鲜血液，注重人才的引入，必要的时候可以“因人设岗”。很多时候，组织机构人员冗余，并不是因人设岗造成

的，恰恰相反，有时就是因为过分从组织流程、工作性质等外部因素考虑，缺乏对具体人力资源的分析，限制了人才的充分发展。

（二）面向未来发展：领悟的社会支持

1. 搭建培训平台，提高教师的专业素养和发展信心

所谓专业素养，是指教师在教育活动中表现出来的，决定其教育能力、服务效果、自我发展水平的各种品质和能力的综合。对终身教育教师来说，专业素养具体包括三点：一是终身教育的理念认同和价值观念。除了具备爱国守法、诚实正直等基本素养之外，终身教育教师需要具备自我身份认同、终身教育理念认同、愿意为终身教育发展奋斗等素养。二是适应终身教育的知识素养，除了需要具备计算机、英语、卫生、法律等基本知识，终身教育教师必须具备成人教育学知识、成人心理学知识、终身教育教学方法等。三是适应终身教育的能力素养，包括沟通协调能力、终身教育课程开发能力、成人教育教学组织能力和终身教育研究能力等。

着眼于终身教育教师的工作需要，进一步强化终身教育教师的培训工作，明确培训制度、培训内容、评价体系。最重要的就是建立终身教育教师培训制度，在终身教育教师的培训机构、培训内容、培训形式、培训时限、培训周期等方面做出方向性的规定。此外，通过培训平台的建立，明确教师职业发展路径，提升教师职业发展信心。

2. 形成教师共同体，促进教师自身的可持续发展和归属感

教师共同体指的是基于教师共同的目标和兴趣自愿形成的，旨在通过合作对话与分享性活动促进教师专业成长的教师团体，可以在学校推动下或在教师自发组织下形成。教师们在共同的专业生活中相互学习、相互支持，在教育教学实践中不断提升自己的专业发展水平，树立专业自信，并获得自我身份认同。

培训的确可以在一定程度上快速提升教师的能力、素养等，但是教师在实际工作过程中，会遇到这样那样的具体问题，教师共同体为解决教师工作实际问题以及实现教师个人的发展提供了有利的环境，为知识的立体化创造了条件。在终身教育体系中，根据不同的提升目标成立各类教师共同体，比如科研共同体、书法共同体、英语教学共同体等，为教学过程中形成的个人知识和集体知识互相促进、相互提升、相互渗透，共同丰富教师专业知识，

教师共同体为这种知识创生与知识共享提供了一个宝贵的实践舞台。更重要的是，通过教师共同体，提升教师的归属感，这是一种情感上的支持。

五、提升教师发展动力即为提升终身学习服务体系发展动力

教师是终身教育提供服务的主要窗口，教师的服务能力决定着终身教育的服务能力，解决好教师问题，可切实提升终身教育服务能力，为首都终身教育的可持续发展提供源动力，为首都终身学习的落地执行奠定良好基础。把握全市终身教育教师总体情况，解决各个地区终身教育教师的普遍性问题，加大教师工作的积极性，从而提升终身教育的发展活力。蒸蒸日上的终身教育，才能吸引越来越多的有志之士加入终身教育教师队伍行列。

● 主题二：学习型城市建设

从评估到监测：北京学习型城市面向未来的转型与展望*

史　枫

摘　要　在北京学习型城市建设已然走过的二十年发展历程当中，各种类型的评估发挥了重要作用，以评促建成为北京学习型城市发展的核心路径和推进模式。伴随外在环境、发展阶段和形势的变化，评估逐步式微和淡出，监测渐渐融入学习型城市发展视野，行将发挥愈来愈大的作用。从评估到监测，推动方式发生着显著变化，北京学习型城市也正走进新的深层次转型变革。

关键词　学习型城市　从评估到监测　转型变革

2010年，《国家中长期教育改革和发展规划纲要（2010—2020年）》正式发布，“基本形成学习型社会”列为至2020年我国教育改革发展要实现的三大目标之一。建设学习型社会是实现“两个一百年”奋斗目标和中华民族伟大复兴中国梦的重要内容和有力支撑，建设学习型城市则是实现学习型社会的重要基石。北京自20世纪末提出建设“学习化社会”目标以来，学习型城市的建设经过了二十年发展历程，取得了有目共睹的建设成果，同时呈现出重要转变与革新，面向未来依然任重道远。

* 该文为北京市教育科学规划2018年优先关注课题“新时期北京建设学习型城市的问题与对策研究”（编号：AEAA18002）的成果，曾发表于《终身教育研究》2020年第3期，收入本书时有修改。

一、北京学习型城市建设的二十年历程：三个重要节点与发展阶段

学习型城市是基于全民终身学习和创新视角的一种城市发展形态。早在20世纪80年代末，经济与合作发展组织（OCED）即提出发展“教育型城市”（Educating City），后来逐步过渡到“学习型城市”（Learning City）。1998年OCED提出，“一个城市或地区，为个体和群体提供正式和非正式的学习机会，使社区成员获取知识、技能及态度，形成价值观，从而促进经济和社会的可持续发展，增强社区凝聚力和创新力”。北京自1999年探索创建学习型城市，在“建成以完善的终身教育体系和学习型组织为基础，以广大市民的良好素质为支撑，学习资源丰厚、学习氛围浓厚、创新活力涌现的学习型城市”基本愿景引领下一路前行，走过了三个发展阶段。

（一）北京学习型城市的探索发展阶段（1999—2006年）

重要节点是1999年北京市委、市政府在《关于深化教育改革全面推进素质教育的意见》中，明确提出“率先基本实现以建立终身学习制度和进入学习化社会为主要标志的教育现代化目标”。这个节点被认为是北京学习型城市建设的起始，上述意见成为推动学习型城市发展的首个政策文件，北京学习型城市进入探索发展阶段。自2001年起，学习型企业、学习型社区、学习型街道、学习型区县的评估和促建活动陆续展开。

（二）北京学习型城市的全面发展阶段（2007—2015年）

重要节点是2007年北京市召开“建设学习型城市工作会议”，颁布《中共北京市委、北京市人民政府关于大力推进首都学习型城市建设的决定》。这是北京市委、市政府对学习型城市建设工作的一次总部署、总提速，创建工作进入全面发展阶段。各类评估和促建活动持续扩大。2012年开始了学习型城市建设工作示范区（县）的创建和评估验收。2013年首届国际学习型城市大会在北京举行并发布《建设学习型城市北京宣言》，两年后北京获联合国教科文组织（UNESCO）学习型城市奖章，建设成就与影响举世瞩目。

（三）北京学习型城市的深化发展阶段（2016年至今）

重要节点是2016年北京市14个委办局印发了《北京市建设学习型城市行动计划（2016—2020年）》，推出了“建设市民终身学习示范基地”等“十

大工程”，进一步提升学习型城市建设水平，北京市学习型城市建设进入深化发展阶段。学习型城市示范区创建与评估纳入“十大工程”，延庆、怀柔、大兴等陆续通过评估验收进入示范区行列，示范区达到 7 个。2017 年北京市参加教育部首批学习型城市试点监测，2019 年全市 16 个区全部参加学习型城区建设水平监测。

二、以评促建：北京学习型城市建设的核心路径与推进模式

北京学习型城市建设的二十年是一个以评估推动建设的历程。在这个历程中，评估是抓手，是主要推动方式，贯穿于建设过程的从始至今，在北京举办首届国际学习型城市大会的 2013 年前后达到顶峰。北京学习型城市以评促建成效卓著，形成一个典型经验模式。

（一）北京学习型城市评估是提升学习型城市建设水平的发展性评估

评估是对事物和过程进行的连续性价值判断，学习型城市评估是对城市迈向学习型城市的过程、元素、路径、举措、建设效果和特色进行的形成性评判。北京学习型城市建设的三大支柱，一是终身教育与终身学习服务体系，二是学习型组织建设，三是学习型区域建设，而评估也正是指向这些点位，尤以对学习型组织（learning organization）和学习型区域（learning region）的评估为重。对学习型组织的评估涵盖学习型企业、学习型学校、学习型医院、学习型机关等，以学习型企业为典型；对学习型区域的评估涵盖学习型社区、学习型街道、学习型新村、学习型乡镇等，以学习型社区为典型。2001 年启动区（县）级层面的学习型区域评估，即学习型城市建设工作先进区（县）评估，在 2012 年升级到学习型城市建设工作示范区（县）评估。这些评估不是横向的对比评价，不是分出谁高谁低，不是终结性评价，而是重在过程，重在自身提升，重在评估对建设与发展的促进。

（二）“行政主导，多重激励；指标引领，专家评分”是北京学习型城市评估的运作方式

教育行政部门协调相关部门、行业和区县发文启动评估，企业、社区、事业单位、街道乃至区县根据文件要求申请参加评估，一旦通过评估或验收即给予相应称号和资金奖励，不同层面参与积极性普遍很高。比如学习型先

进区县的评估一启动各区县即踊跃申请参加，竞争意识和争先愿望很强，都想早日争得“先进”称号。学习型城市的每一项评估，都制定了操作性很强的评估指标，并且面向受评单位公开，很好发挥了指标的导向作用与引领价值。比如“创建学习型企业先进单位评估指标体系”中的“将人力资源开发和教育培训工作纳入公司章程”“在企业基层开展了学习型团队（部门、班组）创建活动”等指标导向性十分突出。北京市学习型城市领导小组办公室建立了特聘专家组，特聘专家具体实施现场评估。专家的最终评估结论在听取汇报、实地考察、访谈问询和综合讨论的基础上给出。

（三）依托评估解决北京学习型城市建设的动力、方向和路径

首先，学习型城市评估从政策、宣传、资金、竞争等方面激发了各区的建设动力。无论是先进区还是示范区，学习型城市评估都是自上而下进行的。评估给各区带来压力和竞争，但同时也是一种激励和动力，包括荣誉称号、奖励资金、媒体宣传，以评促建首先是让大家动起来，促使学习型城市建设持续充满活力。其次，系统化的评估指标和丰富内涵成为学习型城市建设的指向标。比如建设学习型城市示范区的 4 个一级指标、14 个二级指标、40 个三级指标对于各区建设学习型城市发挥了积极的引领和导向作用，指标解读深化和提升各区对学习型城市建设的认识，有效推动落地实施，策划培育示范项目，全区优化整合实现综合创建收效。最后，培育先行、专家指导和反馈提升是以评促建的系统化路径。北京学习型城市的各项评估验收皆以前置培育为基础，即申请得到批准，在专家指导下培育和创建，经专家初步认定达到一定水准方接受评估验收。专家指导贯穿于评估全过程，专家的调研、访谈、视导、建议是常态化的，这个过程至少持续半年的时间跨度。作为一项发展性评价，北京学习型城市的各类评估都是重过程而非结果本身，反馈是持续发生的，最终评估结果的反馈则是评估对象改进提升的重要机会。

（四）基于评价引领而持续深化发展的学习型城市建设北京模式影响深远

评价引领在北京学习型城市建设二十年的历程中发挥了重要作用，以评促建是北京学习型城市建设发展的关键特征。基于评价而持续发展的学习型城市建设北京模式，具体包括：一是终身教育与终身学习服务体系、学习型组织建设、学习型社区建设的三支柱“亭屋”模式；二是“战略规划—指导

管理—组织实施—评估验收—反馈改进”的“PMIAI 五环节”学习型城市建设运作模式；三是学习型城市建设与教育综改、经济提升、文化建设、社会治理、生态文明密切结合的“五互动”模式。学习型城市建设北京模式及典型案例在首届和第二届国际学习型城市大会作了展示，得到联合国教科文组织（UNESCO）的认可，并在全球宣传推广（见图 1 至图 3）。

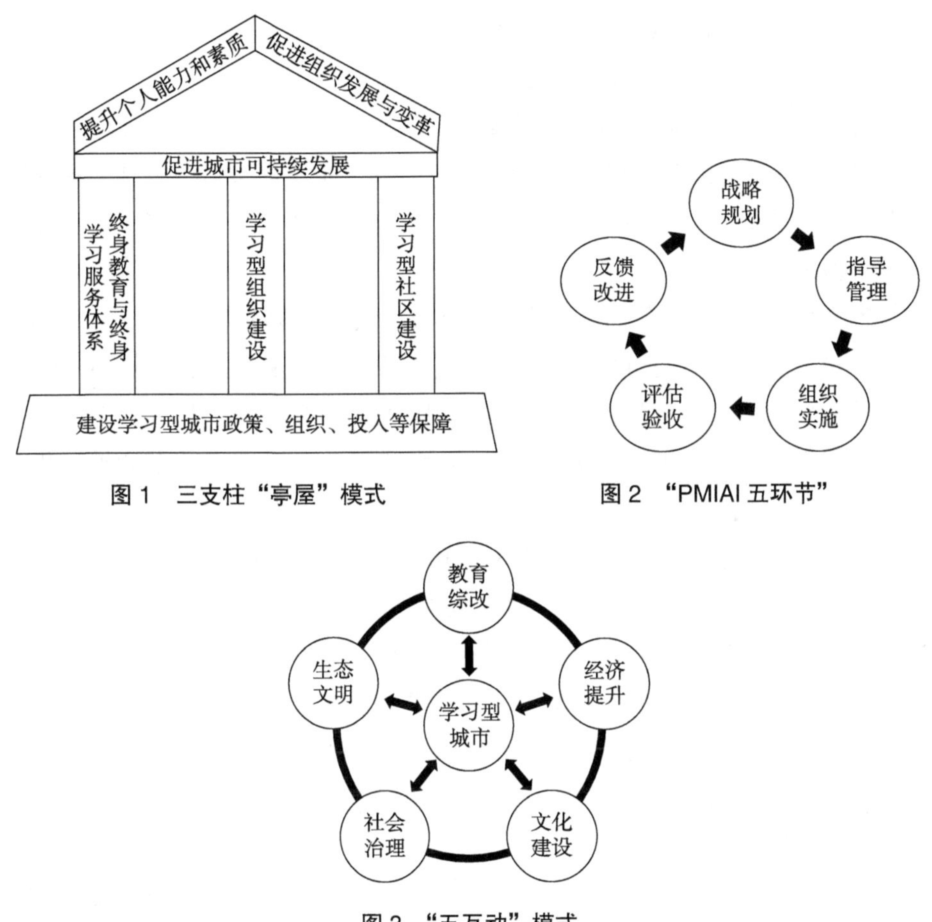

图 1　三支柱“亭屋”模式

图 2　“PMIAI 五环节”

图 3　“五互动”模式

三、学习型城市监测：北京的率先选择与初步探索

监测是对事物的监督、测量和赋值，学习型城市监测则是对学习型城市建设过程、质量、水平进行的持续性检验和测量。2013 年首届国际学习型城

市大会发布了《学习型城市建设关键特征》，提出建设学习型城市不是抽象的理论，而需要落实到具体的措施；要建设学习型城市，不仅需要坚定的意愿和承诺，还需要一套关键指标，以监测建设过程。首届国际学习型城市大会是北京开展学习型城市监测的重要契机，北京成为中国最先开展学习型城市监测的城市。

（一）监测的背景

1. 首届国际学习型城市大会成功举办

北京成功举办首届国际学习型城市大会产生了世界影响，《建设学习型城市北京宣言》《学习型城市建设关键特征》成为全球学习型城市发展的指导性文件。北京作为大会东道主，率先响应大会提出的各项倡议，其中包括开展学习型城市监测。

2. 教育部等 7 部门发布《关于推进学习型城市建设的意见》

2014 年 8 月，教育部联合中央文明办等共同发布这一文件，提出“建立健全终身学习的统计信息体系，研制监测评估指标体系，支持社会组织等第三方开展学习型城市建设与发展状况评价和监测活动”。评价与监测纳入我国学习型城市建设的促进措施之列。

3. 北京市发布《北京市学习型城市建设行动计划（2016—2020 年）》

2016 年 7 月，北京市教委等 14 个委办局联合发布该行动计划，其中提出“建立北京市民终身学习统计制度，完善终身学习的统计信息体系；研制北京学习型城市建设监测评估指标体系，开发学习型城市监测评估工具，构建监测评估制度体系”。监测成为该行动计划的一个重要内容。

（二）监测的实施

1. 开展局部试点

早在 2012 年，北京即启动了全市社区教育监测，为学习型城市监测奠定了良好基础。首届学习型城市大会之后的 2014 年 11 月，东城、西城、顺义、延庆共 4 个区参与学习型城市监测试点；2016 年 8 月，学习型城市建设监测试点区达到 8 个。

2. 参与全国试点

2017 年 11 月，教育部职成司发布《关于开展学习型城市建设监测项目实践的通知》，全国有北京、上海、杭州、成都、武汉、长沙、太原和宁波共 8

个城市参与，北京是参与监测的主要城市之一。

3. 实施全市监测

2019 年 10 月，教育部职成司发布《关于进一步开展学习型城市建设监测项目工作的通知》，计划在首批 8 个城市试点监测的基础上，把参与监测的城市扩大到 100 个以上。北京积极响应上述文件精神，11 月发布《 关于开展学习型城区建设监测项目工作的通知》，面向全市 16 个区开展监测，以提高学习型城市建设质量和水平，推动学习型城市建设创新发展。

（三）监测的结果

1. 试点监测的基本结论

2016 年北京市学习型城市试点监测的基本结论如图 4 所示，学习型城市建设在“组织与制度保障”和“终身教育与终身学习服务体系建设”两个维度上最为突出，评分度在 90 以上；“基础条件保障”居中，评分度在 85 以上；“城市发展与管理创新”和“学习型组织建设”评分度相对较低，表明北京学习型城市建设在这两个维度上还有一定差距，尤其是学习型组织建设的推进还有很远的路要走（见图 4）。

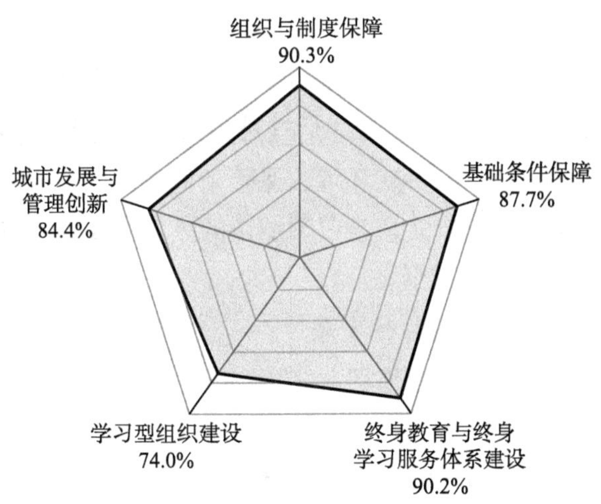

图 4　试点监测数据输出的蛛网图

2. 全市监测的基本结论

2019 年 12 月，北京市在全部 16 个区进行学习型城区建设水平监测，基本结论为：各区终身学习服务体系逐步完善，终身学习渠道不断拓宽；多种类型的学习型组织得以培育提升，多层面的学习氛围愈发浓厚；老年教育稳步推进，家校社协同育人持续发展；新形势下学习型城市建设的保障机制有待完善；促进全民终身学习的网络学习平台有待加强；学习型城市发展的区域不平衡比较突出（见图 5）。

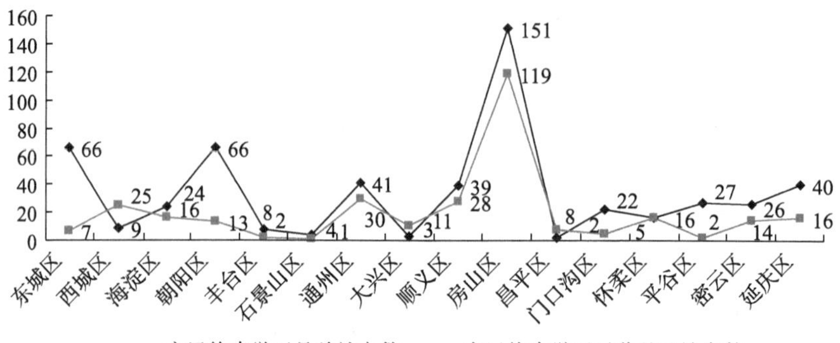

图 5　2019 年北京各区“学习品牌”和“学习示范基地”认定数量对比

四、学习型城市从评估到监测：北京的转型与嬗变

在北京学习型城市发展的二十年历程中，评估是推动建设的一种主导模式，但在首届国际学习型城市大会之后这种模式逐步式微，逐步让位给监测。究其原因，是学习型城市的外在环境、保障条件、发展阶段、路径方式等都发生了变化，从而深刻影响北京学习型城市的方方面面，并进入到一个转型发展的新时代。

（一）学习型城市的内生性发展

依靠外力尤其政府的强力推动，北京学习型城市取得举世瞩目的发展成就，这些外力包括评估评价、资金支持、专家视导、文件指令等，行政推动的力量非常强大，支持市民终身学习、学习型组织、学习型社区、学习型城区等不断发展。然而眼下政府的投入大幅缩减，行政的强力推动不复存在，评估评价活动日渐减少，同时区域发展学习型城市的积极性跟十年以前亦不可同日而语，比如各区申请参评示范性学习型城区的数量远低于预期。学习型城市发展到一定阶段，就绕不开内生动力这个重要命题，而学习型城市的内生动力就是全民终身学习和基于永续学习的创新，撬动这个内生动力学习型城市将充满发展活力。终身学习在个体、团队、组织和区域层面全方位推进，不同层面的终身学习在理念、能力、素养、氛围等方面加以塑造，理念和认识首当其冲。此外，北京市民终身学习需求正在从“生存型”转向“发展型”，学习型城市要从政府主导的“自上而下”向政府引导的“自下而上”转变，增强市民的参与度、自组织和终身学习的内驱力，作为政府要着力加强终身学习服务的基础能力建设和营造良好环境。学习型城市的这一转变，恰如将“要我学”转为“我要学”，也正如《建设学习型城市科克行动倡议（2015）》提出的“激发终身学习者的潜力”“释放家庭学习、社区学习的潜力”，持续提升组织学习力、社区学习力。

（二）学习型城市的多元化发展

现代社会，推动事业发展的基本力量是政府的力量、市场的力量和第三部门的力量，其中市场的力量主要依托企业，第三部门的力量主要依托事业机构和合法的非政府组织（NGO）。北京学习型城市的建设与发展，政府的力量是首要的，其次是事业机构尤其是社区学院、开放大学和成人教育机构的投入和参与。学习型城市是一项综合性战略工程，涉及面十分广泛，但任务主要落脚于区域社区教育机构。学习型城市未来的发展，政府的力量仍然不可或缺，但要积极撬动市场的力量，或者通过政府购买和政策引导，使得一定数量的企业参与其中。教育机构是学习型城市建设的核心支撑，北京的高等教育是全国最为发达的，学习型城市的建设与发展在继续依托社区教育机构之外，应把职业院校和大学的资源与潜力发挥好。再有，社会组织、民办非企业组织的力量也不可忽略。

（三）学习型城市的融合性发展

融合是当下社会的重要特征。经济领域提出包容性增长，联合国教科文组织倡议学习型城市建设要促进社会的包容，倡导包容性学习。未来学习型城市建设的融合性发展在于教育正在越来越多地融入社会，融入城市方方面面发展，北京市政府 2018 年提出“城教融合”也正是表达了城市与教育的有机、深度和全方位融合。北京未来一个时期推动学习型城市建设，必然要与首都的社会建设、文化建设、生态建设等找到更多结合点。真正的学习型城市也必然是创新城市、智慧城市、文明城市、人文城市和生态城市。学习型城市是由教育部门主导推进的，而教育的相对封闭性，导致学习型城市的发展未来更加宽阔。学习型城市建设走上成熟，意味着教育与社会的多维度链接得以实现。政府应大力支持学习型城市的这种融合性发展。

（四）学习型城市的增进型发展

学习型城市建设与发展得益于教育发展，建立在教育综合改革与创新发展基础之上，尤其常规教育之外的社区教育、企业教育、家庭教育、老年教育是学习型城市建设的重要支撑。过去二十年，北京学习型城市的各种投入十分可观，产生的社会效益亦相当显著。未来一个时期，学习型城市建设的综合效益有待进一步提升，尤其在提升人力资源，促进就业创业，积极应对加速发展的老龄化等方面。政府投入人力、物力、财力建设学习型城市，相当于是对学习型城市的培育，培育到一定阶段就有了自我生长力和更多溢出效应。北京学习型城市建设应在助力区域经济发展、产业重振、优化社会治理和促进城市可持续发展方面作出更大贡献。

追寻学习型城市建设路径：北京模式的探索*

张翠珠

摘　要　学习型城市的概念和实践起源于欧洲，当前在中国等亚洲国家发展迅速。不同地区有不同的建设路径和发展模式，本文在总结北京学习型城市建设实践的基础上，归纳了北京学习型城市建设的“亭屋”模式、“五环节”模式和“多元治理”模式。通过模式构建，突出了北京学习型城市建设的整体性、前瞻性、创新性的特征。

关键词　北京　学习型城市　模式

党的十六大、十七大、十八大报告将“建设全民学习、终身学习的学习型社会”作为全面建设小康社会的目标之一。自21世纪初以来，北京市委、市政府把创建学习型城市作为首都经济和社会发展的重要组成部分，作为全面提高市民素质、增强城市综合竞争力的重要措施纳入城市发展战略。十几年来，北京创建学习型城市工作开展得扎扎实实，卓有成效，并于2015年荣获联合国教科文组织学习型城市奖章。“十三五”时期，首都城市发展面临新的转型和挑战，学习型城市建设需要深化发展。如何在总结经验基础上，探索北京学习型城市建设的有效模式，在认清自身特点的同时博采众长、深化发展成为重要且迫切的课题。本文试图归纳、分析北京学习型城市建设的综合、实施以及治理模式。通过模式构建，突出北京学习型城市建设的基本特征。

* 该文曾发表于《开放学习研究》2017年第2期，收入本书时有修改。

一、学习型城市建设模式的概念

（一）模式的概念和内涵

“模式”一词来源于拉丁文 modus，意思是与手有关的定型化的操作样式。它最初只是指对操作过程的经验性的概括，以后这一词语上升到更抽象的意义，一般通用为“方式”。模式是前人积累经验的抽象和升华；是从不断重复出现的事件中发现和抽象出来的规律，是解决问题的方法和经验的总结。只要是一再重复出现的事物，就可能存在某种模式。模式来源于实践，又高于实践，是理论与实践的中介。人们通过对实践的总结，归纳出实践的关键要素和规律，既有利于既有经验的提升，更可以指导和改进新的实践。在学术领域，模式是指“以抽象的纲要形式来描述、解释或规范复杂的现象或活动”。[1]对照模式的概念，本文即是在梳理、总结学习型城市建设经验基础上，对北京建设学习型城市的实施路径和特征进行归纳，提炼要素、寻找规律，构建学习型城市建设模式。即提炼北京学习型城市建设的要素，阐释这些要素所形成的结构和运行特点，从若干方面对北京学习型城市建设活动做出描述和解释。

（二）模式总结和构建方法

查有梁先生曾经总结过模式构建的方法：一种是对已有实践过程进行经验性概括（原型），发现并抽象出规律，总结或构建模式（模型），对已有实践进行改进和创新（原型*），亦可为他人提供可效仿的框架和路径，即

原型—模式（模型）—原型*

另一种是基于某种理论构建模式，以这种模式应用实践、指导实践、推广经验。即

理论—模式（模型）—实践*

模式通常可以用抽象化的“简单形式”来表达。所谓的“简单形式”可能是一个图形、公式或架构，也可能是文字模式、实体模式或绘图模式。本文试图根据模式总结和构建方法，对北京市学习型城市建设实践和经验用架构和图形来描述或解释。

[1] 曾淑慧．教育评鉴模式（第二版）[M]．台北：心理出版社，2008：4.

二、北京学习型城市建设的实践和经验

2001—2002 年，北京市先后启动了“发展企业教育，创建学习型企业先进单位”和“发展社区教育，创建学习型区县先进区县”评估工作，正式迈出了创建学习型城市的实践步伐。十几年来，从制定政策到推动实施，从自上而下宣传理念、营造氛围到基层社区和组织自觉行动、不断创新，北京市学习型城市建设开展得扎实持久，成效显著，形成了丰富的经验和鲜明的特色。本文仅根据后面模式构建的需要，对北京市的实践简要总结如下。

（一）明确建设思路，重视顶层设计

与一些地区或城市把创建学习型城市作为教育改革范畴不同，北京市在不断的学习和实践探索中，不断凝聚学习型城市建设是城市发展的重要组成部分的共识，将学习型城市建设与城市发展战略、工作重心紧密结合，纳入城市发展战略和规划中。2007 年 3 月北京市委、市政府颁布《关于大力推进首都学习型城市建设的决定》，明确了学习型城市建设的基本思路和总体框架：加快建立首都终身教育体系和终身学习服务体系；大力推进各类学习型组织的创建活动；加强领导，完善建设学习型城市的保障机制。2011 年和 2016 年又分别颁布《北京市中长期教育发展和改革规划纲要（2010—2020 年）》《北京市学习型城市建设行动计划（2016—2020 年）》，通过制定规划、战略和建设工程不断深化这一建设理念和总体设计思路。为落实学习型城市建设的战略和规划，北京市教委、北京市建设学习型城市办公室先后印发了开展学习型区县、街道、乡镇、学校评估，深化社区教育发展、推进首都市民学习品牌建设等几十项工作文件，市政府及相关部门先后制定了近百项工作实施文件。

（二）建立统筹协调的管理体制，完善基本制度

为有效推动学习型城市建设，北京市建立了跨部门、跨行业的领导体制，成立了由市委、市政府 29 个委办局和部门组成的建设学习型城市领导小组，明确了各成员单位在推进学习型城市建设中的职责分工。目前，北京形成了市、区县、街乡建设学习型城市三级领导体制和管理网络，形成党委领导、政府推动、教育主导、社会参与的学习型城市创建工作运行机制。建立健全了工作推进、经费投入、队伍建设等学习型城市建设的基本制度。市及各区

县每年投入专项经费，用于各种教育、学习设施的建设以及奖励在建设学习型城市工作中的突出单位。2013 年全市仅社区教育财政经费投入总额就达到 12051.3 万元。培育了咨询、组织管理、教育教学、理论研究、志愿服务、信息宣传等多支队伍，形成推动工作的骨干力量。

（三）加强终身教育与终身学习服务体系建设

在总体框架中，终身教育与终身学习服务体系是北京学习型城市建设的两大支柱之一，加强体系建设是学习型城市建设的核心内容。

（1）以终身教育思想为指导，推动学校教育改革发展。比如加大以课程改革为核心深化基础教育改革。进行职业教育分级制实验、中高职衔接和职普融通、贯通培养办学试验等。

（2）大力发展成人继续教育，为各类群体提供学习服务。积极开展“首都职工素质教育工程”。广泛开展创建学习型企业活动，积极发展农民继续教育。重视为流动人口、残障人员、就业困难人员及老年人等群体提供学习服务。重视发展老年教育，共有市级老年大学 2 所，区县级老年大学 16 所；全市街道及社区老年学校 3100 所，每年参加学习人数达 30 万人次。

（3）完善终身学习制度，建立学分银行，探索学习成果的积累与转换。筹备建立市级学分银行。西城区积极探索市民学习成果认证制度，发放了几万张终身学习卡，促进和激发职工和市民自主学习、参与学习型城市建设的积极性。

（4）依托城市乡村社区建立社会化学习服务体系。全市建立了以社区学院或区级成人教育中心为龙头的三级社区教育基地。在所有街道和乡镇成立了社区教育中心或成人学校，在 80% 以上居委会和行政村建立了市民学校。每年参加各类培训的市民总数达 850 万人次以上。引导全市的文化馆、科技馆、图书馆、博物馆等机构面向社会开放其教育资源及设施，在全市已建立 2000 多个市民学习服务基地。

（5）利用信息技术手段，打造数字化学习平台。充分利用各种网络和远程教育资源，建立了北京市学习型城市网站并建立了具有在线学习、学分记录与积累功能的“京学网”，提供了数百门课程、5000 余学时的学习资源。年点击率超过 150 万人次。

（四）创建学习型组织，促进管理变革

创建学习型组织是学习型城市建设的第二个支柱，也是北京学习型城市建设的起步点和突破点。在推动各级各类学习型组织建设过程中，以评促建、以评促发展是非常有效的方法和途径，成为北京经验的最有特色的内容。

（1）建立以评促建、以点带面的工作方式和激励机制。市学习办定期开展不同类型学习型组织评估，对创建先进地区和单位予以表彰和奖励，激发了各城区、部门、行业创建学习型组织的积极性，促进了学习型组织建设的普遍开展。目前北京已评选出市级创建学习型组织先进单位 150 个，各区评选出创建学习型组织先进单位 1200 余个。

（2）重视标准制定，规范创建实践。2001 年至今，北京市先后研究、制定、修订了创建学习型城区、学习型街道和乡镇、学习型社区（新村），以及学习型企业、机关、学校等系列评估指标体系，为各类组织创建提供了指导。

（3）结合实际和需求，分类创建。一类为区域性学习型组织，如学习型城区、学习型街道和乡镇、学习型社区和村庄；另一类为单位性学习型组织，如学习型企业、机关、学校等。不同类别组织要与组织发展目标紧密结合开展创建。如，学习型区县建设要与区域经济建设、民主管理、精神文明建设、构建和谐社会以及环境建设紧密结合，促进区域全面发展。推进学习型社区建设，要与社区治理和社区文化相结合，增强人们对社区的认同感、归属感。学习型企业、机关、学校等创建重点在于改进领导方式，推进组织变革；挖掘人的潜能，重塑组织文化，不断提升组织的创造力和竞争力。

（4）形成推动学习型组织建设的完整流程。即宣传发动—组织培训—专家指导—正式评估—工作改进—激励表彰，这也是北京推进学习型组织建设的工作模式。

三、北京学习型城市建设的模式构成和分析

模式来源于实践，又高于实践，是理论与实践的中介，因此，不同的理论与丰富的实践可以生成很多种模式。学习型城市建设是一个覆盖面广、涉及部门众多、内涵丰富的系统工程，它既有宏观的整体性、综合性的模式，又有中观的实施过程、实施推动模式，也有微观、单项模式。比如，有学者

提出的政府领导模式、市场领导模式的学习型城市建设，就是宏观模式；而技能成长模式、个人发展模式、学习中心模式等属于微观模式。囿于篇幅，本文遵循“提取特征、认识过程、合理分类、窥视整体、形成结构”的研究路径，仅侧重于宏观和中观层面的模式构建和分析。

（一）学习型城市建设框架的“亭屋”模式

任何一种教育模式，都包含理念、框架和核心要素。北京学习型城市建设的模式，包含着领导者和推动者的认识和理念。

（1）认识和理念。哈钦斯认为：“学习型社会建基于尊重人性；学习型社会是以全体成员充分发展自己能力为其目标的社会。”[1]英国经济和社会研究委员会则强调：学习型社会中的个人，能够从事批判性对话和运动，以提升整个社区的生活质量，维护社会的统合和经济的成功。经济合作与发展组织（OECD）认为，学习型城市，通过制定计划和战略，鼓励开发所有市民的个人潜能、发展所有组织间的合作协调，来创造财富、促进个体发展及形成社会凝聚力。上述内容都是从某些方面来定义学习型社会的概念。在实践中，北京各界逐渐达成共识：学习型城市是以信息社会和知识经济为背景；以终身学习为核心理念，以完善的终身教育和终身学习服务体系、普遍的学习型组织为基础，以保障和满足全体成员的学习需求、促进人的全面发展和城市可持续发展为出发点和归宿的城市发展形态。学习型城市建设已超越教育系统的改革而成为社会建设的重要内容。

（2）政策与实施框架。北京市将学习型城市建设纳入城市发展战略和规划，系统设计学习型城市建设工作。2007年北京市委、市政府颁布《关于大力推进首都学习型城市建设的决定》，明确了北京建设学习型城市的目标和工作任务：加快建立首都终身教育体系和终身学习服务体系；大力推进各类学习型组织的创建活动；加强领导，完善建设学习型城市的保障机制。由此，确立了北京建设学习型城市的实施框架。

（3）“亭屋”模式的含义和构成要素。2013年10月，联合国教科文组织、中国教育部和北京市人民政府在北京联合举办了首届国际学习型城市大会。会议通过了两个重要文件《建设学习型城市北京宣言》和《学习型城市

---

[1] ［美］罗伯特·哈钦斯．教育现势与前瞻［M］．姚柏春，译．香港：今日世界出版社，1976：5.

的关键特征》，为世界各国、各地区建设学习型城市提供了全面的行动框架和要点，并用联合国教科文组织的 logo——古希腊帕特农神庙形象地表达出来（见图 1）。

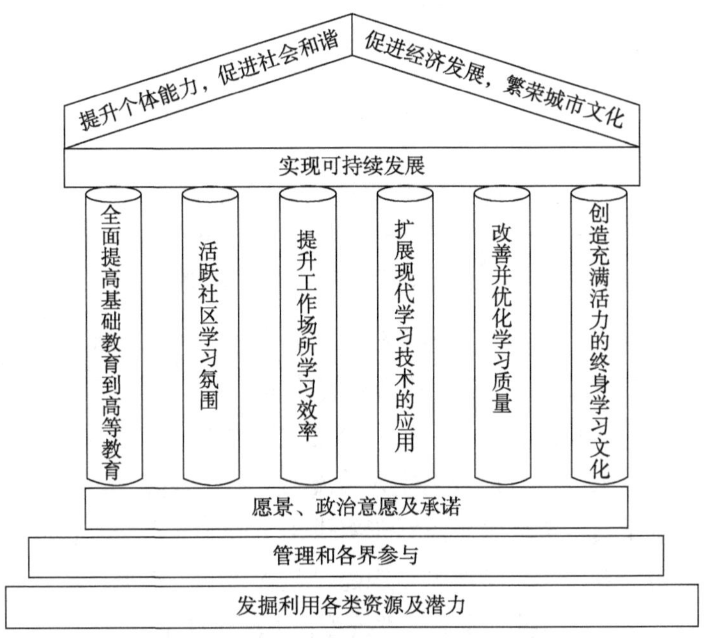

图 1　联合国教科文组织学习型城市关键特征

北京建设学习型城市的目标是：以现代终身教育体系和学习型组织为基础，以广大市民的良好素质为支撑，通过学习带动各项工作创造一流业绩，建设充满创新精神和发展活力的可持续发展的世界城市。据此，北京建设学习型城市的模式有四个要素：终身教育与终身学习服务体系建设、学习型组织建设、学习型城市建设的保障、学习型城市建设的成效，我们用中国特有的亭子结构来表现，即“亭屋”模式。“亭屋”模式体现了北京建设学习型城市的基本思路和整体框架（见图 2）。

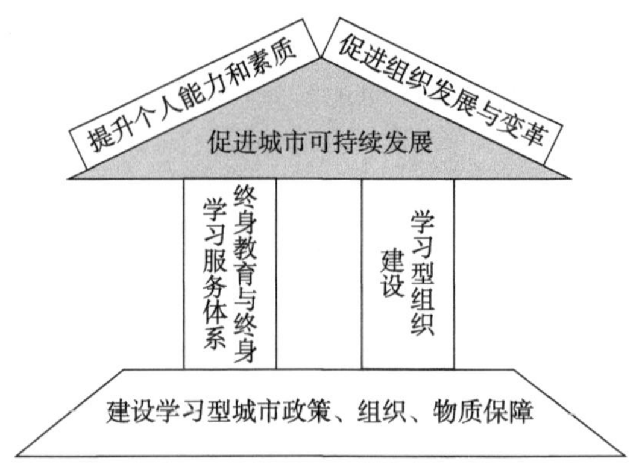

图2　学习型城市建设的“亭屋”模式

终身教育与终身学习服务体系建设是“亭屋”的两大支柱之一，也是北京建设学习型城市的核心内容。终身教育体系包括了从学前教育到高等教育，正规、非正规与非正式教育，学校、家庭、社会教育等各方面。重点在于工作场所、社区、家庭教育以及老年人、流动人口、残障人员、就业困难人员等群体。终身学习服务体系重点在于提供学习资源和平台，提供面向全体市民的终身学习公共服务。学习型组织建设包含了学习型城区、社区等区域性学习型组织和学习型机关、企业、学校等各类单位性学习型组织建设。

学习型城市建设的保障制度和体系是“亭屋”的地基，是北京学习型城市建设得以顺利实施的基础保证。包括政策保障、领导及组织保障、经费保障、人员保障、宣传保障及研究保障等。

“亭屋”顶是建设学习型城市的成效。从服务对象看，成效包括个人、各类组织以及城市本身从学习型城市建设中获得的收益：个人受教育水平、就业能力的提高；组织内部学习体系的完善以及变革、创新能力；城市政治、经济、文化的包容和可持续发展水平。

“亭屋”模式的每个要素都由若干实施要点组成。因此，与《学习型城市的关键特征》对世界各国建设学习型城市具有指导、监测作用一样，“亭屋”模式既为北京建设学习型城市提供了实施路线图，据此开发的学习型城市指标体系，也为测量学习型城市实施进程和发展状态、水平提供了工具。

（二）学习型城市建设实施的“PMIAI五环节”模式

在培训领域，有一种系统培训方法和模式，简要地说是指企业中培养人的活动逐渐形成一个相对独立、规范的体系和比较稳定的工作程序和步骤。系统培训模式是世界上企业培训领域最重要、最普遍应用的模式之一。自20世纪60年代逐步形成，源于美国陆军的教学体系设计。它主要分为五个步骤：分析培训需求；设计培训课程；制定培训课程；实施培训；评价培训。很多专家学者都对这一模式进行了系统研究和改进，因此，它有许多变式，如博伊代尔（Boydell）对它进行简化得到的模式，以及肯尼（Kenney）和瑞德（Reid）的计划性培训模式。[1]

系统培训模式对工作步骤和环节的总结，不仅适用于培训领域，还适用于一切项目、工程乃至事业的推进与实施。借鉴系统培训模式，从建设学习型城市的实践经验看，从制定规划、建立多级的领导管理体制、推动实施、开展评估推动实践，最后根据评估回馈进行改进，北京形成了建设学习型城市实施过程的五个环节、步骤，即规划（programme）—管理（manage）—实施（implement）—评估（assess）—改进（improvement），并不断循环上升，即“PMIAI五环节”模式。

北京建设学习型城市的战略规划、领导和管理系统的环节，在前面的实践描述中已经介绍。在组织实施方面，全市是在建设学习型城市领导小组及其办公室的部署下，各部门和城区政府推动落实，教育部门和各级教育机构承担主要的实施任务。在“PMIAI五环节”模式中，北京最具特点的是评估监测与回馈改进两个环节。

评估监测环节：从2001年正式开展学习型城市建设工作以来，北京一直以评估为手段，发动、推进、激励各城区、社区的学习型区域以及企业、学校、机关等各类学习型组织建设。先后制定并不断修订学习型城区、社区以及学习型企业、学校、机关等系列建设标准，开展评估活动。有效普及了终身学习理念，营造了终身学习的社会氛围，促进了学习型城市建设。为科学、准确了解北京建设学习型城市的效果和水平，北京教科院完成了“北京学习型城市指标体系”的研究和编制，制定了学习型城市监测指标，并对北京市创建学习型城市、城区创建学习型城区状况进行了分析。这项工作目前在中国乃至世界都走在前面，得到联合国教科文组织的肯定，并在第二届国际学

[1] 张翠珠，余莉．企业培训战略及规划模式［J］．现代企业教育，2001（11）．

习型城市大会上做了大会发言。

回馈改进环节：在学习型城区、社区及学习型组织评估活动中，由专家组成的评估组会对评估对象的创建工作进行分析，将创建工作的经验、特色以及存在的问题回馈回去，以利于评估对象的工作改进。今后，我们还将利用监测数据和分析结果对城市、各城区学习型城市、城区建设情况进行回馈，总结经验，指出问题，改进工作。

北京在学习型城市建设实施的五个环节上，不但有着具体而丰富的实践内容，而且五个要素和环节之间，形成了联系紧密的有机整体（见图3）。

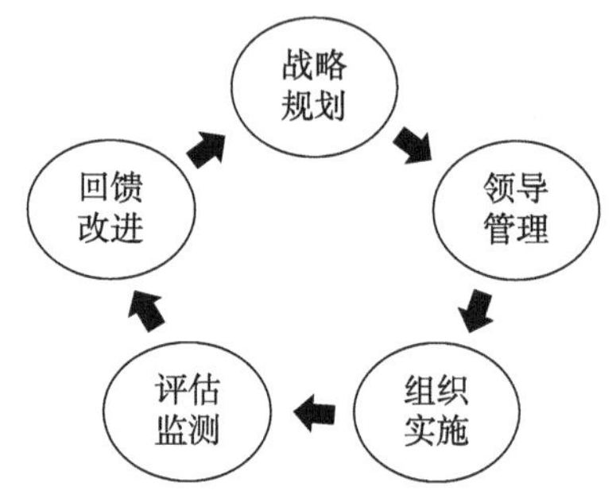

图3　学习型城市建设实施的“PMIAI五环节”模式

（三）政府引领下的“多元治理”模式

随着中国改革开放进程以及向现代社会转型的加快，社会结构日趋多元化，社会问题日趋复杂化，中国社会正在从“国家—个人”关系的一元维度向“国家—共同体—个人”的多元维度，从国家对个人的单一控制模式向国家、社会力量、个体等多方力量的多元互动模式转变。[1]因此，自党的十八大报告提出致力于“治理体系和治理能力现代化”以来，社会多元主体的新型治理体系正在逐步形成和发展，社会治理模式在不断发生变化。

“治理”（governance）是与政府的“统治”（government）相对而言的。治理概念试图指出很多社会问题已经不再是只能靠政府自身的管制就能解决，社会的管理不仅需要政府的力量，还应该包含更多的社会公共机构和公共服务组织。“治理”和“统治”最根本的区别是：治理的权威不一定是政府，而且权力的运行是一个上下互动的过程，“可以通过合作、协商、伙伴关系，确

[1] 齐学红.社会治理模式变迁与道德教育改革［J］.湖南师范大学教育科学学报，2012（2）.

立认同和共同的目标等方式来实施对公共事务的管理”[1]。即形成多元社会治理的格局。多元社会治理需要各主体在明晰国家、社会、个人的关系，界定政府与市场的界限基础上，共同构成一个角色有别、职能明晰、运转高效的有机统一体。

学习型城市是城市发展的重要组成部分，因此，学习型城市建设是一个漫长的、复杂的过程，没有哪个部门和力量可以单独推进，必须由政府、市场、社会各类组织以及公民个人协力合作完成。

北京在十几年的实践中，逐步形成了党委领导、政府主导、社会动员、公民参与的建设机制。如各政府部门结合自身工作职能，积极参与支持学习型城市建设工作：北京市劳动和社会保障局大力开展面向失业人员、农村劳动力、在职职工和高技能人才的职业技能培训；文化局每年举办一次国际图书节，开展优秀图书推荐和阅读活动；市社团管理办公室在各类社团组织中积极开展学习型社团组织建设工作。形成社会广泛支持、各部门协同参与，推动学习型城市建设的良好局面。特别是社会组织的不断发展壮大，社会力量的不断增强，正在成为学习型城市建设中日益重要的主体。北京正在形成政府、社会组织、企业、公民个人等多元主体的建设模式。即政府（government）—社会组织（social organization）—企业（enterprise）—公民（civics）组成的G-SEC多元主体的治理模式（见图4）。

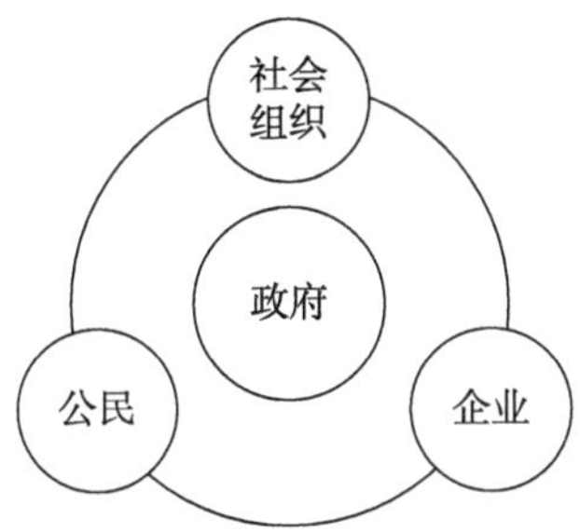

图4　G-SEC多元主体的社会治理模式

在多元主体的治理模式下，政府部门不再是单一的推动和实施主体，社会组织、企业、公民等多元主体也更多地参与其中，扮演着不同角色、承担着不同的任务。多元主体的社会治理模式的形成，将大大增强北京学习型城

[1] 俞可平.中国公民社会的兴起与治理的变迁［M］.北京：社会科学文献出版社，2002.

市建设力度和效率，激发建设的潜力和活力，推动学习型城市建设走向更高阶段。

四、总结

模式从实践中总结提炼而成，目前对北京市学习型城市建设模式的认识和提炼也仅仅是起步，随着学习型城市建设事业的不断发展和深入，现有的模式还会演化，也会诞生新的建设模式。对这三种模式的总结，仅仅是学习型城市模式的开始，大量的宏观、中观、微观层面的丰富实践，都有待于今后进行模式总结和深入思考。

公共经济视角下社区学院社区教育资源建设策略分析 *

邢贞良

摘　要　社区教育资源建设是一直以来制约社区教育发展的重要因素之一，也是近几年来社区教育工作者一直在探索、实践的重要工作。本文从公共经济视角运用多中心理论分析了当前社区教育在资源建设中存在政府统筹过度、社会组织发展薄弱等问题，并针对问题提出了要形成社区教育资源有机体，形成多中心提供社区教育资源服务的“一体两翼”解决策略，从而推动社区教育的可持续发展。

关键词　社区教育　公共经济　社区教育资源

党的十八大报告中进一步明确了国家发展的总体部署，在教育领域提出了要办人民满意的教育，推动高等教育内涵式发展，完善终身教育体系，建设学习型社会的发展目标和任务。在此背景下，发展社区教育已经成为各级党委、政府和学术界一致的共识。社区教育管理者和教育学术界关注的焦点已经从社区教育的全面认识论发展到实践论，即从发展社区教育具有重要意义的共识基础上，深入研究如何发展的策略问题。其中社区教育资源建设是发展社区教育的重要因素之一，社区教育资源建设是统筹推进社区教育发展的有力措施和重要保障。开展社区教育资源建设的根本目的就是充分挖掘、整合、开发社会教育资源，使其最大限度地发挥教育资源服务功能，为社区教育广泛深入开展提供优质服务。

---

* 该文曾发表于《北京宣武红旗业余大学学报》2016 年第 4 期，收入本书时有修改。

一、社区教育资源的要素

社区教育是终身教育体系的重要组成部分，对社区教育资源的理解主要来自教育资源的阐述。教育资源最早产生于教育经济学领域，学术界对教育资源的概念和内涵的理解，也存在不断拓展和深化的过程。按照顾明远主编的《教育大辞典》解释，教育资源即“教育经济条件”，是教育过程中所占用、使用和消耗的人力、物力和财力资源的总和。从广义的角度讲，教育资源包括自有教育活动和教育历史以来，长期积累的教育知识、教育经验、教育技能、教育资产、教育费用、教育制度、教育品牌、教育人格、教育理念、教育设施以及教育领域内外人际关系的总和。在实践中，教育资源呈现类型的多样性。教育资源在具备其他公共社会资源所具有的属性和功能的同时，也具备其他市场经济资源所具有的属性和功能。教育资源同一般的社会资源一样，具有稀缺性、多用性、潜在性、地位性、不均衡性等特征。由此，社区教育资源是实施社区教育实践所需教育资源的统称，是开展社区教育所占用、使用和消耗的人力、物力和财力的总和，它既包括显性的教育资源，也包括隐性的教育资源，既有有形的物质教育资源，也有无形的非物质教育资源。

二、公共经济多中心秩序理论

该理论由美国著名公共经济学家奥斯特罗姆及其团队提出。其核心观点：提出“集体消费单位”的概念，创立了连接经济学与政治学的公共经济学。多中心秩序理论认为，对公共物品的消费由规模不一的集体消费单位构成。公共经济是一个集体消费的过程，需要一个第三主体来代表分散的服务对象——可称之为集体消费单位的代表，由它来收集分散的或缺乏表达能力的服务对象的需求信息，并为满足需求做供给规划，寻找资源，安排服务生产，调节服务的生产者与服务对象的关系等。有些情况下，政府是地域性的集体消费单位的代表，其他的非政府组织或非正式组织是一定范围内具有共同利益需求的集体消费单位的代表。另外，针对公共物品或者服务的提供与生产，从提供者的角度看，并不是所有公共物品都具有同等规模，只有公共服务的受益群体与集体消费单位相同时，或者集体消费单位内的服务需求差异最小化、单位之间的需求差异最大化时，公共服务的提供体制才是高效的。即不同规模的公共服务要找到相匹配的集体消费单位代表来决策才能够提供高效的公共服务。

我们把社区教育看作一种公共产品，社区居民的需求不同，从而使得社区居民对社区教育产品的需求不同，不同的需求就需要不同的资源来满足。通过对社会经济理论的分析我们可以得出以下观点。

（一）社区教育作为公共产品，需要第三主体来整合资源提供服务

社区教育的需求分散在不同的人群中，不同的社区居民有着不同的社区教育需求，而基于居民的各种差异性，作为社区教育消费对象的社区居民来说，有些居民不知道如何表达自己的需求，或者说没有表达需求的渠道，这时就需要除了社区教育服务生产者和社区教育消费者的主体外，由第三主体来代表这些群体消费主体来表达意愿，并组织提供社区教育服务。例如居民都需要健康的生活知识，经济条件好的，可以通过各种保健品、营养品及高级医疗保证自己健康，而对于普通居民来说，他们要保持健康，就需要政府和第三方提供低成本的保健项目。再如残疾人需要身体健康和心理健康，他们在需求表达和权利申请上却是无力的，他们的诉求可能要通过公益组织和残联等机构代为表达。以上这些情况都需要第三方主体，如政府、事业单位、社会组织或者是市场经济来安排教育的实施。

（二）社区教育作为公共产品，当居民的需求与提供者的服务差异化最小时，社区教育运行才最有效

社区教育的外延很广泛，可以说涉及人的一生的需求，居民的需求具有多样性和复杂性，从提供者的角度来看，不同的社区教育服务，就应该有不同的社区教育服务代表来提供，从而实现社区教育服务的高效运行。可以说社区教育不是一个机构或者一个社区教育服务代表就能满足的，它需要越来越具体的消费代表与消费群体对应，才能更高效地发挥其作用。它是不同社区教育服务代表的集合体。

三、当前社区学院社区教育资源建设的局限性

从全国社区学院建设状况来看，一个市级行政区会设立一个社区学院，与区内教育行政部门紧密结合，提供区域性社区教育服务。例如北京市的每个区都在整合教育资源的基础上成立社区学院，成为区域社区教育发展的重要依托，在推进社区教育发展中起着龙头作用。在社区教育资源建设方面，社区学院存在众多局限性。

（一）社会对社区教育认识水平低，制约了社区教育资源建设进程

近年来随着终身教育理念逐步被人们接受，社区教育才开始走进人们的视野，但是受传统思想的影响，一提到教育，无非就是学历教育，学历至上、文凭主义等观念在国人心目中根深蒂固，人们把获取更高一级的文凭作为接受教育的最主要甚至是唯一的目的，反之就是娱乐休闲活动。更有社区居民认为社区举办的教育活动基本是针对老年人的低档次的教育活动，这与市场形势下的各种教育活动相去甚远。人们对社区教育的认识尚没有达到社区教育应有之义。基于这样的认识，在资源供给过程中，不管是政府还是社会力量，依然会把相关资源投入到学历教育中，而社区教育资源的建设就受到抑制。

在社区学院，不管是职能定位还是学院发展战略，社区教育也仅仅作为学院众多核心工作的一个职能，同时还必须开展相关学历教育和社会培训工作，因此不管是在人力配备还是物力支持方面都会受到一定程度的限制。

（二）社区教育管理机制运行不畅，导致资源浪费和重复建设

从理论上说，很多社区学院都已经构建了区社区教育领导小组、街乡社区教育管理委员会和社区（村）社区教育协调委员会三级社区教育领导体系，基本形成了“区政府统筹领导，区教育部门牵头，其他各相关部门配合，社会积极参与，社区自主活动”的职能式运行机制。通过调研我们发现，在实际操作过程中，社区教育千头万绪，涉及面极广，凡是与人们生产、生活密切相关的事情都有可能成为社区教育的内容，政府各职能部门都通过派出机构将自身的职能延伸至基层，以便管理相应事务，如武装部负责社区的国防教育，法制办负责社区的普法教育，宣传部负责社区的精神文明教育等。社区教育的内容分别由相关部门管理实施，从而形成条状管理体制，不同职能

部门之间难以进行沟通和协作，难以形成统筹推进的局面，从而造成教育内容的割裂，出现社区教育资源浪费以及重复建设的问题。社区学院在运行体系中仅仅作为整个政府机构教育行政部门的下辖单位，虽然在发展社区教育中具有不可替代的作用，但是没有足够的统筹能力构建整个区域协调统一的运行模式，没有能力整合现有零散的社区教育资源进行统筹设计。

（三）社区教育课程资源建设更新难以适应时代发展

社区教育作为教育领域的组成部分，其课程资源建设是社区教育资源建设的重要要素。从社区教育是要建立覆盖所有人群的教育来看，其课程内容必然要求覆盖不同年龄段的不同人群。另外在学习课程的形式上，社区教育的课程也不再是单一的面授课程，而是发展为网络课程和面授课程同步发展，线上课程和线下课程即时学习的模式。区域性社区学院难以承担全部社区教育资源的开发工作，加之社区教育资源又具有时代性强、更新换代快的特点，社区学院开发的课程资源难以满足区域内社区教育发展的需求。

四、社区学院开展资源建设的策略

在公共经济理论下，社区学院作为区域内高等学校，是部分社区教育需求的代表，但不是唯一的最高效的代表，根据“多中心秩序理论”，就要充分挖掘和发挥能够代表社区教育需求的政府机构、社会组织、市场等力量，形成区域内多中心发展和运行的局面。社区学院要发挥其高等教育的优势，首先在师资和课程资源建设上不断完善，形成社区教育资源中心，在运行体系上要充分发挥政府作为第三主体的作用，引领社区教育发展，推动地方社区教育资源的建设，逐渐形成以政府引领为主，以市场和地方组织为两翼的“一体两翼”发展模式。

（一）联合社区建设，理顺资源建设机制

在社区教育发展的初期阶段，尤其是社会对社区教育的认识程度不到位的情形下，政府机构的统筹协调作用显得尤为重要。随着终身教育理念的不断深入，进一步把社区教育与社区建设紧密结合，发挥社区教育在社区建设中的重要作用。社区学院通过联合社区建设需求，成为区域性社区建设需求的代表，并充分发挥教育教学优势，充分利用政府统筹协调机制，与区域内涉及社区建设的各委办局形成工作联合机制，提高各委办局对社区教育的认识，充分发挥社区教育在社区建设中的作用。

（二）加强社区教育基地建设，循环建设社区教育资源

开展资源建设的最理想状态就是让现有的资源发挥主动性，积极整合周围各种资源，形成资源整合的聚合体。首先要充分发掘辖区内的学校、图书馆、博物馆、科技馆、少年活动中心等企事业单位，通过建立示范社区教育中心、品牌学校以及社区教育体验中心等途径，激励现有的资源积极发挥作用，让本来就具有教育功能的这些资源有机体在社区教育领域充分体现其教育功能。最终形成由市民终身教育服务中心、品牌学校、市民学校基地和社区教育体验中心等机构组成的社区教育资源服务平台。

（三）培育社区社会组织开展社区教育

政府通过购买服务的方式让社区社会组织参与到社会管理事务中是社会管理创新的重要内容，近年来随着社区教育的持续发展，专门从事社区教育活动的社区社会组织应运而生。然而社会组织发展良莠不齐，基本处于松散无序发展的状态。社区学院可以充分发挥科研带动的优势，注重对社区社会组织的引导和支持，充分发挥社区社会组织的优势，使之参与到社区教育活动中，更广泛地服务区域社会经济的发展。

综上所述，社区学院作为区域性高校，在发展区域社区教育中起着龙头作用，根据公共经济多中心理论可以看到，社区学院作为政府机关下属的事业单位，它并不能全面代表社区居民的诉求，即不能成为区域内所有居民的消费代表，在这种情况下，学院就要不断完善功能，找准发展定位，从资源建设入手，通过“一体两翼”的运行模式，推动区域社区教育的可持续发展。

● 主题三：农村社区教育

线上线下融合：北京农村成人继续教育教师培训研究 *

赵志磊　尚国荣

摘　要　“线上线下融合”开展农村成人继续教育教师培训是利用现代信息技术以及新型教学理念和教育手段，开发适合教师发展的线上资源和线下资源，两种类型的资源相互补充、相互支持。同时，结合传统学习和网络化学习的优势，通过学习成果的认证，完成教师培训的正式学习和非正式学习的无缝对接，创新了农村成人继续教育教师培养模式，有效地解决了农村成人继续教育教师职业发展的问题。

关键词　线上线下　农村成人　继续教育　教师培训　实践研究

农村成人继续教育是教育事业中与农村经济社会发展联系最直接、最密切的部分，是我国终身教育体系的重要组成部分，承担着宣传党的方针、政策，普及科学文化知识，破除封建迷信，加强精神文明建设，开展法治意识、国家意识、社会责任意识宣传教育的重要职能。让农民就地、就近、就需接受教育和培训，离不开工作在农村一线的成人继续教育教师，他们素质和能力的提升，关系到党的惠农政策“最后一公里”的问题。但由于种种原因，从事农村成人继续教育的师资，既不同于职业教育教师，也不同于基础教育教师，这个群体的继续教育一直处于“三不管”地带，比较薄弱，亟须加强。

一、研究背景

目前北京郊区从事农村成人继续教育的学校（机构）主要有成人继续教

---

* 该文曾发表于《高校后勤研究》2019 年第 1 期，收入本书时有修改。

育中心、职业技术教育中心、农业广播电视学校、乡（镇）成人学校、乡（镇）社区教育办公室等，复杂的办学机构组成，使干部教师队伍的组成也相对比较复杂，既有高校毕业生，也有乡（镇）政府调剂过来的中小学教师，由于大部分教师来自普教，对成人继续教育教学经验和农村科学技术专业知识与技能的缺乏，制约了农民教育工作的深入开展。

（一）教师队伍现状

通过问卷调研北京市10个郊区农民教育培训的师资队伍建设情况数据显示，参与调研的教师（不含高职院校和技工学校）共有1004人，年龄结构基本呈正态分布，年龄大多集中在30~50岁，占78.19%；教师的学历结构比较合理，本科以上学历占86.35%；从教师的职称统计看，小学中级以上职称占到了65.54%；从教师取得职业资格证书的情况看，“双师型”教师占17.63%；从教师承担授课任务的情况看，有46.81%的教师不授课。

从统计数据得出，北京市农民教育培训的师资队伍在不断完善，老中青结合，年龄结构合理，学历层次较高，虽然“双师型”教师和能授课教师数量偏低，但通过加大师资培训力度，不断强化教师基本能力训练，积极营造有利于人才成长的良好环境，提升教师的教科研能力和实践教学水平，这支队伍完全有能力胜任农民继续教育工作。

（二）教师培训现状

由于复杂的组成、多元体制等多方面的原因，使得农村成人继续教育的教师培训还没有建立完善的体制、体系和机制，教师培训一直是由市级教育部门以会议的形式开展专题讲座，即“以会代训”。这种“以会代训”的教师培训方式存在一定的弊端。一是针对性不强。集中的讲座、培训，内容一般都有共性，而不同区县、不同学校、不同专业的教师，培训需求是不一样的，这种共性的培训不具有针对性。二是培训效果不佳。“以会代训”的培训形式，参会人数众多，教师和组织者都不能关注到每个个体，也没法检测学习成果，培训效果不理想。三是不能满足教师的个性化发展需求。不同年龄段、不同岗位的教师个人目标、发展方向都不同，培训需求也都不同，这种共性的培训不能满足教师个性化发展的需求。

“上面千条线，底下一根针”，农村成人继续教育教师这个群体正是发挥“底下一根针”的作用。抓好用好这支农村继续教育师资队伍，加大师资培训力度，提升教师综合素质和运用农业、农村相关专业知识的能力，对于引导农民群众听党话、跟党走，建设社会主义美丽乡村，做好农民群众的思想工作，具有重要意义。

二、研究与实践过程

面对现状，为提高农村成人继续教育办学质量和办学水平，打造一支德才兼备、勇于创新、管理能力强、教学水平高的高素质的教师队伍，推动北京市农村成人继续教育的改革与发展，我们研究探索采取“线上线下融合”的培养模式开展农村成人继续教育教师培训，即利用现代信息技术以及新型教学理念和教育手段，开发适合教师发展的线上资源和线下资源，两种类型的资源相互补充、相互支持。同时，结合传统学习方式和网络化学习的优势，通过“以老带新”工作室培训的教学活动，专题讲座集中培训、“以老带新”指导教师一对一全面辅导、小组教研交流分享、能力竞赛提升等形式，完成教师培训的正式学习和非正式学习的无缝对接。

（一）深入调研，了解需求

首先，组织召开农村成人继续教育干部教师培训需求调研工作会，昌平、通州、房山、大兴、门头沟等10个区教委职成科、职成教研室以及相关学校负责人参加调研会，通过调研会了解10个区和相关学校干部教师的实际情况以及培训的需求情况。其次，深入延庆、门头沟、大兴、平谷、顺义等区进行实地调研，详细了解教师个人成长和发展的教育需求。

（二）确定主题，制定方案

根据前期调研的结果，结合“互联网 +”时代的教育背景，确定了农村成人继续教育干部教师培训的主题为信息化教学，培训目标主要是全面提升农村成人继续教育干部教师的信息化教育教学理念与运用信息技术开展教育管理与课堂教学的能力。同时，根据农村成人继续教育的特点和实际情况，确定了“线上自主学习为主，线下集中辅导为辅”线上线下相结合、“以老带新学员为点、线上学员为面”以点代面的培训方式，“专业导学 + 同伴互助 + 教学实践 + 成效评价”的线上、线下混合式的学习方式，来探索“互联网 +”背景下，农村成人继续教育干部教师培训的有效方式。并且设计了“信息化教育教学理论”“信息化教育教学技能”“专业拓展”三个模块课程，以及相对应的数字化课程资源，制订了详细的培训计划、学习要求和时间安排表。

（三）研发平台，定制课程

为了适应农村成人继续教育的实际，满足干部教师培训需求，确保培训方案的顺利实施，与北京开放大学联合开发了“互联网 + 课程 + 教师”的线上学习平台——“北京职成教研”。学员可以根据阶段课程安排，自主选择时间、选择自己需要和喜欢的课程学习，并通过完成作业和跟帖参与讨论的形式，进行学习过程的管理。在平台上为学员们提供了包括电子书、视频、PPT等多种形式的学习资源，并根据培训主题和模块课程安排，专门请专家制作了系列微课学习资源、录制了系列专题讲座线上学习资源；并将近年来北京教科院开发的视频教学资源，以及北京市和全国职业教育信息化大赛的获奖教学设计等作为专业拓展学习资源，来满足农村成人继续教育多元化的教育培训需求。

（四）自主学习，过程监测

学员注册成功后，可以根据自己的时间，自主选择学习内容，登录平台进行学习。完成规定学分的学习后，参与研讨、完成作业，系统就会自动生成学员的学分，对于没有完成规定学分的学习、没有提交作业等情况在学员的登录页面会有显示以及定期短信提醒，实现了学习过程的实时监测。

（五）以老带新，以点代面

在面向全体农村成人继续教育干部教师开展线上培训的同时，成立了“以老带新”工作室，为京郊各区培养青年骨干教师。以老带新工作室设计了科研能力、教材开发、基地建设、“互联网 +”、翻转课堂等五个研究方向，成员根据个人专长和培养方向，分为五个小组，聘请了五位农村成人继续教育专家为五个小组的导师，带领学员们分别在五个方向进行深入学习并跟踪指导。同时，通过这些青年骨干教师带动各区干部教师的线上学习，起到“以点带面”的作用。

（六）集中问题，集中培训

为了帮助干部教师用好线上学习资源、指导线上学习、解决线上学习以及实际工作中遇到的问题，帮助老师们顺利完成线上学习，并将线上学习内容有效地运用到实际教育教学中，根据干部教师们线上学习情况、参与情况、跟帖留言等反映出的问题，适时组织开展线下集中培训与一对一集中答疑，及时解决干部教师线上学习的问题与困惑。

三、实施效果

通过两年的研究实践，极大地促进了农村成人继续教育干部教师的成长，特别是教学基本能力竞赛的举办，能够使教师将学到的东西及时应用到教学和管理工作实践中，做到学以致用，对北京市农村成人继续教育的发展起到了积极的推进作用。

（一）形式创新，特色鲜明

1. 改变培训方式——线上学习，线下辅导

“线上线下融合”的培养模式开展农村成人继续教育干部教师培训，以线上学习为主，解决了老师们工作忙、调不开课无法参加培训的问题，给了老师们更多的自由和选择。针对线上学习不能解决的问题以及线上学习中遇到的问题，适时组织线下集中培训和跟踪辅导，对教师的学习做到了全过程的陪伴与引领。

2. 改变导学策略——导师引领，同伴互助

线上学习变被动接受为主动学习，并将所有学员分为五个大组，每个大组聘请了一位农村成人继续教育专家为导学教师。导学教师在每个学习阶段提出问题，引领学员们学习，并随时解答学员们学习和工作中遇到的问题。五个大组又分为 40 个小组，小组长负责组织本组学员参与线上讨论、交流学习心得。学员们也把自己学习和工作中遇到的问题在交流圈里提出来，大家集思广益，互相帮助。

3. 改变课程形式——多种资源，自主选择

线上模块课程提供了多种形式的学习资源，满足农村成人继续教育培训多元化的需求。三个模块为学员们提供了包含信息化教育理论、信息化教育技术、优秀课例等 20 门课程的微课、电子书、视频等学习资源，同时提供了 15 个门类、180 集、40987 分钟的专业拓展学习资源。并且根据干部教师的学习情况，增加了专家讲座、领导讲话、精品说课和资源制作等四个门类的拓展资源。学员们可以根据自身的知识体系结构、实际工作需求、专业延伸以

及兴趣爱好，自主选择课程资源，进行系统性学习；也可以自主选择一门课程资源中的相关内容，进行选择性学习。

4. 改变培训思路——以评激趣，以赛促学

为了激发学员的学习兴趣和动力，根据每年的培训主题，设计了微课评比和信息化教学设计（说课）比赛，极大地提高了参加学习教师的信息化技术运用能力。学员们制作的微课技术规范，环节流畅，画面、音质清晰，思路清晰，内容实用，效果较好；信息化教学设计（说课）比赛有效地调动了广大干部教师学习的积极性，促进了教师的学习交流，在一定程度上检验了教师们线上学习的成效。

（二）参与面大，完成率高

京郊 10 个区共有 969 名教师参加了线上培训，参训教师规模与参加数量是历史之最，也是线下集中培训所无法达到的。同时，学员们学习的热情高、兴趣浓，完成率高。第一模块必修课完成率为 98.6%，选修课完成率为 98.2%；第二模块必修课完成率为 93.7%，选修课完成率为 93.2%；第三模块的完成率为 85%。三个模块学完后，共有 786 名教师取得了由北京开放大学和北京教科院共同签发的结业证书。

（三）内容实用，针对性强

“线上线下融合”的教师培训主题是信息化教学，是当前“互联网 +”背景下，农村教育培训的趋势和必然。学习平台不仅提供了信息化教学的理论、方法，还有信息化技术与运用，内容针对性很强，符合当前农村成人继续教育培训的迫切要求；同时，学习平台上的专业拓展部分还提供了大量多学科、多门类、多形式的学习资源，内容实用，满足了当前农村成人继续教育培训的多元化需求。

（四）研训一体，促进发展

线上学习资源开发与建设，不仅进一步丰富了教育教学资源，同时也促进了京郊农村成人教育的发展和农村成人教育干部教师的成长。在资源建设过程中，房山、通州、大兴、昌平、门头沟、延庆、怀柔、平谷等区的社区学院、成教中心、农广校、乡镇成人学校积极参与，涉及农村成人教育的教师达到 100 多人。这些教师在专家的指导下，通过教材研编、慕课研发、教学指导方案与课标研制，教育教学理念和教育教学能力也得到了进一步提升，

成为区县和学校的教育教学骨干力量，有效地促进了农村成人教育教师队伍的健康发展。

四、研究与实践反思

教师作为农村成人继续教育改革发展的基石和中坚力量，接受继续教育培训，开阔教育教学视野，更新教育教学观念，提高教育教学能力，是一个长期艰巨的任务，不可能一蹴而就，需要持续推进。

（一）存在问题

“线上线下融合”开展教师培训虽然取得了一定的成绩，但是也存在着不足和有待提升的空间。一是线上学习平台的功能还不完善，由于是初次研究开发和使用，线上学习平台的功能设计不够充分，一些功能还不能实现，或者实现得不够理想。比如：看不见学员在线学习的时长，不能随时看到学员已经取得的学分，等等。二是线上学习资源还有待进一步丰富，受培训主题和资金的限制，线上学习资源还有一定的局限性。三是线上学习的组织方式和过程管理还不尽科学，报名参加培训的人数较多，分组还不是很科学，有的导师带一百多人，导致无论是批改作业还是导学和交流都会存在一定的困难。

（二）研究反思

（1）推进成人继续教育教师培训立法。继续教育作为成人教育教师教育的重要组成部分，在提高成人教育教师的思想道德水准、改善专业知识和专业能力结构、促进其队伍建设等方面发挥着举足轻重的作用，因此普遍受到各国的重视。尤其是近年来，随着成人教育教师专业化运动的大力推进，其发展速度和规模甚至超过了成人教育教师的职前培养。各国积极制定政策法规，采取多项措施，推动成人教育教师继续教育的发展，形成了一些共同的特点，值得我们学习和借鉴。

（2）制定激励机制调动教师参与继续教育的积极性。为激发成人继续教育教师的学习动机，树立终生学习的观念，积极参加在职培训和进修，制定教师参加继续教育的激励机制是当下首要任务。世界各国普遍制定了相应的支持性政策，采取具体的激励手段。一是实行教育休假制。如法国在《继续教育法》中规定，教师服务一定的年限后，可享受一定时间的进修假，每个教师每年都有两周的进修学习时间。二是继续教育与晋级加薪相挂钩。“不接受继续教育就很难晋级加薪”，这可以说是当今国外成人教育教师的真实写照。美国为促进成人教育教师积极参与在职进修，建立了进修与获得学位、加薪相结合的激励制度，即成人教育教师只要通过进修取得高一级学位，其工资便随之提高。三是更新教师资格证书。如美国一些州废除成人教育教师资格的终身制，规定教师资格的有限期限，教师必须通过进修获得一定学分或学位后才能更新证书。

（3）丰富线上学习资源，与线下跟踪指导“融合”。“线上线下融合”开展教师培训，丰富的线上、线下教学资源是前提，关键还是要“融合”。由于农村成人继续教育教师组成的多元化，造成了教师培训需求的多样化。一方面需要根据教师培训需求，有组织、有计划地开发一些共性的和具有区域特点的线上学习资源；另一方面需要根据教师的工作需求，指派专家跟踪指导，有意识地引领干部教师开展实际培训项目或课题研究，并将研究成果转化为学习资源，既丰富了线上学习资源，同时也起到了“以研带训”的目的。但是不管是哪一种途径，都需要规范化、制度化，线上线下“融合”，形成长效机制，并结合新时代农村经济社会的发展进行适时调整，为乡村振兴提供教育支撑。

农民中等学历教育学习成果认证标准初探*

赵志磊　李四平

摘　要　学习型社会的显著标志就是全民终身学习，成年人离开学校之后接受继续教育是终身学习的重要方式。然而，同样具有职业特征的“新型职业农民”的继续教育却鲜受关注。本文立足于首都新型职业农民培养的实际需要，通过分析国内外学习成果认证的研究与实践，以线上学习和线下学习成果互认为切入点，将农民的生产实践性成果纳入中等学历课程学习的考核，探索农民非正式学习成果与中等学历教育相关课程学习学分互换的实践路径。

关键词　新型职业农民　学习成果　认证标准

全民学习、终身学习，是学习型社会的显著特征。构建灵活开放的终身教育体系，大力发展非学历继续教育，搭建终身学习的“立交桥”，促进各级各类教育培训纵向衔接、横向沟通，让不同学习渠道均能获得公平认可与发展的机会，满足人们职业发展需要和个性化、多样化的学习需求，是《国家中长期教育改革和发展规划纲要（2010—2020年）》对继续教育提出的战略任务。而对于从业农民的继续教育无论是国家立法、地方政策，还是基层的实践探索一直都是空白。

农业是“安天下、稳民心”的基础性产业，自2004年起中央连续出台“一号文件”聚焦农村、农业、农民问题，充分说明党和政府一直都对“三农”问题予以高度重视。党的十八大报告把解决好农业、农村、农民问题作为全党工作的重中之重，十九大报告强调农业、农村、农民问题是关系国计

*　该文曾发表于《农业网络信息》2017年第12期，收入本书时有修改。

民生的根本性问题，提出要实施乡村振兴战略。然而，我国农业还是一个“低水平、高成本、高投入”的产业，农业仍然是“四化”同步的短腿，农村依然是低收入阶层的聚集地，农民的科学文化素质、经营管理理念、技术技能水平仍旧是制约其增收致富的短板。培育新型职业农民，解决“未来土地谁来种”的问题，发展绿色、生态、可持续的农业产业，实现传统农业向现代农业的根本性转变，事关农业长远发展，农村长治久安。必须将推进农民继续教育工程，加强涉农专业、课程和教材建设，建立公益性农民培养培训制度，大力培养爱农村、懂农业、善经营的新型职业农民，作为推进城乡基本公共服务均等化的重要举措，让农民共享改革开放和现代化成果，确保国家粮食安全和农业可持续发展。

本研究受北京市教育委员会委托，立足于首都新型职业农民培养的实际需要，通过分析国内外学习成果认证的研究与实践，以线上学习和线下学习成果互认为切入点，将农民的生产实践性成果纳入中等学历课程学习的考核，探索农民非正式学习成果与中等学历教育相关课程学习学分互换的实践路径，促进教育培训与生产实际相结合，推动农村成人学习方式改善和考试考核方式的改革。

一、相关概念界定

（一）学习成果

“学习成果”最早由美国学者艾斯纳（E. W. Eisner）于 1979 年提出。在终身学习理念影响下，学习成果认证成为继续教育领域共同探索的方向。广义的学习成果包含了学习者在人生各个阶段获得的各种学习结果，包括对知识的认知、实践技能的运用、工作能力的变化、个体情感和行为表现等。狭义的学习成果是指在特定阶段学习者经过正式或非正式学习方式获得知识、技能的结果。

（二）学习成果认证

学习成果认证就是借助一定的考量标准，经过规范认证程序，对学习者在非正式学习中获得的学习结果，按照职业资格证、技术技能证、获奖等级证等的级别，折算正式学习中相应课程一定数量的学分，或免修部分或全部，或免考直接认定成绩。农民学习成果认证还可以包括其他农户的知识技术的贡献。

（三）继续教育

继续教育是对已从正规学校毕业，走向工作岗位的成人所开展的，旨在开阔视野、更新知识、拓展能力、改善职业认同、适应岗位要求、提高工作效能的阶段性补充教育。

继续教育的学习方式多种多样，有全脱产进修和挂职锻炼，半脱产“工学结合”学习，还有远程网络在线学习和泛在线混合学习，也包括个人自主研修等。有成人学历继续教育和岗位继续教育之分。

在我国，成人学历继续教育的办学主体由普通高校成人学院、网络学院，还有开放大学、农业广播电视学校、自学考试等社会化学校等负责；成人岗位继续教育由行业主管部门组织，由职工大学、管理干部学院、教育学院、各级党校等部门组织学习培训，以取得继续教育合格证为标志。

（四）农民继续教育

农民继续教育主要是指针对农业、农村、农民所开展的有关提高生产水平、提升生活品质和推动产业发展的学习、教育和培训活动，既包括有组织的教育培训，也包括农民有意或无意的非正式学习以及经验学习。

农民继续教育是一个全新的概念，以往的继续教育并不包括农民，包括在《职业教育法》中也没有对农民参加继续教育作出指标性要求和硬性规定。未来现代农业的发展，需要一大批新型职业农民，他们也可能是土地的拥有者，还可能是现代农业的专业技术人员，更可能是农业产业的经营管理者，但是他们必须把农业作为一种职业，因而也需要参加继续教育。

二、国外非正式学习成果认证研究与实践

国外发达国家对学习成果认证的研究起步较早，基本源于20世纪80年代终身教育理论的提出。

（一）法律框架下的学习成果认证

韩国政府以《学分认证法》作为学分认证的法律根据，明确了学习课程认证的程序以及实施机构和责任人，制定了学分认证对象、标准、程序等制

度。其认证标准包括了课程标准和教学大纲。所有专业的课程都设为文学课、主修课和选修课三类，不同层次学位有具体的学分要求。如学士学位不得低于 140 学分，其中文学课、主修课分别不能少于 30 学分和 60 学分，学分与课时折算比例为 1∶15。只有学生的出勤率达到 70% 以上，学习成绩在 70 分以上，才可以获得标准课程规定的学分。

欧盟通过《教与学：迈向学习型社会》白皮书、《哥本哈根宣言》等，明确了成员国内有关认证正规和非正式学习的基本原则，成为欧盟成员国建立非正式学习成果认证制度的纲领；2004 年又通过了《认证非正规和非正式学习》的文件。欧盟的学习成果认证体系，是一个以学生为中心的管理系统，学生按成绩高低排序共分为 7 个等级，每个等级规定了相应比例标准，对应确定每个学生的学分等级。比如，一个全日制大学生一年的学习可换算为 60 学分，一般获得学士学位需要 180 ~ 240 学分。

（二）制度保障下的学习成果认证

澳大利亚在 1995 年制定《认证架构协议》，正式实施学习成果认证制度。日本文部省制定《认定技能审查制度》，认可民间组织对青少年或成人通过各种途径开展的知识和技能培训，并颁发相应的等级证书，学校对有关学习成果承认其学分。南非也在 20 世纪 90 年代开始建立终身学习的全国认证框架，颁布了新的认证框架法案，新的框架将与工作相关的能力标准以及与知识领域相关的理论标准，都纳入整体框架的设计当中。

三、国内对学习成果互认的实践探索

我国开展学习成果认证的研究与实践起步较晚，目前尚属于起步阶段，相关的专著和学术研究不多。就实践层面而言，学习成果认证在学历教育领域得到较多重视，国内许多普通高校之间已经开始实行了课程学分互认工作；非正式学习成果认证只是在部分地区进行探索性实践，而且认证标准自成体系，难以统一。

（一）正规高等学历教育之间的成果互认

2005 年率先在国内成立的“长三角高校合作联盟”，现在已经从开始的 6 校合作联盟扩大为 8 校合作联盟，即“E8 联盟”。2009 年由清华、北大倡议在全国顶尖高校中成立了“C9 联盟”，为合作培养人才，9 校范围内实行了课程学分互认制度；2012 年由重庆大学发起“西南 6 校联盟”，也开展了学分互认、学生互换的互认与转换的实践。这是普通高等教育在顶尖高校之间建立的选课、学分互认的具体行动，普通高等教育与成人高等教育之间还没有开始学习成果互认的探索，相关的研究也少人问津。只有高等教育自学考试这一形式在部分地区开展了与普通高教课程和学分的互认试点工作。如江苏在一些全日制高校建立了“自考学院”，校内的“自考学院”课程学分可与本校同课程学分互认。在浙江，杭州商学院率先进行了高等教育自学考试与在校普通专科的学分互认。

2013 年国家开放大学启动“国家继续教育学习成果认证、积累与转换制度实践”项目，已经在全国 30 个省市的开放大学和 17 个行业进行试点。该项目以“学习成果框架 + 认证标准”为技术路径，通过在系统内外建立学习成果互认联盟，开发“学分银行”信息平台，搭建学习成果认证服务体系，探索对不同类型学习成果认证、积累与转换的运行机制及模式。2015 年底，6 所试点的开放大学发起了“加快推进学分银行建设联合行动倡议”，标志着该项目从局部探索进入全面试点，从而为国家“学分银行”制度建设找路径、探模式、打基础。

国内外的研究与实践均已表明，学习成果互认与转换有利于激发成人学习者继续学习的积极性，国家教育发展规划纲要明确要求建立“学分银行”，大胆实践学习成果互认制度并给予积极的支持。从实践情况来看，学习成果认证的实践只是在部分普通高校之间进行，开放大学的研究也是以系统内的互认为主；普通高校与成人高校之间、正规学校教育与成人非正式学习之间的探索尚属空白。

（二）市民学习成果认证

2010 年，上海市部分高校、电视大学、区县业余大学开展局部学分互认试点，上海终身教育“学分银行”在专科层次试点部分专业课程学分与其他相同层次教育类型课程学分的认定，将职业资格证书课程与学历教育课程实现了学分转换。2011 年，上海市人大常委会通过了《上海市终身教育促进条例》。该条例第 11 条提出，建立终身教育学分积累与转换的制度，实现不同类型学习成果的互认和衔接。该条例的出台，从地方立法层面对正规教育与非正式学习之间的衔接与沟通，搭建终身学习“立交桥”起到了重要作用。

2011年4月，北京西城区成立“市民终身学习成果认证中心”，这是全国首个市民终身学习成果认证中心。终身学习成果认证制度通过对管理体制、支持服务体系、学分管理和认证体系的重建，建立了以社区学院为枢纽的市民终身学习成果管理和认证中心、认证系统网络管理平台，配套完善了学习管理、学分管理、学分诚信管理、学分兑换与积分消费等方面的工作制度，以及激励居民积极参与终身学习的多元支持体系，实现不同类型学习成果的互认和衔接，初步搭建起终身学习的“立交桥”。目前，全区授权认证点数量达到113家，注册个人学习账户达8万余人。

（三）中等学历教育之间学分认定

教育部在2004年出台《关于在职业学校逐步推行学分制的若干意见》，推进区域间、学校间和专业间的学分互认；承认学习者已有的学习和职业实践经历，并可折合成相应的学分；探索和建立职业学校学分累积与转换信息系统，即学分银行。这是中等职业学校内部的要求，没有涉及与其他教育类型、其他学习方式的学习成果互认。

2013年，山东省在青岛、潍坊、德州三市开展普通高中与中等职业学校学分互认学籍互转试点，建立普通高中教育与中等职业教育相互沟通、协调发展的教育体系。学校之间应允许学生互相选修课程，普通高中学生在职业学校修习相关课程获得学分，计入学生综合素质评价档案，可免修普通高中相关选修课程；中等职业学校学生在普通高中修习文化课程获得学分，可免修中等职业学校有关文化课程。转学学生在原就读学校修习的文化课程或技能课程学分可计入转入学校学分，免修转入学校相关文化课程或综合实践课程等。

2015年，安徽省提出将以学分互认的形式，打通中职到大专直至本科的通道。中等职业学校的学生，可以通过学习外校和其他专业课程、转换非学历学习成果等方式获得学分；其他社会成员也可通过学习中等职业学校课程、转换其他层次和类型教育学习成果，经所申请学校认定并报市级教育行政主管部门备案后获得学分。

2017年4月，教育部职成司副司长周为谈道，要建立普通高中和中等职业学校合作机制，探索课程互选、学分互认、资源互通。这是对今后中等学历教育改革方向的描绘，还没有实践经验可以借鉴。

以上的政策对开展农民中等学历教育的学习成果互认与转换工作还是有一定的借鉴意义，但相对而言难度会更大。一是中等职业学校之间办学水平参差不齐，中专、职高、技校的教学水平和教育质量不在同一规格要求上；二是尽管许多学校已试行学分制多年，为学习成果互认与转换提供了基本条件，但是在课程考核和毕业考核中，学分制并没有真正发挥作用；三是农民作为“非职业化”群体，其工作及学习管理缺乏公认的体制机制。

四、制定农民学习成果认证标准的实践

学习成果认证包括认证机构和认证标准两大核心系统。认证机构是学习成果认证的支持系统，本文不作分析。而认证标准是学习成果的关键和核心，是学分转换的主要依据，也是本文论述的主要内容。

农民继续教育中非正式学习的成果是否达到社会普遍认同的质量和标准，需要建立一定的测评指标，没有系统化、可信度高的评价指标，农民学习成果认证也就无法进行。我国各地正在试行的各类教育学习成果的规格要求差别很大，甚至封闭性很强。普通高校的“C9 联盟”“E8 联盟”“西南 6 校联盟”只是在联盟内部跨校选课、学分互认、合作培养人才；国家开放大学、上海终身教育“学分银行”、北京西城市民终身学习卡积累，都是在基于学分积累、学分转换的认证平台建设基础上的成果认证。有关认证标准建设的指标要素、知识技能水平考量、折算的比率等认定的依据可借鉴的具体内容几乎没有。按照“标准先行、资源跟进”的实践思路，围绕北京市现代农业产业发展需要，以农民实际需求为中心，以“线上线下融合”学习成果认证标准为切入点，采取“先易后难、分类指导、分步推进”的策略，稳妥推进学习成果认证工作。

（一）研制专业教学指导方案和核心课程标准

依据 2014 年教育部和农业部办公厅《中等职业学校新型职业农民培养方案（试行）》中对新型职业农民培养的目标、学制、专业、课程以及考核等内容都有要求，组织有关专家、一线教师、管理干部研制了“合作社运营与管理”“果树生产”“蔬菜种植”“农产品市场与流通”“乡村旅游与休闲农

业”“家庭农场”“林下经济”“农村社区管理”“社会文化艺术”“观光农业经营（休闲农业与乡村旅游方向）”10个专业的教学指导方案、80门专业核心课程标准，为基层学校开发农民培训教材提供了依据，填补了农民职业教育课程资源建设的空白。

（二）开发在线学习资源，支持农民自主学习

与专业团队合作，利用“京学网”平台，组织专业教师录制了“合作社运营与管理”“果树生产”“蔬菜种植”“农产品市场与流通”“乡村旅游与休闲农业”“社会文化艺术”“观光农业经营（休闲农业与乡村旅游方向）”等7个专业合计500学时的教学视频；开发了“有机蔬菜家里种”“病虫害的有机防治”“农产品营销”3门课程的慕课资源；上传了近600个获奖的教学微课。农民学员可以根据自己的生产实际和时间安排，自主选择课程和时间登录平台学习；可以在学习圈内发言讨论，随时将学习、生产中的问题，在平台上留言，相关课程和行业专家给予针对性答复；也可以随时检索自己需要学习完成的课程、检查当前的学业进展情况。利用现代网络和信息技术，改善农民学习方式，有效解决了困扰农民学习的“农学矛盾”，使学习者可以结合生产、生活实际，自主选择学习内容和学习时间。

（三）制定线上线下学习成果互认标准，将农民非正式学习成果纳入课程考核

开展“北京市新型职业农民中等学历教育学习成果认证方案”的研究，制定了观光农业经营专业（休闲农业与乡村旅游方向）和社会文化艺术专业，“互联网+”背景下“线上”自主学习与“线下”培训相结合的学习成果认证方案。

利用“互联网+”学习平台的优越性，改善农民继续教育学习方式，依据试点专业教学指导方案，在“京学网”平台上开辟“新型职业农民中等学历教育”专栏，创新新型职业农民的学习模式，有效解决农学矛盾，畅通一线劳动者和社会人员继续学习深造的路径，推进“互联网+”背景下农村成人教育教学改革。

依据学习成果认证方案，采用“线上线下”相结合的方式开展农民中等学历教育，培育新型职业农民。其中理论教学以线上教学为主，线下教学为辅，学时比例大致为1∶1~2∶1；实践教学、技能培训以线下教学为主，线上

教学为辅，学时比例大致为 1∶1~0∶1。学员按规定完成全部线上和线下的学习任务，并通过相应的考试和考核，便可认定学历教育相应学分。

本方案还将农民在非正式学习中获得的实用技术证、专业技术等级证和职业任职资格证等含金量和认可度高的证书纳入学分转换，高级、中级、初级证书分别折合 30 学分、20 学分、10 学分，同时适当减免或全部免修相关专业的课程学习和生产实践。

五、农民继续教育学习成果认证探讨

由于农民中等学历教育的专业面比较窄，农民非正式学习的结果缺乏公信力，正规学校教育的学习成果认证标准仅有参考意义。而且对于课程设置和教学内容的选择办学机构自主性较大，学校间师资水平、教学质量又参差不齐，统一的认证标准难以在不同的区域间执行。从地方层面上讲，各级政府和相关行业主管部门，为了自身的利益，各自为政，互不服气，甚至实施垄断，这也是农民学习成果认证的最大障碍。

为此，我们可以采取“先易后难、分类指导、分步推进”的策略，稳妥地实践学习成果认证工作。在实施中，要认真解决一些关键性问题。

（一）专业能力是制定学习成果认证标准的指标参数

根据专业培养目标，专业能力可以分为基础能力、核心能力和关键能力。把农民非正式学习成果对应专业能力细化为可测量、可评价的指标要素，既可以避免认证过程中申报人与评价者认识和理解上的歧义，还能够在与其他教育类型的学习成果互换中获得认可。

（二）发挥“学分银行”的存储功能

建立农民终身学习账户，累计各种学习成果，发挥“学分银行”的存储功能。农民的非正式学习与其他成人一样，大多源于生产生活经验的积累和平常非意识的培训，有些学习经验和培训成绩不一定适合当时的学习成果认证，出于对终身学习的支持与鼓励，在有效的时间内结合学习内容随时都可以从账户中支取出来用以转换。

（三）完善继续教育的有关制度

进一步完善继续教育的有关制度，打破隔绝教育各领域之间，教育领域与劳动工作领域、社会生活领域之间的藩篱，搭建畅通高效的人才成长"立交桥"。

当前，保障各类正式学习成果认证的法律体系尚未确立，但是，制约非正式学习成果认证的关键还是系统之间、部门之间、学校之间以及学校教育与社会培训之间的"门户"观念和利益关系。认证标准只是具体操作层面的技术的问题，只要经过大胆的实践探索定能取得突破性进展，而观念层面的扭转却需要付出大量无谓的消耗，这是每一个实践者最不愿面对的。

总之，对农民非正式学习成果认证的探索才刚刚起步，需要思考和实践的工作还有许多，本文仅是进行了初步探索，希望能引起大家对农民、农村、农业更大的关注，因为这才是中华五千年文明的"初心"。

乡村振兴背景下农村社区教育发展研究——以北京市农村社区教育为例*

史 枫 赵志磊 林世员 卫 宏

摘 要 乡村振兴战略是党和国家实现“两个一百年”奋斗目标的重要战略之一，乡村振兴有许多路径，但归根结底在于人才素质的提升。北京农村社区教育已经并将继续在北京乡村振兴中发挥重要作用，需要提高农村社区教育在北京乡村振兴中的战略定位。文章分析了北京农村社区教育在乡村振兴中发挥的重要作用，面临的挑战和制约，提出了发展北京农村社区教育的建议。

关键词 农村社区教育 乡村振兴 发展建议

农业、农村和农民问题是关系国计民生的根本性问题。2017 年 11 月，党的十九大报告提出“实施乡村振兴战略”，实施乡村振兴战略关键在人才，根本在教育。2018 年 1 月，《中共中央 国务院关于实施乡村振兴战略的意见》提出，实施乡村振兴战略，必须破解人才瓶颈制约。其中要把人力资本开发放在首要位置，畅通智力、技术、管理下乡通道，造就更多乡土人才，聚天下人才而用之。文件中提到的大力培育新型职业农民、加强农村专业人才队伍建设等强化乡村振兴人才支撑的途径和手段与农村社区教育职能发挥有着密切的联系。

作为国家首都，北京具有“大城市小农业”的特征，同时也呈现出“大京郊小城区”的现实特点，乡村全面振兴是北京决胜全面建成小康社会和建设国际一流和谐宜居之都的坚实保障。2018 年 5 月，中共北京市委、北京市

* 该文曾发表于《北京农业职业学院学报》2019 年第 3 期，收入本书时有修改。

人民政府印发《关于实施乡村振兴战略的措施》的通知，明确提出要着力推动乡村产业振兴、人才振兴、文化振兴、生态振兴、组织振兴，其中人才的振兴是基础和关键，人才的振兴靠教育，产业振兴、文化振兴、生态振兴与组织振兴也都与教育有着密切的联系。北京农村社区教育作为面向农村居民开展多种类型教育活动的重要形式和渠道，正在成为乡村振兴的重要支柱。

一、农村社区教育在乡村振兴中发挥了重要作用

农村社区教育在支撑北京乡村产业振兴、乡风文明塑造、基层社会治理、精神生活提升、村民组织再造等方面已经并将持续发挥十分独特和不可替代的作用，助力北京产业兴旺、生活富裕、乡风文明、治理有效、生态宜居的美丽乡村建设。具体来说，主要集中体现在以下五个方面。

（一）农村社区教育优化基层党组织作用发挥，巩固党在农村的执政基础

乡村振兴关键靠党的领导。《中共中央 国务院关于实施乡村振兴战略的意见》明确提出，“扎实推进抓党建促乡村振兴，突出政治功能，提升组织力，抓乡促村，把农村基层党组织建成坚强战斗堡垒”。面对当前意识形态多元多变的新特点和思想文化交融交锋的新态势，北京农村社区教育始终坚持“政治第一位”，主动承担党的方针政策“宣讲团”和“传话筒”的角色，充分发挥弘扬社会主义核心价值观、传播正能量的主要渠道作用，巩固了党在农村的执政基础。如房山区阎村镇依托镇成人学校，充分整合资源，在实践中构建了“成校 + 党校”的新时代党建新模式，把镇党校直接建在了镇成人学校，形成了“党建引领成教，成校助推党建”的运行机制，完善了全镇党员真学真懂真用、群众充分受益的党建新路径，在加强党组织建设、强化党员干部理论学习、优化党组织功能发挥等方面取得显著成果。两年间培训党员 16000 人次，开展党建活动 50 多场，弥补了农村基层党员教育培训工作的短板，为乡村组织振兴奠定了坚实基础，是社区教育与区域党建有机融合的成功尝试。

（二）社区教育提升农民致富就业技能，助力乡村产业振兴

教育扶贫是斩断贫困“代际传递”的重要方式。目前北京郊区还有 234 个低收入村，这些乡村产业乏力，农民技能缺乏。北京农村社区教育主动作

为，围绕“转方式、提技能、促升级”，通过提升农民技能，培育区域产业，打造乡村品牌，探索形成了面向农民各具特色的技能培训新模式、新路径，以人才振兴支撑产业振兴，在服务乡村全面振兴中脱颖而出。如大兴区农村社区教育主动作为，服务产业发展，形成“一校一品一特色”。随着亦庄工业开发区南扩、北京第二机场兴建、城南计划实施，大兴区产生了大量失地农民，由于技能缺乏，短期内呈现出无所事事、长远生计没有着落的问题。大兴区农村社区教育立足产教融合，14 所乡镇成人学校引企入校，广泛开展农民培训，打造产教品牌，形成“一校一品一特色”，实现了综合效益和广泛影响。其中，围绕服务新机场、新航城，礼贤镇成人学校建立了物流培训品牌；围绕调整农业结构，发展林果业和民俗旅游业，安定镇成人学校打造了桑葚产品系列品牌。礼贤镇的易拉罐金属画，魏善庄镇的压花，采育镇的黑陶，长子营的宫灯，北臧村镇的金丝岩画，瀛海镇的面塑等，产业品牌的背后都有成人学校的积极参与和精心打造，产生的经济效益让当地农民直接受益。

（三）社区教育助力乡村文化建设，为乡村振兴提供精神动力

乡村振兴，既要塑形，更要铸魂。没有乡村文化的高度自信，没有乡村文化的繁荣发展，就难以实现乡村振兴的伟大使命。北京农村社区教育发展与乡村文化建设水乳交融，彼此借力，本土乡村文化是社区教育活动的重要载体，社区教育联合文化部门对乡村文化进行挖掘重塑和传承发展，打造了诸如通州“运河文化”、延庆“妫川文化”、门头沟“古道文化”等多个品牌，教化养人，文润乡村。如：水峪嘴村是门头沟区妙峰山镇的一个古村，在门头沟区社区学院的指导下，该村挖掘京西古道文化，建成古道博物馆和村史博物馆，打造古道历史浮雕墙，整个村庄成为传承历史文化特色，展现新农村建设风貌的代表性文化旅游地。在区级社区教育机构的引领下，村里组建了秧歌队、合唱队、锣鼓队、舞蹈队等文化团队，开设了文化驿站、图书馆、健身室，通过开展各项文化活动形成邻里和谐、互帮互助的新风尚。经过多年持续打造，水峪嘴村的乡村文化振兴走出了一条特色之路。

（四）依学治理，社区教育服务乡村治理优化

在乡村全面振兴战略中，“治理有效是基础”，完善的乡村治理体系既是乡村全面振兴的重要内容，也是乡村全面振兴的关键性保障。农村社区教育在乡村治理中进行了多样化探索，以积极多样的教育活动引导人、培育人，

依靠学习走向未来，筑牢农村居民的法律意识与法治观念，营造积极健康的精神家园，在村庄和谐、搬迁安置、信访干预和信教安全等多个方面发挥了超出预期的独到效果，社区教育开展得越是充分到位，村庄就越和谐，信访就越规范。大兴区瀛海镇成人学校以北京市文化驻乡工程为依托，面向全镇28个行政村，以国学、书法、绘画、民族舞、古筝、面塑等课程为载体，提供丰富多彩的社区教育活动，3年间吸引村民参与6.68万人次，成人学校成为村民的精神家园。学校组织反邪教志愿者，开展以“相信科学反对邪教，提高素质促进和谐”为主题的反邪教全民健身和文化宣传系列活动，倡导文明健康、简约适度、积极向上的生活方式，有效挤压了非法宗教和邪教的生存空间及土壤，为和谐乡村建设作出了积极贡献。

（五）宣教环保理念，助力乡村环境治理和生态振兴

生态优、环境美、产业兴、人气旺、民风淳的美丽乡村，需要农村基础设施提档升级作为基本保证，也需加快补齐农村人居环境突出短板。对“脏、乱、差”现象的治理不仅需要具体的行动举措，更需要在农村居民的理念认识中建立长效机制。农村社区教育以多种方式普及生态文明和环境保护理念，培养培训农村居民的可持续生活方式，对农村人居环境治理及提升带来积极影响。作为生态涵养区，延庆区推进生态环境保护的一个重要举措是依托社区教育筑牢环境保护、可持续发展的意识长城，提高区域居民的绿色生活和可持续生活方式。延庆区社区教育中心牵头实施“社区教育绿妫川”项目，在乡镇、街道和社区积极开展环境保护、垃圾分类、节能减排、绿色生活等宣传教育和乡村行动，以先进理念引导居民生活习惯，提升环保意识，带动绿色乡村、绿色社区打造。目前全区生活垃圾无害化处理率达到95%，“干净指数”保持全市前列。“环保奶奶”贺玉凤情系碧水蓝天，以实际行动守护延庆美丽山水，带动祖孙三代走上环保路，组织百余人参与“夕阳传递”环保志愿队，为“社区教育绿妫川”项目树了典型，成为延庆乃至北京市民学习的好榜样。

二、服务乡村振兴战略，农村社区教育面临的挑战和制约

乡村振兴战略的实施根本在于人才的振兴和人的素质提升，关键在于乡

村教育体系的健全和完善。其中农村社区教育作为乡村教育体系的重要组成部分，在服务乡村全面振兴中发挥了重要作用，取得了积极成效。但是，随着乡村全面振兴战略的深入实施，农村社区教育面临新的机遇和挑战，被赋予了新的历史使命和新的时代任务，不仅要为乡村全面振兴提供人才和智力支持，更要全面参与乡村产业振兴、文化振兴、组织振兴和生态振兴，在产业培育、文化传播、乡村治理、党的建设以及可持续生活方式形成等多个维度发挥独特的、不可替代的作用。

在充分认识农村社区教育在乡村振兴战略过程中面临的发展机遇和承担的重要任务的同时，我们更要清醒地认识到当前农村社区教育面临的问题和瓶颈制约，同当前我国教育的主要矛盾是人民群众对于优质教育服务的普遍、个性化需求同教育供给的不平衡、不充分之间的矛盾一样，农村社区教育在参与和服务乡村全面振兴过程中也存在着有效供给不能很好满足需求的矛盾，制约着助力乡村全面振兴的作用发挥。这些困难和挑战主要表现在以下几个方面。

（一）农村社区教育在国家教育体系中处于弱势地位

农村社区教育在国家教育体系中处于弱势地位产生的原因主要有二。一是长期以来我国城乡二元结构的影响，这种城乡二元结构制约了城乡公共服务的均等化发展，农村教育体系和城市教育体系之间的不对等发展从整体环境上影响了农村社区教育的发展；二是我国全日制普通教育和以业余教育为主的成人教育两种教育制度的设计，长期以来受我国经济发展水平的影响，政府在教育制度设计和保障方面更倾向于普通教育，对成人教育虽然重视但受客观条件的限制没有给予充分的政策制度保障，使得成人教育在整个国家教育体系中处于相对弱势的地位，突出表现在资金、人才等相关制度的短缺上。

（二）农村社区教育三级体系不健全

农村社区教育三级体系指的是从区社区教育中心到乡镇成人学校（乡校）到村成人学校（村校）的三级办学网络，办学网络的完整健全是开展农村社区教育的机构保障。受多种主客观因素的影响，目前农村社区教育三级体系不健全的现象比较突出，即便是社区教育开展得相对比较好的北京也存在这一问题。北京市目前共有 16 个区，除城 6 区外，10 个郊区中只有大兴、房山、通州3个区的农村社区教育三级办学网络相对完整，其他各区在乡镇层面已不再有独立的成人学校，没有相对独立的场地、经费和人员支撑，社区教育受到极大制约。

（三）农村社区教育教师队伍不稳定

社区教育的良性发展离不开社区教育工作者队伍，农村社区教育队伍供需失衡的主要问题在于农村社区教育教师队伍不稳定造成的供给不足。专职人员、兼职人员和社区志愿者是我国社区教育工作者队伍的主要组成部分，其中专职人员是队伍的核心力量，是社区教育质量的保证。[1] 与其他教育领域中的教师相比，农村社区教育的专职教师待遇普遍低、进修机会少、职称评定困难，由此导致教师发展空间非常有限。这些问题的存在导致农村社区教育教师队伍的流动性相对较大，不利于社区教育整体功能的发挥。

（四）政策变化导致送教下乡难以持续

把教育送到农民家门口，把教学培训搞在田间地头是农村社区教育的特色优势，也是贴近农民生产生活实际的教育组织形式。灵活性、针对性从来都是社区教育的制胜法宝，也是社区教育的吸引力所在。但是由于受近期一系列政策和制度环境变化的影响，诸如交通安排、下乡补贴等问题得不到合理解决，下乡难、送教难已经成为普遍问题，农村社区教育的灵活性大打折扣。

三、服务乡村振兴，进一步加强农村社区教育的建议

近年来，社区教育得到了全社会的高度重视，但总体看，在整个教育系统中仍然是短板，特别是农村社区教育。乡村振兴战略对社区教育提出了新任务、新要求，社区教育面向农村开展教育培训的情况究竟如何？能不能满足乡村振兴的需要？基于实地调研和多年研究，提出以下建议。

（一）提升对农村社区教育的认识和定位

农村社区教育既属于教育的内容，又归于农村公共服务的范畴，是一项

[1] 李婷．“新时代”背景下农村社区教育的困境与突破［J］．成人教育，2018（7）．

巨大的工程，需要各个主体在负好自己职责的同时通力合作。[1]农村社区教育助力乡村全面振兴贡献凸显，它有很多的跨界、融合、开放和共享，其作用发挥表现为潜在长远，润物无声。如果认为农村社区教育做了教育部门不该管的事，做了文化、人社、综治等部门应该做的事，那就是对农村社区教育的极大误解。农村社区教育的作用和贡献不是表面看到的一点点，必须加大重视和积极发展农村社区教育。要以社区教育为重点，构建实用性更强的农村教育体系。[2]既要认识到农村社区教育是我国教育体系的重要组成部分，要在公共资源配置和政策制度上予以保障，更要认识到农村社区教育在乡村全面振兴中的重要战略地位，在推进乡村全面振兴过程中予以优先关注和发展。

（二）围绕乡村振兴战略，持续拓展农村社区教育的作用空间

北京京郊社区教育发展本身不平衡，社区教育服务乡村振兴的力度和贡献也各有差异。总体而言，大兴、房山、顺义、门头沟、延庆等农村社区教育开展扎实的几个区，在助力乡村振兴战略中的作用更为凸显，但区域之间社区教育的发力点有着显著差异，在乡村治理、文化振兴、党的建设、生态振兴等多个维度各有侧重。应该说农村社区教育并不仅仅围绕新型职业农民培训、实用技术培训等人的培养，它更浸润在乡村全面振兴的各个方面。因此，要进一步明确农村社区教育在乡村振兴战略中的功能定位和服务方向，支持农村社区教育在凝聚人心、教化群众、淳化民风中发挥重要作用的基础上，开展乡风文明教育、社区老年教育和贫困人口教育，传播生态文明，培育积极向上的社会心态，巩固农村思想文化阵地建设；推动农村社区各类学习型组织与学习共同体建设，传承和弘扬社会主义核心价值观，推进终身学习理念引领下的可持续农村社区建设，践行可持续生活方式，营造良性生态环境，加快建设学习型乡村，实现农村社区教育和乡村振兴的精准对接和完全融合。

（三）多层面完善农村社区教育三级体系

强化政府统筹，实施农村社区教育与乡村振兴同步规划、同步实施、同步考核，完善区、乡（镇）、村三级办学体系。在区级层面，为加强统筹力

---

[1] 吴明君，李倩．公共服务均等化视角下的农村社区教育发展［J］．中国成人教育，2017（23）．

[2] 徐佑国．乡村振兴应从农村教育开始［J］．中国农村教育，2018（9）．

度，可考虑在各区成立社区学院以整合资源，提升社区教育影响力和更大作用发挥。在乡镇层面，应努力恢复独立设置的成人学校，如确有困难则可依托乡镇中小学资源建立社区学院乡镇分校，人员师资由社区学院派驻。在村级层面，每村都建立成人学校不太现实，可以多村联合共建，与村委会结合，受乡镇分校指导，以融合共享模式拓展服务面向。以完善的农村社区教育三级体系为农村社区教育发展提供扎实的机构保障。

（四）切实解决农村社区教育教师的合理诉求

社区教育公共服务的良性发展离不开社区教育工作者队伍，社区教育工作者供需失衡主要体现在农村社区教育公共服务建设中，主要表现为供给不足。为解决社区教育教师队伍短缺的问题，首先必须在政策上保障农村社区教育教师的合理诉求：一是让乡镇成人学校的教师也能拿到乡村教师补贴，而不应采取歧视性政策，在这一点上房山区乡镇成人学校教师参照乡村教师补贴 80% 执行的经验可以推广；二是在职称评定上，以中小学教师的评定标准衡量社区教育教师显然不适宜，应考虑到这部分教师群体的特殊性，可以参照宁波经验，全市单独设立社区教育职称系列，给社区教育教师应有的发展空间，充分调动他们的工作积极性和主动性。其次要扩大兼职教师队伍，全面实施农技推广服务特聘计划，依据现代农业发展规划和产业特点，建立一支跨地区、跨行业、跨部门、跨所有制的专业性农技推广服务师资队伍，同时，鼓励包括“土专家”“田秀才”在内的各方面社会力量积极投身农村社区教育服务事业。

（五）创新农村社区教育供给机制

一是充分利用现代网络技术，建立资源共享的农村社区教育优质课程信息化平台，开发农村生活、生产技术普及课程，通过微课、慕课、视频公开课等在线开放课程的建设，形成有机衔接、循序渐进、交叉融合的农村社区教育课程群、培训教材和培训技能包，让农村社区教育跟上时代步伐。二是加强农村社区教育培训基地建设，打造一批师资力量优、实训条件好、整体培训能力强的培训基地，主动面向新型职业农民、农村转移劳动力、复转军人、贫困家庭、残疾人等特定群体开展培训。三是充分利用“三通两平台”建设，建立面向农民的终身学习成果认证、积累与转换公共服务平台，制定学历与非学历教育的学分互认与转换标准，完善“学分银行”制度，充分发挥学分制的优势，为每一位农民提供能够记录、存储自己的学习经历和成果的个人学习账号，对农民的各类学习成果进行统一的认证与核算，使其在各个阶段通过各种途径获得的学分可以得到积累或转换，打通学历教育与非学历教育之间的通道，畅通继续教育、终身教育渠道，搭建终身学习“立交桥”。

（六）加大舆论宣传力度

加强对乡村振兴和农村社区教育重要性的宣传力度。政府以及社会各界可运用传统媒体和新媒体等方式，广泛深入宣传实施乡村振兴战略的重要意义以及人才在乡村振兴中的重要支撑作用；宣传农村社区教育的办学内容、办学方式及办学优势，突出农村社区教育为地方经济发展作出的卓越贡献；树立重视农村社区教育、尊重农村实用人才的新风尚，改变人们重学历、轻技能的传统观念，增强全社会特别是青年一代对乡村振兴的认识和参与乡村振兴的自觉性和使命感。

乡村全面振兴，教育先行，农村社区教育首当其冲。充分认识农村社区教育在乡村全面振兴中的独特、重要作用，深刻分析当前农村社区教育融入乡村全面振兴的挑战与瓶颈，积极采取针对性的应对措施，有助于把乡村全面振兴战略真正落到实处，取得实效。

第二篇　生态文明与可持续发展教育

● 主题一：生态文明素养

新时期学生生态文明素养培育现状和发展对策研究——以首都中小学学生为例*

沈欣忆　张　婧　吴健伟　王巧玲

摘　要　在全面建成小康社会进程中，我国政府高度重视生态文明建设，不断作出重大部署，面向生态文明目标的教育建构，已经成为中国教育改革的时代使命。该研究依据相关文件要求，结合首都教育发展实际，将学生生态文明素养内容确定为生态文明价值观、生态文明知识、生态文明关键能力、生态文明行为习惯四个维度。从首都功能核心区、城市功能拓展区、城市发展新区、生态涵养发展区四大核心区中选择8个区进行深入调查，了解首都中小学生生态文明素养培育现状，获得了“中小学生生态文明价值观指数非常高，尤其认同‘尊重当代人与后代人’”“中小学生生态文明知识‘高知晓率，低准确率’”等相关结论。根据调研结果，本研究从教育目标、课程体系、学习方式、协同机制和发展平台五个方面提出了新时期首都生态文明教育发展建议。

关键词　生态文明　培育现状　发展对策

一、引言

党的十七大首次把“生态文明”写进政治报告，党的十八大又将生态文明建设纳入“五位一体”总体布局，并将“中国共产党领导人民建设社会主义生态文明”写入党章。2015年《中共中央 国务院关于加快推进生态文明建

---

* 该文为北京市教育科学“十三五”规划2019年度优先关注课题“基于互联网＋的生态文明课程体系建设研究”（编号：CJEA19065）的成果，曾发表于《中国电化教育》2020年第6期，收入本书时有修改。

设的意见》提出将生态文明纳入社会主义核心价值体系。2015年9月，联合国可持续发展峰会通过《变革我们的世界：2030年可持续发展议程》[1]，开启了全球生态文明与可持续发展事业的新篇章。

在全面建成小康社会进程中，我国政府高度重视生态文明，不断作出重大部署，面向生态文明目标的教育建构，已经成为中国教育改革的时代使命。《国家教育事业发展“十三五”规划》提出，加强生态文明教育，广泛开展可持续发展教育。《北京市“十三五”时期教育改革和发展规划（2016—2020年）》作出更加具体的指示，推进可持续发展教育示范区建设，培育学生可持续发展素养。《北京市中小学德育工作指南》中强调，要引导中小学生提高生态文明意识和可持续发展素养，践行生态文明行为，深入推进中小学生态文明和可持续发展教育。

新时期，基于生态文明的新要求、新态势，构建首都中小学生生态文明素养框架，深入调研中小学生生态文明培育的现状，有助于精准定位首都中小学生态文明教育的发展目标与方向。

二、中小学生生态文明素养的概念和相关研究

“生态文明”是人类文明的一种形态，以尊重和维护自然为前提，以和谐共生为宗旨，引导人们走上可持续的发展道路。生态文明素养是人类在追求生态文明过程中的意识、知识、能力和行为方式。

在国外的语境中，“生态文明”这一概念使用较少，而生态意识（Environmental Attitudes）、环境素养（Environmental Literacy）等概念提及较多。Hines等人认为，行为是结果，行为受到环境保护的能力、积极的环境态度等的影响。[2]Stern通过研究设计了“环境显著行为”量表，他增加了“工作中的环保行为”指标并且加强权重。[3]Roth强调环境知识很重要，是态度和

[1] 变革我们的世界：2030年可持续发展议程［EB/OL］.［2019-01-16］.http：//genevese.mofcom.gov.cn/article/wjysj/201604/20160401295679.shtml.

[2] J M Hines，H R Hungerford，A N Tomera.Analysis and Synthesis of Research on Responsible Environmental Behavior：A Meta-Analysis［J］.Journal of Environmental Education，1987，18（2）.

[3] Paul C. Stern.Toward a Coherent Theory of Environmentally Significantly Behavior［J］.Journal of Social Issue，2000，56（3）.

行为的基础，他指出环境素养涵盖环境知识、环境态度以及采取的对环境有益的行为。[1]

近五年来国内对生态文明素养的研究逐年加强。艾丽容从大学生生态文明素养的现状出发，通过问卷数据分析指出大学生生态文明素养的培育需要政府、高校、学生联动形成合力。[2]李杨等通过调查指出大学生生态文明素养知识掌握得不全面，具有忧患意识，行为较为积极，其生态文明素养教育层次较低，素养与知识、意识、行为和教育呈正相关。[3]李博文提出培养大学生的生态文明素质和生态道德素养是新世纪高校义不容辞的责任。[4]侯洪等人提出课程建设是高校生态教育的平台和重心，如何运用创新思维设置课程以及课堂内容板块的更新，是做好高校生态教育和大学生生态文明素养培育的关键要素。[5]关于生态文明素养的研究大多聚焦在大学生生态文明素养或者高校生态文明建设上，而对基础教育阶段的生态文明教育研究较少。

21 世纪以来，国内先后开展了多次关于公众环境意识或态度的调查研究。早在 2007 年中国社科院开展了环境意识项目，北京市开展了公众环境意识调查。2012 年中国环境文化促进会受环境保护部宣传教育司的委托，完成了“全民环境意识评估体系”研究。这些项目对我国不同地区、不同群体的环境意识和态度及相关理论有了一定的研究，对公众的生态环境行为也有了大致的了解。2013 年，环境保护部宣传教育司启动的首次全国生态文明意识调查的分类维度为公众对生态文明的知晓度（知识）、认同度（价值观）和践行度（行为），与 Roth 的分类基本一致。[6]本研究认为，生态文明素养除了“生态文明价值观、生态文明知识、生态文明行为”三个维度，还应包括生态文明技能，即践行生态文明的能力。生态文明价值观是顶层的原则和定位，生态文明行为则是最外在的表现形式，也是彰显生态文明素养的核心基础，而知识和能力是联结价值观和行为的重要通道（见图 1）。

---

[1] Charles E.Roth.Environmental Literacy：Its Roots，Evolution，and Directions in the 1990s［M］. Columbus，Ohio：ERIC Clearinghouse for Science，Mathematics，and Environmental Education，1992.

[2] 艾丽容 . 大学生生态文明素养的培育对策研究［J］. 学校党建与思想教育，2018（8）.

[3] 李杨，李雪玉，等 . 大学生生态文明素养教育现状研究——基于吉林省高校样本的调查与分析［J］. 黑龙江高教研究，2018（2）.

[4] 李博文 . 高校生态文明教育探析［J］. 黑龙江畜牧兽医，2015（14）.

[5] 侯洪，刘歆 . 课程建设与大学生生态文明素养的培养［J］. 中国大学教学，2014（10）.

[6] 方然 . 公务员生态文明素养测量［J］. 吉首大学学报（社会科学版），2016（5）.

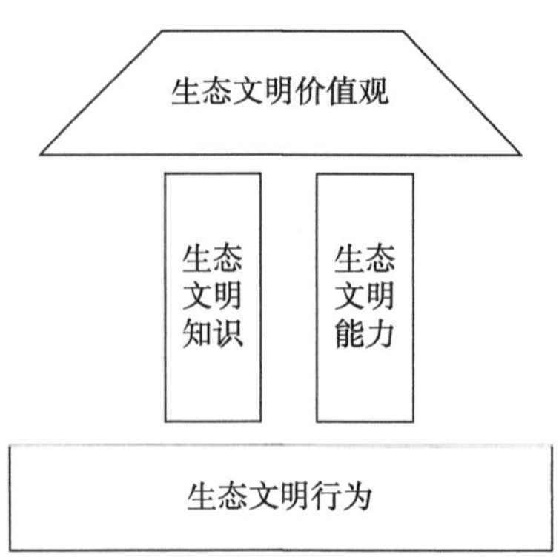

图 1　生态文明素养的四维度

三、研究设计

（一）研究内容

本研究依据《北京城市总体规划（2016—2035 年）》的最新要求，从首都功能核心区、城市功能拓展区、城市发展新区、生态涵养发展区四类区中分别择取东城区、西城区，石景山区、朝阳区，通州区、房山区，密云区、延庆区 8 个区作为调查样本区，以《北京市“十三五”时期教育改革和发展规划（2016—2020 年）》、《北京市中小学德育工作指南》(2016)、《北京市中小学生态文明宣传教育实施方案（试行）》(2019) 等为依据，结合首都教育发展实际，将学生生态文明素养调查问卷确定为以下 4 个维度（见表 1）。

表 1　生态文明素养维度和主要指数

生态文明素养维度	主要指数
生态文明价值观	尊重生命与健康；尊重资源与环境；尊重多样性与差异性；尊重当代人与后代人
生态文明知识	生态环境；生态城市、生态人居
生态文明能力	自我和谐能力；处理冲突的能力；问题解决能力；跨文化理解力；面向未来思考能力
生态文明行为	健康生活、低碳生活、适度消费、休闲习惯

（二）调查对象

本研究采用分层随机抽样的方式抽取北京中小学的学生样本。本次调研对象为东城区、西城区，石景山区、朝阳区，通州区、房山区，密云区、延庆区 8 个区的中小学生，其中小学采集五年级学生，共收到问卷 2443 份；中学采集初二学生，共收到问卷 2465 份。中小学生共收到问卷 4908 份，其中男生占 50.71%，女生占 49.29%，男女生人数较为均衡。

（三）研究工具

本研究针对中小学生的语言特点和习惯，结合生态文明素养的四个维度编制中小学生生态文明素养调查问卷，以此作为调查工具，经过专家审定以及结构效度分析，基本满足测量学的要求。

四、数据分析与关键结论

（一）总体样本在不同维度上的表现

1. 中小学生生态文明价值观指数非常高，尤其认同“尊重当代人与后代人”

中小学生在生态文明价值观上的认同高度一致，尤其是在“尊重当代人与后代人”“尊重生命与健康”“尊重多样性与差异性”上（见图 2），94.52% 的受访者认为生态环境对每个人来说都是公平的，没有谁可以享有特权，92.46% 的受访者认为当代人对后代人在生态文明上有责任和义务。而在“尊重环境与资源”中，分值相对较低，受访者在“生态资源本身蕴含着巨大的经济价值，能够带来经济效益”这个观点上引起了较大的分歧，67.5% 的学生表示认同，而 18.3% 的学生表示不认同，14.2% 的学生表示不确定。习总书记在“北京世界园艺博览会”开幕式上致辞时提出，良好生态本身蕴含着无穷的经济价值，能够源源不断创造综合效益，实现经济社会可持续发展。[1]

[1] 习近平在 2019 年中国北京世界园艺博览会开幕式上的讲话［EB/OL］.［2019-01-16］.http://www.xinhuanet.com/politics/leaders/2019-04/28/c_1124429816.htm.

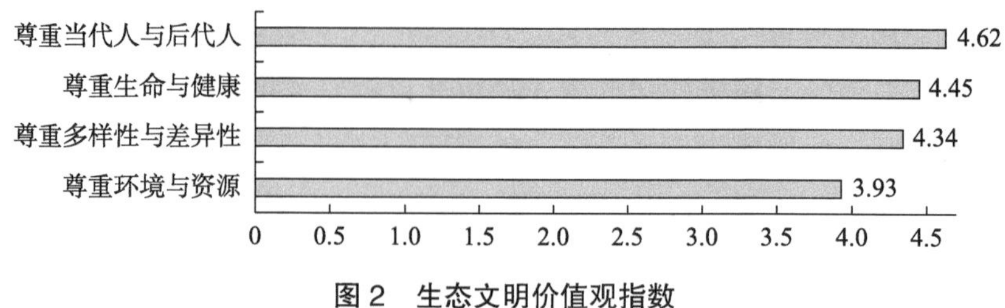

图 2　生态文明价值观指数

2. 中小学生生态文明知识“高知晓率，低准确率”

学生清楚地知道气候变化会对生活产生各种影响，82.64% 的学生选择了空气污染严重，76% 的学生选择对健康带来困扰，74.53% 的学生选择出行不便，44.62% 的学生选择会带来经济损失。学生也知道我们应该对垃圾进行分类，99.8% 的学生认同垃圾分类的做法。但是对于剩饭剩菜应投入什么颜色的垃圾桶中，只有 50.04% 的学生选择正确，可见垃圾分类知识欠缺。学生对北京自然生态知识了解也甚少，只有 59.64% 的学生知道野鸭湖自然保护区是北京最大的湿地自然保护区，65.69% 的学生知道 2019 世园会在延庆举办。学生对国际生态文明与可持续发展教育的了解更是欠缺，只有 32.46% 的学生知晓“2030 年可持续发展目标”为 17 个。可见，中小学生了解一些环境知识，如气候变化会引起一些问题、应该开展垃圾分类，而对于生态文明知识的准确把握有所欠缺，首都中小学生对于生态文明知识存在“高知晓率，低准确率”的现象。

3. 学生在生态文明能力上总体表现良好，相对较弱的是“跨文化理解能力”

对于生态文明关键能力指数，五种能力的得分排序为自我和谐能力、处理冲突能力、问题解决能力、面向未来思考能力和跨文化理解能力（见图 3）。学生基本具备认识自我、换位思考、解决问题的能力，80.1% 的学生认为自己对自己和周围人相对比较了解；90.8% 的学生能够高度理解每个人都有自己的观点，我们不能要求大家都跟自己的观点一致；86.3% 的学生接受朋友中有些是与自己截然不同的人，这并不影响朋友间的关系。而在“跨文化理解能力”中，针对有些国家的人用手抓食物进食，32.3% 的学生会劝说他们改用餐具进餐，学生在对他国文化的理解和尊重方面有待进一步改进。学生在生态文明能力上总体表现良好，但“跨文化理解能力”相对较弱。

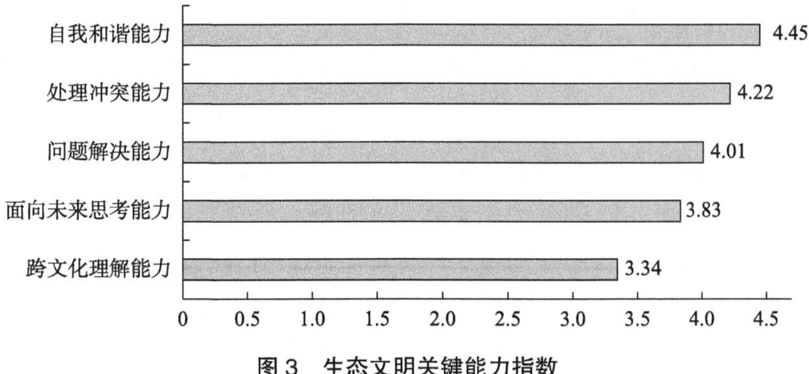

图 3　生态文明关键能力指数

4. 中小学生有较好的低碳生活习惯，但是在健康生活习惯上表现差强人意

超过 90% 的学生表示自己有绿色出行的习惯、会随手关闭开关、不使用一次性水杯、会自备购物袋。在低碳生活习惯上相对来说表现差一些的就是垃圾分类，73% 的学生表示有进行垃圾分类的习惯，也就是说近四分之一的学生并没有垃圾分类的习惯、基本上所有的学生都意识到垃圾分类的重要性，而垃圾分类的行为养成，与学生所在地区的垃圾分类的引导和实施以及学生关于垃圾分类的知识是密不可分的。在低碳生活习惯方面，中小学生的整体表现良好，而在健康生活习惯上就差强人意了。中小学生睡觉时间每天保证在 7~8 小时的占四分之三，有四分之一的学生没有充足的睡觉时间；三分之一的学生报告说自己有吃外卖的习惯；四分之一的学生报告自己偏食挑食。

5. 中小学生的休闲活动被严重网络化，以看微信、打电子游戏类活动为主的占三分之一

32.2% 的学生表示自己的休闲活动被严重网络化，以看微信、打电子游戏类活动为主，这是一个让人非常惊讶的数字。中小学生的休闲娱乐活动应该是非常丰富的，有强健体魄的、培养兴趣的、发展特长的、人际交往的、增长知识的，比如阅读书报、打球、登山、下棋、唱歌、旅行、参观博物馆等，从目前三分之一的学生以看微信、打游戏为主来看，需要加强学生的休闲娱乐活动的重视和引导。

（二）样本差异性分析

1. 在价值观、知识、能力和行为上，生态涵养发展区的学生表现均优于其他三类区

对四种类型区的中小学生在生态文明价值观指数上的平均得分进行多重比较（见表 2、表 3），差异性主要体现在首都功能核心区与其他三种类型的区域之间，首都功能核心区的中小学生在生态文明价值观指数上明显低于城市功能拓展区、城市发展新区和生态涵养发展区；而城市功能拓展区、城市发展新区、生态涵养发展区的中小学生在生态文明价值观指数上并不存在显著差异。

对四种类型区的中小学生在生态文明知识指数上的平均得分进行多重比较，差异性主要体现在生态涵养发展区与其他三种类型区之间，生态涵养发展区的中小学生的生态文明知识指数明显高于首都功能核心区、城市功能拓展区和城市发展新区；此外，首都功能核心区除了与生态涵养发展区之间存在差异外，还与城市功能拓展区和城市发展新区之间存在差异，其中小学生的生态文明知识指数明显低于城市功能拓展区和城市发展新区。

对四种类型区的中小学生在生态文明关键能力指数上的平均得分进行多重比较，差异性主要体现在生态涵养发展区与首都功能核心区、城市功能拓展区之间，其中小学生生态文明关键能力指数明显高于这两种类型的区域，而生态涵养发展区与城市发展新区之间无显著差异；首都功能核心区、城市功能拓展区、城市发展新区之间也不存在显著差异。

对四种类型区的中小学生在生活行为指数上的平均得分进行多重比较，首都功能核心区与城市功能拓展区、城市发展新区、生态涵养发展区之间存在显著差异，主要表现为首都功能核心区的中小学生可持续生活方式指数明显低于上述三种类型的区；生态涵养发展区除了与首都功能核心区存在差异外，还与城市功能拓展区和城市发展新区之间存在显著差异，表现为其中小学生可持续生活方式指数明显高于上述两种类型的区；而城市功能拓展区与城市发展新区之间无显著差异。

总体来看，生态涵养发展区的学生在生态文明价值观、知识、能力和行为上，表现均优于其他三类区；首都功能核心区在生态文明价值观、知识、能力和行为上，表现相对薄弱，城市发展新区和城市功能拓展区在四个维度

上表现情况相近。

表 2　北京市不同类型区域的中小学生生态文明价值观指数差异分析结果

	平方和	df	平均值平方	F	显著性
群组之间	8.585	3	2.862	10.442	.000
在群组内	1344.000	4904	.274		
总计	1352.586	4907			

表 3　北京市不同类型区域中小学生生态文明价值观指数差异性多重比较结果

（I）区域类型	（J）区域类型	平均差异（I–J）	标准错误	显著性
首都功能核心区	城市功能拓展区	–.065*	.020	.001
	城市发展新区	–.106*	.023	.000
	生态涵养发展区	–.116*	.024	.000
城市功能拓展区	首都功能核心区	.065*	.020	.001
	城市发展新区	–.041*	.020	.042
	生态涵养发展区	–.052*	.021	.014
城市发展新区	首都功能核心区	.106*	.023	.000
	城市功能拓展区	.041*	.020	.042
	生态涵养发展区	–.011	.024	.655
生态涵养发展区	首都功能核心区	.116*	.024	.000
	城市功能拓展区	.052*	.021	.014
	城市发展新区	.011	.024	.655

注：* 表示 $p< 0.05$。

2. 小学生和中学生在生态文明知识方面有显著差异，而在价值观、能力和行为上不存在显著差异

北京市中学生与小学生在生态文明知识指数上的差异分析结果（见表 4）显示，北京市中、小学生在生态文明知识指数上存在显著差异，体现在中学生的生态文明知识指数低于小学生的生态文明知识指数。而数据显示中学生与小学生在价值观、能力和行为上不存在显著差异。

对于北京世园会在哪里举行这一问题，延庆区 72.82% 的小学生回答正确，而只有 58.5% 的中学生回答正确（见图 4）。深入分析生态文明知识的每

一个问题发现，基本每一个问题回答正确率均为小学生高于中学生，可见小学生对生态文明的知识积累要明显优于中学生，这可能与生态文明课程在学校开展的深入程度有关。很多首都小学开展生态文明校本课程的建设，进行生态校园的打造，应该说小学对于生态文明教育的重视程度较高，对小学生的生态文明教育的普及率较高，而中学生相对来说课业紧张，投入到生态文明知识学习的时间相对有限，中学生开展生态文明活动以社团、研究性学习项目为主，覆盖面较小。

表 4　北京市中、小学生生态文明知识指数独立样本 T 检验结果

		Levene 的变异数相等测试		针对平均值是否相等的 T 检验				
		F	显著性	T	df	显著性（变尾）	平均差异	标准误差
生态文明知识指数	采用相等变异数	2.991	.084	–9.393	4906	.000	–.3324	.0354
	不采用相等变异数			–9.395	4900.998	.000	–.3324	.0354

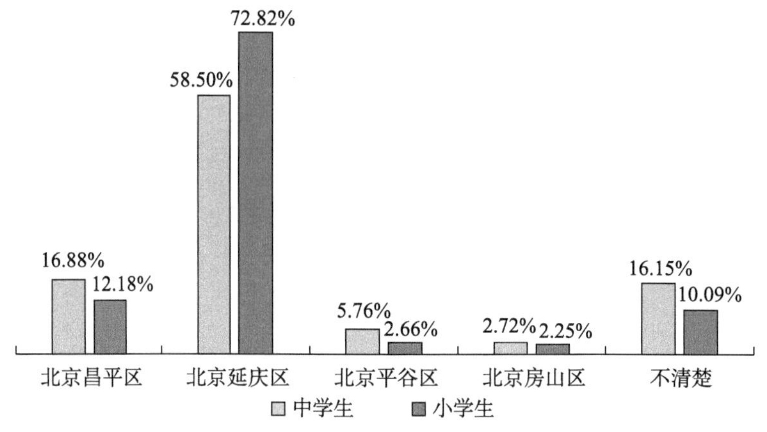

图 4　北京世园会在哪里举行问题统计结果

五、新时期首都生态文明教育发展建议

（一）明确教育目标：出台生态文明教育的总体目标与分段目标

中小学生生态文明教育的总目标即在生态文明教育中明确将学生培养成什

么样的“人才”，这些人才应该普遍具备什么样的素养、能力等。简而言之，即将中小学生培养为符合生态文明社会发展需求的，具备与之相适应的生态文明素养的合格公民。具体包括以下四个层面：培养学生树立正确的节约环保的生态文明价值观、培养学生掌握较为系统的生态文明科学知识与政策法规、培养学生的解决问题为导向的生态文明关键能力、培养学生践行节约环保的生活方式以及解决生态文明实际问题的能力。

生态文明教育是一项系统性工程，它关系着生态文明社会的建设与发展，因此在针对中小学生的生态文明教育过程中应尤其关注不同学生的年龄特点、接受能力、受教育层次等因素，系统规划衔接整个中小学的生态文明教育的目标与阶段。在小学阶段，教师需要引导学生更加全面地了解生态文明知识层面的内容，比如中华历史的优秀传统文化、能源的分类以及能源浪费对人类社会的危害等；在中学阶段，学生不仅要具备基本的知识，更需要提高发现问题、分析问题及解决问题的意识和能力，牢固树立环境保护、勤俭节约等优秀的价值观。

（二）重构课程体系：将生态文明教育融入日常教育教学

日本非常注重“自然学习”，提倡到“自然界”进行“自然教育”；西班牙政府规定环境教育要贯穿“学校教育计划”，为学生不同阶段的环境教育提供了更上位的法律保障；韩国的环境教育强调开展多方合作交流，注重学校与社区之间的交流和合作；德国把环境教育自然融入学科教育，在学科教学中突出环境保护和绿色发展。[1]各国都对生态文明的课程体系非常重视，中国更是重视生态文明课程的建设，坚持立德树人，履行育人使命，充实教学内容，将生态文明理念融入教育全过程。[2]

课程体系对学校来说至关重要，作为学校教育促进地方可持续发展的重要载体，其转化能力愈强，学校推动可持续发展的力量愈强，[3]可从三个维度推动生态文明与可持续发展教育理念的课程融入。第一，编写生态文明与可持续发展教育的课程教材，通过跨学科综合运用，设置 e-STEAM 必修课程

---

❶ 武磊，张明礼，王延华．生态文明背景下发达国家环境教育对建设美丽中国的启示［J］．中学地理教学参考，2019（9）．

❷ 艾丽容．大学生生态文明素养的培育对策研究［J］．学校党建与思想教育，2018（8）．

❸ 沈欣忆，王巧玲，吴健伟．首都绿色学校建设成效分析与发展路径探究［J］．中国电化教育，2019（8）．

促进生态文明的建设和发展；第二，借助互联网优势，通过线上线下相结合的课程形式开展区域内的生态文明特色课程，设计区域特点突出的活动内容，进一步补充和丰富必修课程；第三，通过对学科教师进行培训，帮助教师理解和把握生态文明的关键点，并充分统筹利用校内外资源，将生态文明与可持续发展教育理念逐步融入三级课程。此外，课程体系的设置要充分体现本土化、民族化特点，注重中华民族传统文化与现代生活方式的融合。

（三）改变学习方式：利用“互联网＋”突破传统生态文明与可持续发展教育模式

现在的学生是信息技术的“原住民”，他们对信息技术的熟练使用和依赖是我们难以想象的。从调查中也发现，中小学生的活动已被严重网络化，我们很难改变网络化的现状，但是我们能改变学生依赖的网络的学习内容。与其说技术改变教育，不如说教育要顺应时代、顺应学生。北欧国家在生态文明教育中运用信息技术，不断提升生态文明教育的信息技术含量。[1]芬兰开发的“环境在线”网站含有适合各个学习阶段学生的环境主题，学生基于设置好的主题，进行资料的搜集、分析和研讨，以提高学生生态文明素养。[2]丹麦为了推动互联网和信息技术在生态文明教育等各类教育中的渗透和推广，颁布了《教育中的ICT行动计划》[3]《信息技术宏大计划》[4]等文件。

新形势下对教育提出了新的要求，以往的生态教育模式已经难以适应当今时代发展的需求，特别是随着信息化、互联网技术的快速发展，大数据挖掘、在线学习、学习分析等方式方法让生态文明教育有了新的机遇。以互联网技术为基础，以开展在线学习为契机，有效推动生态文明教育与互联网的深度融合。另外，生态文明教育应当打破单一学科的界限，给予学习者更为全面、系统、整体的教育内容 。[5]因此学生的生态文明相关知识、素养、能力既可以通过具体学科的学习获得，也可以通过跨学科的深度融合形成，既

---

[1] 陈帅，黄娟，崔龙燕．北欧国家生态文明教育的三维向度［J］．比较教育研究，2019（7）．

[2] Larson.National Policies and Practices on ICT in Education：Denmark［M］.Greenwich：Information Age Publishing，2009：244–247.

[3] U.S.Department of Education.International Experiences with Educational Technology：Final Report［R］.Washington，D.C.：Office of Educational Technology，2011：115–126.

[4] 谢燕妮．芬兰中小学可持续发展教育研究［J］．世界教育信息，2017（5）．

[5] 刘敬奇．浅析生态文明视角下的自然教育［J］．环境教育，2019（7）．

可以在学校内、课堂上，也可以在社会中、课堂外，为学生的生态文明教育提供更丰富的学习素材，创设更丰富的学习场域，从而在潜移默化中不断培养学生的生态价值观。

（四）建立协同机制：着力构建区域良性生态体系与学习场域

基础教育领域内结合学校的具体情况，完善协同发展机制，如师生互助机制、家校互动机制、学校 - 社区合作机制、全机构合作机制，充分利用线上线下相结合的学习方式，构建混合式学习的学习资源，借助多方力量，构建区域良性生态体系。

加强学校与政府、社区、企业之间的沟通，完善运行机制。学校和政府层面要激励社会中的个体进行生态文明实践，尤其激励企业和社会帮扶开展生态文明实践。[1]借助多方的社会力量和社会资源，如家庭资源、社区资源等，开设个性鲜明的生态文明课程，加快生态文明教育的推广与传播。[2]生态文明教育亦应深化全机构模式，吸引更多的学校、师生开展实践与研究。借鉴 PPP（Public-Private-Partnership）模式，政府作为主导，应建立与学校、企业之间的多方协同机制，共同努力，凸显政府、研究机构、国际组织、企业和 NGO 的合作，多措并举，构建良性循环的区域可持续发展生态体系与优质学习场域。

（五）开拓发展平台：与国际接轨为首都生态文明教育发声

2015 年 5 月，联合国教科文组织通过《仁川宣言》，强调了可持续发展教育的重要意义；同年 9 月，在联合国举行的可持续发展峰会上通过了《变革我们的世界：2030 年可持续发展议程》；同年 12 月，联合国教科文组织出版了《反思教育：向全球共同利益的理念转变》研究报告。可持续发展教育已经成为联合国重要文献的一大主题词，成为国际教育界高度关注的热门话题。

可持续发展教育理念及内容是我国生态文明建设的重要组成部分，首都乃至整个中国在生态文明教育方面做了很多尝试，取得了明显成效。各地出台区域性指导文件，逐步推进当地的生态文明与可持续发展教育课程建设；很多学校研发了可持续发展教育的区域性教材，统筹规划国家课程、地方课

[1] 霍慧彬，冉芸，高松．生态文明教育实践探索［J］．环境教育，2019（9）．

[2] 袁凤琴，李欢，胡美玲．我国中小学生态文明教育发展述评［J］．上海教育科研，2019（9）．

程、校本课程，构建生态化的课程体系；结合课程改革，促进了教与学方式变革，强化教学中生态文明价值观、知识和能力的渗透。学校在开展生态文明教育过程中，注重国际资源和项目的引入，在未来的首都生态文明教育中，除了重视“走进来”，更要重视“走出去”，提升首都生态文明与可持续发展教育的国际影响力，进一步加大首都乃至中国生态文明教育的国际话语权。

六、总结与展望

这些年在联合国教科文组织的项目引导下，北京中小学在生态文明教育上取得了突破性的进展。学校是引领学生积极参与绿色社会建设和实施生态文明与可持续发展教育的关键环节，中小学校应该充分调动校内外一切可以借助的资源，为学生的生态文明教育创设良好的教育环境。在教学中渗透可持续发展价值观，切实培养学生的可持续学习能力，坚持“主体探究、综合渗透、合作活动、知行并进”的基本原则，助力学校教育教学的变革。学校要整合社会、家庭和社区中的资源，引导学生有意识地参与绿色社会建设，养成良好的生态文明习惯，关注身边的环境问题并提出相关解决问题的建议。生态文明不是遥不可及的目标，而是实实在在的知识、能力和行为。“生态兴则文明兴”，生态文明的建设不仅仅是每一位教育工作者担负的艰巨任务，更是每一位社会人需要切实遵循的行为准则。

中小学生态文明教育的目标和方法*

王　鹏

摘　要　生态文明建设是基于我国国情作出的战略部署，而全方位推进生态文明建设则要求提高全民生态文明意识、培育绿色生活方式。明确中小学生态文明教育的目标与内容，通过多种途径开展生态文明教育，培养学生的节约环保意识与行为是当前中小学教育的重要内容。

关键词　生态文明教育　目标　方法

2015 年 4 月 25 日，中共中央、国务院印发《关于加快推进生态文明建设的意见》，该文件的发布是当前和今后一个时期推动我国生态文明建设的纲领性文件，其中明确提出了提高全民生态文明意识、培育绿色生活方式等具体要求，而这也正是教育的价值观变革的趋向，体现了学校教育在整个社会生态文明建设中的独特价值，即通过对全民的生态教育，弘扬生态文明主流价值观，为生态文明建设提供思想保证、精神动力和智力支持，形成崇尚生态文明的社会新风尚，推进生态文明建设不断走向深处。

在中小学开展生态文明教育，应明确并分层确立教育目标与内容，把培养具有节约与环保思想品行的合格公民和人才，纳入学校整体课程建设、学科教学与其他教育活动之中，并通过多种形式使学生逐渐形成节约与环保的知识体系、理念与行为方式，并将其带入社会和家庭中，从而潜移默化地影响国家生态文明建设。

---

* 该文曾发表于《教育视界》2019 年第 11 期，收入本书时有修改。

一、中小学生态文明教育的目标

（一）中小学生态文明教育的总目标

中小学生态文明教育的总目标，即中小学在这一领域应培养什么样的“人才”，他们应具有怎样的层次、类型和规格。具体而言，就是要使学生成为符合生态文明社会要求的合格公民、各级各类节约与环保领域的管理与技术应用人才、科学研究与技术研发人才，具体包括以下四个层面。

第一，培养学生掌握较为系统的节约环保科学知识与政策法规。通过各种途径使学生获得节约环保的科学知识，主要包括节水、节能、节地、节材、节粮、环境保护、低碳生活等；了解节约与环保等方面的国家与地方性法律法规，如《中华人民共和国节约能源法》《中华人民共和国可再生能源法》《中华人民共和国环境保护法》等。

第二，培养学生掌握较为系统的节约环保技术和技能。通过各种途径使学生了解并掌握节约环保的具体措施与技术，了解节约环保的仪器和设备的主要工作原理与功能，并能够做到识别、选择、使用，如节水龙头、节能灯、新能源汽车、低耗能冰箱和空调等。

第三，培养学生树立正确的节约环保价值观。培养学生尊重资源、节约资源、尊重环境、保护环境的价值观念和理念，正确认识我国乃至全球资源和环境状况，具有忧患意识，增强节约资源与保护环境的责任感和使命感；积极宣传节约与环保的知识和理念，推动资源节约型、环境友好型社会建设。

第四，培养学生践行节约环保的生活方式。培养学生在学校、家庭以及社会生活中形成节约、环保、低碳和绿色的生活方式及习惯，主要包括节水、节电、节纸、垃圾分类、绿色饮食、绿色出行、绿色消费等行为要求；引导学生关注和参与解决节约环保的实际问题，让学生关注当地、国家乃至全球领域在发展过程中出现的与节约、环保有关的新情况和新问题，并运用所学知识参与调查和解决这些问题，提出创新性的解决方案。

（二）中小学生态文明教育的学段目标

生态文明教育是一项系统工程，其教育目标并不是一朝一夕所能达到的。因此，中小学生态文明教育目标应针对不同学生的年龄特点、不同层级的教育对象来确定，并且体现出该目标的循序渐进。

1. 小学阶段的生态文明教育目标

小学生的年龄基本在6~12岁，此阶段教师能够凭借形象的教具、生动的描述来加深学生对相关知识的理解。同时，随着识字量的增加，阅读已经成为可能。因此，教师可以通过多种途径使学生更多地学习与了解中华民族勤俭节约的历史传统，了解当前能源浪费、环境污染的社会现状及其对人类产生的危害后果，以及与资源和能源相关的基本知识。根据上文中提及的中小学生态文明教育总目标的几个层面，小学阶段的生态文明教育目标可以概括为：第一，认识生活中常见的资源与能源，如水、电、粮食、石油、木材等，了解其对于人类生产生活的重要意义；了解我国的法律法规与地方性法律法规中对节约与环保的明确要求。第二，初步掌握一定的节约环保技术和技能，了解一些节约环保的措施并在实践中体验；能够识别身边的节能产品、绿色产品，并能在消费时主动选择。第三，关注人类生存环境的变化，具有资源忧患意识，形成节约光荣、浪费可耻的态度和价值观。第四，在日常生活中培养节约环保的行为，例如随手关灯、注意一水多用、开展垃圾分类等。第五，能够关注学校、家庭与社区中的节约环保问题，通过开展研究性学习，完成简单的调研报告，向有关部门提出合理化建议，制作简单的科技创新作品。

2. 中学阶段的生态文明教育目标

中学生的年龄一般在13~18岁，在心理、生理、智力等方面逐步成熟，理性思维能力逐步增强。由于中学生的理性分析能力得到较大提高，他们能够更多地理解节约环保方面的知识，能够掌握更加复杂的节约环保的方式方法。因此，中学阶段的生态文明教育要以逐步扩展学生的知识面，并以提高其理性分析问题、解决问题的能力为重点，尤其是注重培养他们的创新与实践能力，使节约环保的价值观深入学生的内心。

根据上文中提及的中小学生态文明教育的总目标的几个层面，中学阶段的生态文明教育目标可以概括为：第一，较深入地了解节约环保的理论知识，例如了解不可再生资源和可再生资源、常规能源和新型能源等概念的区别，理解循环经济“减量化（Reduce）、再利用（Reuse）、资源化（Recycle）”的核心理念等；了解我国的法律法规与地方性法律法规对节约环保的具体要求。第二，了解节约环保领域的新技术和新成果，初步掌握一定的节约环保技术和技能；能够分析身边的节能产品带来的经济效益与社会效益，并在消费时主动选择。第三，认识全球和我国资源分布与存储量的情况，认识全球和我国资源的消耗情况以及面临的资源危机，树立起建设生态文明社会的责任感和使命感，使节约光荣、浪费可耻的价值观入脑入心。第四，组建节约与环保社团，在学校、家庭和社区开展宣传活动及相关公益活动，自觉主动地践行节约环保。第五，能够关注学校、家庭与社区中的节约环保问题，并综合利用所学知识，通过开展研究性学习，完成较为系统的调研报告，向有关部门提出有一定可操作性的建议，完成具有一定科技含量的创新作品。

中小学生态文明教育内容是实现节约环保教学目标的载体，按教育内容的层面分，可分为与节约环保有关的基础知识、政策法规、技能技术、行为与生活方式、态度与价值观；按照节约环保类别分，可分为节能、节水、节材、节粮、节地、环保与低碳。根据这两个维度，可以归纳出生态文明教育的相关要点。

这些要点指向共同的态度与价值观，即培养崇尚节约、反对浪费的态度；增强资源的忧患意识和节约资源的责任感与使命感；形成节约光荣、浪费可耻的价值观。

二、中小学生态文明教育的方法

根据生态文明教育的目标和内容，结合学生的认知特点，其具体的教育方法可以分为以感知为主的方法、以体验为主的方法、以探究为主的方法和以实践为主的方法等。

（一）以感知为主的生态文明教育方法

学校可以组织学生开展以节约环保为主题的参观活动，通过参观活动所带来的视觉冲击，强化学生对相关知识的认知和理解；还可以布置以节约环保为主题的文化走廊、涂鸦墙、宣传教育展示厅等，通过选择具备一定的规模、造型独特、颜色鲜艳、能够引起足够的视觉冲击效果的相关教育素材，给学生留下深刻印象。

传播法是指将生态文明教育内容或教育成果以平面或立体的形式进行展示和传播，如成果展示或主题宣传周（月、日）活动。成果展示是在组织争先创优活动的基础上对生态文明教育效果的进一步深化和推进，一方面有利于强化学生在节约环保活动中的成就感和荣誉感，另一方面有利于使创新活动的成果得到推广，扩大该活动的受益群体；更重要的是，成果展示的过程本身促进了节约环保班级文化、学校文化和社区文化的形成。主题宣传周（月、日）活动则是一种效率比较高、较为立体的节约环保宣传教育形式，学校可抓住世界环境日、世界水日、节能宣传周等主题节日，有效利用各种媒介如广播、校报、宣传手册、条幅、宣传栏、网络、海报、视频等全面“占领”学生的各种感官，能够全方位地传播节约环保理念。

（二）以体验为主的生态文明教育方法

生态文明教育中的情景模拟即通过模拟真实情境使受教育者感受到节约环保的必要性和紧迫性，强化其认知和情感体验。例如，通过让学生参与世界自然基金会（WWF）提出的“地球一小时”（Earth Hour）活动，即在每年3月最后一个星期六20：30~21：30熄灯一小时，感受能源对自身生活的重要性，并用实际行动表明对活动的支持。

角色扮演运用类似于戏剧表演的方法，教师通过引导学生在虚拟的情景中扮演一个或几个特定角色的行为，使其亲身体验和实践他人的角色，能够更好地分析问题和找到问题的症结所在。教师可以指导学生结合学科教学素材，编排以节约环保为主题的课本剧，或在开展主题班会或主题队会活动时编排以节约环保为主题的情景剧。在这个过程中，承担角色表演任务和观看表演的学生分别在教育过程中切身体验到节约环保的必要性和紧迫性。同时，教师也应注意结合情绪感染的作用进一步强化对学生的节约环保意识与行为的引导。

（三）以探究为主的生态文明教育方法

当前，中小学均开设了以研究性学习为主体的实践课、综合课，以培养学生的创新思维和综合素质。研究性学习以学生为主体，但教师应提前做好充分准备，发挥应有的指导作用。以节约环保为主题的研究性学习，主要经历如下基本过程：教师创设节能减排问题情境；学生对节能减排现状开展调查研究，对问题做出各种可能的假设和答案；教师指导学生从理论上或实践上检验假设；教师指导学生对结论做出补充、修改和总结。

头脑风暴法是指通过强调推迟判断、推迟批评以克服产生创造力的障碍，产生创造性观念的活动。在生态文明教育活动中实施头脑风暴法，可以采取以下几个步骤：第一，提出需要解决的节约环保问题，或指导学生发现问题；第二，指导学生分析问题，概括出问题产生的原因 3~5 个，总结出有助于解决问题的要素 3~5 个；第三，团队成员各抒己见，确定 3 个备选方案和可能的结果；第四，选择行动方案，允许提出质疑或改进意见及补充意见；第五，构建具体计划并实施。从以上过程来看，其关键是第三个环节，在这个环节，教师对学生的鼓励有可能激发学生的创新思维，产生一些有利于问题解决的金点子。

所谓主体参与教学，不仅仅是指学生作为学习的主体所开展的研究性学习，还强调学生作为教师的助手参与整个教学过程，包括参与教师的备课或其他教学准备过程。如在化学、物理等实验教学中，学生帮助教师改进实验器材；或学生应教师所需开展一些调查研究，以便为教师的教学提供素材；或在教师组织教学活动的过程中，作为教师的小助手参与教学管理等。根据因材施教的原则，主体参与教学不一定适用于所有学生，教师应在分析学生的基础上选择特定的教育对象，以达成特殊的教育目的。这些学生往往是在节约环保主题学习的过程中表现比较突出，或者学习需求相对较强的个体。如有的学校在班级中评选出节约环保观察员或小标兵，教师在相关教育活动中对他们进行特别关注，引导他们成为集体中的榜样，并使他们在日常学习活动中对周围的同伴产生正面影响，以促进节约环保优良班风的建设。

可持续发展素养与核心素养 *

王巧玲

摘　要　可持续发展素养的价值观定位可以凸显核心素养的时代高度，可持续发展素养的行动框架切中核心素养的“关键少数”，可持续发展素养是核心素养体系中的重要组成部分。可持续发展素养培育是整体落实核心素养要求的特色路径，将在核心素养实践体系方面发挥巨大的作用。

关键词　可持续发展素养　核心素养　可持续发展教育

当前，“核心素养”成为中国教育改革理论与实践的最热词汇，其中可持续发展素养是核心素养体系中的重要组成部分。可持续发展素养丰富的价值内涵可以更加突出核心素养的价值导向和人文情怀，可以更好发挥其促进优质教育创新价值的作用，成为撬动核心素养培育大格局的新杠杆与新动力。

一、可持续发展素养的价值观定位凸显了核心素养的时代高度

素养，根据《辞海》解释，有以下四个含义：（1）修习涵养；（2）平素所供养；（3）素质与教养；（4）平时所养成的良好习惯。可见，素养一词，相比“素质”，更倾向于后天的习得与养成。可持续发展素养，则是面向可持续发展的需要，通过修习而形成的价值观、知识、关键能力与行为习惯。从联合国与联合国教科文组织发布的系列报告中可见，价值观、知识、能力与行为方式“四位一体”的内涵阐释，已经成为可持续发展素养概念的国际共识。

---

* 该文曾发表于《中国德育》2016 年第 7 期，收入本书时有修改。

中国可持续发展教育在十余年实践探索的基础上，提出了可持续发展素养内涵的本土解读，其鲜明特征包括：第一，将可持续发展价值观凝练为“四个尊重”。即尊重健康与生命、尊重环境与资源、尊重传统文化与文化多样性、尊重当代人与后代人。第二，对可持续发展关键能力进行解读并加以实验推广。即收集与加工相关信息分析可持续发展事件的能力、准确有条理地阐述自己价值观及评价他人观点的能力、多维视角分析可持续发展问题的能力（社会—环境—经济—文化视角、过去—现在—未来视角、全球—区域—地方视角）、关注可持续发展实际问题并提出创新性解决方案的能力、团队合作探究可持续发展问题的能力。第三，可持续生活方式的具体化，即健康生活、低碳生活、休闲生活、文化传承行为习惯、公益与志愿行为习惯。由此，可持续发展素养由概念走向教育现实，由静态的文件走向鲜活的教育实践。

2015 年 9 月，习近平主席在联合国可持续发展峰会上代表中国政府对参与国际社会《变革我们的世界：2030 年可持续发展议程》作出郑重承诺。同年 10 月，党的十八届五中全会通过关于“十三五”规划的建议，以创新、协调、绿色、开放、共享五大发展理念为统领，对全面建成小康社会提出新的任务要求。五大发展理念的本质是可持续发展，而可持续发展价值观关注通过人类价值体系的重建，促进当代人类存在方式的转变。

可持续发展价值观按照尊重健康与生命（个体）—尊重环境与资源（环境）—尊重传统文化与文化多样性（文化）—尊重当代人与后代人（人类）的逻辑线条展开，涵盖了公正、平等、包容、责任等内涵，强调生态完整性、关心生命与生命共存、财富和公平共享、多样性和包容性，并以人类福祉为终极目标。可持续发展素养培育的过程就是一个将可持续发展价值观和理念融入青少年学习与生活的过程，这些价值观提供了做出有关复杂的可持续发展问题决定与解决方案所需的基本认识。可持续发展价值观的丰富内涵凸显了核心素养的时代高度，也更加突出了核心素养的价值导向与人文情怀。

在实践层面，可持续发展教育团队开展了“可持续发展价值观引领下教与学方式变革”探索。通过汇总分析 100 节学科课例的结果来看，“坚守可持续发展人文情怀的课堂”从学习目标、学习内容、学习过程、学习空间、学习结果方面，发生了实质性变化。

可持续发展教育实验学校的实践表明，充分挖掘可持续发展价值观的人文情怀，可以发挥核心素养的价值导向功能，激发教师教育教学热情，提升教育教学的品位与境界。

适应国家发展理念和生态文明建设的战略需要，以落实联合国《变革我们的世界：2030年可持续发展议程》为契机，明确教育促进可持续发展的时代功能，将可持续发展素养纳入核心素养体系，深化核心素养中的“社会责任”与“人文情怀”关键素养，引导教育不仅要关注学生们的升学与就业，还要关注学生们将来的创业、持续发展的能力与生活的乃至生命的质量；能够引领学生们将个人的近期利益、长远利益与国家利益高度统一；能够培育学生积极向上的人生品格，以正确的价值取向充盈心灵；实际推动教育教学从能力导向向价值观导向的转变，从教育向学习的转变，将学习变为一个激发所有学习者兴趣与情感，所有学习共同体在共同价值观的引领下的积极探索过程。

二、可持续发展素养的行动框架切中核心素养的“关键少数”

中国可持续发展教育在实践进程中，面临着如何针对实践亟须的“关键少数”素养对可持续发展素养进行简化，如何对可持续发展素养要素的关系进行阐释，如何将可持续发展素养进一步结构化与可视化以利于推广等问题，中国可持续发展教育实验学校实践证明，可持续发展素养已经形成的完整实践体系，为核心素养的落实探索了有效路径。

为了解可持续发展教育实验学校素养培育的现状，北京教育科学研究院可持续发展教育团队于2014年10月至2015年1月在北京市东城、石景山、通州三个区的可持续发展教育实验学校进行抽样，选取小学五年级学生746人、初二学生662人，高二学生542人，共计1950名学生进行了问卷调查。调查结果显示：第一，从可持续发展教育价值观看，学生在尊重资源和尊重环境方面良好，尊重传统文化与文化多样性方面素养最为薄弱，尊重当代人与后代人方面次之（见图1）。

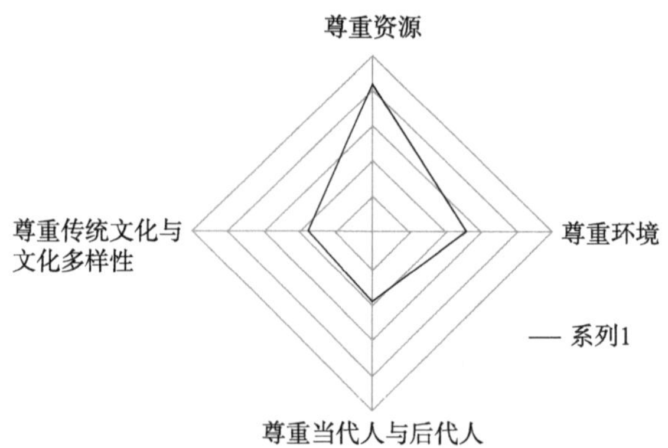

图 1　可持续发展教育价值观指数雷达图

第二，从可持续发展关键能力看，在合作探究可持续发展实际问题方面的素养表现最为突出，阐述自己价值观方面最为薄弱。就不同就读年级而言，方差检验显示，不同就读年级的被访者在表达能力方面存在非常显著差异（F=11.96，p<0.001）（见图 2）。

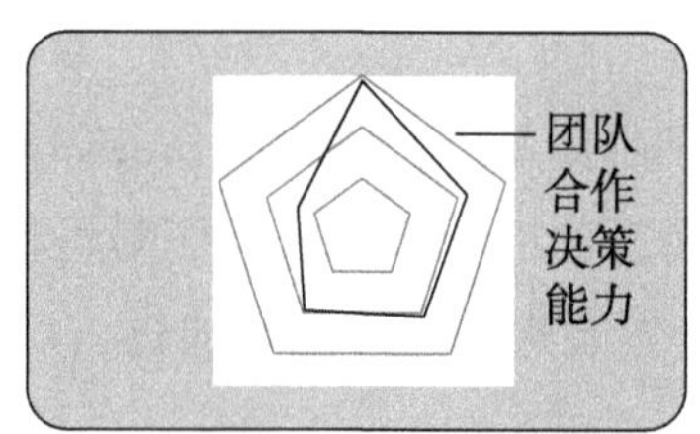

图 2　可持续发展能力指数雷达图

第三，从可持续生活方式来看，学生在低碳生活方面表现最好，健康生活方面一般，文化传承与公益志愿行动方面最为薄弱。依据问卷回答情况的平均分，如果总分为 5 分，低碳生活的分数最高（3.92 分），其次为健康生活（3.58 分），再次为公益志愿行动（3.46 分）和文化传承行动（3.25 分）（见图 3）。

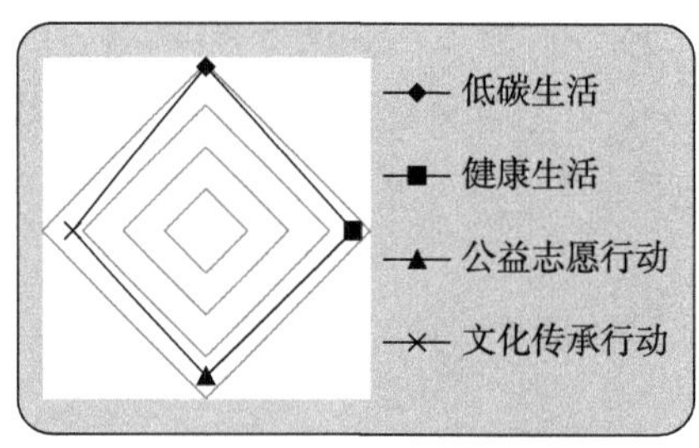

图 3　可持续行为习惯指数雷达图

依据学校调研结果，可以进一步聚焦可持续发展素养在价值观、知识、能力、行为方式方面的五大关键性素养，即系统思考（知识）、责任担当（价值观）、跨文化理解（关键能力 1）、创新解决地方问题（关键能力 2）、可持续生活方式（行为习惯）。其中系统思考素养引导青少年从社会—环境—经济—文化、过去—现在—未来、全球—区域—地方的视角思考可持续发展事件；责任担当从价值观内容方面转化与凝练为人的责任素养，包括对自己的责任、对他人的责任、对社会的责任、对自然的责任、对人类的责任；可持续关键能力突出了跨文化理解能力与创新性的问题解决能力；可持续生活从低碳生活、健康生活、休闲生活、文化传承与公益志愿行动方面予以具化。同时，以中国传统五行哲学来诠释五大行动要素的逻辑关系。（见图 4）

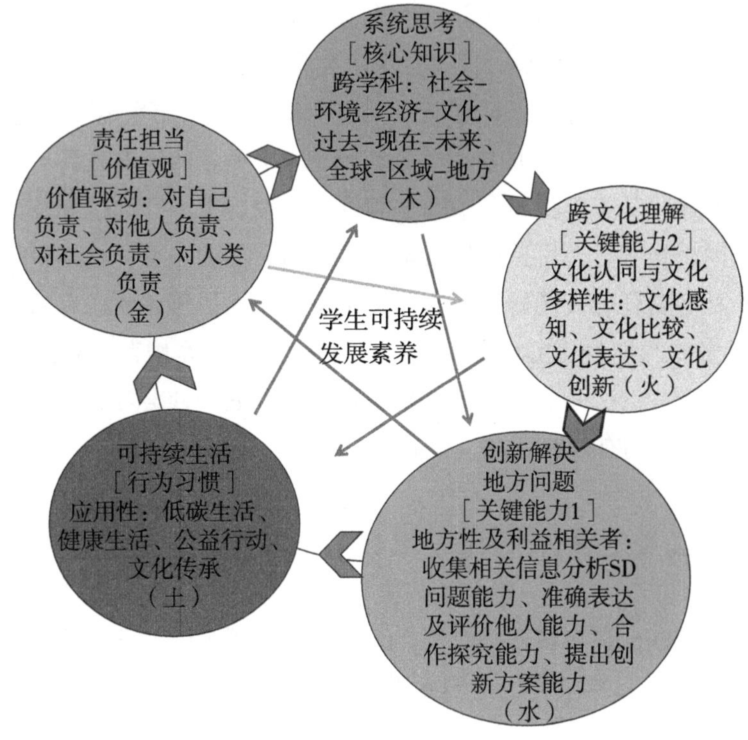

图 4　可持续发展素养的行动框架

五行哲学认为：世界是由木、火、土、金、水五种基本物质构成。自然界和人类的各种事物和现象的发展、变化都是这五种不同属性的物质不断运动和相互作用的结果。五行相生相克，构成了丰富多彩的大千世界。而可持续发展素养中的责任担当（价值观）、系统思考（知识）、跨文化理解（关键能力 1）、创新解决地方问题（关键能力 2）、可持续生活方式分别对应于金、木、火、水、土五行要素，很好地诠释了素养各要素的逻辑关系。

可持续生活是人全面发展的根本，是个体本征态自我，故在五行系统中对应“土”行；责任担当是可持续发展价值观的体现，是人的灵魂，决定着人的行为选择和人生境界，体现着一个人价值的含金量，所以是人之“金”，对应着五行系统中的“金”行；从社会、环境、经济、文化的整体视角关注现实问题，从全球、区域、地方的尺度视角分析现实问题，如同木一样，发挥着积极向上的正能量，故其对应五行之“木”行；提升对传统文化传承与发展及跨文化理解，如火一样的人文情怀的具体体现，对应着五行系统之“火”行。创新解决地方问题像水一样，形成浩瀚汹涌、生生不息的巨大能量，影响着现实问题的解决，况且“水可载舟，亦可覆舟”，新方法与新路径决定“水”之不同能量，故对应于五行之“水”行。“土生金”“金生水”“水生木”“木生火”“火生土”的相生关系解释了五大要素的逻辑关系。

综上所述，基于现状调研基础上的可持续发展素养行动框架及已有实践成效，有助于统筹处理可持续发展素养与核心素养的关系，更加聚焦在与核心素养中社会责任、问题解决、多元文化、健康生活等关联；有助于统筹可持续发展素养与学科素养的关系，深化学科核心素养培育；有助于统筹教师—学生—课程的关系、课堂—校园—社团—家庭—社会等关系，为核心素养培养先行探索的有效路径。

三、可持续发展素养的世界共识预示着核心素养的国际合作前景

从近年来联合国与联合国教科文组织召开重要会议及发布的系列报告来看，可持续发展素养培育也是国际教育界高度关注的热门话题。2014 年 10 月，世界可持续发展教育大会上发布《联合国可持续发展教育行动计划》，对全球可持续发展教育进行了整体部署，其中强调了“批判性思维、协作性决策”“能做出明智的决定并采取负责任的行动”等关键素养；2015 年 5 月，世界教育论坛发布《仁川宣言》，重申了可持续发展素养对应对全球挑战的意

义；2015 年 9 月，联合国可持续发展峰会上正式通过《变革我们的世界：2030 年可持续发展议程》文件，列出了可持续发展教育的具体目标，突出了对可持续生活方式、人权、性别、和平、文化多样性方面的素养要求；2015 年 11 月，联合国教科文组织推出《反思教育：向“全球共同利益”的理念转变》的报告，面向可持续发展对教育做出高瞻远瞩的思考，从人文主义观的视角强调文化素养和责任素养。这一系列大事件传达了一个重要信息：以可持续发展为主旋律的教育时代已经来临，教育必须应对社会、环境与经济可持续发展的挑战，可持续发展素养正在成为当代青少年核心素养的国际表述形式。比照而言，中国可持续发展素养培育的理论与实践体系与国际可持续发展素养培育有着认识上的共鸣及自己特色，未来核心素养共同研究与实践的空间广阔。

近十余年来，我国也发起召开了 6 届北京可持续发展教育国际论坛与 3 次亚太可持续发展教育专家会议，10 多次组团出席境外国际会议，促进了各国专家与官员对中国经验的了解，搭建了国际可持续发展教育合作交流平台，提升了我国可持续发展教育的国际影响力，参与推动了世界可持续发展教育进程，加大了我国可持续发展教育的国际话语权。这些都预示着核心素养的国际合作前景广阔，在国际交流活动中积极宣传，展示中国可持续发展素养培育的已有经验，在多边和双边合作中开展核心素养培育的合作研究，扩大中国教育成果的国际影响力。

当前，中国教育梦正在以核心素养作为新的支点，撬动质量体系的重构；正在以核心素养作为一把钥匙，解开困扰基础教育多年的枷锁。而从目标走向现实，是一个具有挑战的创新性探索过程。可持续发展素养作为核心素养的重要组成部分，其丰富内涵与核心素养中诸多关键素养有着密切关联，借鉴可持续发展素养培育的先行实践经验，进一步深入思考核心素养与可持续发展素养的关系，将在摸索个人发展与终身学习为主的核心素养实践体系方面发挥巨大的作用。

● 主题二：生态文明与可持续发展教育的实践与发展

首都绿色学校建设成效分析与发展路径探究*

沈欣忆 王巧玲 吴健伟

摘 要 面向生态文明与可持续发展目标的学校建设，正在成为当前学校发展的新方向。绿色学校以可持续发展教育为指导思想，不断改进教育手段、完善自我管理、提高办学效益，从而解决可持续发展问题。本研究围绕学校理念与ESD亮点、ESD课程和课堂、ESD教师培训、ESD学生活动和素养评估、ESD校园环境等五大维度，对150所首都中小学绿色学校的案例进行深度分析，挖掘首都中小学绿色学校建设方面的特征与经验。本研究最后提出三个首都绿色学校发展路径建议：（1）从生态文明与可持续发展观视角修订与完善首都绿色学校建设标准与框架；（2）融入立德树人思想，整体规划生态文明地方课程建设；（3）积累学生素养大数据，引导青少年生态文明行为成为生活方式。

关键词 绿色学校 可持续发展 发展路径

一、引言

2015年，习近平主席在联合国可持续发展峰会同各国领导人一致通过《变革我们的世界：2030年可持续发展议程》，至此开启了全球可持续发展的新纪元。党的十九大报告从经济建设、政治建设、社会建设、文化建设、生态文明建设等方面进行总体部署，强调了“建设美丽中国”“贯彻绿色发展理

* 该文为首都终身教育研究基地2018年度重点课题“我国终身教育理论与实践研究——可持续发展的视角”（编号：2018SKJDZ002）的成果，曾发表于《中国电化教育》2019年第8期，收入本书时有修改。

念”“构建人类命运共同体”“创建绿色学校”等，呈现了落实可持续发展议程的中国方案。2017 年，中国与联合国环境规划署在首届“一带一路”国际合作高峰论坛上共同倡议建立“一带一路”绿色发展国际联盟，致力于打造绿色丝路，促进“一带一路”国家在生态环境等方面的合作。2018 年，博鳌亚洲论坛提出“树立绿色、低碳、可持续发展理念，不断开拓生产发展、生活富裕、生态良好的文明发展道路”。同时，北京城市规划“四个中心”的新定位以及京津冀协同发展战略，要求首都教育部署《北京市中长期教育改革和发展规划纲要（2010—2020 年）》中提出的“建设可持续发展学校”，做出更前瞻性与系统性的设计。

面向生态文明与可持续发展目标的学校建设，正在成为当前学校发展的新境界与新方向。“绿色学校”与环境教育紧密相连，最早起源于欧洲环境教育基金会（FEEE）在 1994 年提出的全欧“生态学校计划”。这一项目是一个环境教育国际项目，尽管参与该项目的欧洲各国学校所使用的称谓并不一致，如德国称“环境学校”，爱尔兰称“绿色学校”，葡萄牙称“生态学校”等，但是其内涵是相通的。这也是国家环保局与教育部联合推动的绿色学校项目的国际缘起。

伴随国际环境教育从“关于可持续发展的环境教育”“通过可持续发展的环境教育”“为了可持续发展的环境教育”的演变，绿色学校内涵逐渐演化为“学校建设中体现可持续发展教育理念的学校”。也就是说，绿色学校以可持续发展教育（Education for Sustainable Development，ESD）为指导，不断改进教育手段、完善自我管理、提高办学效益，从而解决自身可持续发展问题。

北京教育科学研究院承接的联合国教科文组织可持续发展教育项目团队在对照国际标准的基础上结合中国国情提出了绿色学校评价指标：（1）学校理念与 ESD 亮点；（2）ESD 课程和课堂；（3）ESD 教师培训；（4）ESD 学生活动和素养评估；（5）ESD 校园环境。北京市在整体推进绿色学校教育改革与发展方面做出了积极努力。北京教育科学研究院对首都中小学绿色学校的实施现状开展调研，收集了 150 所首都中小学绿色学校的案例，作为本研究的研究基础和素材。

二、首都绿色学校评价编码体系的构建

基于评价指标对150所首都中小学绿色学校的报告进行编码，以“学校理念与ESD亮点”维度的“目标愿景”指标为例阐述如何对学校案例进行编码。“学校理念与ESD亮点”维度下包含“办学理念”“目标愿景”“ESD亮点”三个指标，通过对各校案例报告的“目标愿景”进行内容分析，梳理出覆盖150所学校的目标愿景为7个，分别是“科研促教研、课题带队伍、特色求发展”“构建示范性院校”“提升教师学生幸福感”“促进学生全面发展”“实现教育可持续发展”“帮助学生个性化发展”“人文校园、书香校园、绿色校园”。用这7个目标愿景对标首都中小学绿色学校案例报告进行编码，统计不同目标愿景的学校覆盖情况。

三、研究过程与数据分析

（一）学校理念与ESD亮点

调研学校的办学理念涉及以人为本、服务学生/家长/社会、幸福教育、“养正”教育、可持续发展、文化熏陶、开放/自主/合作、尊重/爱、简约/人文/和谐/生态、仁爱/勤奋/实践/创新、个性化教育等11个方面，其中以人为本、幸福教育、个性化教育出现的频率最高。

关注学生的个性化发展、以人为本的思想得到了越来越多的关注。2010年中共中央、国务院颁布的《国家中长期教育改革和发展规划纲要（2010—2020年）》指出：“关心每个学生，促进每个学生主动地生动活泼地发展，重教育规律和学生身心发展规律，为每一个学生提供合适的教育。”“关注学生不同特点和个性差异，发展每一个学生的优势潜能。”《国家中长期教育改革和发展规划纲要（2010—2020年）》中明确提出要关注学生的“个性差异”，发展每一个学生的“优势潜能”。随着技术的快速发展，通过技术支持学生的个性化发展得到了有力支撑。对“以人为本”“个性化教育”为办学理念的学校进一步调研发现，这些学校往往重视技术的教学应用。

参与调研的学校的办学愿景涉及以科研促教研、课题带队伍、特色求发展，构建示范性院校，提升教师学生幸福感，促进学生全面发展，实现教育

可持续发展，帮助学生个性化发展，建设人文校园、书香校园、绿色校园等方面（见图 1 ）。其中不难发现，很多学校的目标愿景落脚点为学生，比如提升学生幸福感、促进学生全面发展、帮助学习个性化发展，培养可持续发展的学生逐渐成为学校办学目标愿景的热点。习近平总书记在全国教育大会上强调“培养德智体美劳全面发展的社会主义建设者和接班人”，这一深刻论断为新时代教育指明了方向，对全面发展这一关键要素提出了新的要求。[1]

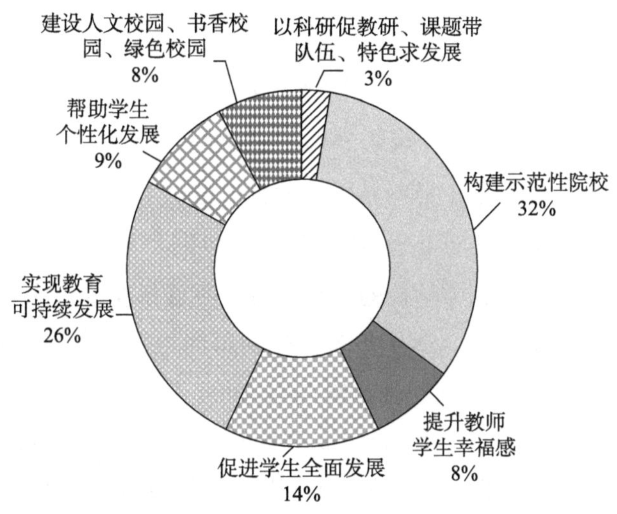

图 1　学校办学愿景

调研学校的 ESD 亮点主要体现在生命健康与可持续成长、资源节约与环境保护、新能源与可再生能源、世界遗产与跨文化理解、中国优秀传统文化与文化多样性、可持续城市与乡村、可持续生活方式与可持续消费等 7 个方面（见图 2 ），其中中国优秀传统文化与文化多样性、资源节约与环境保护为最为突出的两个 ESD 亮点，而且在调研中发现一个有意思的现象，很多学校同时具备“中国优秀传统文化与文化多样性”和“资源节约与环境保护”这两个亮点。

[1] 冯胜清 . 培养德智体美劳全面发展的学生是所有学校的使命和责任［J］. 教书育人，2019（2）.

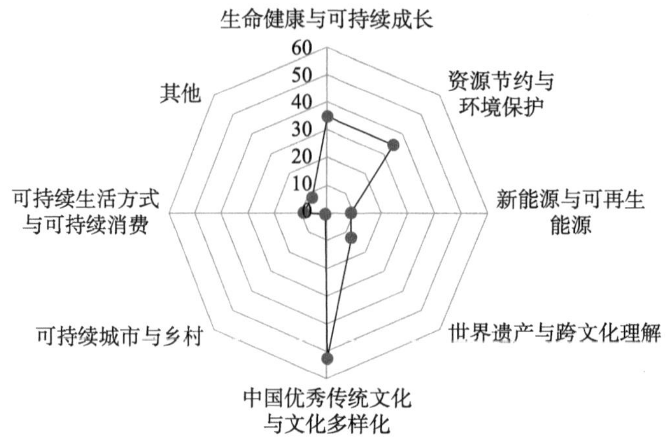

图 2　学校 ESD 亮点

加强中华优秀传统文化教育是我们面临的重要历史使命和重大时代要求，也是当前教育改革和发展的重要举措。[1] 传统文化在学校教育中往往发挥着不可替代作用，因而也受到了学校的广泛重视。不仅仅要继承优秀的传统文化，更要推陈出新，革故鼎新，赋予传统文化新鲜活力，让学生在继承发扬传统文化的过程中学习掌握对待环境、资源与文化，对待自己、他人、家庭与集体，对待国家、社会、世界与自然的方法与态度，最终实现自身的可持续发展。[2] 资源节约与环境保护是根据中国国情条件、顺应社会发展规律的现阶段重要发展策略，党的十七大报告就提出了建设生态文明，建设生态文明是促进社会和谐的基础和保障，要着力推进绿色发展，形成节约资源和保护环境的空间格局、产业结构、生产方式、生活方式，为创造良好生产生活环境，为全球生态安全作出贡献。

（二）ESD 课程和课堂

参与调研的学校中 ESD 课程主题主要涉及明课程体系 /“金盏花”课程体系 / 巨人课程体系、基础必修课、拓展类选修课、育英类选拔课程及文化类、艺术类、体育健康类、信息科学类、家庭教育类、生命教育类等 15 个方面（见图 3），其中文化类、信息科学类和艺术类主题最受学校欢迎。

---

[1] 杨玥，周玉晔，徐莹莹 . 中华优秀传统文化融入中小学教育研究述评［J］. 文教资料，2018（31）.

[2] 马丁一，傅晓静，王慧旻 . 可持续发展教育视角下的“礼”文化学习［J］. 中国教师，2018（1）.

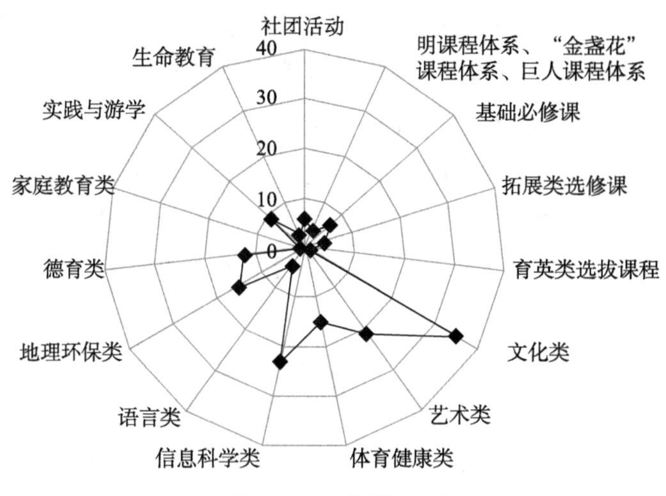

图 3 ESD 课程主题

调研学校以以人为本、全面、协调、可持续的观念及情感态度价值观、小组合作学习模式、学科整合、自主探究、前诊后测、三段式、生态课堂、个性发展、基于项目的学习、社会实践、学科核心素养、翻转课堂、STEAM/创客、教师素养等为课改关键词（见图 4），其中自主探究、以人为本、全面、协调、可持续的观念及学科整合等关键词出现的频率较高。

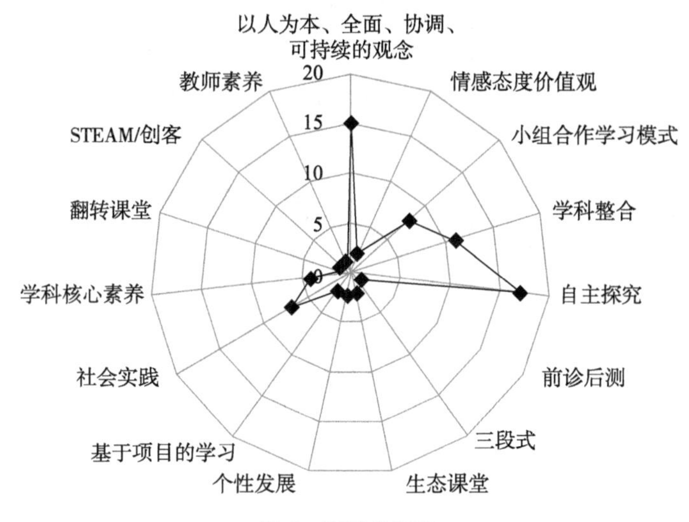

图 4 课改关键词

随着课改的深入，培养学生的自主探究能力逐渐受到关注。教师通过创设情境、抛出问题、分析问题、提供学习支持服务、引导学生逐步解决问题、反馈与改进等一系列举措，使学生在实际问题的解决过程当中获得支持、锻炼与提升，从而培养学生的自主探究能力。[1]课程改革突出了学生的主体地位，倡导以学生为中心建立自主、合作、探究的学习模式。从教育理念、教育模式到评价模式逐步更新以适应新的教学形态。课改其实是教育发展的一个必经阶段，以唤起老师的教学热情，唤醒学生的内在潜力。“以人为本”是课改的基本理念，“自主探究”和“学科整合”是课改的外在表现。

（三）ESD 教师培训

现阶段首都中小学校以树立可持续发展理念、政策导向、提高教科研能力、重视学生个性化发展、改变教育理念\教学方式\策略\方法、提高职业素养、提高教师幸福感、促进专业发展为教师培训目标，其中尤为强调提高教师职业素养、促进教师专业发展、改变教师教育理念\教学方式\策略\方法。

调研学校开展 ESD 教师培训的内容涉及学生核心素养、十九大精神、历史文化、教师理论素养、课题研究、探究式课程实施方法、心理咨询与德育、评价与诊断、教学技能、生命教育等 13 个方面（见图 5 ），其中教师理论素养、探究式课程实施方法、心理咨询、德育、教学技能为主要培训内容。

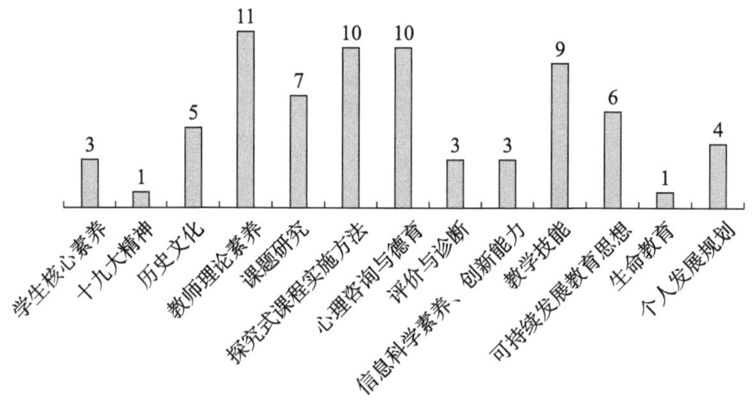

图 5　ESD 教师培训内容

在教师培训方面，除了常规的教师教育理论与实践能力，切实提高教师职业素养和教师德育水平受到了高度重视。《国家中长期教育改革和发展规划纲要（2010—2020 年）》提出“育人为本，德育为先”，这充分体现了德育的

[1] 洪波 . 浅谈信息技术学科“自主探究”教学模式的构建［J］. 中小学教学研究，2018（3）.

重要性。教师不再是传统意义上传递知识的角色，而成为学生的领路人、人生导师。中小学德育大纲也指出："各科教师均要教书育人，寓德育于各科教学的教学内容和教学过程的各个环节之中。"教师通过学科德育的途径进行渗透，让学生在学科知识学习的过程中获得道德方面的教育，从而有效达到教书育人的目的。❶

（四）ESD 学生活动和素养评估

现阶段首都中小学校开展 ESD 学生活动的主题主要集中在环境保护、个人素养提升、优秀传统文化、知识学习或竞赛四个方面。除了日常的个人素养、知识教育外，环境保护、优秀传统文化学习成为学生活动的重要方面。现阶段，我国生态环境的恶化，影响到了国家社会经济的可持续发展。学生是祖国的未来，是未来国家建设与发展的主力军，而要成为合格的接班人，还需要不断地提升保护环境、保护资源的意识和能力，严格要求自身，同时用行动感召和影响周围的人，让更多的人参与到祖国的环境保护事业中；❷通过不断培养中小学生学习传统文化的兴趣，在学科教育的过程中渗透传统文化的教育，从而有效提升中小学生的民族自尊心和自豪感，有助于中小学生爱国情怀的培养 。❸

现阶段首都中小学校开展的 ESD 学生活动类型丰富多样，涉及音体、参观、绘画、宣传活动、手工制作、志愿活动、调研、竞赛、讲座等 14 种形式（见图 6），以音体、手工制作、志愿活动、竞赛这四种形式为主。

学生素养目标主要体现在素养与观念、能力与技能、行为习惯、社会责任、兴趣五个方面，其中素养与观念被提及次数最多。此外，关于有无学生素养评价指标这个问题，63.16% 的学校选择不予作答，这或许说明这部分学校目前还没有明确的学生素养评价指标或者构建的学生素养评价指标还不够完善。值得肯定的是，参与调研的学校中有 36.84% 的学校明确表示学校有学生素养评价指标，说明这部分学校已经认识到评价在促进 ESD 教育发展上所起的重要作用。

---

❶ 柏大鹏 . 教师在学科德育中的难为与可为［J］. 中小学德育，2019（1）.

❷ 薛舒扬 . 提高学生环境保护意识的分析［J］. 低碳世界，2016（1）.

❸ 张卫国 . 关于中小学校园引入民族优秀传统文化的思考［J］. 课程教育研究，2018（50）.

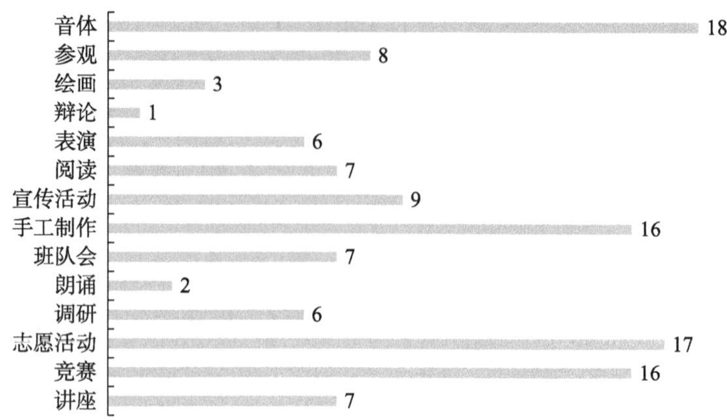

图 6　ESD 学生活动类型

（五）ESD 校园环境

学校 ESD 环境呈现主题体现在环境保护、生命与健康、优秀传统文化与历史、精神与价值观、科技与知识五个方面，以环境保护、优秀传统文化与历史、精神与价值观为主。现阶段首都中小学校在进行 ESD 校园环境建设时既注重校园硬文化的建设，如硬件设施建设与改善，也重视校园软文化的建设，如宣传栏、标语等。

四、讨论与分析

（一）学生的个性化发展和学生幸福成为办学的主要价值诉求

学校在办学中越来越重视学生的主体地位，以学生为本，以学生的个性化发展和学生的幸福为办学的主要价值诉求。全面推进素质教育，坚持以人为本，是教育改革发展的战略主题，也是党中央、国务院在全面洞察世界形势后对人才要求的科学判断。新时代下学校教育坚持以素质培养为本，充分调动学生的主观能动性，把促进学生健康成长作为学校一切工作的出发点和落脚点。[1] 不仅要培养学生拥有幸福人生而需要的幸福观、幸福品质，更要通过教育培养学生获得幸福的能力。[2]

---

[1] 坚持以人为本全面推进素质教育［EB/OL］.［2012-09-14］.http：//old.moe.gov.cn//publicfiles/business/htmlfiles/moe/s5148/201209/142179.html.

[2] 张伟强 . 探索幸福教育 让生命幸福成长［J］. 基础教育参考，2019（1）.

（二）自主探究与学科整合成为可持续发展教育推动课改的关键词

新课程强调“一切为了学生的发展”，教学要向学生的生活世界回归，要从学生的经验出发，要促进学生主动与教材、与教师、与同学、与环境等相关要素进行互动、共生共创。[1]教学活动不是单一的模仿和识记，而是自主探究与实践交流相结合的过程。在学科的教学过程中开展自主探究，不仅仅是新课改的具体要求，同时也符合教学的基本规律，符合学生的发展特点。而关键在于通过自主探究的方式，引导学生自主学习、热爱学习，营造多元化、开放式的学习氛围和环境，使学生的主观能动性得到良好发挥，有效改善学生的学习状态，提升学生的学习效果，保证其自主创新能力得到最大的发挥。[2]

（三）环境保护和传统文化成为绿色学校的重要两翼

中华文化五千年源远流长，在这历史长河中可持续发展教育逐渐成为维系快速发展的重要源泉。随着社会不断地发展前进，可持续发展观念成为人类生存和发展中非常重要的思想，积极地实施可持续发展思想对于调整人类行为、改善环境影响发挥了重要作用，能够有效解决人类和自然环境之间的矛盾，[3]联合国教科文组织的《可持续发展教育全球行动计划》呼吁人们采取可持续的生活方式，建设可持续发展的世界。中华优秀传统文化是可持续发展理念的积淀和源头，环境保护和传统文化交织维系发展，相互联系、相互依存。对中华优秀传统文化的传承和发扬，让学生能够更加深刻地感受到社会和环境的历史变迁，有效推进可持续发展教育。[4]应该说“中国优秀传统文化”是面向过去、面向传统，而资源节约与环境保护是面向现代、面向未来。以“中国优秀传统文化与文化多样性”和“资源节约与环境保护”为两翼，打造立体化的绿色学校是首都绿色学校建设的趋势。

（四）学校亟待构建学生素养评价指标体系

《基础教育课程改革纲要（试行）》指出：“改变课程评价过分强调甄别与选拔的功能，发挥评价促进学生发展、教师提高和改进教学实践的功能。”

---

[1] 吴怡芳．沐浴课改春风 探索有效模式——关于学生自主能力培养的探究与反思［J］．小学教学研究，2014（2）．

[2] 胡同帝．高中历史课改中自主探究教学的技巧与方法研究［J］．才智，2016（9）．

[3] 吴勇．高中地理可持续发展观教育的教学分析［J］．教育现代化，2018（51）．

[4] 张婧．生态文明与可持续发展教育的学校路径［N］．中国教育报，2018-11-22．

《中国教育改革和发展纲要》指出："中小学要由应试教育转向全面提高国民素质的轨道。要面向全体学生，全面提高学生的思想道德、文化科学、劳动技能和身体心理素质，促进学生生动活泼的发展。"传统的教育教学评价机制过分地强调甄别与选拔的功能，严重地扼杀了学生的积极性和创造性。[1]《教育部关于推进中小学教育质量综合评价改革的意见》提出了以了解每位学生为前提，构建富有挑战性的以学生为本的绿色评价体系。2013 年 2 月，UNESCO 发布《走向终身学习——每位儿童应该学什么》，提出了"人本性目标"，体现了崇尚自由、人本主义的思想。教育必须指向人的核心素养，让学生追求完整的人生，为完满生活做准备，[2]学校亟待构建配合绿色学校建设和发展的不指向甄别和选拔的学生素养评价体系。

五、首都绿色学校发展路径建议

新时期，绿色学校的内涵更为丰富，主要体现在以下几个方面：第一，更加关注学校教育积极主动实现可持续发展目标的系统设计；第二，更加关注教育内部的良性运转，将生态文明与可持续发展理念融于原有的教育体系，提升教育质量；第三，更加关注学校教育的生态贡献和社会贡献的精细考量。

因此，生态文明时代绿色学校内涵，是以生态文明和可持续发展目标为指导，从促进人的可持续发展和社会、经济、环境与文化可持续发展的内涵出发，以培养具有可持续发展价值观念、科学知识、学习能力、思维方式与生活方式的学习者为内核；以促进经济、社会、文化与环境的可持续发展为宗旨，形成教育可持续运行机制和发展态势的学校。绿色学校并不是各自为政的个体，不仅是将生态文明与可持续发展理念加入到原有的教育体系，绿色学校更是生态文明系统中的一个重要群体，完善学校自身，形成可持续发展机制的同时，助力解决当地生态问题，为生态中的个体可持续发展能力提供源动力。

基于此，提出以下三个首都绿色学校发展路径建议。

---

[1] 徐兆林 . 改革评价机制 推进课程改革 提升学生素养［J］. 科教文汇，2010（12）.

[2] 窦桂梅，胡兰 ."1+X 课程"与学生发展核心素养［J］. 人民教育，2015（13）.

（一）从生态文明与可持续发展观视角修订与完善首都绿色学校建设标准与框架

首都学校已经在节约型学校、绿色学校、生态学校、可持续发展教育学校建设方面卓有成效。在生态文明建设的新时代，在可持续发展教育提高学校教育质量的已有经验的基础上，着重引导青少年个体与可持续发展目标建立关联，并精细思考学校教育的生态贡献，完善终身体系下绿色学校建设的“首都标准”，是首都教育的前瞻使命。以生态文明和可持续发展目标为指导，从促进人的可持续发展和社会、经济、环境与文化可持续发展的内涵出发，首都绿色学校建设的标准与框架要关注投入、过程，更需要关注输出和成果，开展学校变革应关注六个方面：生态文化、战略规划、课程体系、师生素养、学习创新、生态贡献。

（1）生态文化——学校建设的“文化力”，是学校建设的灵魂与精神追求。继承学校文化传统，挖掘传统文化的生态与可持续发展智慧，寻找精神力量和发展密码，发挥学校文化精神辐射作用。

（2）战略规划——学校建设的“领导力”。将生态文明与可持续发展思想融入办学理念、战略规划与育人目标，促进学校教育功能的转型，即实现教育促进社会、环境、经济与文化的可持续发展的功能转型。

（3）课程体系——学校建设的“转化力”。将生态文明与可持续发展概念转化为教育话题与故事，形成一套生态课程体系。课程体系是学校教育促进地方可持续发展的显性成果与重要载体，转化力愈强，学校推动可持续发展的力量愈强。

（4）师生素养——学校建设的“核心竞争力”。师生以生态文明与可持续发展价值观、知识与能力、生活方式与行为习惯，把立德树人内化到学校建设和管理中，做到以树人为核心，以立德为根本，是学校建设的核心竞争力，促进面向可持续未来的人的素养培育，进而促进社会、环境、经济、文化的可持续发展，是学校可持续发展教育的内核。

（5）学习创新——学校建设的“学习力”。从可持续发展目标出发，对其学习目标、学习内容、转化学习方式、学习空间与场景、学习评价等进行系统构建；在大数据、移动互联等技术革新支撑下，拓展学习方式和实现科技创新与学习的融合。

（6）生态贡献——学校建设的“贡献力”，是生态文明时代绿色学校建设的终极目标。加强学校与家庭、社区、地方层面的社会机构的合作，建立各方参与者共同讨论地方可持续发展问题方案的机制。鼓励学习者参加生态文明建设，找到可行创新的解决方案，更新与升级学校生态设施，更好为教育教学服务等方面的实际贡献力。

（二）融入立德树人思想，整体规划生态文明地方课程建设

习近平主席指出，要坚持立德树人，把培育和践行社会主义核心价值观融入教书育人全过程。在规划生态文明地方课程过程中，除了要根据联合国《变革我们的世界：2030年可持续发展议程》文件精神以及中国方案与相关政策文件，梳理首都可持续发展重要问题和地域特色的生态文明问题，面向实践问题的解决构建课程，更要融入立德树人的思想，确立“德育优先”的课程目标，开展可持续学习创新与实践，从生态环境、生态德育、生态课堂等方面积极实践，开设有特色、成体系的生态课程。江苏省南京市科利华中学提出了“后绿色课程”理念，由享受绿色系列课程、感悟绿色系列课程和创造绿色系列课程三大板块组成，学校基于当地发展问题整合协调各种优质资源，创设多元开放的平台供学生学习体验。[1]课程要充分理解和尊重学生的认知发展规律，满足学生共性学习需求和个性发展需求，让课程成为一种动态的、生长性的“生态系统”。[2]

（三）积累学生素养大数据，引导青少年生态文明行为成为生活方式

在生态文明建设全面推进的背景下，保护生态环境已成为每一个公民的义务和责任。学生是特殊群体，他们学习能力强、发展潜力大，是生态文明建设的主要力量，青少年学生生态文明行为培育势在必行。互联网时代的到来和人工智能技术的飞速发展，促使社会生产方式和人类思维方式不断变革，同时给予生态文明与可持续发展教育更大的生存和发展空间。利用大数据和云计算，记录和积累青少年素养大数据，引导青少年监测、分析和管理自身的生态文明数据，从而更好地将生态文明理念融入平日的学习和生活，将生

---

[1] 戴继根．让每一个学生在这里自由呼吸——学校“后绿色课程”的构建［J］．上海教育科研，2011（9）．

[2] 张俊峰．创建面向可持续发展的绿色学校刍议——浅析国家新一轮基础教育课程改革的绿色学校观［J］．环境教育，2002（6）．

态文明更好地根植于每个人的生活而真正落实可持续发展。

六、总结与展望

可持续教育领域重视与UNESCO合作关系，在落实联合国《变革我们的世界：2030年可持续发展议程》的最新形势下，如何利用UNESCO平台，助力首都可持续发展教育，是未来的工作方向之一。《变革我们的世界：2030年可持续发展议程》作为一项新的全球发展计划，其目标是构建和平、公正、包容的社会，其核心是消除全球贫困与促进包容性发展。17个目标的确立，标志着可持续发展更多从理念层面走向具象考量。当前，不同国家都在采用不同的方法和方式展示其推进议程落实的工作和进展。首都教育立足于生态文明和和谐宜居的国际大都市发展的实际需求，有必要规划生态文明与可持续发展教育的精准目标，成为首都教育现代化的重要理念、崭新视角与创新方向。

应该说，现阶段首都中小学绿色学校的建设取得了突破性进展，但是新时期首都绿色学校需要与时俱进发展，用生态文明与可持续发展思想内涵加以衡量，融入立德树人思想，学校教育要树立以促进学生可持续发展和促进国家可持续发展的至高标尺，推动教育教学的改革创新，帮助学习者实现“身心和谐、均衡与持久的发展”，“具有全面、长久与强劲的发展能力”，为解决当地可持续发展实际问题做好知识准备与能力准备。

国际可持续发展教育：教育和学习的变革与创新*

王咸娟

摘　要　可持续发展教育根植于可持续发展理念，从人类生存和发展困境出发，以人类未来共同福祉为落脚点，从教育和学习的视角，重新审视和反思了人与人、人与社会、人与自然的关系，为实现可持续发展构建适切的价值标准和行为模式。国际可持续发展教育实践所体现出来的教育和学习的变革和创新，为未来全球教育面向更加可持续的未来提供了价值参考和方向引领。

关键词　教育创新　可持续发展教育

1992年，《二十一世纪议程》首次提出“促进教育、公众意识和培训是使人类和社会能够充分发挥潜力的途径，教育是促进可持续发展和提高人们解决环境与发展问题的能力的关键”。1994年，联合国教科文组织（UNESO）提出首个可持续发展教育国际行动计划——“环境、人口和教育计划”（简称EPD），旨在通过教育和活动来促成行动变化和培育青年的态度。2002年12月，联合国大会启动“联合国可持续发展教育十年（2005—2014）国际实施计划”，简称“可持续发展教育十年计划”[The United Nations Decade on Education for Sustainable Development（2005-2014），DESD]，开始在全球范围内全面推进可持续发展教育。2014年，“可持续发展教育十年计划”结束，联合国启动《全球可持续发展教育行动计划》（*Global Action Programme for Education for Sustainable Development*，*GAP*），从五个重点领域对2015—2019年全球可持续发展教育推进进行总体设计和部署。

* 该文曾发表于《上海教育》2018年第32期，收入本书时有修改。

回顾国际可持续发展教育20余年的历史以及联合国各成员国在可持续发展教育领域所做的努力可以看出，可持续发展教育已经超越了环境教育获得了更加丰富的内涵：它根植于可持续发展的理论基础，从人类生存和发展困境出发，以人类未来共同福祉为落脚点，从教育和学习的视角，重新审视和反思了人与人、人与社会、人与自然的关系。要使我们的发展实现“既满足当代人的需要，同时又不对后代人满足其需要的能力构成危害”，实现真正的代际公平和代内公平，必须在满足发展需求的过程中遵循新的价值标准和行为模式。可持续发展教育作为“实现可持续发展的关键”，正是构建这些价值标准和行为模式的关键途径，与教育功能、教育目的、学校定位、教学关系、学习方式、学习本身等诸多点位取得认识和实践上的突破和创新，悄悄引领着全球教育创新实践，为构建面向未来可持续发展社会提供了诸多思想生长点。

一、重塑教育功能：以可持续发展作为教育核心价值

（一）教育的社会功能得以重申

随着人力资本理论的兴起，教育通过对人力资本的储备和提升，从而促进经济增长的功能已经得到普遍共识，但经济增长并不能直接转化为社会进步。在促进社会发展的众多要素中，“如果加强政府在教育等方面的承诺，则能成为促进平等、可持续发展的有效手段”。联合国教科文组织在《反思教育：向“全球共同利益”的理念转变？》一书中指出，面对全球社会面临的多重挑战，教育必须超越单纯的功利主义观点以及众多国际发展讨论中所强调的人力资本观念，教育不仅仅关系到相关知识和技能的获取，教育更加涉及尊重生命、人格、尊严等价值观，而这些是在多样化世界中实现和谐的必要条件。[1]在“可持续发展教育十年计划”尾声，可以从许多国家的实践探索中看到一种明显的趋势，“即让教育更加关注当今和未来世界所面临的社会、环境和经济方面的挑战。可持续发展教育为教育政策和实践提出了一个新的视角和目标。优质的可持续发展教育强化了人们作为全球公民的责任感，帮助

[1] 联合国教科文组织．反思教育：向“全球共同利益”的理念转变？［M］．北京：教育科学出版社，2017：29.

他们更好地迎接自己将要继承的这个世界。”[1]

可持续发展教育20余年的全球实践重申了教育对于人和社会发展的关键价值，引领并创造了优质、普惠和终身的教育理念和实践，赋予了教育和学习扶正社会主导价值观和促进社会革新的功能。教科文组织在2012年“里约+20”峰会上发表的《构建一个公正、包容的绿色社会》中强调：“教育不仅是提高生产力、增加收入、改善生活质量和实现可持续增长的动力，同时更是实现全体人类可持续发展、消除贫困、改善健康、实现公平和和平的关键。”2015年联合国发布《变革我们的世界：2030年可持续发展议程》，并将教育的作用融入每一项发展目标，并明确指出，“可持续发展教育旨在培养个体素养：使个人能够反思自己的行动，并从当地和全球的角度考虑对当前和未来的社会、文化、经济和环境的影响。增强个人能够在复杂情况下采取可持续的行为方式，并参与社会和政治进程，使社会朝向可持续发展的方向发展”。

因此，可持续发展教育视野下，教育一方面要促进经济的持续、包容和健康增长（依赖于绿色、可持续的生产方式、消费方式和行为方式）；另一方面要通过价值观革新带来发展成果的普惠，即促进公平、公正、安全、和平等基本人权的落实，确保更多人的生存和发展质量。

（二）重塑人文主义价值导向下的教育目的

可持续发展教育20余年的国际实践，极大地扶正了教育的人文主义价值观，超越传统教育的核心关切，提醒对教育进行更加深远和全局性思考。“必须根据公平、可行、可持续的人类和社会发展新观念来重新审视教育的目的”，“赋权型教育可以培养出我们所需要的人力资源，这样的人才富有成效，能够继续学习、解决问题、具有创造力，能够以和平、和谐的方式与他人及自然实现共存”，因此“维护和增强个人在其他人和自然面前的尊严、能力和福祉，应是二十一世纪教育的根本宗旨”。[2]教育就是帮助人们树立“尊重生命和人格尊严，权利平等和社会正义，文化和社会多样性，以及为建设我们

---

[1] UNESCO. Shaping the Future We Want: UN Decade of Education for Sustainable Development（2005–2014）Monitoring and Evaluation Reports［R］.2014.

[2] 联合国教科文组织.反思教育：向“全球共同利益”的理念转变？［M］.北京：教育科学出版社，2017：32.

共同的未来而实现团结和共担责任的意识”。[1]这是联合国教科文组织所倡导的人文主义教育观下的教育目的，可持续发展教育正是这一价值观主导下的教育创新实践。和主流功利主义教育观相比，人文主义教育观超越了知识和技能的简单获得，更多关注了人与人、人与自然和谐共存，更加关注个体可持续发展价值观塑造、可持续发展核心能力培养，更加关注普世的伦理原则，强调关怀、包容性和共同性，而这种人类共同体价值观，正是人们共同努力应对全球不可持续问题的核心价值。

二、重塑优质教育：促进教育质的飞跃

经过半个多世纪努力，世界全民教育目标逐渐从“注重数量”转变为“关注质量”。2000 年《达喀尔行动纲领》明确：世界教育的发展目标应该从“全民教育”向“全民优质教育”转变，从“入学机会均等”转向“受教育过程的机会均等”和“受教育结果的机会均等”。何为“优质教育”，虽然各国认知和标准不尽相同，也共同经历了“教育资源均等优化”到“教育结果均等优化”的发展阶段，但对于优质教育的内涵认知仍然缺乏质的飞跃，优质教育的目标仍然跳脱不开“以促进社会经济增长为前提”下的“促进每一个孩子的发展”，教育的优质化标准仍然聚焦于“个体”，而非“群体”；更强调“教育服务于经济增长”，而非“促进社会整体困境的化解和人类共同进步”，主流教育质量观仍然是以功利主义和利己主义价值观为导向。

可持续发展教育对教育功能和教育目的的重新审视，使国际社会对优质教育的探讨开始融入了新的要素。2014 年全球全民教育会议发布《马斯喀特共识》，确定了 2015 年后国际教育发展的七大目标并将“可持续发展”确定为未来全球教育发展的目标之一，指出所谓优质教育不应该只满足于实现个体有尊严的生存和发展，还要使个体能够有应对可持续发展未来相关挑战的知识结构、思想态度以及行为方式等，甚至能够引领社会实现可持续发展变革的意识和能力，提出“到 2030 年，所有学习者都要通过包括全球全民教育及可持续发展教育等途径，掌握建立一个可持续发展和平社会所需要的知识、

---

[1] 联合国教科文组织．反思教育：向“全球共同利益”的理念转变？［M］．北京：教育科学出版社，2017：30.

技能和价值观”。2014 年世界可持续发展教育大会上指出，“可持续发展应该而且必须成为面向全民优质教育的核心内容”。2015 年世界教育论坛上发布的《仁川宣言》强调要在可持续发展的总体协调框架下发挥教育作为协调中心的作用。指出可持续发展不仅是教育的一项内容，同时也更是教育的终极目标，所有教育归根结底都是为了实现人和社会的可持续发展。伴随《变革我们的世界：2030 年可持续发展议程》和《教育 2030 行动框架》明确提出“迈向全纳、公平、有质量的教育和全民终身学习”的教育目标，并明确将可持续发展教育纳入优质教育的重要衡量标尺，人们对教育质量的界定有了更加丰富的理论内涵和实践新思路。

三、重构学习本身：一场静悄悄的革命

一个普遍共识是：“教育与可持续发展目标存在密切联系，教育是对可持续发展各个方面最重要的投入。”[1] 全球教育创新者以应对不可持续发展问题为新诉求，使教育和学习在学习空间、学习内容、学习主体、学习形式、学习机会等多个领域在发生着悄悄的变化，不仅基础教育领域，高等教育、职业教育等都发生着不同程度的变化。知识的获得途径越来越丰富和多元，学习的结构也越来越松散和新颖，学习的成果更加突出和聚向，对于学习者的能力培养在广度和深度上也得到了前所未有的提升。

（一）以基于现实问题的综合学习重构学习内容

将教育和学习活动聚焦于应对地区、国家、区域及全球不同层级的不可持续议题，是可持续发展教育的一个重要创新点。在全球教育创新者推进可持续发展教育的进程中，特别强调了“学习过程对于个体融合性视角的培养”，即人们看待问题不仅要从环境、生态的角度，还要从社会和伦理的角度；不仅要看现在、短期，还要考虑过去、预期未来；不应该只看当地，还应该考虑对于地区和全球的影响；不应该只从人类视角，还应该考虑人类之外的各

---

[1] UNESCO.Education for People and Planet：Creating Sustainable Futures for ALL（Global Education Monitoring Report，2016）［EB/OL］.［2020-12-20］.http：//unesdoc.unesco.org/images/0024/002457/245752e.pdf.

种存在事物。[1]传统的教育和学习更多聚焦于知识和技能的传导和复制，在工业化初期，这种规模化、集体化的教育模式对于职业批量工人的培养发挥了重要作用，但新时期所面临的一系列问题和挑战已经向教育革新发出了紧迫信号。基于现实问题的综合学习在一定程度上冲击了传统意义上形式固定、结构缜密的学习内容，弱化或打破了传统的学科壁垒，对知识以及经验进行了基于核心学习主题的筛选、重组、再创造和延伸，这种内容重构过程，强调的是：（1）学习内容与社会现实的高度关联性；（2）学习过程的高度自主性和创新性；（3）学习形式的多样性和开放性；（4）学习结果的高度可视化和应用性。这有利于帮助学习者获得批评性思考、创造力、沟通和协作能力以及问题解决能力等"21 世纪技能"，也有助于帮助学习者保持对学习活动的持续热情和动力，而这些也成为终身学习概念的固有内容。

（二）学习空间突破课堂和校园的局限，学习环境更加开放化、社会化和网络化

多元利益相关者融合，既是联合国教科文组织 20 余年来强调的重要推进原则之一，同时也是经国际教育创新者证实的优秀经验。在各国可持续发展教育探索实践中，一个普遍的创新现象是：学习内容超越了教材、学习场所超越了课堂和学校，科技馆、博物馆、动物园、污水处理厂、野外、公园、工厂、超市、社区、餐厅、街道等都在被开发成教育资源整合的新型学习场所，特别是随着网络技术和移动技术的普及，互联网和移动设备也成为可持续发展教育的重要学习空间，学习的情境更加真实、信息更加复杂、参与者更加多元、合作和协调也更加密切。但这并没有削弱学习本身的效率和效果，反而因为更加开放、多元和宽松的学习环境架构起了学习需求和真实情境间的桥梁而使得这种综合学习本身更加具有吸引力和实效性。

在这种日趋开放化、社会化和网络化的学习空间和学习环境中，传统学校正逐渐向"学习共同体"[2]的方向发展，在这种共同体中，师生之间、生生之间、教师之间、教师与家长、市民等利益相关者之间均为一种教育资源共

---

[1] 方中雄，桑锦龙 . 新发展 新常态：北京教育发展研究报告（2016 年卷）[M] . 北京：北京出版社，2017：93.

[2] [日] 佐藤学 . 静悄悄的革命——课堂改变，学校就会改变 [M] . 李季湄，译 . 北京：教育科学出版社，2014.

享、相互学习、相互提高、互为伙伴的关系。学校与社会的边界日渐弱化，学校得以走向社会，社会得以融进学校，二者的交融前所未有。可持续发展教育所带来的学习空间格局、学习者间关系的变化，其实是对传统学校封闭性课程框架的革新：面向可持续发展需要的课程应该更加体现人文主义的价值导向，更加尊重多样性和共同价值，更加重视参与和包容性、社会和经济正义、平等以及环境责任等可持续发展的重要要素。

（三）学习主体回归学习者，学习形式趋于多样和灵活

从重“教”到重“学”所体现出的学习主体的转变是近年来国际教育创新实践中的普遍共识。在全球可持续发展教育20余年实践进程中，从“教”到“学”的转变尤为重要，且与可持续发展教育所强调的学习内容更新、学习场所拓展、学习形式转变以及学习者能力重塑的要求一脉相承，相互依存。“可持续发展教育是全方位的变革式教育，涉及学习内容和成果、教学法以及学习环境……创造互动式、以学习者为中心的教学氛围。可持续发展教育要求从‘教’转向‘学’。要求实行注重行动、变革的教学法，这种教学法支持自主学习，鼓励参与和协作，注重解决问题和跨学科学习……只有运用这种教学法，才有可能发展必要的重要努力，促进可持续发展。”[1]可持续发展教育中学习者主体地位的回归，使学习活动本身更能兼顾不同学习者的学习能力、发展需求，使学习过程更加体现个性化、多样化和自主性，也更加凸显“学会学习”本身的重要性。

2012年，联合国教科文组织在发布的可持续发展教育十年中期监测报告《塑造明天的教育》中，对可持续发展教育推进以来全球出现的学习方式的变化进行了评估，指出促进可持续发展的学习方式不断出现，例如参与式学习、合作式学习、基于问题的学习、跨学科学习、基于系统思维/评判思维的学习、发现式学习、社会学习等形式表现尤为突出。在2014年的可持续发展教育十年终期报告中指出，“参与式学习过程、批判式思维、以问题为基础的学习对可持续发展非常有益”。[2]融合性视角、批判性视角、变革性视角是联合国教科文组织关于可持续发展教育所需要培养的三种视角，可持续发展教育

[1] UNESCO.Education for Sustainable Development Goals：Learning Objectives［R］. Paris，2017.

[2] UNESCO. Shaping the Future We Want：UN Deacde of Education for Sustainable Development（2005-2014）［R］.Paris，2014.

带来的教育和学习创新，有助于个体形成相应的技能和能力：以多元综合视角看待问题，以批评性视角甄别信息、敢于质疑，以变革性视角审定传统和权威，敢于挑战和创新，敢于重新思考主流的价值观以及整个社会系统运行的合理性。

1996 年《德洛尔报告》提出的学习的“四大支柱”的综合教育思想对世界教育产生了深远的影响。可持续发展教育所带来的学习创新不仅强调了“学会学习”的深层目标：知识不仅源自传递，更源自共同创造；知识的获得过程目的不仅在于知识本身，更在于技能和能力的培养；知识的运用目的在于促进问题的解决和共同进步；同时这种学习创新也为“学会做事”“学会做人”以及“学会共处”等更能体现教育社会化功能的目标注入了新内涵，例如，“学会共处”必将超越人际交往的社会和文化层面，而应该覆盖除了人与人之外的，人与自然的关系处理。

四、面向可持续发展目标的可持续发展教育

2015 年《变革我们的世界：2030 年可持续发展议程》其核心是实现 17 个可持续发展目标（SDG），教育的可持续发展目标不仅体现在 SDG4 中，同时也覆盖在其余 16 项目标之中，强调了教育对于实现可持续发展的共同性和基础性作用。2016 年发布的《全球教育监测报告》对教育和可持续发展目标的其他方面的复杂关系进行了深入分析，指出“教育能够充当整个可持续发展议程的催化剂”[1]，并对教育在其余 16 项可持续发展目标中发挥的作用进行了逐一分解。

2019 年“全球可持续发展教育行动计划”（GAP）结束，一个范围更加广泛、意义更加深远的新的全球可持续发展教育计划即将问世。2018 年在哥斯达黎加举行的联合国教科文组织第三次可持续发展教育成员国对话会上，明确了“GAP 后”10 年（2020—2030 年）全球可持续发展教育新的发展愿景和实践思路，即“面向可持续发展目标的可持续发展教育”（ESD for SDGs）。可

---

[1] UNESCO.Education for People and Planet：Creating Sustainable Futures for ALL（Global Education Monitoring Report，2016）[EB/OL].[2020-12-20].http：//unesdoc.unesco.org/images/0024/002457/245752e.pdf.

持续发展教育的价值将不再局限于教育领域，其对实现联合国可持续发展议程全部 17 项目标的直接支撑、整体导向与全面奠基的作用将得到不断强化。未来十年国际可持续发展教育将更加聚焦于通过教育和学习的更新来促进可持续发展实际问题的解决，更加聚焦于各国教育系统中可持续发展教育的全面落实，更加聚焦于全社会的共同参与和推进，更加关注社会可持续发展文化的形成以及个性化的行为实践。

可持续发展教育所体现出的教育创新价值不仅有利于重塑教育，同时也是变革世界的重要力量。为构建可持续发展未来并参与处理可持续发展目标（SDG）中描述的可持续发展相关问题，人人都必须成为可持续发展变革的推动者。人们需要具备可持续发展相关的知识、技能、价值观和态度，才有能力为可持续发展作出贡献。因此，教育对于实现可持续发展至为重要，可持续发展教育尤为亟须，因为它使学习者有能力作出知情决策并采取负责任的行动，为当代，也为子孙后代，保持环境的完整性、经济的可持续性以及社会的公正性。

面向生态文明的可持续生活方式培养与行动*

徐新容

摘 要 倡导可持续生活方式是生态文明建设的重要内容。可持续生活方式是有利于社会、经济、环境和文化可持续发展目标实现的行为方式的总和。可持续生活方式遵循自然规律，是以可持续发展为目标，建立一种既能满足人类良性生活需求，又能维护生态平衡的生活方式。

关键词 生态文明 可持续生活方式

生态文明是人类遵循人、自然、社会和谐发展这一客观规律而取得的物质与精神成果的总和；是指人与自然、人与人、人与社会和谐共生、良性循环、全面发展、持续繁荣为基本宗旨的文化伦理形态。生态文明建设的实质是建设以资源环境承载能力为基础、以自然规律为准则、以可持续发展为目标的资源节约型和环境友好型社会，形成人与自然和谐发展的现代化建设新格局。“生态文明教育是通过进行有系统地引导受教育者自觉遵守自然生态系统和社会生态系统规律、有计划地积极改善人与自然的关系、有组织地协调人与社会的关系等一系列教育活动，以促进受教育者的全面发展，提高人们生态文明意识和生态文明素质为目的。”❶

在党的十八大报告中，明确指出应建立中国特色社会主义事业“五位一体”总体布局，生态文明建设是其基本组成部分。生态文明建设是关系中华民族永续发展的根本大计。党的十八大以来，把生态文明建设作为统筹推进“五位一体”总体布局和协调推进“四个全面”战略布局的重要内容，新时代推进生态文明建设，必须坚持人与自然和谐共生、绿水青山就是金山银山、

---

* 该文曾发表于《环境教育》2019 年第 12 期，收入本书时有修改。

❶ 罗小娥．中学构建“生态文明”教育长效机制的探析［J］．中学物理教学参考，2018（12）．

良好生态环境是最普惠的民生福祉、山水林田湖草是生命共同体、用最严格制度最严密法治保护生态环境、共谋全球生态文明建设六项原则。生态文明建设是关乎价值观念、生产模式、消费方式以及发展格局的全方位变革，是一项复杂的系统工程。习近平主席在2019年中国北京世界园艺博览会开幕式上指出，取之有度，用之有节，是生态文明的真谛。我们要倡导简约适度、绿色低碳的生活方式，拒绝奢华和浪费，形成文明健康的生活风尚。应广泛开展节约型机关、绿色家庭、绿色学校、绿色社区创建活动，推广绿色出行，通过生活方式绿色革命，倒逼生产方式绿色转型。因此，倡导可持续生活方式是生态文明建设的重要内容。中国生态文明建设迫切需要培育可持续生活方式。

一、可持续生活方式内涵

可持续生活方式是在可持续发展价值观和道德观支配下，以保护环境和资源，维护社会长久发展为原则，人们满足自身生活需要的全部活动形式和行为特征的体系。❶“可持续生活方式是既能满足当代人生活的需求，又不危及后代人满足其需求的各种生活方式的总和。从实质上看，它主要包括两方面的规定性：一是物质生活适度，即既要求物质生活以人的基本需要为出发点，以人的健康生存为目标，又要求把人的物质生活水平严格控制在地球环境的可容纳容量和地球资源的可承载范围之内。二是物质消费公平，即既要求同代人之间在消费权益上的公平性，又要求每一代人尤其是当代人对于资源环境的消费，不应当以损害后代人的消费权益和发展潜力为代价，确保子孙后代的可持续生活。”❷

可持续生活方式是有利于社会、经济、环境和文化可持续发展目标实现的行为方式的总和。可持续生活方式遵循自然规律，是以可持续发展为目标，建立一种既能满足人类良性生活需求，又能维护生态平衡的生活方式。利用个人的选择和行动来降低对自然资源的利用、废物的排放和污染。例如在交

---

❶ 宣兆凯. 可持续发展社会的生活理念与模式建立的探索［J］. 中国人口·资源与环境，2003（4）.

❷ 韩琳. 论可持续生活方式的建构［J］. 广西社会科学，2002(3).

通、通信、居住、饮食、能源消耗及文化交流等方面，实际上都可以引导人们实现可持续的生活方式。倡导公民参与社会可持续发展志愿服务、使用绿色产品，保护文化遗产，引导公民树立可持续发展和生态文明理念，使可持续消费、绿色出行、健康饮食、绿色居住、传承和弘扬中华优秀传统文化成为人们的自觉行动，让人们在充分享受社会发展所带来的便利和舒适的同时，履行应尽的可持续发展责任，实现有利于社会、经济、环境和文化可持续发展的生活方式。

二、践行可持续发展的生活方式的必要性与重要意义

面对当前不可持续的生活方式造成的自然环境条件严重恶化和生态环境的不堪重负，必须在可持续发展理念指导下，为我们以及子孙后代的利益，建立有利于环境和资源保护，有利于生态系统良性发展的可持续的生活方式。

通过可持续的生活方式增强公众可持续发展意识，推动公众践行节能减排低碳生活，倡导可持续消费和健康生活习惯，凝聚全民社会力量，共建生态文明；践行可持续生活方式，对贯彻落实生态文明建设和新环保法相关要求具有深刻的时代意义；推动可持续生活方式，为公众参与生态文明建设提供了最直接、最方便的实践平台。

生活方式对于青少年健康成长起着重要作用，青少年时期是良好生活方式、健康行为习惯建立的最佳时期，同时也是危险行为的高发期，青少年时期的生活方式影响以后的健康和生活质量。为适应区域社会、环境与经济可持续发展的需要，学校教育应指向可持续发展的境界，尤其重视将学校发展目标定位于培养可持续发展价值观与生活方式的新型公民，培养青少年建立可持续发展价值观及生活方式是时代的必然要求。

三、可持续生活方式主要内容

（一）节能减排意识，进行低碳生活

了解低碳知识、低碳问题，建立低碳价值观、低碳消费观和低碳发展观，培养节能减排意识，养成低碳生活方式。在日常学习生活中减少浪费，倡导

“适度吃、住、用、行”，注重持续发展，追求科学高效。以低碳生活理念养成良好的行为习惯。

（二）可持续消费的观念与行为

可持续消费是指符合人的身心健康和全面发展要求、促进社会经济发展、追求人与自然和谐进步的消费观念、消费方式、消费结构和消费行为。

可持续消费和生产在提高生活质量的同时，通过减少整个生命周期的资源消耗、环境退化和污染，来增加经济活动的净福利收益。可持续消费和生产要求从生产到最终消费这个供应链中各行为体的系统参与和合作，包括通过教育让消费者接受可持续的消费和生活方式。

理解可持续消费的含义、选择有利于可持续消费的行为、牢记可持续消费的基本原则、用可持续发展的观点对各种消费方式进行价值判断非常重要和必要。

（三）保护文化遗产意识及传承和弘扬中华优秀传统文化行为

“优秀传统文化是中华民族永远不能离别的精神家园。”老子、孔子等人的思想中包含了人与自然和谐生存的深度思考，也展示了中国传统文化中对事物发展规律的真理性认识，这些思想思考和表达了人类生存与发展的根本问题。因此，弘扬和传承优秀传统文化要内化为我们每个人的日常言行。

（四）保健意识及健康生活方式，促进身心健康成长

人类行为和生活方式影响其健康与寿命。树立科学合理的健康观、建立保障身心健康的生活方式是现代人应该实施的社会工程。选择健康的生活方式是获得健康、减少疾病的最简便易行、经济有效途径。健康生活方式主要包括合理安排膳食、坚持适当运动、改变不良行为、保持平和心态、自觉保护环境、坚持学习健康知识六个方面。了解学习与锻炼的关系、生活陋习与疾病的关系、个人日常的卫生习惯与社会整体利益的关系，建立保健意识及健康生活方式。

四、可持续生活方式培养与行动

（一）完善法规标准政策体系，为可持续生活方式提供支撑

“推进生态文明建设，构建最严密的制度体系，需要推进重大的体制机制

改革。生态文明的体制机制改革，涉及对新变革所带来的社会经济关系变化的重新认识，也涉及对符合生态文明内涵的社会秩序、经济秩序、生态环境保护秩序的建立维护。通过立法，保证能够给自然生态以必要的人文关怀，使自然生产力逐步得以恢复；统筹考虑生产、生活和资源环境需求，促进生态系统步入良性循环的轨道；通过法律的遵守，强化国家意志和全民行动。”[1]

例如，2019 年 5 月 8 日北京市教委下发《北京市中小学生态文明教育实施方案（试行）》，明确将资源国情、生态环境、生态经济、生态安全、生态文化等五大方面作为生态文明教育的主要内容，同时从宣传、课程、活动、实践、管理五个途径提出 15 条具体工作任务，涵盖了中小学生对生态文明的知、情、意、行全链条培养，初步构建起了生态文明教育的基本体系。

再如，上海市制定《上海市生活垃圾管理条例》及实施途径。2019 年 7 月 1 日起上海步入垃圾分类强制时代，根据规定，个人或单位未按规定分类投放垃圾都将面临处罚，实现管理区域、管理对象全覆盖。该《条例》中还专门提出“促进源头减量”。其中明确规定，餐饮服务提供者和餐饮配送服务提供者不得主动向消费者提供一次性筷子、调羹等餐具。旅馆经营单位不得主动向消费者提供客房一次性日用品。与此同时，全国多地也陆续进入垃圾分类“强制时代”。

（二）开展可持续生活方式教育研究，开发教育资源，构建可持续生活方式育人模式

通过开展课题研究构建可持续生活方式理论体系、挖掘可持续生活方式教育实践案例、充实可持续生活方式具体内容与方法、提升教育者开展可持续生活方式教育能力，将可持续生活方式教育全面、系统充实到基础教育、高等教育、职业教育学科建设中，将可持续生活方式教育内容融入学校、社区建设中，构建可持续生活方式育人模式，为可持续发展价值观与生活方式的培养提供丰厚的课程资源，同时要注重生态文明教育与学科教育及生活环境相结合，使其具有实效性，帮助公众建立可持续发展价值观和可持续生活方式。

例如，通州潞河中学在健全人格的教育教学实践中探索了一条以国家课

[1] 吕忠梅．保护生态环境必须依靠制度、依靠法治［N］．光明日报．2019-02-25.

程渗透、以校本课程推进、以实践活动践行、以师生共建绿色校园为示范的多维立体可持续生活方式育人模式。学校多元多层次的课程培养学生可持续生活方式理念。在继承学校悠久办学传统和优良办学文化基础上，潞河中学把课程建设的最终目标牢牢地定位为：“促进学生全面、健康、可持续发展，培养学生健全人格”，并对学校课程体系进行了整体设计和规划。学校以三大层面十三类别的课程，以有效衔接课内课外、校内校外、课程与活动的路径，将气候变化、生物多样性、降低灾害风险、可持续消费和生产等问题纳入课程中，注重从通州、首都、京津冀面临的社会经济环境与文化可持续发展问题入手，培养学生绿色生活、共建共享、可持续消费、传承文化的可持续生活理念，培养学生自然、环保、节俭、健康的生活方式。

（三）充分利用相关社会资源，强化社区可持续生活实践功能

营造社区可持续生活环境氛围，通过对社区内居民点的合理规划布置，以及对绿色住宅建设、低碳材料使用、基础设施改造、垃圾收集分类、垃圾资源化利用、生活污水和雨水处理设施的改造升级等，减少社区居民生活对社区环境造成的影响，倡导物质的循环利用。强化社区可持续生活实践功能，鼓励社区居民躬亲实践，通过定期、不定期地组织可持续生活方式的学习和生态体验活动，学校、社区、医院、博物馆及相关环保机构探索合作方式，为可持续生活方式养成提供技术支持和实践基地，营造可持续发展社会的教育氛围。

例如，充分发挥2019中国北京世界园艺博览会的教育实践功能。世园会的办会主题是“绿色生活　美丽家园”，办会理念是“让园艺融入自然　让自然感动心灵”。它秉承“生态优先、师法自然，传承文化、开放包容，科技智慧、时尚多元，创新办会、永续利用”的规划理念，不仅是展示园艺产品，更具有春风化雨的教育意义。让北京世园会在人们心中播下生态保护、共建绿色家园的种子，将科技与设计携手，生态与创意并存，以创新技术为支撑，展示当今世界园艺业最高水准的新品种、新产品、新创意。成为中国加强生态文明建设、构筑绿色产业体系、推动绿色优势向经济优势转变、体现人与自然和谐共生的集中展示。

（四）开发融合可持续生活方式的动画、电影及戏剧作品，加大宣传有效性

在影视作品方面，应不断推陈出新。影视制作作为教育的主要资源依托，以“低碳行为、可持续消费和健康生活”等为主题，以生态文明教育为切入点，直观形象地宣传可持续发展意识与生活方式，增强其社会责任感。

（五）构建全民行动体系，形成推进可持续生活方式的强大合力

可持续生活方式行动培养与政府、学校、家庭等相结合，共同形成综合性的教育网络，并且应具有系统性、针对性。通过全民宣传教育，提高公民环境意识、环境素养与可持续生活习惯，增强公民环境参与意愿和水平。通过组织化的活动引导公民参与环保实践，践行可持续生活方式。开展绿色学校、绿色社区、绿色家庭、绿色机关、环境教育基地等群众性创建活动，通过创建活动把低碳环保理念贯穿到基层单位的生产生活的各个环节，带动创建地区、创建单位的群众广泛深入参与绿色环保行动。

（六）积极推进公益环保事业，开展生态文明公益活动

开展多种形式的生态文明公益活动，开发有影响力的公众环保参与行动项目。由政府部门发起成立的环保社会组织及国际环保非政府组织驻大陆机构。鼓励公众以志愿者身份积极参与多个公益项目，如低碳家庭展示活动、废弃物与生命课堂、蓝天实验室的公益讲座行动等。低碳环保不仅能让个人生活变得简单快乐，更是对资源的保护和充分利用。

共建生态文明社会，践行可持续生活方式，让你我行动起来，从自身做起，从点滴做起。请一起加入垃圾分类、绿色出行、拒绝一次性用品、爱护植被、节约粮食、节水、节电以及“减塑”行动吧！

首都青少年可持续生活方式现状调查及分析 *

徐新容　王咸娟

摘　要　本研究对首都10所普通中学的初、高中生的生活方式现状，包括低碳行为、可持续消费、健康生活等方面进行调查。调查发现：青少年的低碳知识、低碳生活意识较强，但存在知行脱节、知易行难的现象；青少年对什么是可持续消费，如何进行可持续的消费并没有形成清晰的认识也难以落实在具体的消费行为当中；青少年饮食、睡眠、运动与健康状况堪忧，特别是不良饮食习惯、睡眠不足和睡眠质量偏低、对电子产品的错误使用习惯等对青少年学生的健康状态造成了不利影响。

关键词　低碳　可持续发展　生活方式

生态文明建设迫切需要一种可持续生活方式。让可持续生活方式在青少年心中扎根，不仅是新时期教育的重大使命，也是中国履行全球可持续发展目标的具体举措。如何让公众将可持续发展理念转化为可持续生活方式，是我们需要认真研究解决的问题。为此，我们对首都青少年生活方式的若干方面（如低碳行为、消费习惯、运动、起居、饮食等）进行现状调查，分析青少年生活方式现状以及存在问题，从可持续发展教育视角提出促进青少年可持续生活方式的养成路径。

一、核心概念及研究内容

在文献研究基础之上，本研究把可持续生活方式界定为：在人与自然和

---

* 该文曾发表于《人民教育》2019年第24期，收入本书时有修改。

谐发展的基础上，既能满足人们日常生活的良性需求，提高人类生活质量，同时又能将消耗和排放降到最低，有利于实现社会、经济和环境可持续发展的生活行为方式总和，这些行为方式蕴含着自然、环保、节俭、健康的内在价值，是一种生态友好、科学健康的生活行为方式。

青少年可持续生活方式研究的主要内容有以下三个方面：

（1）低碳行为。主要指在生活中减少二氧化碳的排放，低能量、低消耗的生活方式，体现在“吃、穿、住、行”的方方面面。本调查从低碳知识、低碳意识以及低碳行为三个方面进行。

（2）消费习惯。主要指在消费活动中，对服务、产品的消费选择是否遵循节俭、绿色、适度、可循环等物品选择原则，以及文化休闲消费当中是否遵循科学、合理、健康、文明等消费原则。本调查从物品选择和闲暇消费两个方面进行。

（3）健康生活。主要指有利于学生成长及终身健康的科学、合理的健康生活习惯。本调查从运动的科学合理性、起居作息习惯以及健康均衡饮食三个方面进行。

二、调查方法与调查对象

本次调查采用自编问卷，主要围绕学生低碳行为、消费习惯、健康生活三个方面进行，共35个主观选择题。问卷信度测试显示信度系数值为0.872，表示问卷的信度较好。调查利用问卷星进行，采用分层抽样和班级整群取样的方法，选取了北京市6个区10所普通完全中学的初、高中每年级各一个普通班，回收有效问卷3609份，其中男生1566份（占43.39%），女生2043份（占56.61%）。初一年级606份（占16. 79%），初二年级1019份（占28. 23%），初三年级627份（占17.37%）；高一年级707份（占19.59%），高二年级417份（占11.55%），高三年级233份（占6.46%）。

三、调查结果与分析

（一）青少年低碳知识和低碳生活意识较强，但存在知行脱节、知易行难的现象

（1）学校学科课堂教学是学生获得低碳知识的主渠道。调查显示，学生关于低碳方面知识的来源途径是多方面的：有 86.28% 的学生认为自己低碳知识来源于“学校的学科课堂教学”；75. 64% 的学生认为“社会宣传”在自己的知识储备方面发挥了重要作用；分别有 71.96% 和 63.76% 的学生认为学校开展的主题性综合实践活动以及家庭教育也对自己低碳知识的储备发挥了作用。数据说明，学校课堂教学是当前学生低碳方面知识来源的主渠道，而综合实践活动、社会宣传、家庭教育也起到了很重要的作用。因此，在学科教学中融入低碳生活知识与内涵是我们努力的方向；开展以可持续发展相关内容为主题的综合实践活动，亦能使学生低碳环保相关科学知识不断积累与实践。社会媒体的宣传教育通过家庭和社会的共同作用传导给学生，形成学校、家庭、社会三位一体的低碳知识教育网络，这些共同对学生低碳知识的获得作出了贡献。

（2）低碳行为表现参差不齐，存在知易行难的现象。调查发现，学生对于低碳知识有了良好把握，在低碳行为上也有了比较理性的判断能力，但由于多方面原因，并不能把低碳知识和意识真正践行于日常生活和行为当中。在出行方式上，“不管远近让家长开车或叫出租车”的学生占 22.97%；在夏季空调使用上，“经常使用空调且温度设置在 26 度以下”的学生占 25.55%；而在垃圾分类上，“每次都注意做到垃圾分类投放”的学生只占 32.11%，“有时能做到”的学生占比 57%，“没有做到”的占 10.89%。

（二）青少年对于可持续消费并没有形成清晰的认识以及行为选择

消费与人的社会价值判断、文化取向、生活方式存在紧密联系。个人的消费行为可以通过“生态足迹”对社会、经济和环境产生深远影响。

（1）在消费品选择上，学生没有形成良好的可持续消费意识及行为习惯。本次调查当中，选择塑料袋、一次性餐具以及服装物料三种消费品来对学生的物品消费选择行为进行调查。调查发现，能够做到“基本不使用塑料袋”的学生仅占被调查人数的约 1/5 ；学生在服装物料的选择上具有一定的认知

和判断，有47.88%的被调查学生会“有意识地选择棉麻衣物”，有69.63%的学生对服装物料无认知，“家长给买什么就穿什么”，甚至会更加偏好“时尚化纤类服装”（占22.64%）。对于食品的选择习惯，83.57%的学生和家长习惯选择本地应季食品，46.63%选择有机食品，但仍有29.84%喜欢尝鲜，不考虑季节，选择反季节食品；18.56%喜欢外国进口食品。

（2）在闲暇生活消费上，青少年有待得到进一步引导。调查显示，学生的闲暇消费呈现多元化，聚会吃饭占48.24%，打游戏占44.78%，购物占45.64%；选择去听音乐会、购买图书占49.79%，健身运动占41.95%，旅游占52.2%。即学生闲暇时间倾向于商业性消费（如逛街、聚会等）与倾向于文化消费和健康运动（如健身、旅游等）的可能性相差无几，可见学生对于闲暇生活消费并没有形成清晰的认知和价值判断。要对青少年进行可持续消费教育。帮助青少年树立科学、合理、健康、文明的消费观念，学习科学知识、消费知识，提高文明素养，从而能够分辨商品的真正价值，形成可持续消费行为习惯。

（三）青少年饮食、睡眠、运动与健康状况堪忧

人类行为和生活方式影响其健康与寿命，培养青少年健康生活方式，有利于青少年身心健康成长且终身受益。

（1）在饮食习惯上，女生优于男生，低年级学生优于高年级学生。以每日摄入的水果种类为例，通过学生性别与每天吃水果的交叉分析报告显示，男女生每天吃两种以上水果的分别是57.6%和62.7%，不能保证每天摄入水果的分别是4.21%和7.47%。由此看出，吃水果的饮食良好习惯女生优于男生。而不同年级学生与每天吃水果的交叉分析报告显示，每天吃两种以上水果的初一年级为70%，初二年级为67%，初三年级为62%，高一年级为55%，高二年级为43%，高三年级仅为37%，呈明显的递减趋势；而每天不吃水果的学生由初一年级的3%上升到高三年级的12%。由此看出，随着学生年龄增长每天吃水果的好习惯在显著下降。出现这种情况，可能与随着年级增加、课业负担加重，学生及家长越来越忽视学生的均衡饮食有关。

（2）在睡眠方面，学生睡眠不足的占一半以上，入睡时刻和时长与睡眠质量明显相关。本次调查结果显示，学生的睡眠情况堪忧。每天22：00以前入睡的仅占25.96%，22：00~24：00入睡的占64.23%，24：00以后入睡的

占 9.81%，即有 3/4 的学生存在晚睡现象。在睡眠时长上，能够达到 7~9 小时合理睡眠时间的学生不足一半（占 45.14%）。学生评价睡眠质量良好的占 57.99%，有 7.7% 的学生认为自己的睡眠质量较差。另外，入睡时刻与睡眠质量的交叉分析报告显示，入睡时刻与睡眠质量明显相关，22：00 以前能够入睡的学生睡眠质量较好，随着入睡时刻的推迟，睡眠质量明显下降。睡眠时长与睡眠质量的交叉分析报告显示，睡眠时长与睡眠质量也明显相关，睡眠时长在 7~9 小时的学生睡眠质量较好，随着睡眠时长的缩短，睡眠质量明显下降。青少年需要 8~10 小时睡眠。睡眠不足会导致青少年关注力降低、学业成绩下降、焦虑、抑郁甚至自杀。要让青少年懂得睡眠对身体的重要性。充足的睡眠对青少年来说不仅能够帮助大脑和机体得到休整和恢复，提高人体免疫力，同时还能促进体格生长。长期睡眠质量差或睡眠不足，会导致记忆力和注意力下降，降低学习效率。有两项来自国际阅读素养评比组织和国际数学与科学教育成就趋势调查的研究称，在数学、科学与阅读方面，睡眠充足的孩子有更优异的表现。

（3）在运动习惯上，超一半以上学生没有养成自觉锻炼身体的习惯，运动也缺乏科学性。关于运动对精神状态及学习生活的影响，有 52.73% 的学生感觉在一定程度上能够缓解压力；除了学校体育活动外，学生在其他时间（比如假期）的校外运动每周总时长在 0~2 小时的占 67.11%，能够保证一天约一个小时运动时间的学生仅为 7.76%。可见，有超过一半以上的学生没有养成自觉锻炼身体的习惯。本调查还特别关注了学生运动的科学性。很注意在运动前进行热身及运动后拉伸的学生占 38.27%，56.75% 的学生不太注意运动前的热身及运动后的拉伸，4.99% 的学生根本没做运动前的热身及运动后的拉伸。这说明，有大部分学生没有意识到运动前热身及运动后拉伸的重要性，锻炼缺乏科学性。

（4）青少年存在一些生活陋习，并且对自身健康已经造成不同程度的影响。一是青少年使用电子产品时间较长，且多不注意休息。本次调查中的 3609 名学生，经常长时间连续使用电脑、手机等电子产品的学生占 22.8%，长时间使用电子产品时能够在每 1 小时后活动休息一下的学生占 45.08%，只在学习需要和联络时使用电子产品的学生占 32.11%。可以看出，青少年使用电子产品时间较长，有意识地在每使用 1 小时后活动休息一下的学生不足一半，存在较大的健康隐患。二是在正确坐姿上，有 3/4 的学生没有养成正确的坐姿习惯，特别是高年级学生坐姿状况堪忧，并且不良坐姿导致的相关疾病已经逐渐在学生群体中显现。调查数据显示，能正确认知坐姿并践行的学生仅占 25.27%。颈椎有时感到僵硬酸痛的学生高达 49.6%。一般情况下连续坐着的时长在 2~3 小时的学生占 41.81%，3 小时以上的学生占 24.88%，1 小时以下的学生仅占 33.31%。学生年级（年龄）与坐姿的交叉分析报告显示：平时很注意坐姿的学生，由低年级至高年级总体呈下降趋势。而坐姿随意的学生，由低年级至高年级总体呈上升趋势。学生随着年龄的增长，正确的坐姿习惯却在丢失。电脑、手机等电子产品使用习惯与颈椎是否感到僵硬酸痛的交叉分析报告显示：电子产品使用习惯与颈椎是否感到僵硬酸痛明显呈正相关趋势。由此可见，学生对电子产品过于依赖，时间难自控，且已经造成了不同程度的健康损害。连续坐着的时长与颈椎是否感到僵硬酸痛的交叉分析报告显示：连续坐着的时长在 3 小时以上的学生中没有感到僵硬酸痛的仅占 16.78%，有时感到僵硬酸痛的占 24.68%，经常感到僵硬酸痛，有时还伴有头晕头痛的上升为 57.88%。由此可见，久坐与颈椎僵硬酸痛明显呈正相关。不良生活习惯会带来健康隐患，健康生活方式有利于青少年健康成长，要让学生了解学习与锻炼的关系、生活陋习与疾病的关系、个人日常生活习惯与社会整体利益的关系，培养青少年的保健意识及健康生活方式。强健的身体奠基于青少年时期，要鼓励学生从日常生活的健康化做起。

四、对策与建议

（1）将可持续生活方式作为学校育人的重要内容。调查发现，通过学校教育获取可持续生活方式相关知识、态度和行为水平均更高。低碳知识的获得是多年来在课堂教学中持续推进可持续发展教育学科渗透的重要成效。但显然，从获得知识到习惯养成和行为落实的过程还缺乏有效链接。“根据知信行理论，从知识向行为的转变是一个长期、复杂的过程，学校教育具有系统性、连续性的特点”[1]，在提升学生可持续生活方式知识水平、改善学生可持续

[1] 谭雪庆，余小鸣，王宇晴等．初中生营养与食品安全知信行现况及学校影响因素研究［J］．中国儿童保健杂志，2018（12）．

生活方式行为方面产生重要作用。因此，应广泛开展以学校为平台的可持续生活方式教育，促进学生可持续生活方式的形成，将可持续生活方式作为学校育人的重要内容，让学生建立先进的生态价值观和生态审美观。应对学校课程体系进行整体设计和规划，从学科教学视角深化学生对可持续生活方式的理解，将可持续生活方式教育内容融入课程建设中，构建可持续生活方式育人模式，为可持续发展价值观与生活方式的培养提供丰厚的课程资源。在教育过程中注重建立低碳、可持续消费及健康知识与具体生活情境的有效链接，促进知识与行为之间的转化。让低碳、可持续消费和健康知识的学习源于学生身边的实际问题，并落脚于学生身边实际问题的解决，架起知识学习与行为培养之间的桥梁，增加知识学习的趣味性、针对性、实用性和情境化，从而促进可持续生活方式习惯养成。

（2）家校联合建立可持续生活制度，发挥家长教师的榜样力量。调查发现，学生的低碳行为、消费习惯以及生活习惯与家庭影响关系密切，特别是父母的认知、价值判断、生活习惯等在不同程度上对学生的可持续生活方式存在正向或者负向影响。因此，应通过培训提升家长可持续生活方式教育能力，家校联合制定可持续生活制度，使校园生活与家庭生活情境无缝接轨，教师、家长和学生形成学习共同体，建立终身学习的意识与能力，以适应不断发展变化的客观世界，把学习从单纯的求知变为生活的方式，让学生时时、处处、人人都可以获得可持续生活方式的熏陶。身教重于言传，家长、教师要以身作则，充分发挥榜样力量。

（3）开发融合可持续生活方式的动画、电影及戏剧作品，加大宣传有效性。在影视作品方面，应不断推陈出新。影视制作作为中小学教育的主要资源依托，可以结合青少年年龄特点，以“低碳行为、可持续消费和健康生活”等为主题，以青少年生态文明教育为切入点，直观形象地宣传青少年的可持续发展意识与生活方式，增强其社会责任感。

（4）充分利用相关社会资源，强化社区可持续生活实践功能。要营造社区可持续生活环境氛围，强化社区可持续生活实践功能，鼓励青少年躬亲实践，通过定期、不定期组织可持续生活方式的学习和生态体验活动，学校、社区、医院、博物馆及相关环保机构探索合作方式，为青少年可持续生活方式养成提供技术支持和实践基地，营造可持续发展的社会教育氛围。

第三篇　大教育观下终身学习与可持续发展教育的融合

● 主题一：终身学习理念下的可持续发展教育

可持续发展教育：架设通向优质教育的桥梁——瑞典 2016 国际可持续发展教育会议综述*

张　婧

摘　要　第一届瑞典国际可持续发展教育会议暨第九届教师教育学院国际网络会议的召开是联合国教科文组织 2014 年世界可持续发展教育大会的持续推进。会议的主要内容是交流对《2030 年可持续发展议程》《可持续发展教育全球行动计划》等文件内容的理解，研讨落实这些文件、提高教育者与培训者能力的有效途径，实现可持续发展教育从理论到实践的跨越。与会专家阐述了联合国教科文组织在可持续发展教育方面的研究与最新进展，即重点阐述了 SDG4 与前期教育议程的区别、对目标 SDG4.7 进行深层阐述、提出了面向的挑战。中国团队在此次会议中也分享了可持续发展教育的系列新成果。

关键词　可持续发展教育　可持续发展目标　行动计划

第一届瑞典国际可持续发展教育会议暨第九届国际教师教育网络会议（The 1st Swedish International Global Action Programme on ESD Conference & The 9th Biennial Meeting of the International Network of Teacher Education Institutions）于 2016 年 8 月 21—24 日在瑞典的乌普萨拉大学哥特兰校区召开，来自 48 个国家的 150 多名专家学者参加了此次大会。这次会议的目标是：交流对《2030 年可持续发展议程》（*Agenda 2030*：*The United Nations Sustainability Development Goals*，*SDG*）和《可持续发展教育全球行动计划》（*Global Action Programme on ESD*，*GAP*）等文件内容的理解，研讨落实这些文件、提高教育者与培训者能力的有效途径。会议的主题是"架设桥梁"（Bridging the

* 该文曾发表于《世界教育信息》2016 年第 22 期，收入本书时有修改。

GAP），即可持续发展教育通向优质教育的桥梁，进而实现可持续发展教育理论到实践的跨越。中国可持续发展教育代表团一行5人在史根东博士的带领下也参加了此次会议。

一、会议概况

联合国教科文组织教师教育联盟主席查尔斯·霍普金斯（Charles Hopkins）教授主持开幕式并致辞。他简要回顾了教师教育双年会的历史进程，展望了可持续发展教育（ESD）发展大势及教师培训所面临的机遇与挑战。瑞典联合国教科文组织全国委员会秘书长麦斯·尤尔贝里（Mats Djurberg）到会祝贺，并就会议期望达成的目标进行了介绍与阐述。查尔斯与麦斯都强调，《变革我们的世界：2030年可持续发展议程》提出了更高的要求，各国要积极开展ESD行动，让更多的人了解ESD的最新形势与需求，争取更多的政府支持，顺利达到各项目标。

联合国教科文组织全球教育监测报告总监本亚伦（Aaron Benavot）博士作《连接优质教育：可持续发展教育与可持续发展目标》（*Connecting Quality Education*，*ESD and the SDGs*）专题报告，重点阐述了全球教育监测报告的背景、国际上对于优质教育与学习的论争、SDG4及其10个子目标的关系，并且提出了自己的思考与建议。

芬兰教育部课程发展中心主任梅利·哈利宁（Irmlie Halinen ）作了关于芬兰优质教育与可持续发展教育（Quality Education in Finland and ESD）的专题报告，重点介绍了芬兰教育的发展概况以及芬兰课程改革与优质教育的发展，分享了“芬兰2016可持续发展教育课程改革”的主要目标，具体包括：增强快乐与有意义的学习及学生主动学习的作用；为深度学习创造更好的机会，增强学习能力以创造高质量的学业成绩；增强每位学生的自我认同及幸福感；促进学校内外及与周边社区的交流合作；增强个人的可持续发展生活方式与社会的可持续发展。为了实现以上目标，芬兰采取了四项主要措施：一是支持各有关行政机构与学校开展学习化社区建设；二是强调探究式与深度学习，以及跨学科方式（以促进跨学科能力培养及利用多学科的学习模式开展创新式教学与学习）；三是对全校所有科目内容与教学目标进行更新；四是开发并强化有关探究式与深度学习的评估，以及评估作为一部分学习内容的研究。海报会议单元主要是通过全球 40 多个国家的海报展示各国可持续发展教育的最新研究成果进展，中国展出的四幅海报内容包括中国可持续发展教育路线图与可持续发展教育培训的 5 个支柱等内容，多国代表共计 100 多人次参观。

鉴于准备材料主题突出、内容翔实，大会特别开辟了中国 ESD 经验专场，请中国 ESD 团队作全面报告。首先，史根东博士、孙云合作完成了《可持续发展教育培训的五个支柱》（*Five Pillars of ESD Training*）专题报告；之后张婧博士作了《中国可持续发展教育案例介绍》（*ESD Cases in China*）报告，从地区、学校、教师与学生等角度介绍了可持续发展教育在中国的进展与收获。最后朱北鸿教授给大家分享了《亚太可持续发展教育教师培训手册介绍》（*An Introduction of the Asia-Pacific Educator Training Manual on ESD*）的编写与主要章节的内容，从理论到实践，从教学实践到案例，亚太地区的相关信息在培训手册中都得以充分体现。各国代表纷纷表示，这是一次效果非常好的国际交流大会，会议架起了一座国际可持续发展教育交流的桥梁。霍普金斯对大家在可持续发展教育领域所作出的努力表示了衷心的感谢，并对今后开展可持续发展教育提出了希望，各国代表阐述了 2018 年以前开展可持续发展教育的目标。

二、会议成果

（一）UNESCO 研究新进展

本亚伦博士在他的专题报告中阐述了三项新的研究进展。

1. 重点论述了 SDG4 与前期教育议程的区别

SDG4 旨在确保包容和公平的优质教育，让全民终身享有学习机会，这与前期的教育议程存在以下几方面的区别：一是适用范围更普遍，适用于所有国家而不仅是那些发展比较落后和贫穷的第三世界国家。二是以更强大的力量寻求新的方式，变革教育体系（全球中小学教育）。三是目标更加全面，包括正规和非正规教育；幼儿发展与早期教育，12 年基础教育，技术、职业，高等教育，终身学习机会等。四是以输出为导向（output-oriented），包括中小学教育有效的学习成果、更高的成年人识字率等目标。五是注重学校教育内容（contents），不仅关注就学率的提高，更关注学校教育的质量。六是注重公平。

2. 对目标 SDG4.7 进行深层阐述

本亚伦博士对 SDG4.7 进行了详细说明，指出该子目标包含教育的社会、人文、道德目标，明确地将教育与其他可持续发展目标联系起来。这一目标涉及所有的学习者，各级教育层次，是一种更为广泛的终身学习视角。联合国教科文组织教育专家对这个目标提出了全球指标和专题指标。全球指标包括全球公民教育与可持续发展教育、性别平等和人权，在以下四个方面进入主流的程度：（1）国家教育政策；（2）课程与学习；（3）教师教育；（4）学生评估。专题指标包括：按年龄组或者教育层级来看，对于全球公民意识和可持续性相关的问题展示出足够的理解能力的学生的比例；对环境科学知识和地球科学展示出熟稔知识的 15 岁学生的比例；提供以生活技能为基础的预防艾滋病教育和性教育学校的比例；“世界人权教育计划框架”在各国实施的程度。本亚伦在报告的“结束语与建议”谈道，无论 SDG4.7 的历史由来如何，或监测方面存在多少挑战，这一目标都具有很大的价值，因为它谈及了教育更广泛的目的，并且与可持续发展议程的愿景联系起来。SDG4.7 不仅注重学习者对可持续发展知识和学习能力的获取，而且重视可持续发展态度和价值观的培养，因为它们对于学习者的行为和实践有着重要影响。学校层面除了要关注在政策文件和课程中有没有将 ESD 主流化，还需要注重班级学习氛围的营造、课外活动（包括青年活动、博物馆教育、夏令营、艺术和音乐课）的开展，很多研究表明这些方面对青年学习者有很大影响。

3. 未来挑战

一是需要一种更加严密的方法来监测教育内容和课堂所教授的知识；二是收集、交流关于各国、区域课程内容的信息；三是研发出一套有效的工具来对比、评估学习者在校园（大学）内外的知识、技能、价值观和实践；四是尽管存在很多评估模型（PISA，IEA，SLT），但还有更多、更为细致的工作要做。

（二）中国 ESD 的新成果

中国参会团队在会议期间较为全面地汇报了中国近两年中落实 *GAP* 等文件过程中的新结论和新成果。史根东博士在报告中指出，当前国际社会的重要任务是全面理解与研究联合国教科文组织近两年发布的5份有关ESD理论与实践的重要文件，并且开展与本国实践相结合的一系列教师培训。接着，他对ESD培训的五个支柱作了深入解读。在对国际尤其中国ESD培训经验进行综合分析的基础上，他指出，对参与可持续发展教育的教育者、管理者与培训者开展高质量的培训需要具体做好五个方面的基础性的工作，即需要五个支柱的支撑，包括解读理念（文献）、编写教材、指导科研、荐评案例、搭建交流平台。他强调，在落实*GAP*等计划的过程中，中国团队正是由于连续开展以上五个方面的工作，而不是只召开一两次具体的培训会议，才取得了推动政策创新、课程与学习创新、学校建设创新和地区教育发展创新的显著成效。

张婧博士在中国可持续发展教育案例研究的报告中，首先阐述了案例研究在整个教育者培训过程中验证理论、做出操作示范以及引导青年教育者尽快进入ESD实践的三项功能，接着从区域、学校、教师、学生四个层面详细介绍了体现*GAP*要求的石景山、禅城、麻峪、东郿等地的优秀学校案例，展示了中国在实施可持续发展教育过程中的崭新成果。朱北鸿教授对于《亚太可持续发展教育教师培训手册》的介绍，展示了中国可持续发展教育全国工作委员会和国际专家合作建立亚太可持续发展教育中心的研究工作最新进展。该手册包括全球ESD会议文件重要结论、ESD面临的挑战和未来方向、学校ESD课程的开发、教学与学习方式创新、ESD特色校园建设、亚太地区国家ESD优秀案例评述等方面的内容。

与会专家对中国的可持续发展教育进行了高度评价。霍普金斯："中国的可持续发展教育在国际上是走在前列的，从对国际可持续发展教育文件的学习、理解到可持续发展教育的实践探索，为其他国家树立了榜样。"

（三）中瑞ESD合作新平台的续建

从2003年开始，瑞典教育科学部前副部长卡尔·林德伯格（Carl Lindberg）先生先后5次参加中国北京可持续发展教育国际论坛与中瑞可持续发展教育合作研讨会。在本次会议期间，为表彰卡尔·林德伯格先生作出的突出贡献，中国可持续发展教育全国工作委员会向他授予了"中瑞ESD合作交流终身成就奖"。

经过与学习型教师网络（LTN）、乌普萨拉大学、蒂布尔高中（Tibble Senior School）等单位交流，中瑞双方初步达成新时期可持续发展教育常态化交流合作的意向。根据双方的共识，中瑞拟建立以乌普萨拉大学为主要合作伙伴的“中瑞ESD合作中心”，主要工作是合作开展ESD课题研究，包括ESD促进优质教育品牌学校建设策略与评价研究、中小学ESD课程设计与学习创新研究、中学生参与绿色社会建设途径和优秀案例研究；实施ESD实验学校经验共享与交流计划；建立中瑞ESD信息收集交流网络。

三、启示

（一）进一步强化理论与文献研究

将会上国际专家与中国团队提交的文本加以对照可以看出，中国关于落实*GAP*等文件的理论认识不落后于前者，甚至具有一定的引领性。鉴于此，中国ESD有自信承担起国家责任和国际责任，进一步加大ESD文献与理论研究力度，将ESD本土化研究提升到新的水平。

（二）进一步强化案例培植与传播

中国团队在会议结束时提出的一条重要建议是本次会议未能广泛展示落实*GAP*等文件的国别优秀案例，今后应当加以改进。中国经验受到关注的主要原因正是团队提交的文本材料的新观点、系列性和实操性受到会议组织者的高度重视，又在专场发言和展板中生动展示了中国案例，包括中国思路、中国方案、中国做法，尤其是地区、学校、教师、学生层面的有效案例。由此，不断积累促进优质教育的优秀案例是检验ESD实践效果的关键标志之一。中国团队应继续发现、培植、总结与传播成功案例，以彰显自身的影响力。

（三）进一步强化与亚太合作伙伴交流与合作

会议期间，除了与加拿大、瑞典、日本、美国等国参会代表加强交流外，中国团队还与来自英国、蒙古、越南、马来西亚、巴基斯坦、哈萨克斯坦、拉脱维亚等国专家开展双边对话。友好的合作交流氛围凸显了ESD民间外交的良好影响，也对中国ESD团队提出了新的挑战：促进新的政府与社会资源支持机制的建立，利用好亚太可持续发展中心（API-ESD）这一平台，强化建设重点面向亚洲等地区发展中国家ESD人员培训网络，进一步扩大中国ESD的国际影响力。

可持续发展教育促进学习创新
——来自亚太可持续发展教育第三次专家会议的观点*

张　婧

摘　要　亚太可持续发展教育第三次专家会议旨在更好地贯彻落实、全面推进《可持续发展教育全球行动计划》。本次会议的主题是“可持续发展教育促进学习创新”，中外专家学者就世界可持续发展教育大会后本国开展可持续发展教育的最新进展以及今后的计划做了具体阐述。本文对亚太地区可持续发展教育走势做了四点预测，即国际合作将是推进亚太各国可持续发展教育实践的有效途径；基于数据的研究正在成为开展可持续发展教育深度研究的重要方法；全机构参与正在成为推进地区与学校可持续发展教育的重要方略；教育工作者培训将成为亚太地区推进可持续发展教育的重要手段。

关键词　可持续发展教育　学习创新　区域推进

亚太可持续发展教育第三次专家会议于2015年6月2—4日在清华大学召开，会议主题是“可持续发展教育促进学习创新”。此次会议旨在贯彻2014年11月召开的世界可持续发展教育大会精神，全面推进《可持续发展教育全球行动计划》(*Global Action Programme on ESD*，*GAP*）在各个国家的落实。

会议由联合国教科文组织教师教育联盟、联合国教科文组织中国可持续发展教育全国工作委员会和亚太可持续发展教育中心主办。联合国教科文组织亚太办事处代表，美国、加拿大、瑞典、日本、老挝、俄罗斯、蒙古、菲律宾等国家的可持续发展教育专家，中国教育部和北京教育科学研究院领导，清华大学、北京师范大学专家，中青视线研究团队，北京、上海、广东、湖

*　该文曾发表于《世界教育信息》2016年第2期，收入本书时有修改。

北、江西、河北等省市可持续发展教育实验学校校长、教师代表等共200余人参加了会议。联合国教科文组织中国可持续发展教育项目全国工作委员会主任、北京教育科学研究院院长方中雄到会致辞，副院长褚宏启主持开幕式，副院长张军在闭幕式上作总结发言。

一、专家主要观点

联合国教科文组织教师教育联盟主席查尔斯·霍普金斯（Charles Hopkins）在题为《可持续发展教育对优质教育的贡献》（*The Contributions of Education for Sustainable Development to Quality Education*）的报告中强调了以下三个方面：一是可持续发展教育促进了教学方法、学习方法和评估方法的创新，同时改变了教师原有的教学观念，需要教师在职业生涯中持续学习；二是可持续发展教育给予课程更多的意义，使学生的学习更多地与社会建设相结合；三是可持续发展教育是优质教育的重要组成部分，而不是教育的附属品。

世界可持续发展教育大会报告《塑造我们的未来：联合国可持续发展教育十年（2005—2014）监测与评估报告》[*Shaping the Future We Want*：*UN Decade of Education for Sustainable Development*（*2005–2014*）*Monitoring and Evaluation Report*]起草人、加拿大曼尼托巴省可持续发展教育协调员巴克勒（Carolee Buckler）在题为《2014年世界可持续发展教育大会回顾与主要结论》（*Review and Main Conclusions of the ESD World Conference in 2014*）的报告中指出：可持续发展教育十年来取得了很大的成绩，学校的课堂教学方式正在发生转变，人们通过全机构方式（Whole Institute Approach）对可持续发展教育的参与程度不断深入，期待各国能够在政策指引、行政支持方面作出努力。

联合国教科文组织亚太地区办事处可持续发展教育项目主任帕迪拉（Danilo Padilla）题为《可持续发展教育：今天与明天》（*ESD*：*Today and Tomorrow*）的报告中指出，在区域官方机构的重视与推进下，可持续发展教育已逐渐融入正规教育。例如，联合国教科文组织亚太办事处发布了《非物质文化教育区域指南》（*Regional Guide for the Study of the Intangible Cultural Heritage*），为可持续的未来提出了创新的教学方法。经过一段时期的实践，亚太地区很多国家积累了一些优秀的跨学科学习的案例：越南的案例中总结了利用声音的来源，将传统的音乐融入七年级的物理课当中的经验。巴基斯坦将传统的刺绣技艺、传统书法融入历史教学当中，鼓励学生欣赏当地非物质文化遗产。帕迪拉认为，可持续发展教育的实施需要每个人、每个社会阶层、每个社会团体的积极参与，只有如此才能实现《可持续发展教育全球行动计划》的总体目标，即在教育和学习的各个层面与领域行动起来，加快推进可持续发展进程。

日本宫城教育大学教授世濑智纪（Tomonori Ichinose）在题为《在可持续发展教育中如何提高教育者的能力和改进学习者的创新力》（*How to Increase the Capacity of Educators and Improve the Innovation Ability of Learners Regarding ESD to Fit into GAP*）的报告中分享了通过问卷调查研究得出的结论："学校和其他利益相关者亲密的伙伴关系、学校面向外界开放，让更多的当地居民参与到学校活动中能大大增强可持续发展教育的实施效果。人们通常在可持续发展教育中强调合作性与实证性。伴随着小组学习的体验式学习和探究活动成为可持续发展教育最为普遍的学习形式。"

联合国教科文组织中国可持续发展教育全国工作委员会执行主任史根东在题为《可持续发展教育：生态文明建设的呼唤——未来五年中国可持续发展教育之路》（*ESD：the Calling of Ecological Civilization —Thinking on ESD for the Next Five Years*）的报告中介绍了未来五年中国的可持续发展教育思路，即"一个主导、三个强化、一个落点"。"一个主导"就是以国家或者全球生态文明建设的需要为主导；"三个强化"是强化教育工作者培训，强化实验学校和实验区的建设，强化可持续教学与学习方式创新实验；"一个落点"是有效提升青少年可持续学习素养。

北京教育科学研究院可持续发展教育研究中心副研究员王巧玲在题为《可持续发展素养的结构框架与实践应用》（*The Structure of the Sustainable Development Attainment and its Practical Application*）的报告中指出，中国的可持续发展教育内容已经从20世纪90年代的尊重资源和环境教育，拓展到以可持续发展价值观为核心，知识、能力、可持续生活方式为主要内容的教育，有效地培养了青少年的可持续发展素养。

上海市普陀区教育局局长周飞在题为《在可持续发展教育中塑造面向未

来的优质教育》(*Shape Future Oriented High-quality Education with Sustainable Development Education*）报告中表示，可持续发展教育推动了区域教育的优质发展，尤其是在可持续教与学方式探索与实践方面获益良多。

广东省佛山市禅城区人民政府教育顾问安文铸教授在题为《关于可持续发展教育的学习创新课堂范式》(*An Innovative Teaching Paradigm Dedicated to Education for Sustainable Development*）的报告中对可持续发展教育的学习创新课堂范式做了梳理与总结，分享了区域推进课程与课堂教学改革的策略，同时也展示了禅城区在可持续发展教育实践中所取得的教育教学创新成果。

二、对亚太地区可持续发展教育未来走势的预测

（一）国际合作将是推进亚太各国可持续发展教育实践的有效途径

未来的可持续发展教育愈加需要国际合作。史根东在报告中希望各国改变孤芳自赏、孤军作战的状况。他指出，“国际合作的目的就是更好实现信息交流、人员交流、技术交流，从而使得各方的研究在国际大潮流的推动下产生更有效的成绩。中国将和联合国教科文组织教师教育同盟更好加强联系，与联合国教科文组织亚太地区办事处更深入地展开研讨，以更好执行《可持续发展教育全球行动计划》”。

加拿大曼尼托巴省教育部可持续发展教育协调员巴克勒指出，曼尼托巴省建立了新的国际网络学习环境，同时与欧洲可持续发展教育指导委员会合作，亦与北京教育科学研究院签订了合作备忘录，成为中国的合作伙伴，主要目的是相互学习，互通有无。

（二）基于数据的研究正在成为开展可持续发展教育深度研究的重要方法

此次会议中，大部分国内外专家的报告中都详细列出了调查研究、评估过程中的数据，显示了实践研究过程的真实性、规范性与可行性。如《塑造我们的未来：联合国可持续发展教育十年（2005—2014）监测与评估报告》撰写人巴克勒在与大家分享撰写研究报告的过程时，阐述了以数据为基础的实践研究与评估方法，让参会者更好地了解评估报告的撰写过程。

（三）全机构参与正在成为推进地区与学校可持续发展教育的重要方略

《塑造我们的未来：联合国可持续发展教育十年（2005—2014）监测与评估报告》总结了十年来的主要成果和趋势，其中谈到了运用“全机构方法实施可持续发展教育”，即实现可持续发展教育主流化，将其纳入教育与学习实践的各个方面，其中包括将可持续发展植入学校课程编排和学习过程、基础设施和日常工作、与周边社区互动、治理和能力建设等当中。

在本次会议上，以巴克勒与美国西华盛顿大学教授诺尔莱特（Victor Norlet）为代表的很多专家在专题报告中都论证了全机构参与落实可持续发展教育的重要性与必要性。

诺尔莱特教授介绍：“在过去的十年当中，可持续发展教育的实施就是教师在课堂中完成的；现在，可持续发展教育的开展涉及很多机构的、多层次的努力。”

专家们还谈道，很多国家的可持续发展教育实践项目的数量都在增加，并由原来一位教师在课堂上授课到目前的各种组织机构通力合作。当前，随着全球对可持续发展教育的持续关注，全机构方法必将成为推进可持续发展教育的有效策略。

（四）教育工作者培训将成为亚太地区推进可持续发展教育的重要手段

会议期间，史根东向参会代表介绍了中国接受联合国教科文组织委托承担《可持续发展教育全球行动计划》中的“优先行动领域3”所提出的“培养教育工作者和培训人员的能力”这一专项工作，并就培训教材内容的设计与编写同与会专家开展了讨论并达成共识：以中方提交的《亚太地区ESD教育者培训手册（征求意见稿）》为基础，继续修改完善，同时各国积极提供可持续发展教育案例，争取在2016年召开的第四次亚太可持续发展教育专家会议时，用作对首批中国与亚太其他国家教育工作者培训的范本。瑞典可持续发展教育国际项目部主任佩尔森（Magnus Persson）认为，“中方的雄心勃勃的思路和扎实工作为国际社会可持续发展教育作出了贡献，《亚太地区ESD教育者培训手册（征求意见稿）》的编写必将为亚太地区乃至世界可持续发展教育提供培训范本，更好地助推可持续发展教育的开展。”

三、结语

《庄子·秋水》中有“井蛙不可以语于海者，拘于虚也”，其核心在于视野。第三次亚太可持续发展教育专家会议带给我们更广阔的视角，让我们更深刻、更全面地了解、学习、分享可持续发展教育在地区、国家、全球的发展进程。

虽然可持续发展教育在世界范围内有了较大的进展，很多国家也都在作出努力推进本国可持续发展教育，并编制本国的可持续发展教育政策，但是，能否长久推进可持续发展教育还有待时间的检验。

在世界范围内，中国的可持续发展教育虽然取得了可喜的进展，但仍然需要政府政策制定、资金投入的支持，需要研究者、实践者不断深入学习、研究、思考与探索，将教育融入可持续发展，将可持续发展融入教育，在可持续发展教育路上创造新的辉煌！

生态文明教育的国际新动向
——联合国教科文组织全球可持续发展教育行动计划成员国对话会议解读（2018—2019）*

王巧玲

摘　要　可持续发展目标正在成为全球教育改革与发展的重要场域与发展方向，可持续发展教育（ESD）是促进可持续发展目标实现的重要教育通道。促进可持续发展目标实现的学习图谱、利益相关方参与的跨界学习、围绕可持续发展教育大概念的行动变革的国际可持续发展教育最新动向，对我国生态文明教育提供了战略发展方向、实现路径等方面的新思路。

关键词　生态文明教育　可持续发展教育　可持续发展目标

2015 年 9 月，联合国可持续发展峰会正式通过了《变革我们的世界：2030 年可持续发展议程》，该议程覆盖 17 个可持续发展目标（SDGs），这项新的国际框架是未来 15 年全球可持续发展的纲领性文件。2015 年 11 月，第 38 届联合国教科文组织全体大会通过了《教育 2030 行动框架》，明确提出要在 2030 年实现“确保包容性和公平的优质教育，促进全民享有终身学习机会”的目标。可见，可持续发展目标正在成为全球教育改革与发展的重要场域与发展方向，可持续发展教育（ESD）也成为促进可持续发展目标实现的重要教育通道。

为了面向 2030 年对全球可持续发展教育进行部署，联合国教科文组织分别于 2018 年 4 月、2018 年 7 月、2019 年 7 月在哥斯达黎加、泰国曼谷、越南河内召开 3 次全球行动计划合作网络会议，构建“为了可持续发展目标的

*　该文为北京市“十三五”教育规划优先关注课题“生态文明与可持续发展教育的实践模式与实现路径”的阶段性成果，曾发表于《环境教育》2019 年第 12 期，收入本书时有修改。

可持续发展教育（ESD for SDGs）”的全球教育路线图，开启 2020—2030 年可持续发展教育的新航线。笔者有幸出席了哥斯达黎加和越南河内会议，深感其“促进可持续发展目标实现的学习图谱”的最新思想、方法工具与实现路径对于我国面向生态文明时代的教育创新与人才培育等有着重要启示。

一、促进可持续发展目标实现的学习图谱

《变革我们的世界：2030 年可持续发展议程》的核心是 17 项可持续发展目标（SDGs），主要包括无贫穷、零饥饿、良好健康与福祉、优质教育、性别平等、清洁饮水与卫生设施、经济适用的清洁能源、体面工作与经济增长、产业创新和基础设施、减少不平等、可持续城市与社区、负责任消费与生产、气候行动、水下生物、陆地生物、和平正义与强大机构、伙伴关系等。这些普遍的、具有变革意义的、包容的可持续发展目标描述了人类面临的重大发展挑战，旨在确保现在和将来地球上每一个人都能享有可持续、和平、富足和公平的生活。它既设定了自然环境的承载限度，也为自然资源的使用设定了关键阈值。这些目标确认消除贫困必须与经济建设战略齐头并进；在应对气候变化和环境保护问题的同时，还针对一系列的社会需求，包括教育、保健、社会保障和工作机会等；可持续发展目标也涉及阻碍可持续发展的关键系统性障碍，例如不平等、不可持续的消费模式、薄弱的机构能力和环境退化。这意味着可持续发展已经从概念变为了可测量的指标与现实，可持续发展教育将在促进可持续发展目标实现方面作出实际贡献。

联合国教科文组织 2017 年发布《教育促进可持续发展目标的学习目标》一书，针对每项可持续发展目标，从认知、社会情感、行为层面确定了学习目标。以可持续城市与社区的学习目标为例，认知领域涵盖了理解可持续发展目标和相关挑战所需的知识和思考技能；社会情感领域涵盖了有助于学习者开展协作、磋商和交流沟通以促进实现可持续发展目标的社会技能，还包括推动学习者自我发展的反思技能、价值观、态度和动机；行为领域描述了各种行为能力。此外，学习目标还提出了拟议的专题和学习活动，并描述了从课程设计到国家战略等不同层级的实施情况，旨在支持决策者、课程开发人员和教育者设计战略、课程和科目，促进有利于实现可持续发展目标的学

习（见表 1）。

表 1　可持续发展目标 11：“可持续城市与社区”的学习目标

认知学习目标	学习者了解人类在物质、社会和心理上的基本需求，能够辨别自己所在城市、城市周边和农村住区目前是如何满足这些需求的；学习者能够评估和比较自己和他人的住区系统在满足需求方面的可持续性，特别是在食品、能源、交通、水、安全、废物处理、包容和可及性、教育、绿色空间与减少灾害风险相结合等领域；学习者了解住区模式的历史缘由，同时尊重文化遗产，了解有必要为发展更完善的可持续系统而达成妥协；学习者知道可持续规划和建设的基本原则，并能找到机会，增进各自所在地区的可持续性和包容性；学习者了解当地决策者和参与性治理的作用，认识到在各自所在地区的规划和政策中据理支持可持续性的重要意义
社会情感学习目标	学习者能够为了公众，在当地规划系统中发表自己的意见、确定和利用切入点，呼吁在本地区投资建设可持续的基础设施、建筑物和公园，并就长期规划的优势开展辩论；学习者能够在当地或利用互联网联系和帮助社区团体，为所在社区设想可持续的未来愿景；学习者能够在建立自己的身份认同时对所在区域进行反思，了解自然、社会和技术环境在建立自己的身份认同和文化方面所起的作用。学习者能够将自身的需求置于当地和全球大生态系统的需求中，建设更加可持续的人类住区；学习者能够感到对自己的个人生活方式产生的环境和社会影响负有责任
行为学习目标	学习者能够规划、实施和评估立足于社区的可持续性项目；学习者能够参与和影响与所在社区有关的决策进程；学习者能够反对 / 赞成意见，并组织起来发表意见反对 / 赞成与所在社区有关决策；学习者能够共同创建一个包容、安全、有抵御灾害能力和可持续的社区；学习者能够在当地倡导低碳做法

在越南河内召开的 2019 年可持续发展教育论坛上，UNESCO 发布了可持续发展教育的认知、社会情感与行为学习的全球调查报告，重申并强调了认知、社会情感与行为学习的必要性，倡导各成员国结合各国发展需求，确定各自学习模式，并将可持续发展议题的学习目标融入学科课程标准与教师培训大纲中。促进可持续发展目标实现的新导向对我国生态文明时代教育改革与创新的启示是：第一，将可持续发展目标结合中国国情进行系统建构，形成可持续发展目标的中国方案；第二，从认知、社会情感、行为层面构建面向生态文明的学习目标体系，可以超越原有可持续发展教育的专题教育性质。第三，面向生态文明的学习目标体系融入课程标准与教师培训，推动主流教育更加迈向可持续发展目标。

二、利益相关方参与的跨界学习

当前，世界的复杂性和不确定性日益增加、社会变得越加多样化、人类赖以生存的生态系统服务退化、人类获得的信息量迅速增加，人们必须学会理解自己生活的这个世界的复杂性，必须能够相互合作，表达心声并采取行动，促成积极的变化。可持续发展教育通过培养学习者促进可持续发展的关键能力，促成社会、经济和政治方面的变革，极大地推动所有各方实现可持续发展目标，让每个人都能为可持续发展贡献一份力量。

越南河内 2019 年可持续发展教育论坛展示的另一个鲜明动向是：全球可持续发展教育政策、教育培训机构、学习者、青年人参与、地方问题解决五个行动网络将合并为一个包容性的合作伙伴网络，进而加大不同利益相关者合作。希望各成员国面向 2030 年制定行动框架，建立可持续发展教育利益相关者联盟（NAMSI），这意味着利益相关方参与的跨界学习将成为未来十年可持续发展教育的重要行动。

利益相关方参与的跨界学习新导向对我国教育改革与创新的重要启示在于：第一，对标国际标准，结合我国核心素养要求，诠释我国未来生态文明时代跨界学习人才培育的关键能力；第二，明晰生态文明时代跨界学习的内涵与实现路径，如跨学科学习、跨文化学习、跨学段学习、跨领域学习等。第三，生态文明时代跨界学习的评估量表研发与实践，是可持续发展教育促进优质教育的重要路径。

三、围绕可持续发展教育大概念的行动变革

自 2002 年，在约翰内斯堡召开的可持续发展世界首脑会议上发起可持续发展教育十年活动以来，全球可持续发展教育经历了可持续发展教育十年（2005—2014，简称 DESD）、可持续发展教育全球行动计划（2015—2019，简称 GAP）、为了可持续发展目标的可持续发展教育（2020—2030，简称 ESD for SDGs）三个发展阶段。DESD 阶段以价值观为重要导向，引导了可持续发展教育从教育到学习进程；GAP 阶段以行动为重要导向，引导了全球可持续发展教育的五大优势行动；ESD for SDGs 以可持续发展目标为重要导向，即将

引领全球可持续发展教育的结构性变革。

哥斯达黎加和越南河内会议讨论的“ESD for 2030”文件指出：2030 年可持续发展教育将加强可持续发展教育对所有可持续发展目标的推进作用，并更加重视学习内容对人类生存与繁荣的促进作用。这份纲领性文件的最后一个鲜明特征是在以往关注可持续发展教育的学习模式与实现路径的基础上，首次提出了可持续发展教育的三个主要概念。

变革性行动：可持续发展教育必须更加关注每个学习者的个人转变过程及其发生方式。首先，变革需要勇气、决心和某种程度的颠覆。其次，个人转变分为若干阶段：通过获取知识，学习者意识到某些现实；通过批判性分析，学习者开始理解现实的复杂性；体验式接触可以使人产生与现实的共情联系；当这些现实与个人生活相关时，学习者便会借助一些关键转折点，培养同情和团结意识。对变革的这种认识不仅涉及正规教育，还涉及非正规和非正式教育、认知和社会情感学习以及社区和公民教育。

结构性变化：可持续发展教育需要更加关注不可持续发展的深层结构性原因，特别是经济增长与可持续发展之间的关系。可持续发展教育应提倡发展是一种平衡行为，这意味着在尊重保护、充足、适度和团结等价值观的同时适应变化。在极端贫困或其他具有挑战性的生存状况（例如冲突或难民情况）下，还需要从结构性观点出发解决可持续发展教育问题，因为每天挣扎在生存线上的人们不可能马上对可持续发展这一宏大复杂的概念产生共鸣。因此，可持续发展教育应考虑人们的具体生活条件，并为他们提供能够保证生计的技能。

技术性未来：技术进步可为某些“旧的”可持续性问题提供解决方案，但一些改变人们行为的可持续发展教育工作可能就不再具有现实意义。然而，技术解决方案本身可能带来新的挑战，或者只是制造一种解决了原有问题的假象。因此，可持续发展教育及其对批判性思维的强调便愈发重要。举例而言，有了安装传感器的建筑，为节约能源而关灯这一行为可能绝迹，但节约能源的价值观应依然具有现实意义。

围绕可持续发展教育大概念的学习变革对我国生态文明时代的教育改革与创新的启示是：第一，个体行动。强化生态文明素养培育，建立个体与地方可持续发展目标的关联，激发学习者的共情与共鸣，让为了人类生存与繁荣而学习成为可能。第二，地域行动。强化生态文明与可持续发展教育示范区建设，建立教育与区域规划发展的关联，将地方可持续发展目标系统融合于课程与学习中；第三，技术行动。建立技术与地方可持续发展目标关联，引导生态智慧校园建设。

总而言之，可持续发展目标的学习图谱为中国生态文明教育提供了战略发展方向，可持续发展教育的跨界学习为生态文明教育提供了实现路径，围绕可持续发展教育大概念的行动变革，为生态文明教育提供了成果愿景。

● 主题二：可持续发展理念下的终身学习

北京建设可持续发展的学习型城市：行动、模式与展望 *

史　枫　徐新容

摘　要　北京城市面临可持续发展的重大命题，而可持续发展业已成为国际学习型城市建设的核心理念。在这一背景之下，围绕教育的转型跨越、人力资本提升助推经济发展、以文化人、依学治理和生态文明助力和谐宜居之都建设，北京学习型城市建设呈现出不同凡响的行动作为。本文从学习型城市与教育综改、经济提升、文化建设、社会治理、生态文明五个方面的结合，凝练了可持续发展学习型城市的北京模式，并对该模式加以分析。在此基础上，讨论了北京学习型城市建设中的三个问题和未来发展的展望。

关键词　学习型城市　可持续发展　模式

20 世纪 80 年代，可持续发展的概念开始出现在联合国的正式文件中，最初界定为“既满足当代人的需求，又不对后代人满足其需求的能力构成危害的发展”。后来，可持续发展受到越来越多的关注，逐步上升为人类社会发展的首要理念和核心战略，内涵延伸为“建立在社会、经济、人口、资源、环境相互协调和共同发展的基础上的一种发展”。学习型城市的概念最先出现在经济合作与发展组织（OCED）1992 年报告《为了终身学习的城市战略》（*City Strategies for Lifelong Learning*）中，当时界定为“官方机构为当地居民提供尽可能充分的学习条件、资源和网络，以满足个体或群体的终身学习需要”。进入 21 世纪以来，学习型城市的内涵逐渐从一个教育学概念向经济、文化、社会和生态渗透，走向综合化。可持续发展与学习型城市建设存有深厚的内在联系，建设可持续发展的学习型城市业已成为一种国际共识，作为首届全

---

* 该文曾发表于《开放学习研究》2018 年第 3 期，收入本书时有修改。

球学习型城市大会的举办城市，作为具有重要影响力的世界城市，北京在建设可持续发展的学习型城市方面，做出了积极探索。

一、基本背景

（一）北京城市面临可持续发展的重大命题

《北京市国民经济和社会发展第十三个五年规划纲要》指出，北京自身发展中面临着一些突出矛盾和困难，特别是人口资源环境矛盾突出，出现了人口过多、资源短缺、环境污染等一系列问题，城市承载过重压力过大，影响核心功能发挥，这是北京城市发展面临的最大挑战。该规划纲要在指导思想中强调，北京要“实现城市可持续发展的体制机制和发展方式”，要“以发展方式转变推动发展质量和效益提升，努力走出一条更高质量、更有效率、更加公平、更可持续的发展新路”，并在具体方略中提出“以更严的要求、更高的标准治理环境污染，健全生态文明制度体系，加快建设资源节约型、环境友好型社会，努力把北京建设成为绿色低碳生态家园”。

（二）可持续发展成为国际学习型城市建设的理念和行动方向

2013 年 10 月，由联合国教科文组织主办的首届全球学习型城市大会在北京举行，大会发布的《建设学习型城市北京宣言》提出，学习型城市通过全民终身学习建立社会凝聚力，培育公民积极性，促进经济和文化的繁荣，为人与城市的可持续发展奠定基础。2015 年 9 月，第二届全球学习型城市大会在墨西哥城举行，大会的主题是“建设可持续发展的学习型城市”，深入探讨了学习型城市建设“如何增进地球公民意识和环境保护的责任感”，“如何有助于市民健康和福祉”以及“如何促进包容与可持续经济增长”等议题。联合国教科文组织作为推进全球学习型城市建设与发展的主导机构，于 2016 年发起建立“全球学习型城市合作网络”（GNLC），截至 2017 年底合作网络成员达到 210 个，其中获得学习型城市奖章的城市有 28 个，这些成员城市在推进学习型城市建设的实践中各具特色，但不谋而合的是都把可持续发展作为学习型城市建设的主导方向。

（三）北京学习型城市建设迎来跨越发展的新阶段

2001 年，北京以学习型企业评估为发端启动学习型城市建设。2007 年，北京召开学习型城市大会，发布《大力推进首都学习型城市建设的决定》，学习型城市建设进入全面推进阶段。2013 年，首届全球学习型城市大会在北京举行，学习型城市建设的北京经验走向国际。2015 年，北京获得联合国教科文组织学习型城市奖章，并加入全球学习型城市合作网络。2016 年，北京 14 个委办局联合发布《北京市学习型城市建设行动计划（2016—2020 年）》，提出"以人的全面发展为核心，汇聚资源、创新方式、服务发展，深入推进学习型城市建设，促进首都包容、繁荣与可持续发展"，着力推进学习型示范城区建设等十大工程。至此，北京市学习型城市建设进入一个新的发展阶段。

二、北京推进可持续发展学习型城市建设的主要行动

首届全球学习型城市大会以来，北京抓住作为主办城市的难得契机，秉承《建设学习型城市北京宣言》中"发展城市终身学习可以有力增强个人能力和社会凝聚力，促进经济和文化繁荣，促进可持续发展"的重要倡议，坚持创新、协调、绿色、开放、共享的发展理念，以人的全面发展为核心，以构建不断完善的终身教育体系和终身学习服务体系为基础，以持续打造学习型组织和学习型社区为支柱，努力建设学习资源丰厚、学习氛围浓郁、创新活力涌现的学习型城市，积极贡献于促进整个城市的包容、繁荣与可持续发展。北京致力于将学习型城市建设与可持续发展紧密融合，而且融合的是一个广义的可持续发展，即不仅包括生态资源和环境的可持续，还包含了经济、社会、文化的可持续，乃至"促进整个教育和学习系统的可持续发展"。朝向上述目标和愿景，北京推进可持续发展学习型城市建设的行动和作为主要体现在如下方面。

（一）转型跨越：从"学校教育"到"全民终身学习"

一直以来，北京是全国教育最为发达的地区，但这个教育主要是学校教育。随着终身学习趋势不断加深，北京提出建设"学习之都"，建成中国学习型社会的首善之区，从而超越学校教育，努力迈向"时时可学，处处能学，人人皆学"的全民终身学习时代。

从只重视学校教育，到学校教育、家庭教育、社会教育三位一体全面发展，北京设立专项推进家庭教育与家风建设，建立 100 所家校协同基地，推

动家教名师进校园、进社区，将家校协同专题培训及推广宣传活动覆盖到全市 16 个区。把社区教育指导服务、创新职工素质提升、新型职业农民培训、老年教育“夕阳圆梦”等纳入学习型城市建设十大工程。其中，农民教育培训方面职业农民中等学历教育持续稳定在 1 万人的办学规模，较快提高了农村劳动力的受教育水平，提升了农民综合素质和增收致富能力；老年教育方面积极研制并即将出台《北京市落实老年教育发展规划实施意见》，燕山等地出台面向 2020 年的区域老年教育规划，并将养教结合列入区域发展目标。

北京力促各类学校开放学习资源，把图书馆、阅览室、体育设施共享给社区居民，促使高等学校成立高校博物馆联盟、图书馆联盟和网络图书馆联盟，面向市民积极提供教育和学习服务。加强市民终身学习示范基地、职工教育基地和新型农民实训基地建设，在全市范围内开展基地认定工作，首批认定 34 个市民终身学习示范基地，18 个职工继续教育基地，24 个新型职业农民培训基地。打造数字化城市学习网络，建立并优化运行北京市学习型城市网站——京学网，提供健康生活、优秀传统文化、科学普及、政策解读、技能培训等系列的数百门课程、5000 余学时的学习资源；与市妇联共建“首都女性终身学习平台”，与市安监局共建“北京市安全生产网络学院”。各区建立终身学习体验园，市民体验式学习成为新时尚；评选首都市民学习之星，引领市民学习进取新潮流；持续举办全民终身学习活动周，营造良好全民学习大氛围。

（二）人力提升：为城市发展提供核心支撑

北京之所以能够发展成为享誉国际的大都市，首先依靠的是人，是人力资源，而教育和学习是人力资源提升的首要途径。我国国家层面提出“中国要成为一个学习大国”，北京则提出要建设“学习之都”和打造先进的学习型城市，大力推进全民教育和人人终身学习，为整个城市提供源源不断的高素质人力资本和内在动力，保证城市的繁荣和可持续发展。

以增强能力提升素质为核心，北京市学习型城市领导小组统筹指导，市总工会、教育、人社部门协同合作，持续开展“首都职工素质教育工程”，在全市职工队伍中倡导终身学习理念，多层面实施面向企事业单位职工的知识学习和技术技能培训，大力推进职工的知识更新进程，持续打造一支与首都城市发展相适应的知识型、技术型、创新型的高素质职工队伍。由市人社部门牵头实施“专业技术人才知识更新工程”，每年组织完成了3万人高层次、紧缺型骨干专业技术人才培养培训任务，稳步推进首都专业技术人员继续教育，以保证关键技术人才的能力素质能够满足城市发展需要。其他方面，妇联系统牵头“北京市巾帼家政服务专项培训工程”，科协系统牵头“首都公民科学素质示范工程”，文化系统牵头“基层文化组织员培训工程”，民政系统牵头“学习型社会组织培育工程”，农委系统牵头“农村富余劳动力转移培训工程”，等等，皆在学习型城市建设框架下积极推进，取得显著成果。

各区层面，西城区将建设学习型城市作为提升区域综合竞争力的基础性战略，将全民终身学习落地到全部社区，大力提升市民综合素养，满足了首都核心功能区的发展需要；海淀区积极推进面向科技人员、企业员工、再就业人员的创新创业教育培训，学习型城市建设助推区域产业升级和科技创新形成有力支撑；顺义区大力推进新型产业工人培训工程和新型职业农民培训工程，全力服务和支持区域经济结构调整和产业转型；通州区把发展终身教育和社区教育作为提升市民素质和人才能力的关键路径，以学习型通州助力城市副中心建设和功能发挥。

（三）以文化人：让城市的文化在传承中发展

北京是一个有着深厚文化底蕴的历史名城，文化资源极为丰富。北京在学习型城市建设进程中，与文化传承、文化提升紧密结合、深度互动，文化在学习型城市建设中传承发展，学习型城市借助文化走向丰富和升华。

北京通过开展各种类型的市民学习活动，充分调动各类人群积极性，将中华优秀传统文化和首都特色文化融入市民工作和生活，让广大市民深入领会和体验中华民族优秀文化，进而广泛传承和弘扬光大。门头沟区在创建学习型城区过程中挖掘、弘扬京西古道文化，在全市首提“以文化人”的发展理念，产生广泛影响；大兴区在乡镇成人学校层面探索“一校一品一特色”，与皮影戏、金丝画等本地非遗文化挖掘密切结合，文化得以传承，农民实现增收致富；石景山区积极推动中医药健康养生文化进社区，面向市民普及中医文化。

北京大力推进传统优秀文化进家庭进学校进社区，大大提升了市民文化涵养和首都社会文明程度，激发了社会活力，促进了社会和谐。通州区、顺义区、朝阳区以“环境整洁、管理规范、居民和谐、特色鲜明”为目标，在北京全市较早启动文化楼门建设，广泛开展楼门文化活动，不仅促进了社区环境整洁优美，更让邻里关系变得和睦，社区文明得以提升。北京还积极培育终身学习文化，营造社会各界关心、支持、参与学习型城市建设的浓郁氛围，使学习风尚融入城市文化，提升首都文化特色和城市品位。“国子监大讲堂”是首都一个广具知名度的学习品牌，创办十年来面向市民开展国学公益讲座近200期，弘扬国学文化，倡导全民阅读，推动终身学习，惠及数万市民，营造了特别浓厚的学习氛围和城市学习文化。

（四）依学治理：促进社会治理方式转变与创新

北京在学习型城市建设进程中，实践探索并总结凝练出有关社会治理的一种新型模式，即“依学治理”。依学治理就是通过学习面向未来；通过学习提高认识；通过学习创新发展；通过学习达成共识；最后实现内生自治与社会和谐。依学治理同以法治理和以德治理相互结合互为补充，对于区域发展和国家建设具有重要价值。北京学习型城市建设立足社区，服务社区，通过社区教育、社区学习和社区参与，提升社区居民参与社区建设的意识和能力，营造和谐融洽的人居环境。学习型城市成为一种新型的社会治理方式。北京积极引导和推动社会组织的建立，宣传社会主义核心价值观，提升社区凝聚力和邻里和谐度。创办社区教育志愿者服务联合会，建立遍布各个街道的志愿者分会，培育社区公益性组织。充分发挥基层群众的内生动力，有效提升了社区自我服务和自我管理水平。

近年，北京市共享单车发展很快，便民绿色出行广受市民欢迎，但是乱停乱放、妨碍交通、影响市容等问题十分突出。北京多个社区学院、社区教育中心发出倡议组织社区志愿行动，积极引导市民安全行车规范停放，很快初见成效。此外，北京有10个郊区，农村和农民占很大比例，伴随城镇化快速发展，许多失地农民转成城市居民，社区教育机构加强对他们的学习培训，让他们形成城市生活习惯，尽快融入城市社区和城市生活，优化了社会治理。

（五）绿色发展：以生态文明助力和谐宜居之都建设

北京是一个特大城市，是一个充满活力、快速发展的城市，具有广泛国际影响力的城市，但北京也遇到了很多问题，最为突出的是环境问题和大城市病问题，主要表现在雾霾严重全球知名，水资源短缺河道污染，交通拥堵持续加剧，等等。北京要打造国际一流和谐宜居之都，而环境问题和大城市病问题解决不好，和谐宜居不可能实现。北京在学习型城市建设进程中，把推动城市绿色发展作为重要使命，积极宣传以环境保护和生态文明为核心的城市发展模式，推动绿色环保进家庭、进学校、进社区，尤其加强了绿色学校建设，开展了市民生态文明教育和引导市民参与改善城市人居环境。延庆区在创建学习型城市示范区的实践中，立足生态涵养和绿色发展，提出学习型延庆建设与世园会、冬奥会紧密结合，服务区域可持续发展战略，面向全区宣传节能减排垃圾分类，开展活动倡导低碳环保生活，产生积极效果和广泛影响。

三、北京建设可持续发展学习型城市的“五结合”模式及分析

北京学习型城市建设走过将近 20 年的历程，从学习型组织和学习型社区建设，到学习型示范区建设，再到终身教育体系和终身学习服务体系的持续构建，然后以全民终身学习和组织学习创新融入城市发展的诸多领域，包括经济、社会、文化等等，学习型城市建设走向立体化、综合化的融合发展，并且是根植和促进可持续的发展。基于上述最近几年北京学习型城市建设的行动及作为加以归纳分析，可以总结出“五个结合”，我们称之为可持续发展学习型城市建设的“五结合”模式。

（一）模式的核心：可持续发展

学习型城市建设“五结合”模式的核心是可持续发展，在这一模式中，涉及教育、经济、文化、社会和生态，都是可持续的，即教育可持续、经济可持续、文化可持续、社会可持续和生态可持续，最后归为以终身学习和创新发展为驱动的整个城市的可持续发展。可持续发展的学习型城市就是基于知识经济和信息化社会之背景，把以人为本、终身学习、可持续发展作为核心理念，以完善的终身教育体系、发达的学习服务体系、普遍的学习型组织和不竭的创新发展动力为支柱，以保障和满足所有成员的学习需求、促进人的全面发展和城市可持续发展为归宿的城市发展形态。

（二）模式的特征：五个结合

1. 学习型城市建设与教育综合改革相结合

北京教育综合改革的核心是推动大教育观落地，形成教育大格局，实现

教育大开放大融合；各类教育相互衔接融通，终身教育体系日渐健全；跨越学校教育和学历教育，逐步实现全民终身学习，人人学习处处学习成为常态，并且不断变得更加便利。学习型城市建设与教育的关系最为直接，北京学习型城市创建的实践推动着学校教育走出封闭，让教育有更多跨界行动，促使教育更加灵活、更加多元、更多统筹和更大格局。北京学习型城市是连接首都教育和首都社会的重要通道，没有学习型城市建设，北京教育难以同发改、文化、科技、民政、社会、人社等众多部门建立紧密联系和彼此加深理解，教育服务面向将局限在一个相对封闭的小天地。另外，北京教育综合改革和发展，尤其体制机制的改革、教育和学习方式的变革、各种学习资源的开放、学习方式的多元，对学习型城市构成了基础性依托，在多个方面影响着学习型城市的发展水平。

2. 学习型城市建设与经济提升相结合

北京经济提升的方向集中在产业转型升级，技术、管理和信息化促使产业结构更加合理、产业品质持续提高，整个经济在更大程度上表现出持续创新、愈加智能化和更为精细化。显然，这种提升在根本上依赖于人力资本的质量。北京学习型城市建设着眼于人的全面发展和可持续发展，着眼于社会文明程度的提升，着眼于学习、创新、融合与发展，正好可以为首都经济建设提供高品质人力资源和持续动能。学习型城市的核心依托是继续教育和终身学习，是人力资源开发的关键性路径，这在企业界已经形成共识。经济发展的水平又是学习型城市建设的重要基础，尤其为学习型城市发展提供了财力保障和技术支撑。

3. 学习型城市建设与文化建设相结合

北京是全国最具文化底蕴的城市，文化资源丰富，城市文化水平上乘，但即便如此，北京的文化建设永远在路上，一方面传统优秀文化需要传承，另一方面城市文化还需要与时俱进的发展。北京学习型城市建设与文化传承、文化提升的结合度很高，从一开始就促进着文化建设与持续发展。教育、学习和文化本来就是分不开的，尤其在社区教育、企业教育、社会教育的层面，通过推进学习型城市，让教育和文化找到了更好的连接点。北京深厚的城市文化又在滋养着学习型城市发展，为学习型城市供给着文化的资源、文化的气氛，使得北京学习型城市有建设更有底气、更具品质。

4. 学习型城市建设与社会治理相结合

从社会管理到社会治理是一个进步，社会治理更强调柔性、协商、和谐共进，作为一个超大城市，一个在世界具有重要影响的大都市，北京城市的社会治理需要创新，需要多元路径多方智慧的探索。学习型社会建设的本身是一种新型的社会治理方式，北京学习型城市建设从人出发，以人为本，依靠学习走向未来，基于实践探索提出“依学治理”，对社会治理创新是一个难得贡献。尤其是通过社区教育和社区学习，优化社区建设，提升社区治理，提升社区居民幸福指数在北京多地得以实证。总之，与社会治理创新相结合，是北京学习型城市建设的重要方向。

5. 学习型城市建设与生态文明相结合

终身学习与可持续发展是当今世界的两大发展理念，恰好在学习型社会建设中得以融合。生态文明是人、环境和自然的和谐共生状态，是人类社会可持续发展的根基。绿色生产方式和生活方式是国际社会和中国政府特别倡导的，北京学习型城市建设推进过程中，面向家庭、学校、社区和企业开展生态文明教育，尤其加强了绿色学校建设，推动了区域绿色发展，对全市生态文明建设的整体发展起到重要助推作用。

（三）模式的运行：协同互动

归结上述五个纬度，提出北京可持续发展学习型建设的“五结合”模式，这个“五结合”就是学习型城市建设与教育综改、经济提升、文化建设、社会治理、生态文明的结合与互动（见图 1）。首先，学习型城市建设对五个方面具有重要促进，同时五个方面对学习型城市也产生支撑或影响，与学习型城市建设构成一个互动关系。比如教育的水平、经济的水平，在某种程度上是学习型城市建设的一个基础，全国而言，北京、上海、广州、杭州这些城市在学习型建设走在全国前列，与它们的社会经济教育文化的整体水平分不开。其次，同样是互动，五个方面与学习型城市的互动水平是不同的，社会、生态同学习型城市的互动水平稍低，经济与学习型城市的互动水平居中，教育、文化与学习型城市的互动水平较高。再次，教育综改、经济提升、文化建设、社会治理和生态文明五个方面也是彼此联系互为促进的，其中教育综改处在首要位置，与另外四个方面的关系强度更大一些。最后，可持续发展的学习型城市在这一模式中处于核心位置，不是因为学习型城市比教育、经济等五个方面更重要，而是因为这本身就是关于学习型城市的一个发展模式，而“可持续”乃模式点睛所在，正如北京市政府给第三届全球学习型城市大会的寄语：“学习型城市建设将助推北京建成天蓝水清、森林环绕的生态城市，建成世界超大城市可持续发展的典范。”

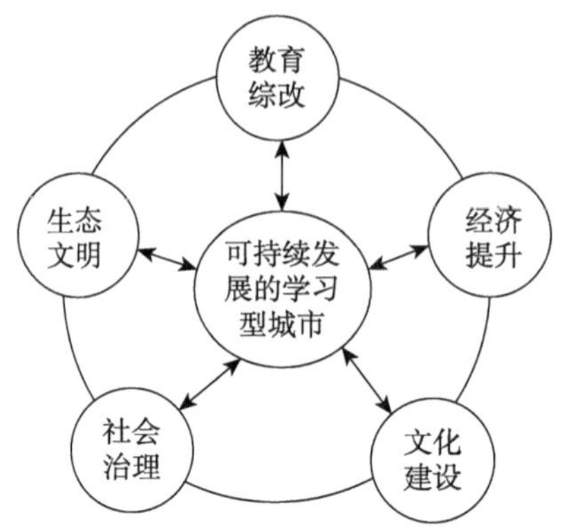

图 1　可持续发展学习型城市建设“五结合”模式

四、北京学习型城市建设中的问题探讨

北京学习型城市建设取得了显著成就，积累了丰富经验，形成了典型模式，但作为一个综合性高、复杂性强、需要长远发展的系统性工程，学习型城市建设永远在路上。而且，北京学习型城市建设还的确面临一些现实问题，其中处在较深层面又产生较大制约的是三个方面。

（一）动力来源问题

北京推进学习型城市建设已经接近二十年的历程，取得了有目共睹的成就，整个过程主要依靠行政推动，比如各类学习型组织评估、学习型城市先进区、示范区评估，比如学习之星评选、市民终身学习基地建设、全民终身学习活动周举办，等等，都是政府主导，政府投入，政府奖励。北京学习型城市建设的这种政府主导模式具有明显优势，但发展到一定阶段之后必须挖掘新的动能和内生动力，否则将影响它的可持续发展。目前，在有些区域，由于领导认识和重视程度问题，学习型城市建设出现无所作为的情况，就跟动能不足、动力来源单一有关。

（二）融合机制问题

十年以前，北京市成立建设学习型城市工作领导小组，小组成员涉及教育、文化、财政、发改、民政、科技、人社等29家机构单位，主要的合作沟通机制是联席工作会议，显得较为单一，且不能实现定期举行。学习型城市建设是一项综合性事业，处处都需要跨界推进，要求每个参与主体都是大格局，但实践中单独行动较多，协同推进少，学习型城市建设的合力并未充分形成。

（三）投入产出问题

学习型城市建设是需要投入的，这种投入包括政策出台、领导重视、经费、人员和场地投入等，北京学习型城市建设目前面临投入减少的危险，表现在有关促进全民终身学习的条例法规迟迟不能出台，经费投入出现减少和不能保证的情况，队伍出现建设不力、人员不稳的情况，终身教育场所在城区出现被挤占苗头。学习型城市建设的产出收效多为隐性，大多是长线效果，存在被低估的情况，由于宣传不够，各种产出成果的溢出效应明显不足，尚未产生更多应有影响。

五、北京学习型城市未来发展之展望

（一）立足问题面向发展的应对

1. 撬动北京学习型城市发展的内生动力

学习型城市发展的内生动力是市民个体、各类组织和不同区域对终身学习的切实需求，以及对创新发展的内在需要，因此终身学习服务体系建设和终身学习指导推广十分重要。应采取行动激发每个市民终身学习，让阅读、学习、思考无时不在，让终身学习成为一种时尚，成为每一个市民的生活方式。大力推进社区学习和基于工作场所的学习，立足社区和企业广建终身学习中心。着力加强学习型社团和社区学习共同体建设，在行政推动之外发自草根由下及上推动学习型社会走进百姓。

2. 以督导考核促进融合机制

北京学习型城市建设分为市级层面和区级层面，相比之下区级层面的协同合作胜过市级层面。可以考虑将学习型城市建设纳入市政府教育督导，由市政府教育督导室每年一次对所有牵头单位进行督导，督促各牵头单位充分发挥作用和加强合作。同时，在市级层面可以借鉴有些区的做法，将学习型城市建设纳入绩效考核内容的一部分，促使相关机构协同推进学习型城市建设。

3. 以立法维护首都学习型社会建设的重要地位

教育部门是北京学习型城市建设的首要牵头部门，但在教育系统内部，学习型城市建设是相对边缘化的，如此，当学前教育和基础教育出现学位紧张和需要加大投入的时候，就会对学习型城市建设构成挤占，眼下城区已经出现社区教育学院被中小学占用校舍的情况。北京应借鉴上海经验，出台类似终身学习促进条例的法律法规，以维护学习型社会建设在首都的重要地位，巩固业已取得的成就成果，保持学习型城市的长远发展。此外，应加大对北京学习型城市建设的宣传力度，增强终身学习、学习型社会、学习化社区的从上到下的知晓度，使之产生更多影响力，并形成良性可持续发展。

（二）北京学习型城市建设的未来展望

1. 服务“四个中心”城市功能定位谋求更大发展

《北京城市总体规划（2016年—2035年）》明确提出“北京是中华人民共和国的首都，是全国政治中心、文化中心、国际交往中心、科技创新中心”的基本定位，集中勾画了北京未来的宏伟发展方向。“四个中心”的基本定位为北京学习型城市建设引领了方向，明确了重点，提出了更高要求。面向未来，北京学习型城市建设要服务和体现“四个中心”：一是服务政治中心学习型城市建设保持正确健康方向，二是服务文化中心学习型城市建设做好首都文化好文章，三是服务国际交往中心学习型城市建设助力北京国际化，四是服务科技创新中心学习型城市建设促进北京全面创新实现可持续发展。北京学习型城市建设要更多针对性地解决城市发展中的重要难题，真正实现“助推北京建成天蓝水清、森林环绕的生态城市，建成世界超大城市可持续发展的典范”的光荣使命。

2. 围绕京津冀协同发展战略带动周边共同增进

北京学习型城市建设整体处在一个较高水平，国内领先，国际知名，但仍然存在发展不充分不均衡的问题。在自身建设更加充分更为均衡的基础上，北京学习型城市建设应进一步总结成果，凝练特色，向天津、河北加大辐射，带动周边学习型城市建设，在服务京津冀协同发展方面增强使命感，并实实在在发挥引领作用。牵头建立京津冀学习型城市协同发展机制，同天津增进交流互动，同河北重点城市形成结对，具体由各区对接；整体合作推进，努力打造京津冀学习型城市协同发展圈。

3. 面向国际北京学习型城市建设走出去

北京是首届全球学习型城市大会的举办城市，是首批联合国教科文组织学习型城市奖章获得者，是国际学习型城市合作网络（GNLC）成员，北京学习型城市建设在国际上具有重要影响。北京学习型城市建设要有充分的自信走出去，把中国要建成学习大国，北京要建设学习之都的理念、模式和经验在国际上分享。可以首先面向“一带一路”国家在教育、文化、社会合作领域加入学习型城市合作项目，面向欧美发达国家策划学习型城市交流对话机制，一方面持续扩大北京的影响力，一方面借助走出去，借助交流合作彼此借鉴，让北京学习型城市建设产生更多新的动力，实现学习型城市建设自身的创新发展和可持续发展。

以大学习观拥抱终身学习时代*

史　枫

摘　要　终身教育是“大教育”，没有大教育观就没有终身教育；终身学习之基本格局是“时时可学，处处能学，人人皆学”，没有大学习观就没有终身学习。我们已经进入学习型社会，进入一个终身学习的时代，终身学习愈发成为个人和社会可持续发展的基本路径；应将终身学习上升为一种战略，以终身学习助力实现民族复兴国家富强的伟大梦想。

关键词　大教育观　终身学习　学习型社会

2010年发布的《国家中长期教育改革和发展规划纲要（2010—2020年）》提出，到2020年我国要“基本形成学习型社会”。2019年2月，《中国教育现代化2035》则把“构建服务全民的终身学习体系”列为战略任务。过去十年，我们所处的整个世界发生巨变，教育变革前所未有；展望明天，我们还要迎接更多机遇和挑战，终身学习决胜未来。

一、大教育观逐步落地

长期以来，提起教育，人们想到的是学校，是课堂，是一脸严肃的老师和板板正正的学生，这其实是对教育的一种误解和窄化。我们习惯于把教育等同于学校教育，然而事实上除了学校教育，至少还有社会教育、家庭教育，乃至企业教育，而且对于现代社会，皆不可或缺。比如家庭教育，之前没有太多人认同和重视，更多的是忽略甚至不屑，眼下则大不同，政府发文，社

* 该文曾发表于《北京宣武红旗业余大学学报》2020年第1期，收入本书时有修改。

会关注，家校协同，齐抓育人。换一个角度，早在半个世纪以前联合国教科文组织（UNESCO）已把教育划分为正规教育、非正规教育和非正式教育，而且特别强调了后两类教育的重大价值。树立大教育观，就是不要把眼光只盯在正规教育上。终身教育的提出由来已久，而终身教育不仅是从摇篮到坟墓的教育，同时也是大教育。以大教育观把握教育的战略发展，有利于化解当下教育给家庭和社会带来的巨大压力、焦虑、偏差和冲突，反之，教育遭遇的困难、诟病会越来越多，矛盾和痼疾愈发积深而难解。

二、大学习观适逢其时

近年有个现象，政府对教育体系的构建开始比较多地关注了培训，尤其在职业教育领域国家出台了多个提升培训的文件；我们在谈论教育话题的时候更多提及了学习，有关学习的概念提法蜂拥而至，比如“混合学习”“泛在学习”“移动学习”“深度学习”等。从教育到培训，教育在扩大，从教育到学习，教育突出了“学习者为中心”。整个社会更加关注学习，建设学习型社会成为价值追求；整个国家愈加重视学习，建成学习大国引领战略发展。对应于大教育观，就有大学习观，而大学习观就是超越基于书本、超越基于纸笔、超越基于课堂、超越基于知识和超越更多局限的学习，学习的时间、场所、跨度、指向、内容、方式等都是多样多元和了无限制，回归到学习的本质和本源。学习是人之为人并区分于动物的本质特征，学习甚至是人类进化和发展的根本催化，而人类的学习是在文字远未出现的漫长岁月早已出现。然而，社会进步到今天，教育无比发达，对于学习却经常看窄了看小了，眼睛盯在正规学习的那一点点，忽略了非正规学习和非正式学习的广阔天地。2013 年首届国际学习型城市大会发布的《建设学习型城市北京宣言》特别倡导了“激发家庭和社区学习活力”“促进工作场所学习”，足见国际教育界的密切关注和用意指向。在学校是学习，在家庭有学习，在工厂兴学习；工作离不开学习，生活不能没有学习；师生学习、同事学习、伙伴学习，学习就是无时不在无处不有。终身学习的基本格局是“时时可学，处处能学，人人皆学”，但若没有大学习观，就没有终身学习。

三、终身学习引领未来

没有学习就没有人类进化，就没有人类社会出现。纵观历史进程，学习是人和社会持续前行的不竭力量和源泉。无论个人和社会，当今皆面临可持续发展的重大命题，并且似乎愈发突出，而终身学习则是实现个人和社会可持续发展的基本路径。对于任何个人，终身学习意味着终身成长，掌握了终身学习的人方能拥有更加饱满的未来。人们越来越关注健康了，而终身学习甚至关联着身心健康，美国科学家的一项研究表明终身学习可以有效预防老年痴呆，要知道老年痴呆症愈发普遍但几乎无药可治。个体的终身学习取决于其终身学习理念的树立、学习能力的塑造和学习习惯的养成，把终身学习践行为一种生活方式，乃至上升为一种信仰，以终身学习拓展生命之宽度、绽放生命之光辉。终身学习在团队层面的核心是同伴学习、合作精神和互助机制；在组织层面的核心是共同愿景、组织学习力和知识管理；在区域层面的核心是跨界融合、协同创新和营造终身学习文化。如此，我们坚实打造一个以全民终身学习为基础的学习型社会，正如 2001 年诺贝尔经济学奖获得者约瑟夫·斯蒂格利茨在其新书《增长的方式——学习型社会与经济增长的新引擎》中所述，“以创建学习型社会驱动新经济，让国家运行更高效，让人民福祉更充分”。

四、拥抱终身学习时代

党的十九届四中全会提出，“构建服务全民终身学习的教育体系”，“发挥网络教育和人工智能优势，创新教育和学习方式，加快发展面向每个人、适合每个人、更加开放灵活的教育体系，建设学习型社会”。随着信息技术、移动互联、人工智能的快速发展，学习型社会建设不断加速，我们业已进入一个终身学习时代。不管你愿不愿意，排不排斥，终身学习时代都已到来，社会中的每一个人都应以向上的精神、开放的心态、积极的行动迎接和拥抱这样一个时代，做一个会学、善学、乐学、享学的终身学习者。早在十年以前，欧盟（EU）即发布了《实现终身学习的欧洲》《终身学习整体行动计划》《欧洲终身学习整体框架》等多个推动欧洲终身学习的纲领性文件，众多欧盟成员国则相应制定并推进了终身学习国家战略。“活到老学到老”，中华民族是具有好学基因的民族，中国是热爱学习的国度，迎接和因应终身学习时代，中国可以借鉴欧洲经验，将终身学习上升为一种战略，推动教育与社会深度融合，促进教育体系更加弹性、包容和具备张力；构建面向人人、贴近需求、灵活便利的终身学习服务体系，全面推动学习型组织、学习型社区蓬勃发展；鼓励和支持所有类型的学习，尤其基于家庭的学习、基于社区的学习和基于工作场所的学习，让学习无所不在；大力推进青少年校外学习、老年学习、乐龄学习，积极推动特殊人群、社会不利人群学习，没有学习他们没有未来，让教育的阳光温暖和学习福利惠及每一个人。让我们每个人、让我们全社会拥抱终身学习时代，勠力前行，奋发实现“学习大国”“学习强国”的伟大梦想。

终身学习视角下职工职业能力模型构建研究*

沈欣忆　张艳霞　吴健伟　李　营

摘　要　企业在竞争中立于不败之地最大的资本是职工的能力素质，而职工能力素质的提高有赖于职工继续教育。但是职工继续教育培训存在东拼西凑的现象，缺乏系统性，不少培训课程仅仅是教材知识的简单呈现，忽视在职人员能力构成及发展需求，培训往往自上而下，并没有真正从职工的需求出发。本研究采用文献研究、专家访谈、问卷调查等多种定性与定量相结合的研究方法构建体现职业能力层次性、边界性和递进性的职工继续教育职业能力模型。该职业能力模型基于终身学习的理念，体现职业能力各层次、要素之间的相互联系、相互作用，并通过由上而下的具体化，使之成为一个完整的体系。期望构建的职业能力模型，促使后续职工继续教育更具系统性和结构性，解决现阶段职工继续教育培训效果不佳的问题。

关键词　职工　继续教育　能力模型

一、引言

随着全球经济一体化进程的加快以及知识经济时代与信息技术时代的到来，企业之间的竞争日趋激烈。企业在竞争中立于不败之地最大的资本是职工的能力素质，而职工能力素质的提高有赖于职工继续教育，职工的终身学习是提供其职业素养和职业能力的关键。从人的全面发展来说，开展提高在职员工的综合职业素养和可持续发展能力的继续教育对于促进人的全面发展具有深远意义。从国家社会稳定和经济发展的角度来说，开展职工继续教育

* 该文为北京教育科学研究院院级课题“依托职业院校的职工继续教育网络课程体系构建研究”的成果，曾发表于《开放学习研究》2018 年第 3 期，收入本书时有修改。

有利于推进和谐劳动关系建设，有利于促进大众创业、万众创新，服务好新常态下行业企业的转型升级。

近年来，职工的继续教育问题越来越受到重视。2015 年 7 月，教育部、人力资源社会保障部联合发布《关于推进职业院校服务经济转型升级 面向行业企业开展职工继续教育的意见》，指出“到 2020 年，全国职业院校普遍面向行业企业持续开展职工继续教育，职业院校开展职工继续教育人次绝对数达到全日制在校生数的 1.2 倍以上，承担职工继续教育总规模不低于 1.5 亿人次”。

综观职工继续教育，短期培训存在东拼西凑的现象，缺乏完整或系统的课程体系，长期培训虽然在建设的过程中具有一定的系统性，但仍然无法形成完整的知识体系。课程体系的不完整会影响学习者知识结构的建设和学习的系统性与渐进性。[1] 此外，现存的职工继续教育网络课程中不少课程内容仅仅是教材知识的简单呈现，忽视在职人员能力构成及发展需求，缺乏逻辑性和结构性。[2] 由于缺乏对职业能力的完整认识，职工继续教育抓不到核心，导致无法达到预期的教育教学效果，也无法引起职工的学习兴趣。职工继续教育不是一两次的培训即可，是持续的学习，基于终身学习理念，构建一个成体系的能够厘清职工的能力需求，能够为设计开发出与企业职工学习需求相契合的网络课程提供有效依据的职工继续教育职业能力模型势在必行。

为此，本研究采用文献研究、专家访谈、问卷调查等多种定性与定量相结合的研究方法构建一个能够体现职业能力层次性、边界性和递进性的职工继续教育职业能力模型。该职业能力模型注意体现职业能力各层次、要素之间的相互联系、相互作用，并通过由上而下的具体化，使之成为一个完整的体系。期望构建的职业能力模型，促使后续职工继续教育更具系统性和结构性，解决现阶段职工继续教育培训效果不佳的问题，促进职工的终身学习。

---

[1] 朱志远 . 非学历继续教育网络课程存在的不足分析［J］. 科技视界，2014（8）.

[2] 朱志远 . 非学历继续教育网络课程存在的不足分析［J］. 科技视界，2014（8）.

二、文献综述

（一）职业能力内涵的相关研究

在世界各国关于职业教育的研究进展中先后出现了三种不同的职业能力观：行为主义的职业能力观、基于一般个性特质的职业能力观和整合的职业能力观。

行为主义的职业能力观认为职业能力即职业技能，将职业能力看成是一系列孤立的行为，能力与完成每一项工作任务相联系，可测量、可分解。[1]它强调任务技能、注重能力目标行为化。但这种职业能力观忽视了人们所从事的职业的复杂性以及人作为一个智能有机体其思维判断力在完成具体职业工作时所起的重要性。英语中对职业能力的解释偏向于行为主义的职业能力观。如英语的职业能力是指完成工作任务的能力和绩效，通常用产出来定义和描述能力。[2]英国认为职业能力就是指在某一职业或职能中执行一系列的活动以达到预期业绩标准的能力，强调能力分析的中心是“工作”。[3]

基于一般个性特质的职业能力观认为职业能力是人们面对工作任务时的潜能释放，源自人本化的自我实现，是人的本质力量的外在表现。[4]这种职业能力观强调关注能力的整体性、基础性、普适性、迁移性，将职业能力的内涵从技能扩展到知识、技能和态度，但过于强调职业能力的整体性功能，而对具体岗位的专业技能重视不够。美国对于职业能力的认识倾向于这种职业能力观，认为职业能力应该从个体充分、自由发展的角度被理解的。[5]在美国，职业能力的称谓更多的是“通用技能”或“一般技能”，认为能力分析的中心不应该是工作，而应该是人，强调能力是员工所具有的内在特质，如态度、动机、技能、社会角色等。[6]

整合的职业能力观认为应该将一般素质与具体的工作情境结合起来，职

---

[1] 谭移民，钱景舫．综合职业能力的课程观［J］．职业技术教育，2000（28）．

[2] 赵志群．职业能力研究的新进展［J］．职业技术教育，2013（10）．

[3] 邵艾群．英国职业核心能力开发及对我国职业教育的启示［D］．成都：四川师范大学，2009.

[4] 张弛．基于企业视角的高技能人才职业能力培养研究［D］．天津：天津大学，2014.

[5] 匡瑛．究竟什么是职业能力——基于比较分析的角度［J］．江苏高教，2010（1）．

[6] Rupert Maclean，Victor Ordonez. Work，skills development for employability and education for sustainable development［J］. Educ Res Policy Prac，2007（6）．

业能力是人们在具体的职业情境中表现出来的才智、知识、技能和态度的整合，它是对前两种职业能力观的综合。我国目前对职业能力的认识基本上属于整合的职业能力观，强调职业能力与工作情境的关联性。如吴晓义认为职业能力即指从事职业活动所必须具备的本领，它是成功地进行职业活动所必须具备的知识、技能、态度和个性心理特征的整合。[1]

从上述三种职业能力观可以看出，职业能力的内涵正在向着复杂性和综合性方向发展，强调职业能力发生的情境性。据此，本研究认为职业能力是指个人在特定的情境中从事某种类型的职业活动时所必须具备的思维、知识、技能和素养，其中包括一般能力、专业能力和高阶能力。在职人员需要具备具有普遍适用性的一般能力和高阶能力，同时也需要具备与具体工作和组织相关的专业能力。

（二）职业能力结构的相关研究

为对职业能力的层次结构进行合理划分，笔者对英国、美国、德国、澳大利亚以及我国关于职业能力结构或构成要素的相关研究进行了梳理。

1979 年，英国继续教育部在《选择的基础》中首次对英国职业教育中的职业能力构成进行明确规定，指出职业能力包括读写能力、数理能力、图表能力、问题解决、学习技巧、政治和经济读写能力、摹仿技巧和自给自足、动手技巧、私人和道德规范、自然和技术环境 11 项。[2]1982 年继续教育部规定描述职业教育的两条原则：一是普通性，即这种能力能够在各种各样的工作和学习情境中被需要；二是迁移性，即一个环境中掌握的能力能够被运用于不同的环境中。这两条原则一直指导着英国在校学生的职业教育和企业在职人员的继续教育或培训。1999 年，英国资格与课程委员会认定六种核心职业能力，分别为与人合作、学习与业绩自我提高、问题解决、数字应用、信息技术以及交流，并对这六种能力进行了细化和层次划分，形成了职业能力构成体系，得到了政府、职业院校、培训机构的一直沿用。2010 年，英国行业技能委员会制定了《国家职业能力标准战略（2010—2020 年）》，并于 2011 年 6 月进行了修订，以期到 2020 年国家职业能力标准将在各行各业职业能力人才培训中得到运用。该战略的具体措施是：（1）完善国家职业能力标

---

[1] 吴晓义. “情境—达标”式职业能力开发模式研究［D］. 长春：东北师范大学，2006.

[2] 石伟平. 英国能力本位的职业教育与培训［J］. 外国教育，1997（2）.

准质量保障体系；（2）规范国家职业能力标准开发流程；（3）定期更新促进新技术的发展；（4）促进国家职业能力标准的使用。❶

1983年，美国首次将职业能力划分为九类，其中最重要的是个人健康、身体、社会、生活、计算技能、决策、计划未来。此后，哈德逊研究所和美国培训与发展协会提出在工作领域中必须具备的七项能力：学会学习、学术基础、沟通、适应能力、个人发展、团队效力、影响力。随后，技能秘书委员会提出一个职业能力框架，涵盖基础能力、思维能力、个人素质、沟通、信息、资源、技术和系统这八类能力。❷1994年，美国国会通过了《国家技能标准法案》，将产业结构划分成了15个行业部门，分别制定相应的技能标准，主要包括三个层次：核心标准，即对一个行业部门的所有一线岗位都是普遍通用的；复合标准，即履行一线岗位的主要职责所必需的；专业标准，即只针对某一个特定工种或职业适用的。

德国培训与教育协会将职业能力划分为组织与执行工作任务、交往与协作、学习与工作技巧的使用、与人交谈的技巧、解决问题和判断能力、独立性与责任感、承受能力、创造性与适应能力、外语能力、学习能力等十个方面。随着研究的不断发展与职业类型的不断扩充与转变，职业行动能力的概念被提出。职业行动能力包括专业能力、方法能力、社会能力和个性能力。专业能力具有职业特殊性，是人们有目的地运用专业知识和技能，按照一定的方法解决问题、按要求完成任务并对结果进行评价所需的热情和能力。方法能力是个人对发展机遇、要求、限制进行思考、解释和评判的能力。社会能力是指处理社会关系、与他人和谐相处、理解奉献与责任所需的能力，包括人际交流、公共关系处理、劳动组织能力、群体意识和社会责任心等。个性能力强调个人经验在工作中的重要性。❸2013年，德国科学与工程研究院、德国工业与科学研究联盟共同提出了“工业4.0未来”项目的实施建议。2015年，德国联邦职业教育与培训研究院发布《工业4.0及其带来的经济和劳动力市场变化》报告，预测工业4.0将主导德国未来人才发展方向，引起人才培养

❶ 黄立君，王健朴，富琳姝．美国、英国、德国三国职业技能标准研究对我国职业技能标准研究的启示［J］．价值工程，2018（3）．

❷ 庞世俊．职业教育视域中的职业能力研究［D］．天津：天津大学，2010.

❸ 赵志群．职业教育与培训学习新概念［M］．北京：科学出版社，2003.

变革。之后，德国联邦职业教育与培训研究院开始起草工业4.0战略下德国职业技术人才培养方案并开展多项劳动力市场调查。综合调查结果，德国各行业普遍要求职业教育与培训加强对受训者解决问题能力、学习能力以及灵活性方面的培养，技术方面则关注进一步提高学习者判断、维护及服务生产过程的能力。

澳大利亚关于职业能力的研究最具影响力的是梅尔委员会（Mayer Committee）的报告，报告中确定了七大项职业能力，分别为收集、分析和组织信息，沟通想法和信息，规划与组织活动，与他人团队合作，运用数学观念与技艺，解决问题，运用科技。[1]2002年澳洲工商业联合会（Australian Chamber of Commerce and Industry，ACCI）和澳大利亚商业委员会（Business Council of Australia，BCA）提出了包含沟通技能、联合作业技能、解决难题能力、主动和进取精神、计划和组织能力、自我管理能力、学习能力、技术能力八项能力的能力框架。澳大利亚强调各项能力运用的整体性，强调信息沟通和团队合作能力的重要性。

国内有学者认为，职业能力主要包括三个层次：一是职业特定能力，其范围可以理解为国家职业分类大典划分的范围。二是行业通用能力，其范围要宽于职业特定技能，可以理解为是在一组特征和属性相同或者相近的职业群中体现出来的共性的技能和知识要求。三是核心能力，是范围最宽、通用性最强的技能，是人们在职业生涯甚至日常生活中必需的，并能体现在具体职业活动中的最基本的技能。[2]蒋乃平认为综合职业能力是由基本和较高两个层次四个要素组成的共同体。基本层次的职业能力是针对一种职业的能力，是劳动者生存与立足于社会必备的基本能力，亦称从业能力；较高层次的职业能力是跨职业的能力，是劳动者谋求发展所需要的高层次能力，亦称关键能力。[3]

（三）综述小结

从上述分析可以发现，不同国家的社会文化背景下，职业能力的含义和构成呈现多样化特点。虽然各国划分的标准都按照自己本国的研究或教育培

[1] 庞世俊．澳大利亚职业能力内涵变迁与理论研究［J］．职业技术教育，2009（7）．

[2] 陈宇．职业能力以及核心技能［J］．职业技术教育，2003（33）．

[3] 蒋乃平．对综合职业能力内涵的思考［J］．职业技术教育，2001（10）．

训需要进行设定，存在一定的差异性，侧重点有所不同。但整体上来说，各国关于职业能力内涵的界定和构成的划分都在向着复杂性和综合性方向发展。同时发现，能力具有多个层次，且各个层次都包含多个构成要素；职业能力随着时间的推移，处于发展变化中。基于上述国内外研究文献，结合专家访谈后的专家意见，本研究中将在职人员的能力划分为三个层次，即一般能力、专业能力和高阶能力，其中专业能力按照霍兰德关于职业兴趣类型的划分，❶将专业能力分为社会型、企业型、常规型、实际型、调研型、艺术型六大类，各层次中所包含的具体能力项见表1。

表1 职工继续教育能力层次及具体能力项

能力层次		具体能力项及编号
一般能力		写作能力（G1）、理解能力（G2）、逻辑运算能力（G3）、记忆能力（G4）、计算机应用技能（G5）、模仿能力（G6）、职业道德素养（G7）、外语能力（G8）、心理承受能力（G9）、自我管理能力（G10）
专业能力	社会型	协作能力（PS1）、人际交往能力（PS2）、组织协调能力（PS3）
	企业型	执行能力（PE1）、统筹能力（PE2）、组织管理能力（PE3）
	常规型	规划能力（PG1）、信息分析能力（PG2）、数据处理能力（PG3）
	实际型	动手操作能力（PP1）、技术应用能力（PP2）、安全防护能力（PP3）
	调研型	抽象思维能力（PQ1）、调查分析能力（PQ2）、归纳整理能力（PQ3）
	艺术型	艺术修养（PA1）、鉴赏能力（PA2）、艺术表现能力（PA3）
高阶能力		创新能力（H1）、批判性思维（H2）、问题解决能力（H3）、信息素养（H4）、演绎推理能力（H5）、适应改变的能力（H6）、可持续发展能力（H7）、决策能力（H8）、职业规划能力（H9）、学习能力（H10）

三、问卷调查

在前期文献研究的基础上，笔者编制了职工继续教育能力需求调查问卷，

❶ 沈洁．霍兰德职业兴趣理论及其应用述评［J］．职业教育研究，2010（7）．

以抽样调查的方式，面向社会型、企业型、常规型、实际型、调研型、艺术型六种类型的在职人员以在线问卷和纸质问卷的形式获取职业能力要素需求的调研数据。

（一）问卷依据与构成

调查问卷由两大部分构成：个人信息和职工继续教育能力需求调查，共计 47 个题项。其中个人信息部分主要包含性别、年龄、婚姻状况、学历、工作年限、工资、工作时间、岗位以及岗位所属类型 9 个题项；职工继续教育能力需求调查部分，笔者以文献研究中归纳出的能力层次及各层次所包含的共 38 个具体能力项（见表 1）为依据，编制与职工继续教育需求一一对应的 38 个题项。

问卷采用李克特五点量表，被调查者根据自己的看法对每个题项的得分进行判断。评分等级包括“5”—“非常有需求”、“4”—“有较大需求”、“3”—“一般”、“2” — “没有多大需求”、“1” — “完全没有需求”。

（二）信效度检验

为保证问卷能够有效反映所要研究的问题，并以能够被理解的语言简洁地表达相关问题，笔者邀请来自北京师范大学、华南师范大学和北京市教育科学研究院的 6 位专门从事职业教育研究的学术领域专家和来自北京商贸学校、北京铁路电气化学校、北京金隅科技学校的 9 位工作在职业教育一线的实践者，对问卷的效度与适用性进行初步论证，并汲取专家与一线教师的反馈意见对问卷进行了修改。

为了对问卷的信效度进行检验，笔者采用专家修订后的调查问卷进行试测。试测共发放问卷 440 份，回收问卷 440 份，其中有效问卷 339 份，问卷有效率为 77.05%。

本研究中采用内部一致性 Cronbach’s α 系数对问卷的信度进行检验，检验结果见表 2。

表 2　各能力层次的 Cronbach’s α 系数

能力层次	Cronbach’s α 系数
一般能力	.894

续表

能力层次		Cronbach's α 系数
专业能力	社会型	.903
	企业型	.900
	常规型	.911
	实际型	.882
	调研型	.894
	艺术型	.942
	专业能力总体	.968
高阶能力		.955
总体		.979

相关研究指出对于有多个测量维度的问卷，要求总问卷的信度系数在 0.8 以上，若在 0.7~0.8 之间可接受，分维度系数最好在 0.7 以上，若在 0.7~0.6 之间也可接受。[1] 从表 4 可知，本研究中总问卷及各能力层次的 Cronbach's α 系数均在 0.8 以上，说明本研究中所编制的职工继续教育能力需求调查问卷具有较好的稳定性和内部一致性，问卷信度较高。

（三）调查实施

为了能够保证最终的研究结果和结论具有一定普适性，问卷调查的覆盖面需要尽量广，需要广泛深入了解不同职业类型的在职人员对各层次职业能力的需求程度，为此，本研究以电子问卷和纸质问卷两种形式，在全国范围内面向社会型、企业型、常规型、实际型、调研型、艺术型六种类型的在职人员进行投放。本次问卷调查共回收问卷 1444 份，其中有效问卷 1308 份，有效率为 90.58%。有效问卷在六种类型的在职人员上的分布情况见图 1。

可以看出，本研究保证了问卷调查对各种职业类型的全面覆盖，但由于社会职业构成本身存在一定的不均等性，加上调查问卷投放的随机性，最终回收的有效问卷在六种职业类型上并不成平均分配，但这并不会对研究结果造成很严重的影响。

[1] 凌峰．管理流程影响因素与设计要素实证研究［D］．镇江：江苏大学，2010.

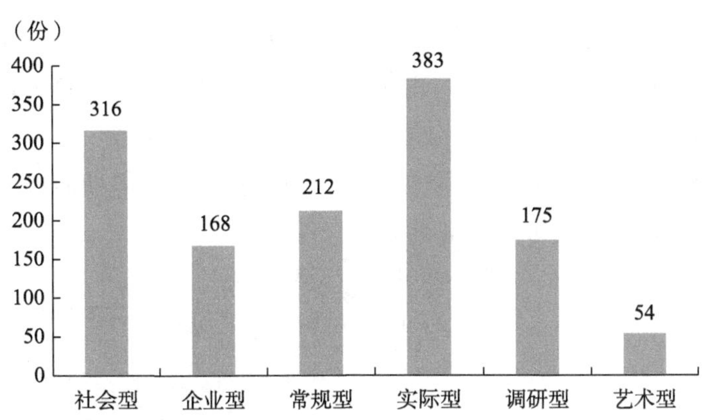

图1　有效问卷在六种类型的在职人员上的分布情况

四、数据分析

形成一个结构合理的职工继续教育职业能力模型的前提是各个能力项所属的能力层次是合理的，且能够较为集中反映出该层次能力的具体内涵。虽然前期笔者采用文献研究和专家访谈的方法对各能力项所属的层次以及专业能力层各能力项所属类别进行了归纳和调整，但其正确性和科学性还需借助具体的数据进行验证。为此，本研究采用验证性因子分析对表2中的能力项层次和类别划分情况进行验证和修正。

在进行验证性因子分析前需对问卷进行KMO样本测度和Bartlett's球状检验，判断问卷是否适合做因子分析。KMO样本测度主要用以检验变量间偏相关是否足够小，一般情况下要求KMO值大于0.6；Bartlett's球状检验用于检验相关矩阵是否为单位矩阵，即检验各变量之间是否各自独立，一般情况下要求显著性P值＜0.05时，问卷才适合进行因子分析。本研究中KMO为0.900＞0.6，Bartlett检验显著性水平值为0.000＜0.05，因此，本问卷适合做进一步的因子分析。

本研究首先采用AMOS21.0构建一个职业能力层次模型（见图2）。对各能力项所处的层次进行验证性因子分析。验证性因子分析中对相关模型拟合程度判断的指标主要包括绝对适配统计量、增值适配统计量和简约适配统计量。[1]本研究中在绝对适配统计量中选取卡方自由度（CHI/DF）、适配度指数（GFI）、拟合优度指数（AGFI）和渐近残差均方和平方根（RMSEA）作为模型拟合指标。结果显示本研究构建的职业能力层次模型各项拟合度指标都达到相关的评价标准，说明模型拟合较好，即说明本研究前期通过文献研究和专家访谈对各能力项所处层次的划分是合理的。

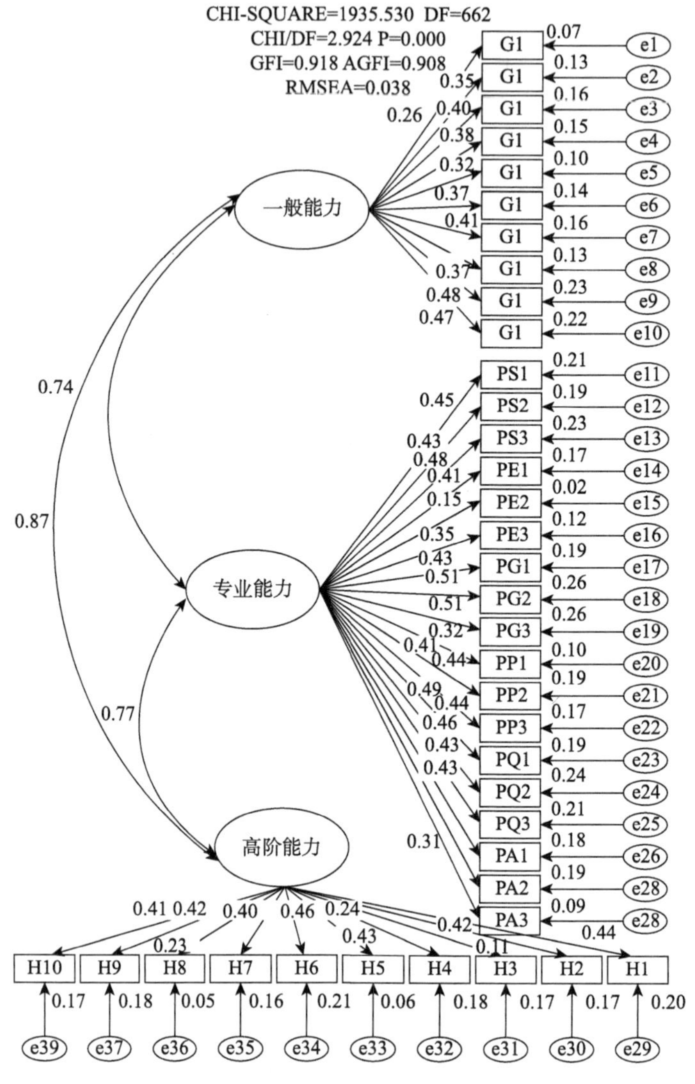

图 2　职业能力模型层次验证结果

[1] 吴明隆. 结构方程模型［M］. 重庆：重庆大学出版社，2009.

为了进一步验证专业能力层中对各能力所属职业类别的划分是否合理，本研究同样采用 AMOS21.0 构建了一个专业能力层的能力类别模型（见图 3），并对该层中所包含的 18 个能力项所属职业类别进行验证性因子分析。结果显示本研究构建的专业能力层的能力类别模型各项拟合度指标都达到相关的评价标准，说明模型拟合较好，即说明本研究中对专业能力层中 18 个能力项所属职业类型的划分也是合理的。

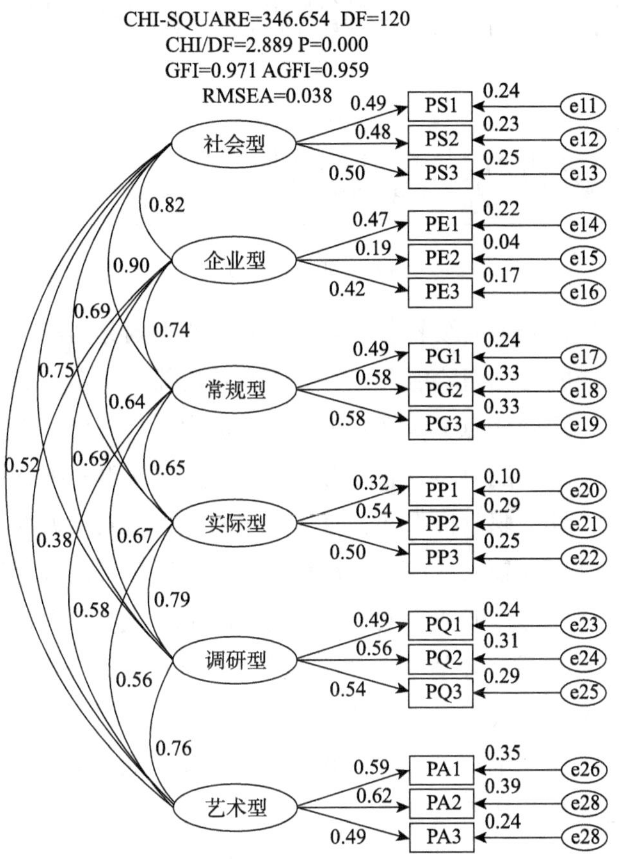

图 3 专业能力层的能力类别模型

五、职工继续教育职业能力模型

基于上述分析结果，本研究构建了一个能够体现能力所处层次，同时能够体现职业类别差异性的职工继续教育职业能力模型（见图4）。

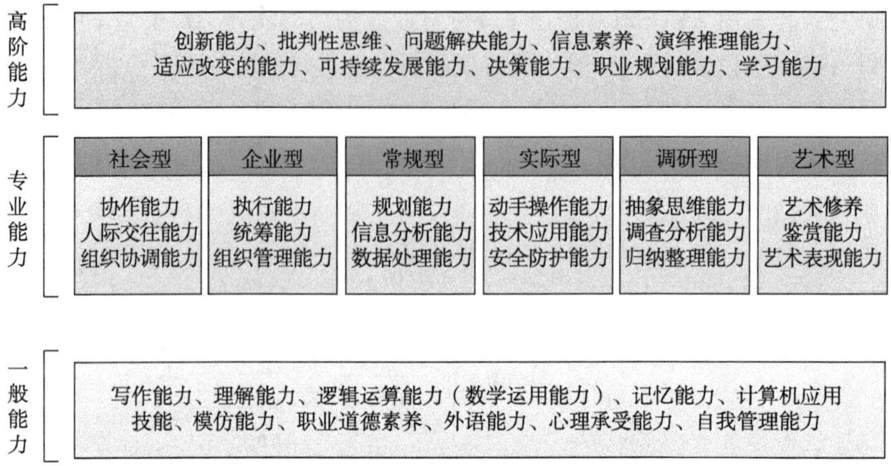

高阶能力：创新能力、批判性思维、问题解决能力、信息素养、演绎推理能力、适应改变的能力、可持续发展能力、决策能力、职业规划能力、学习能力

专业能力：

社会型	企业型	常规型	实际型	调研型	艺术型
协作能力 人际交往能力 组织协调能力	执行能力 统筹能力 组织管理能力	规划能力 信息分析能力 数据处理能力	动手操作能力 技术应用能力 安全防护能力	抽象思维能力 调查分析能力 归纳整理能力	艺术修养 鉴赏能力 艺术表现能力

一般能力：写作能力、理解能力、逻辑运算能力（数学运用能力）、记忆能力、计算机应用技能、模仿能力、职业道德素养、外语能力、心理承受能力、自我管理能力

图4　职业能力模型

该能力模型将职工继续教育中需要培养的能力划分为三个层次，分别为一般能力、专业能力和高阶能力。一般能力是指任何一个在职人员，无论他从事何种职业，开展任何工作都必须具备的能力，与写作、理解、记忆等有关的能力都属于一般能力。专业能力是指在职人员从事一种具体的职业所必须具备的能力，具有职业特殊性。通常工作内容相同或相近的职业群体对专业能力的要求会存在较大共性，如教育工作者、社会工作者等类似的社会型职业都需要较强的协作能力、人际交往能力和组织协调能力；而不同的职业类型对专业能力的要求会存在较大的差异性，如相比于社会型职业，对于摄影师、厨师、建筑工人等类似的实际型职业则需要在职人员具备较强的动手操作能力、技术应用能力和安全防护能力。高阶能力是以高阶思维为核心，解决劣构问题或复杂任务的心理特征，是学习高阶知识、发展高阶思维和实现知识远迁移的能力。[1]高阶能力是发生在较高认知层次水平，充分体现在职人员的主动学习精神，在工作中借助自身经验、创造力，通过对相关信息的评判评价、演绎推理等过程来做好职业规划、做出重大决策、解决问题和获得可持续发展的过程中所表现出的能力。

[1] 钟志贤．教学设计的宗旨：促进学习者高阶能力发展［J］．电化教育研究，2004（11）．

六、结语

本研究首先通过对与职业能力的内涵及国内外关于职业能力体系要素及层次划分相关的文献进行系统梳理后对职工继续教育所需培养的职业能力的层次及各层次所包含的能力项进行了初步划分，然后采用专家访谈的方法对各能力项所处层次及专业能力层中各能力项所属职业类别进行三轮修订，并基于问卷调查数据，采用验证性因子分析对专家修订后的模型进行验证。据此形成的职业能力模型能够在一定程度上为职工继续教育网络课程体系的构建、培训计划或培养方案的制定提供的理论依据。

虽然本研究进行了大量的文献研究和书面案例分析，但由于不同的国家或学者所用关键词存在一定的差异，加上国外电子期刊检索存在一定的限制，难保文献综述的全面覆盖，加上问卷调查中获取到的问卷在六种职业类型上的分布存在一定的差异性，这些都会对研究结论产生潜在影响。未来将进一步扩大文献研究的覆盖范围和问卷调查范围，确保职业能力模型中关于能力层次和所属职业类型的划分更加科学合理。与此同时，未来还需要将该职业能力模型用于网络课程体系构建、职业能力培训计划及培养方案制定的具体实践中，在实践中检验其适用性，并对其进行不断的修改和调整。

新时期生态学习社区：概念内涵、特色构建与推进方略*

史　枫　张　婧

摘　要　生态文明教育是新时代生态文明建设的核心要义与关键支撑。学习型社区是建设学习型社会的基石。二者融合而生的“生态学习社区”，是新时代社区教育积极融入和主动参与社区治理，以及生态文明教育进社区的综合呈现方式。本文首次提出了生态学习社区概念，阐述了生态学习社区的八点特征，围绕生态文明与终身学习理念对生态学习社区的构成要素加以探讨，从社区生态环境、生态资源、生态人文、可持续生活方式，以及社区学习资源、终身学习文化、社区学习与治理创新等多角度进行分析，从三个主要层面思考了未来生态学习社区的推进方略。

关键词　生态学习社区　生态文明教育　终身学习　推进方略

一、引言

习近平总书记在党的十九大报告中强调，“加快建设学习型社会，大力提高国民素质”，“加快生态文明体制改革，建设美丽中国”。《中共中央关于坚持和完善中国特色社会主义制度　推进国家治理体系和治理能力现代化若干重大问题的决定》中指出：“坚持和完善生态文明制度体系，促进人与自然和谐共生、加快发展面向每个人、适合每个人、更加开放灵活的教育体系，建设学习型社会。”这些重要表述高屋建瓴，指引着新时期我国生态文明教育与学习型社会建设创新发展。当今世界正面临生态危机的严峻挑战，大力开展生态文明教育是时代发展的客观要求，建设学习型社会是我国实现中华民

---

* 该文曾发表于《职教论坛》2020年第6期，收入本书时有修改。

族伟大复兴梦的基础路径与重要支撑。社区是城市治理与学习型社会建设的基本单元，当前我国生态文明教育在社区层面的实施存在着诸多不尽人意之处，生态文明理念在与社区设施建设、社区文化构建、学习活动等融合方面缺乏系统化与常态化，社区居民的生态文明素养与可持续学习能力也有待提升，在这种背景下，“生态学习社区”成为生态文明教育与学习型社会联结的基础载体。新时期创建生态学习社区，深入开展社区生态文明教育，营造社区学习文化，提升家庭学习和社区学习，激励全体成员养成可持续的行为习惯与健康生活方式，全维度推进社区终身学习，以社区学习创新优化社区治理，创建生态人居环境，促进人与社会的可持续发展，是时代赋予我们的历史使命。

二、生态学习社区的内涵

（一）社区教育与社区学习

社区一词最早于 1871 年由英国学者 H.S. 梅因提出。1887 年，德国社会学家斐南·滕尼斯首次在社会学的研究中对“社区”概念进行了阐述，他认为社区是聚居于某一区域内并拥有共同价值观念的人类社会共同体。[1]社区是一种复合的生态系统，包含社会、经济、自然、文化等要素，同时也是具有地域性特质的简单概念。社区教育是基于社区而开展的教育，是指开发、利用各种教育资源，面向社区全体成员开展旨在提高其能力素养和生活质量，促进其全面发展和社区可持续发展的各类教育活动。社区教育一般依托社区教育机构开展，形式灵活多样，内容涵盖丰富。关于社区学习，国外学者提出“是利用社区营造的方法、计划和策略，发展社区居民的认知、信心和能力，使其能终身学习和持续服务社区”。[2]一般认为，社区学习是发生于社区的学习行为与学习活动，尤指以团队、社团、共同体形式而发生在社区的各

---

[1] 杨紫微，沈丽娜，侯少静．西安市生态社区构建策略［A］// 中国城市规划学会、杭州市人民政府．共享与品质——2018 中国城市规划年会论文集（08 城市生态规划）．中国城市规划学会、杭州市人民政府：中国城市规划学会，2018：970–977.

[2] Larry E. Decker，Virginia A. Decker，Tony Townsend，et al. Community Education：Global Perspectives for Developing Comprehensive Integrated Human and Community Services［J］. World Leisure Journal，2005，47（2）.

种学习行为与活动，它超越了书本、学校和工作过程中的学习，社区居民通过接受外在教育与内在学习带来社区的发展。相对于社区教育，社区学习更为广泛，更加侧重于学习者的视角，社区学习与社区治理密切相连。[1]

（二）生态社区与生态学习社区

关于生态社区，目前国际上尚未有明确、统一的界定，从不同的研究视角出发，国外学者给其不同的称谓，比如“可持续社区”“健康社区”“生态村”等；[2]国内学者则常用“绿色社区”与“生态社区”等。[3]通常而言，生态社区（Ecological Community）是以生态理念为指导的社区形态，它包含了地理意义上的区域，是一个开放循环的、可持续的自然生态和社会生态系统，是一种以建设人与自然和谐相处、人与社区有机融入、打造优质居住环境为目标的社区发展模式。按照 OECD 的理念，学习型社区可以是一个乡村、城市或地区，它是为个人和团体提供正规及非正规学习机会的地区，以使社区成员形成价值观并以获得知识、技能、态度为目标，从而推进经济的可持续发展并促进社区的整合和增强成员之间的凝聚力。国内学者认为，学习型社区是一种能够促进社区可持续发展的新型社区，它以终身教育体系与学习型组织为基础，为社区成员的终身学习提供基本保障，进而促进社区成员的整体素质与生活质量的提高。[4]

综上所述，学习型社区具有依靠学习持续治理创新、人人学习参与、资源共享、可持续发展等特征，体现了终身学习特点。

“生态学习社区”是一个新的概念，由本文首次提出，它是生态社区和学习型社区的有机融合，是以生态文明思想与终身学习理念为指导，以社区学习环境与资源为依托，共同开展多层面学习与生态文明行动，持续提升社区居民生态文明素养和社区学习力，优化生态人居环境，形成新时代人与社区和谐发展、可持续发展的社区形态。其主要特征概括为八个方面：一是绿色：

---

[1] Pat Millar, Sue Kilpatrick. How Community Development Programmes Can Foster Re-engagement with Learning in Disadvantaged Communities: Leadership as Process［J］. Studies in the Education of Adults, 2005, 37（1）.

[2] Derya Eryilmaz. A Comparative Case Study on Sustainable Community Development［J］. The International Journal of Sustainability Policy and Practice, 2013, 8（2）.

[3] 杨紫微 . 基于物质代谢视角的生态社区建设研究——以西安市为例［D］. 西安：西北大学，2019.

[4] 叶忠海 . 试论学习化社会的基础——学习化社区［J］. 教育发展研究，2000（5）.

社区持续增绿；二是环保：节能、回收和垃圾分类；三是宜居：环境友好，社区整洁、舒适、安全；四是学习：普遍的社区学习和持续提升的社区学习力；五是文化：便利的学习条件和浓厚的社区学习文化；六是素养：社区可持续生活方式和持续提升的生态文明素养；七是参与：广泛的学习型社团和居民参与社区治理；八是发展：以终身学习实现社区可持续发展（见图1）。

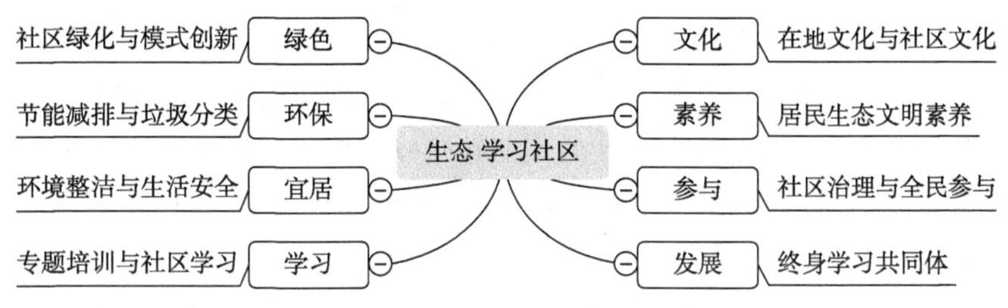

图1　生态学习社区特征

三、生态学习社区建设的理论基础

（一）习近平生态文明思想

党的十八大以来，党中央高度重视社会主义生态文明建设，习近平总书记多次强调生态文明建设的重要意义，提出了一系列新思想与新战略。多年来，我国政府坚持绿色发展，加大生态环境保护力度，生态文明建设在重点突破中实现了整体推进，习近平生态文明思想体系日臻完善。

习近平生态文明思想是新时代中国特色社会主义思想的重要组成部分，它以马克思、恩格斯生态观及中华优秀传统文化中的生态思想为理论源头，以坚持党的全面领导、坚持以人民为中心的发展思想为基础原则，全面推进生态文明领域理论与实践的历史性变革。习近平总书记提出了“坚持人与自然和谐共生、绿水青山就是金山银山”“保护环境就是保护生产力，改善环境就是发展生产力”“良好生态环境是最普惠的民生福祉”“山水林田湖草是生命共同体”等生态文明思想，号召全社会“珍爱我们生活的环境，节约资源，杜绝浪费，从源头上减少垃圾，使我们的城市更加清洁、更加美丽、更加文明”，多次强调“要积极调整产业结构，从见缝插绿、建设每一块绿地做起，从爱惜每滴水、节约每粒粮食做起，身体力行推动资源节约型、环境友好型社会建设，推动人与自然和谐发展”。[1]

（二）可持续发展理念

可持续发展理念在20世纪90年代初被国际社会广泛接受。1972年召开的联合国人类环境研讨会上首次提出“可持续发展”，1992年联合国环境发展大会通过的《21世纪议程》中将可持续发展战略确立为现阶段人们发展的主题，可持续发展理论基本形成。它有两层含义，一是社会的可持续发展，二是人的可持续发展。[2]可持续发展的核心要义是推动经济社会发展、满足当代人需求、保护环境与资源，使后代能够永续发展，即促进经济、社会、资源环境与人的协调发展。2015年9月，联合国发展峰会颁布的《变革我们的世界：2030年可持续发展议程》中提出17项发展目标，其中可持续发展目标3（SDG3）“确保健康的生活方式，促进各年龄段人群的福祉”、目标11（SDG11）“可持续城市与社区”是我国新时期开展社区教育的有力的国际理念支撑之一，这既是对全球可持续发展的贡献，亦是面向未来的责任担当。

（三）终身教育与终身学习理论

终身教育思想最早由法国学者保罗·朗格朗在1968年提出。他认为：终身教育的重要性和必要性，源于它真正体现了教育的根本效用，即能够在每一个人需要的时刻，随时以最好的方式提供必要的知识和技能，而不是传统教育理念所提倡的前半生用于受教育，后半生用于劳动。[3]1976年，联合国教科文组织发布的《关于发展成人教育的劝告书》（*Recommendation on the Development of Adult Education*）中指出，终身教育及终身学习是一种统合体系，重建现有教育制度进而发展在此教育制度范围之外教育中潜在的一切可能性是它的主要目的。由此国际社会开始高度关注学习者个人在终身发展中的中心地位，开始“以强调学习者为中心，并从学习者的立场出发而建立起来的教育新理念的关注和重视”。[4]终身学习强调在学习过程中，学习者应该具

[1] 习近平关于社会主义生态文明建设论著摘编（六）：强化公民环境意识，把建设美丽中国化为人民自觉行动［EB/OL］.（2018-03-06）［2020-04-10］.http：//theory.people.com.cn/n1/2018/0306/c417224-29850375.html.

[2] 史根东.中国可持续发展教育实验工作手册［M］.北京：外文出版社，2013：4-5.

[3] ［法］保罗·朗格朗.终身教育引论［M］.周南照，陈树清，译.北京：中国对外翻译出版公司，1985.

[4] 吴遵民.全球化视野中“学习社会”与基础教育改革［J］.教育理论与实践，2004（19）.

备自发性与持续性的行为，因此构建各级各类教育一体化的动态优化学习系统与学习场域，满足学习者的全时段、全场域的学习需求，是新时期终身学习的使命。

四、新时期生态学习社区的构成要素分析

社区建设与社区治理是社会治理能力与治理体系现代化的基石，社区的常态学习化与生态化是全球范围内社区建设与治理的共同研究课题。近年来，我国政府与相关部委对社区建设日益重视，陆续投入财力物力的支持，绿色社区、学习型社区等建设取得了一定的实效，但系统性与内涵发展欠缺，生态文明建设与教育的常态化发展与保障机制尚未在社区治理中形成。因此，开展“生态学习社区”研究具有重要的现实意义，本研究侧重生态学习社区的软件建设分析，硬件建设不作为本文重点研究范围。

（一）国家相关评价标准：侧重硬件评价

我国住房和城乡建设部在2006年主导编制了《绿色建筑评价标准》，2014年又对其进行修订，建筑单体层面规范了整个绿色建筑行业的评价与认证工作；国家发改委于2015年发布的《低碳社区试点建设指南》侧重社区低碳规划与运营管理；环保部门制定的《绿色社区考核指标与评价标准》侧重环境建设与质量、社区组织管理和公众参与。2017年住房和城乡建设部发布了《绿色生态城区评价标准》，在宏观层面为绿色生态城市的评价提供重要的参考依据。由于区域差别较大，国家层面对于生态社区的评价没有制定明确的统一标准。[1]生态社区相关评价标准见表1。

表1　不同阶段对生态社区评价标准

评价标准文件	制定机构	评价方法	评价指标
《绿色生态住宅小区建设要点与技术导则》	住房和城乡建设部（2001）	9个方面 33项指标	能源系统；水环境系统；气环境系统；声环境系统；光环境系统；热环境系统；绿化系统；废弃物管理与处置系统；绿色建筑材料系统

[1] 刘春霞，张静珠，张莉，等.《生态社区评价导则》国家标准验证研究[J].标准科学，2019（9）.

续表

评价标准文件	制定机构	评价方法	评价指标
《绿色社区考核指标与评价标准》	环境保护部（2005）	5方面 20项指标	基本条件；环境质量；环境建设；环境管理；公众参与
《绿色住区标准》	中国房地产研究会人居环境委员会（2014）	7方面 21项指标	建筑场地整合；住区区域价值；住区绿色交通；人文和谐社区；资源能源效用；健康舒适环境；可持续住区管理
《低碳社区试点建设指南》	国家发改委（2015）	10类一级指标 47个二级指标	碳排放量；空间布局；绿色建筑；交通系统；能源系统；水资源利用；固体废弃物处理；环境绿化美化；运营管理；低碳生活
《绿色生态城区评价标准》	住房和城乡建设部（2017）	8类一级指标 +优选项	土地利用；生态环境；绿色建筑；资源与碳排放；绿色交通；信息化管理；产业与经济；人文
《生态社区评价标准》	中国生态城市研究院（2017）	6方面+优选项	绿色空间；绿色环境；资源循环；绿色交通；绿色建筑；绿色人文（五绿一循环）

资料来源：根据相关资料整理

由表1可看出，国家在不同阶段出台的对于绿色社区、低碳社区、生态社区等的评价标准都把硬件设施的评价放在了核心地位，绿色人文项权重较低。

（二）新时期生态学习社区的构成要素

生态学习社区建设包括社区硬件、软件建设两个方面。主要围绕以下几个方面：生态环境与生态资源、居民可持续生活方式、社区学习资源、生态社区的学习与治理创新等。构建内容主要是指：引导社区居民树立绿色低碳、共学共建共享的社区生态文明建设新理念，使可持续消费、节能减排、垃圾分类、回收利用等成为生态社区居民的自觉行动与建设目标；通过环保培训与宣传，引领更多民众参与社区及周边生态文明建设，让居民在充分享受绿色发展带来的舒适与便捷的同时履行好应尽的社会责任，实现生态学习社区的可持续发展（见表2）。

表 2　生态学习社区评价架构

指标类别 一级指标	评价类别 二级指标	社区特色 （优选项）	占比 （%）
生态环境	社区绿化；活动设施；生态建筑（保温材料、声控节电装置等）；社区无障碍设计；声音环境、空气质量	可选最具特色项	10
生态资源	学习设施；再生资源（水）利用； 生活垃圾分类；厨余垃圾处理与利用	可选最具特色项	10
生态人文	生态理念；公众参与环保行动；基层党组织（在职党员）行动；志愿者团队；生态文明教育宣传与培训	可选最具特色项	30
可持续生活方式	节水节电措施；学校—社区—家庭一体化特色；垃圾再利用家庭行动；健康生活；绿色出行	可选最具特色项	30
生态社区学习与管理创新	智慧社区学习与管理创新；在地学习资源；网络学习资源；社区学习场域；生态社区学习共同体	可选最具特色项	20

资料来源：根据国内外相关文件、资料分析归纳整理。

1. 软件要素分析

软件要素主要包括生态人文、可持续生活方式、生态社区学习与管理创新等层面（见图 2）。

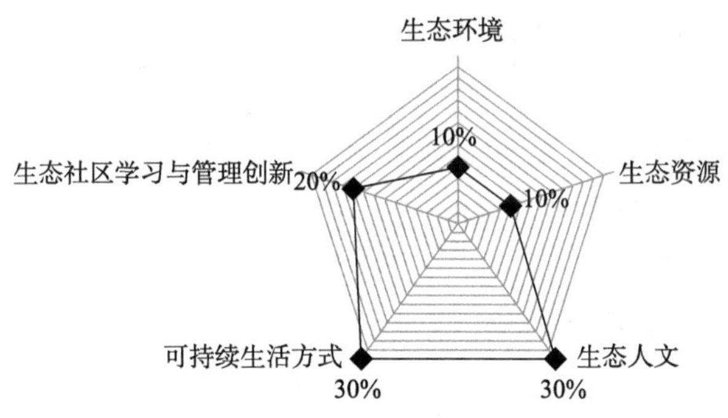

图 2　生态学习社区各要素占比示意图

（1）生态人文。主要包括：渗透生态理念；公众参与环保行动；基层党组织（在职党员）行动；志愿者团队；生态文明教育宣传与培训。

开展社区生态人文教育，主要从三个方面进行：第一，重视环保生态文明理念宣传。建设生态学习社区，需强化理念的宣传教育，营造时时可学、处处能学、人人乐学的氛围。社区居委会与社区学院、成人学校、周边中小学等教育机构联合，定期开展环保讲座，开展生态文明教育，传播生态环保理念，从日常小事做起，号召社区居民节约用电、循环用水，开展垃圾分类，关注食品安全，养成可持续生活方式，逐渐做到内化于心，外化于行。同时，社区橱窗定期宣传生态文明教育理念，每月不少于1次，开设社区读书角，为居民提供生态环境教育类书籍，定期开展社区读书研讨活动。引导居民阅读2020年4月23日——“世界读书日”生态环保部发布的第一届公众最喜爱的十本生态环境好书，如《树梢上的中国》《风吹草木动》《留住绿水青山》等，让社区学习者在读书学习中潜移默化地树立生态文明理念。第二，生态行动，全民参与。生态行动是生态文明教育在社区落地生根的关键环节，生态学习社区需要更加注重培养居民的行动力。社区可以精心设计每项环保活动，从家庭的节水节电、绿色消费、低碳出行等环保节约小事开始，强化居民自身的环保行动，全面践行生态文明理念。居民每年应有不少于2次的生态行动，如有些社区利用世界环境日、世界地球日、世界读书日等组织开展绿色环保生活主题的宣传活动，引领居民通过不断地学习与生态行动强化生态文明理念。第三，组建社区在职党员志愿者团队，利用社区党员不同的专业优势，定期开展生态文明教育宣讲与行动，让在职党员进社区能够真正沉下去，用丰富的专业知识如法律、健康、教育等服务社区，让社区的学习氛围更加浓厚。

（2）可持续生活方式。可持续生活方式通常也称为绿色生活方式，主要包括：节约资源，减少污染（Reduce）；绿色消费，环保选购（Revaluate）；重复使用，多次利用（Reuse）；分类回收，循环再生（Recycle）；保护自然，万物共存（Rescue）。[1] 新时期国家大力倡导建设学习型社会，引领居民养成可持续生活方式，使之成为人人可以参与的生活行为与时尚，营造生态学习社区文化，进而建立一种与人类生态安全、社会责任和精神价值相适应的健康生活新范式，是社会发展与进步的应然与必然。2020年4月，北京市发布了“卫生健康公约十条”，包含了文明用餐、合理膳食、科学健身等内容，彰

---

[1] 郑研，蒋枚禾．绿色生态社区建设的实验探究［J］．社区教育，2016（7）．

显了政府对公民健康的重视。因此，在今后的生态学习型社区建设过程中，可以定期举办主题活动（两月 1 次，每年不少于 6 次），如可持续生活方式的系列活动，“地球一小时”环保活动、“拒绝野味、文明用餐”、“尊医重卫、守望健康”等，让居民逐渐养成早睡早起、绿色出行与绿色消费、不买过度包装的商品、在家庭中认真开展垃圾回收利用与垃圾分类活动等文明健康的生活方式。

（3）生态社区学习与管理创新。一是开辟绿色学习基地，促进社区学习创新。首先，社区需要加强与区域植物园、博物馆、自然保护区、企业等不同类别的科普基地的合作，定期组织居民以社区或家庭为单位，开展形式多样的线上线下科普活动，进行随时随地学习。其次，在有条件的城区与乡村地区，创建生态文明教育实践种植基地，开展劳动教育，让更多的社区居民、家长与学生有机会进行生态学习实践与生态行动，不断提升全体社会成员的生态文明素养。二是拓展智慧社区、拓宽互联网学习场域，建设家庭—学校—社区一体化学习共同体。开办生态文明教育线上课堂，可以通过社区微信群、公众号与其他线上学习资源，开展新的学习场域，让居民随时随地学习。如垃圾分类教育，社区工作者可以引导居民通过扫二维码学习垃圾分类，通过云视频、云讲座快速学习垃圾分类的方法，有效引导家庭成员共同参与家庭生活垃圾分类。有条件的新型社区还可以利用人工智能开展社区生态文明活动，让“互联网 + 人工智能”的方式走近社区。三是全机构参与社区治理创新。建立社区环境监督制度，实现居民全员参与，更好地提升公民生态责任感。各社区可以因地制宜提出能够体现全民参与的工作方案，体现扁平化与网格化管理范式，成立社区生态文明教育领导小组，组建包括生态文明培训、法律、巡防、绿色生活等学习型团队，组建社区志愿者服务团队，定期召开社区各层面生态文明教育线上线下座谈会，总结成绩、找出差距，同时引领居民对社区与周边的生态环境等不可持续问题能够提出建议，与当地相关行政部门沟通，为当地与社区的可持续发展作出贡献。

2. 硬件要素分析

生态学习社区硬件建设主要包括社区生态环境与生态资源。

（1）社区生态环境。绿色环境营造是生态学习社区建设的重要内容。一是生态学习型社区可以根据实际情况，开展环境建设，如组织开展绿化进家庭，社区绿地维护与认养；开展义务植树、开辟中草药种植园、微型植物园建设、垃圾回收等特色活动，营造爱绿、植绿、护绿新时尚，形成全民劳动参与、共治共享的和谐氛围。二是根据社区建成时间与空间的实际，开展“垂直绿化”模式，这种模式可以在老旧小区进行实验，浙江省杭州市的金德意先生在劳动实践中提出了垂直绿化概念，种植中草药凌霄藤、建立屋顶花园，开启了社区绿化与生态文化结合的新思路。

（2）社区生态资源。主要包括社区学习设施是否体现了环保理念、是否有再生资源（水）节约设施、是否有生活垃圾分类专门设施、是否具有厨余垃圾处理与利用的专项设施、是否有人车分离车道以及无障碍车道等。

综上所述，生态学习社区的构建需要注重社区软件的培育，同时兼顾社区硬件建设，在和谐友好的社区环境中，通过学习与在地生态文明行动，培育具有生态文明素养的新时代生态公民与社区学习共同体，进而促进学习型社会建设（见图3）。

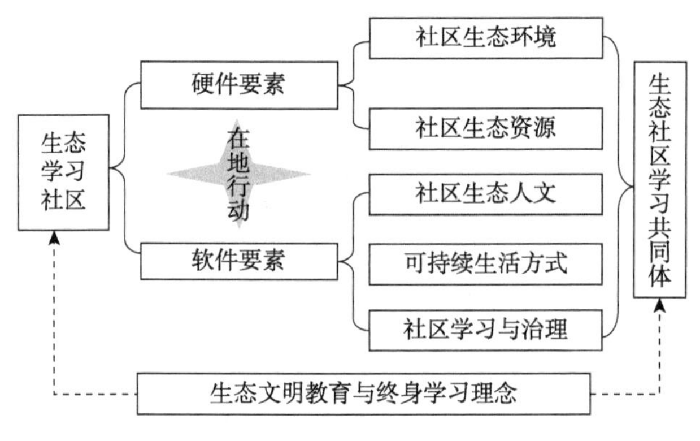

图3　生态学习社区构建模式

五、生态学习社区未来推进方略

（一）知行合一，促进生态学习社区可持续发展

1. 学习重构：通过培训提升居民生态素养

生态文明与可持续发展教育是整个人类思考模式、发展模式，也是教育模式、课程体系和培养模式的一个大的转变，每一个人的行动都与可持续发

展息息相关。[1]当地政府与基层管理层面应通过多种有效学习载体，使生态文明教育成为居民的必修课，让爱护环境、保护生态成为社区居民的共识。社区居委会负责组织聘请专业人员，定期开展生态文明教育培训，多角度全方位向各层次的居民宣传，让社区居民了解与认知，进而参与、支持社区生态文明教育工作，促进社区的可持续发展。培训内容主要包括以下几个层面：一是生态知识普及，通过培训、宣传等多种学习方式，向居民介绍我国环境污染的现状与全球生态环境的挑战与最近动态，让居民获得更多的生态保护知识。二是生态文明价值观教育。生态文明价值观能帮助民众自觉采取行动维护自然环境，因此要重视价值观教育，如生态道德观、生态法治观、生态消费观与生态安全观等。2018 年生态环境部等五部门联合发布的《公民生态环境行为规范（试行）》，促进了居民正确认识自身生态行为与社会行为的关系，进而更加有效地培养生态法治意识与责任意识，积极履行生态义务。三是开展生态文明生活方式与健康生活技能培训，如日常生活中的垃圾分类知识、健康食品与安全、节能减排生活知识等。针对乡村社区开展绿色产业转型技术培训，拓宽居民更多的绿色经济收入渠道。

2. 在地行动：居民参与助力生态学习社区建设

参与性是生态文明教育的主要特点之一，社区开展生态文明教育，提高居民参与积极性，需要从三个方面进行。一是以需求为导向，增强生态文明教育内容的吸引力；二是以创新为导向，增强生态文明教育的生命力；三是以突破时间空间为导向，增强居民学习的可行性。很多社区通过“三参”形式让社区居民从了解、熟知到喜爱、自豪至产生保护的情感得到提升。以北京什刹海社区为例。首先是参观中学习。通过组织居民走进火德真君庙、广福观、名人故居纪念馆等地，请专家为居民实地讲解，引导居民从建筑外观到建筑内的装饰、布局与雕像深入了解其历史文化，珍惜文化资源，逐步树立保护身边环境的价值观。其次是参与中学习。社区通过专题讲座培训让居民深入了解恭王府文化与文物资源保护，考核合格后，便可以成为恭王府兼职导游。再次是参赛中学习。通过不同的活动平台进行相关生态文明知识的宣传。通过生态文明知识竞赛、答题活动、绿色社区建设方案设计等活动，进

[1] 张婧．日本可持续发展教育实践：特点与启示——基于案例的研究［J］．教育科学，2018（3）．

行社区生态文化与生态文明建设的有机结合。四是以在地课程为依托，开展生态文明行动。社区课程是传播区域文化的重要载体，课程的开发与实施是社区教育产生持续效果的主要推动力量之一。以居民的实际需求与区域的文化特色作为课程设计的基础，构建社区特色课程。以生态涵养区延庆为例。2019 年北京世界园艺博览会的举办和 2022 年的冬奥会，为该区域的社区生态文明教育提供了新的课程资源。颖泽州社区从 2015 年开始相继研发了知识普及类和素质提升类课程，如《文明礼仪系列》《生态文明》《世园会应知应会》，让传统文化礼仪、绿色环保知识、生态文明意识逐渐浸润到社区居民心中，学习效果显著。

（二）全机构参与，促进社区治理模式与学习方式创新

1. 党建引领，促进社区生态文明教育模式创新

通过党建引领，让更多的已经在社区报到的在职党员联合非在职党员共同开展一系列活动与学习，认真贯彻绿色发展理念，助力生态学习社区建设。一是创新工作思路，丰富党建内涵。探索建立“社区党建 + 生态文明教育”新模式，让社区党组织和广大党员在推动生态文明建设第一线争当绿色先锋，把党的基层组织建设活力转化为生态保护的内生动力，构建生态文明建设的坚强后盾。首都很多社区都在党建活动中开展了社区生态文明教育活动，如举办生态文明建设专题讲座，学习领会习近平总书记关于生态文明的论述，开展垃圾分类培训、宣传，入户发放宣传资料与垃圾分类塑料袋，开展“践行核心价值观，我为美丽社区做贡献”等故事征集与演讲比赛、知识竞赛、绘画比赛等活动，激发社区党员的参与热情，涌现了一批党员先进典型，促进了社区生态文明教育持续开展。二是创新学习模式，开展“互联网 + 生态文明教育”学习模式。

2. 全机构参与，促进生态学习社区学习方式创新

《教育部等九部门关于进一步推进社区教育发展的意见》《北京市学习型城市建设行动计划（2016—2020 年）》等文件中强调全社会共同参与，实现城市、社区、社会的可持续发展，建设学习型社区与学习型城市，完善终身教育体系。《可持续发展教育全球行动计划》中号召青年人广泛参与绿色社会建

设、参与制定促进区域可持续发展的解决方案推进可持续发展教育，[1]指引人们采取可持续的生活方式，建设可持续发展的世界。因此，社区开展生态文明教育需要建立与完善协同发展机制，如师生互助机制、家校互动机制、学校—社区合作机制、全机构合作机制，充分利用社会、社区、家庭等多方面的线上、线下的有效资源，网络教育与人工智能须一体推进，为人人皆学、处处能学、时时可学的学习型社会提供更为有效的支撑，[2]构建多方合力参与下的社区全机构教育模式。社区开展生态文明教育应吸引更多的社区居民与各级各类学校、师生联合开展实践与研究，全方位、宽领域、多层次地开展生态文明教育。如石景山区麻峪社区联合麻峪小学、首师大附属苹果园中学共同开展净化永定河生态文明行动，利用蔬菜果皮等制作环保酵素净化永定河水与清洁居民日常生活，引导社区居民践行绿色生活方式，效果斐然。在这一过程中，区水务局、环保局、区政府、社区、家庭、学校共同参与其中，谱写了全机构参与生态文明建设的美丽篇章。

在生态学习社区管理方面，建立扁平化、网格化管理、"楼道管家"等新的服务模式，使社区管理更人文化、绿色化。同时建立社区层面的公众参与绿色社区建设的机制，激发居民参与绿色生态社区学习与建设的积极性，建立一种环境友好、学习便捷、邻里亲密、和睦相处的学习型社区氛围，营造使社风文明、环境整洁、管理民主、注重学习的资源节约型、环境友好型的生态社区。

（三）健全保障机制，以学习共同体力促生态学习社区建设

1. 组建社区"四学"团队：形成社区学习共同体

一是培养自觉型社区居民学习团队。通过社区组织引领培养社区居民的学习意识，由被动学习变为主动学习与运用生态文明知识，为生态学习型社区助力。二是培养生态社区志愿者学习团队。社区志愿者学习团队是建设生态学习型社区的中坚力量，社区组织培养来自不同年龄段、不同工作单位、不同学历背景、热爱环保的志愿者团队，精心设计志愿者生态文明教育活动，

---

[1] UNESCO.Roadmap for Implementing the Global Action Programme on Education for Sustainable Development：Sustainable Development Knowledge Platform［EB/OL］.（2019-02-10）［2019-02-19］. https：//sustainabledevelopment.un.org/index.php?page=view&type=400&nr=1674&menu=35.

[2] 张力．创新教育和学习方式开启建设学习型社会新征程［N］．中国教育报，2020-02-27.

积极投入到生态学习型社区建设中。三是培育社区学习型组织。社区学习型组织是建设学习型社区与学习型社会的基本细胞，根据社区居民的自身特点与兴趣发展诉求，合理安排多种学习内容与学习方式，满足不同类型学习者的需求，积极营造全民终身学习的文化氛围，密切关注技术发展，全力迎接人工智能时代的终身学习。[1]四是构建社区基层党组织学习团队。充分发挥在职党员的潜力，发挥各自的专业特长，积极融入基层党组织，开展党建活动，为社区提供专项服务，助力社区网格化管理成效，助推生态学习型社区建设。

2. 制度保障：健全生态学习社区治理体系

制度保障是创建生态学习社区长效机制的基石。一是建立社区终身学习制度，开展社区居民生态学习与生态行动学分制；制定奖励措施，每季度或每年定期评选生态文明学习标兵、优秀家庭，让终身学习与生态文明理念在社区落地生根，切实保障居民生态文明教育的长效性与积极性。二是社区落实干部责任制度。社区干部需要切实组织好社区日常活动，由专人负责专题活动的组织、实施与评价。三是建立健全社区居民轮流监督制度，社区居民都有生态文明行为监督与被监督的权利与义务，保证生态学习社区建设的公平性、有效性和持续性。

---

[1] 史枫．让全民终身学习奠基新时期强国梦想［J］．北京宣武红旗业余大学学报，2019（2）．

第四篇　国际视野的触及与拓展

成人综合基础教育和技能培训模式研究——基于美国经验的分析*

桂　敏

摘　要　在职业教育扩招100万的背景下，教育部等六部门印发《高职扩招专项工作实施方案》的通知，提出将退役军人、下岗失业人员、农民工和新型职业农民纳入扩招范围。需要职业院校充分满足不同教育背景学生的学习需求，提升职业技能水平。美国华盛顿州推行的综合基础教育和技能培训项目，针对低技能或仅有基本技能的成人以及外来人口或移民等人群，融合成人基础技能培训和职业技能培训，帮助他们能够顺利掌握就业必备的技能，适应并过渡到更高层次的教育阶段。华盛顿州成人技能培训项目对于我国职业院校服务成人技能提升具有借鉴价值。

关键词　职业院校　社区学院　基础知识提升　职业技能培训

2019年初，我国政府工作报告中提出"高职大规模扩招100万人"，在高职院校"招生难"的现实困境下，同年5月，教育部等六部门印发《高职扩招专项工作实施方案》的通知，提出将退役军人、下岗失业人员、农民工和新型职业农民纳入扩招范围，解决职业教育生源问题。高职院校将目光投向了更为广泛的成人职业技能提升群体，如何利用现有资源，更好地服务、满足不同学习群体的教育需求，既保证扩招的初衷达成，又能够切实提高国民劳动力质量，成为当前亟须解决的一个新问题。美国同样拥有增加高水平技能人才的紧迫感，早在2010年美国前总统奥巴马呼吁，到2020年美国将

*　该文为全国教育科学"十三五"规划2018年度教育部重点课题"美国公立研究型大学与区域经济互动机制研究"（编号：DDA180300）的成果，曾发表于《职教论坛》2020年第1期，收入本书时有修改。

再次成为世界上大学毕业生比例最高的国家，同时社区学院将为国家再培养500万名毕业生。[1]联邦政府要求两年制大学，如社区学院、职业技术学院等高等教育机构在成人劳动力技能提升方面发挥更大的作用。华盛顿州推行的综合基础教育和技能培训项目（Integrated Basic Education and Skills Training，I-BEST），融合成人基础技能培训和职业技能培训，专门针对低技能或仅有基本技能的成人，以及以英语为第二语言的外来人口或移民人群，帮助他们顺利掌握基础文化知识，并获得求职所需的职业技能，或适应并过渡到更高阶段的学习。美国华盛顿州的成人技能培训经验对我国职业教育扩招背景下人力资本提升具有重要的借鉴价值。

一、项目形成动因及实施内涵

I-BEST项目最大特色是在同一课堂中，由基础技能教师和职业技能教师联合授课，华盛顿州也称之为“劳动力”（workforce）课程。创新项目的实施是华盛顿州在内外部环境变化之下所做出的应对之举。

（一）经济社会发展的新机遇推动技能培训模式转变

I-BEST项目由华盛顿州29所社区学院和5所职业技术学院负责实施，主要是为应对经济复兴而高技能人才欠缺的发展局面。21世纪初期，华盛顿州经济迅速发展，但企业雇主却很难雇佣到受过高等教育或高技能培训的产业工人。与此同时，本州还有大量成人缺乏必备工作技能，特别是来自多元文化背景的非英语国家的移民，因而无法顺利进入劳动力市场，他们未来将成为华盛顿州人力资源的重要组成部分。二年制的学院是成人基础技能和职业技能培训的主要教育机构，成人或移民学生要先进行语言学习，然后过渡到职业培训课程，但每100名英语语言学习的学生中只有10人在三年内成功过渡，每100名学生中只有2人可以在五年内获得相关资格证书或学位。[2]学习的课程与最终就业目标常常脱节，造成了大部分学生都无法坚持完成学业。

---

[1] The White House. Building American Skills Through Community Colleges［EB/OL］. https：//obamawhitehouse.archives.gov/issues/education/higher-education/building-american-skills-through-community-colleges, 2010.

[2] Washington State Board for Community and Technical Colleges. I-BEST：A Program Integrating Adult Basic Eucation and Workforce Training［R/OL］. https：//files.eric.ed.gov/fulltext/ED496215.pdf.

I-BEST 项目在此背景下应运而生。华盛顿社区学院与职业技术学院州立委员会（State Board for Community and Technical Colleges，SBCTC）联合本州社区学院与职业技术学院共同发起 I-BEST 项目。项目创造性地融合不同层次的教育内容。将基础知识教育（如听说读写算等基本技能，通常在接受高等教育或职业教育之前完成）融入职业技能培训当中，以此提升缺乏基本技能的成人学员融入大学课程的可能性。[1]

（二）项目的技术内涵与关键要素

在 I-BEST 项目课堂中必须同时拥有两名教师，一名基础技能指导教师以及一名职业技能指导教师，两名教师在课堂上的教学时间至少有 50% 的重叠。也就是在本模式中，基础技能指导教师在课堂中至少出现 50% 的时间。在有些学院的项目中，甚至会占用 100% 的课堂时间。

华盛顿州社区学院及职业技术学院是本州成人基础知识教育的主要提供机构。2004—2005 年，SBCTC 选择十所学院作为试点学校，探讨帮助成人学员成功获得高等职业教育和培训的路径和方法。随后于 2006—2007 学年在全州 34 所公立社区学院和职业技术学院正式实施。每一个 I-BEST 课程都是结构化职业发展路径，为学生提供求职所需的职业资格认定及学分。I-BEST 项目的实施由五项关键要素组成[2]，包括：

（1）关注维持生计的工作。I-BEST 项目要帮助学员获得最少 13 美元 / 小时的工作。

（2）基础技能培训始终贯穿于团队教学和支持课堂中。I-BEST 职业技能培训课程要求每个课堂中既有专业培训教师，也有基础技能指导教师。作为团队教学的重要组成部分，基础技能指导课程组成了支持课堂，帮助学员获得职业技能指导课堂所需要的基础能力，可以顺利完成学习任务和测试。

（3）学分。大部分 I-BEST 课程将会持续 3~6 个月，学员通过职业技能培训课程，取得相应职业技能后可以获得学分。

（4）技能认证。完成 I-BEST 课程学员最终可从学院获得“劳动力奖”

---

[1] Davis Jenkins，Matthew Zeidenberg，Gregory Kienzl. Building Bridges to Postsecondary Training for Low-Skill Adults：Outcomes of Washington State’s I-BEST Program［J］. Community College Research Center，2009，5（42）.

[2] Pathways for Advancing Careers and Education. Washington State’s Integrated Basic Education and Skills Training（I-BEST）Program in Three Colleges：Implementation and Early Impact Report［R］. 2018.

（workforce award），但要获得本州技能认定证书还需要在某一领域工作一段时间之后。

（5）后续培训和认证。I-BEST 项目后还会继续为学员提供长期的职业教育发展支持。

（三）项目的培养目标和操作步骤

I-BEST 项目总目标是为学生提供职业发展道路的关键第一步，特别是因为技能水平过低而无法被职业培训学校录取的学生。首先，项目中所含课程都是结构化职业发展路径的一部分，为学生直接提供劳动力就业市场所必需的技能，铺好职业发展之路；其次，采取团队教学指导模式，每个课堂上都配备 50% 的基础技能教师和 50% 的职业技能教师；最后，配备充足的资金，SBCTC 为 I-BEST 项目提供的资金支持是全日制学生的 1.75 倍，覆盖完成项目的所有程序[1]，具体到各个实施项目的学院而言，其具体目标也会有所不同。以华盛顿州贝灵汉职业技术学院（Bellinghan Technical College）、埃弗雷特社区学院（Everett Community College）以及沃特坎姆社区学院（Whatcom Community College）三所学院为例[2]：

贝灵汉职业技术学院设计的 I-BEST 课程只提供短期资格认证，所提供的职业技术教育课程旨在发展特定的职业技能，作为学生未来职业发展，或取得副学士学位的初级阶段；埃弗雷特社区学院的 I-BEST 课程最初主要为英语学习的学生准备，帮助他们在较短时间内获得工作所要求的技能培训资格认证，也有很多学生选择继续学习，或者转学至四年制学院；沃特坎姆社区学院的 I-BEST 课程是帮助学生进入下一阶段的高等教育，或取得更高水平的资格证书而准备的，为有特定职业需求，但仅具有基本技能以至于无法胜任，以及无法进入高等教育阶段学习的人群服务。

[1] Pathways for Advancing Careers and Education. Washington State's Integrated Basic Education and Skills Training（I-BEST）Program in Three Colleges：Implementation and Early Impact Report［R］. 2018.

[2] Pathways for Advancing Careers and Education. Washington State's Integrated Basic Education and Skills Training（I-BEST）Program in Three Colleges：Implementation and Early Impact Report［R］. 2018.

二、针对目标人群的实施路径与课程设计

I-BEST项目围绕低技能成人的学习特征和需求，从学生的选择、师资培养、课程设计、学制安排等方面进行规划。

（一）学生来源及其录取流程

I-BEST项目学生有三种来源渠道：校内招录、校外申请及社会招录。I-BEST也面向各学院内部招生，各学院内开设的基础技能培训班学员是I-BEST项目学生的主要来源之一。包括利用课堂宣讲项目、教师推荐、分发项目介绍传单和宣传册，以及指导教师的口头宣传等。从校内的基础技能培训班招录的学生有更多的优势，调查显示，从校内招录的学生比校外申请的学生更能够接受I-BEST项目，他们对学校有一定的了解，愿意主动报名参加课程，也显示了他们继续深造的愿望。

校外申请项目的学生需要具备基本技能资格。基于加州成人教育问责与评估（California Adult Education Accountability and Assessment，CASAS）的测试分数评判他们入学资格。入学后，有些学院专门针对I-BEST学生开设课程，更多学院则将I-BEST学生与其他类型的学生混合教学。华盛顿州的学院中，有27所同时招收I-BEST及非I-BEST的学生。有些学院认为，混合式课堂更有助于同辈辅导，由学习能力较强的学生帮助其他同学，也能够帮助I-BEST学生更好地融入学校环境。❶

社区组织、当地企业和一站式职业中心（One-Stop Career Centers）是项目的主要社会招录渠道。I-BEST项目的管理人员与相关行业企业的负责人员联系，针对低技能工作的劳动者进行定点宣传。他们也会参加在社区举办的会议或论坛来宣传项目的具体内容。以社区为基础的招录能够帮助学校接触到更多低收入人群和弱势群体。❷

（二）团队型师资队伍的培养

I-BEST项目的核心是在课堂中同时配备两名不同教学内容的指导教师，

---

❶ John Wachen，Davis Jenkins，Michelle Van Noy. How I-BEST Works：Finding from a Field Study of Washington State's Integrated Basic Education and Skills Training Program［R］. 2010.

❷ John Wachen，Davis Jenkins，Michelle Van Noy. How I-BEST Works：Finding from a Field Study of Washington State's Integrated Basic Education and Skills Training Program［R］. 2010.

教师的选择与培训、指导特征、共同计划和团队教学策略，以及职业发展，成为决定这一模式成败的关键因素。

1. 团队教学型教师的基本特质

教师的选择与培训在整个教学模式中起到至关重要的作用。完美的I-BEST教师需要具备以下特质：灵活性、良好的沟通能力、愿意接受新教学方法、具备学习共同体的经验或其他团队教学策略、自信并愿意放弃部分课堂控制权、强大的组织能力、对I-BEST的实施怀有热情、对缺乏基础技能或存在其他障碍的学生的需求很敏感。其中灵活性是项目教师所最需要具备的特质。大部分学院尽可能选择与职业课程具有相同教育背景、知识内容或兴趣的基础技能指导教师。教授职业技能的教师，尽可能是支持并愿意采用团队教学模式的教师。然而在某些较小的学院，可供选择的教师数量有限，则变成了谁有时间或愿意参加就可以。

2. 师资培训方式

有些学院将I-BEST项目教师直接嵌入已有项目课程中，在课堂中跟随经验丰富的老教师学习团队教学模式。SBCTC也为教师提供了I-BEST项目必须的团队教学培训，在网站专门列出教学模式的具体操作步骤，包括如何使用教学模式，合作教学与传统教学的区别，互补—支持机制，平行指导，差异性类型课堂，以及对教师的监管等。[1]

3. 团队型课程开发与教学

课程的顺利展开需要教师共同开发相应教学内容。最常见的合作方式是将基础技能培训课程纳入现有的专业技能培训课程当中，而不是开发既包含基础技能课程又包含专业技能课程的新课程。然而，与教师培训一样，共同开发和计划也受制于各学院的资源。因为预算有限，大部分学院都优先安排并满足I-BEST核心课程所需要的准备资源。同时，在课堂中平分教学时间，共用课题进行教学，对合作教师都是极大的挑战。很多教师都需要几个季度的教学磨合才能胜任课程。有些教师形容团队教学过程更像“婚姻”——都

[1] SBCTC. I-BEST Team Teaching Models［EB/OL］.［2019-10-26］.https：//www.sbctc.edu/colleges-staff/programs-services/i-best/team-teaching-models.aspx.

需要建立信任、协商角色、分担责任和控制权。❶此外，对基础技能培训教师而言，身份问题也颇为尴尬，因为教学时间主要集中在课程前期，或者只占课堂教学 50% 的时间，又缺乏专业技术方面的背景和技能经验，更多的时候他们只被称为“I-BEST”教师或“辅助教师”。

（三）I-BEST 项目课程设计

1.“短平快”的学制安排

绝大部分 I-BEST 项目（约 79%）持续的时长为 3 个季度或更少，更多的项目（约 54%）持续 2 个季度或更少。根据各学院提交至 SBCTC 的数据显示，大部分课程持续时长为 1~4 个季度（见图 1）。

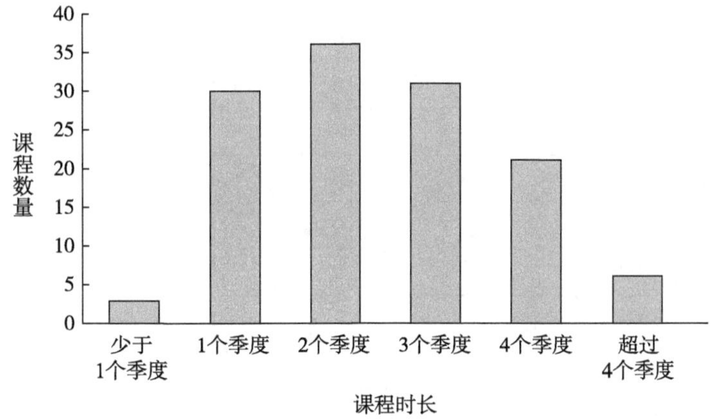

图 1　I-BEST 项目时长

按研究领域划分的 I-BEST 项目，涵盖了 I-BEST 大部分培训项目及其开课数量，其中卫生保健，制造业、建筑业、维修业和运输业，教育，商业占全部项目总数的 88%，课程实用性很强，能够保证学生在较短时间内顺利完成学习（见表 1）。❷

❶ John Wachen, Davis Jenkins, Michelle Van Noy. How I-BEST Works: Finding from a Field Study of Washington State's Integrated Basic Education and Skills Training Program [R]. 2010.

❷ John Wachen, Davis Jenkins, Michelle Van Noy. How I-BEST Works: Finding from a Field Study of Washington State's Integrated Basic Education and Skills Training Program [R]. 2010.

表 1　按研究领域划分的 I-BEST 项目

研究领域	项目数量（个）	占全部项目百分比（%）
卫生保健	44	32
1. 护士 / 护士助理	18	
2. 医疗协助	6	
3. 医疗技术 / 技术员	5	
4. 其他有关健康的职业	15	
制造业、建筑业、维修业和运输业	32	23
教育	24	18
商业	20	15
1. 秘书服务	10	
2. 行政及管理	5	
3. 其他商业项目	5	
理工类（STEM）	10	7
1. 计算机与信息系统	5	
2. 工程与工程技术	3	
3. 其他相关项目	2	
安保服务—惩戒管理	3	2
外语—口译员	2	1
通信服务—打印	1	1
总计	137	100

短期的培训项目对学生更加有益，因为参与 I-BEST 的学生通常实用性和目的性更强，通过短期项目学生可以尽快获得相应技能，获得资格证书并投入就业市场，从而改善生活。一位学院 I-BEST 项目执行人认为："对于没有接受过高等教育，也没有全额付过学费的学生而言，一年时间太长了。项目持续一到两个季度可以获得更多入学率和毕业率，这更加现实。"[1] 正因为培训项目持续的时长较短，项目完成后学生的下一步规划与成果监督就尤为重要。

[1] John Wachen, Davis Jenkins, Michelle Van Noy. How I-BEST Works: Finding from a Field Study of Washington State's Integrated Basic Education and Skills Training Program [R]. 2010.

2. 发展路径清晰的课程结构

因为项目来源学生的水平参差不齐，为避免让学生陷入选择课程的困境当中，I-BEST 项目事先规划好课程，学生可以沿着既定的综合课程发展路径进行求学（见图 2）。[1]

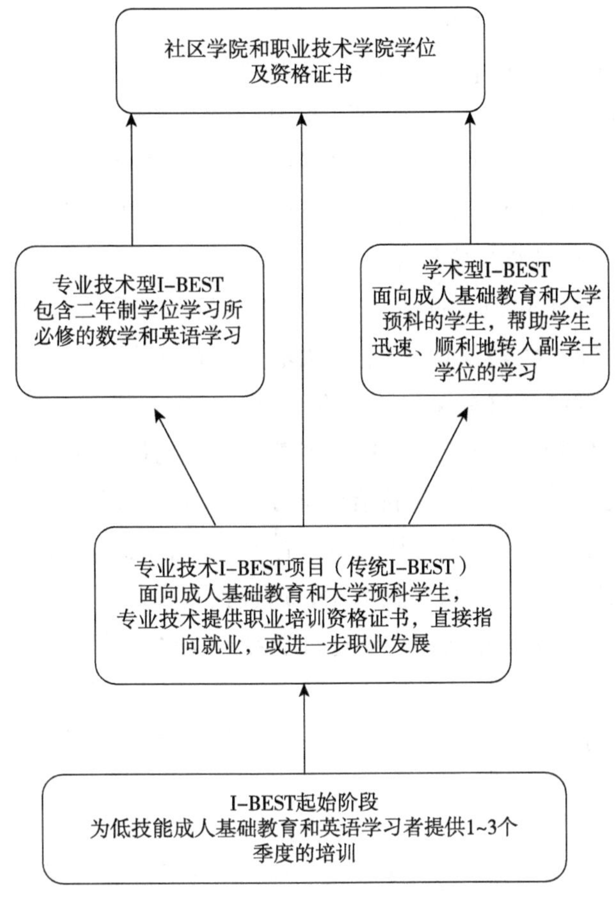

图 2　I-BEST 综合发展路径

课程的起始阶段（Program on-ramps），I-BEST 为基础技能的学生量身定制了职业培训项目，有清晰的目标和最终取得学习成果，以方便学生选择

[1] Washington's Community and Technical Colleges. Integrated Basic Education and Skills Training（I-BEST）[R/OL]. https://files.eric.ed.gov/fulltext/ED565178.pdf.

项目。必修课程是由院系来决定，学生只需要每学期选择学习即可。有时学生也可以选择非 I-BEST 课程，例如一些通识课程，但必须要先完成必修课程。[1]

选择课程组模块（Cohort models），学生可以结成群组来共同完成项目，选择课程组模块的学生完成效率更好。学生项目同时开始，也同时结束，更有利于学生之间的互动合作与交流。

支持服务体系（Support services），此类服务贯穿项目始终，包括经济援助和学习援助。经济援助尤其重要，包括奖学金和经费资助。学习过程中，学生也可以得到授课教师的课程辅导援助，除了提供基础技能以及与学习内容相关的课程，教师也可以额外指导并帮助学生进行补充式学习。[2]

3. 混合式综合课程架构与开展

根据华盛顿州 SBCTC 的要求，I-BEST 项目模式是具有独立的、情境化的基础技能的综合教学模式。与情境化基础技能教学不同，综合基础技能教学是将阅读、写作或数学课程纳入教学内容当中。相反，情境化教学则是在特定背景下教授学术技能，这些技能需要应用到特定的主题当中。[3] 如果 I-BEST 模式完全采用综合基础技能教学方式将很难实现预定目标。通过混合式课堂教学的方式学生确实对技能学习有了更多掌握。例如，在一堂焊接课程中，涉及内容广泛，不仅包括数学，还包括大量的写作和阅读理解内容。在讲解冶金章节时有大量的图表要进行学习，因此，课程开始由教师教授图表的学习技巧，然后正式进行冶金的教学内容。焊接课程在支持课程中，教师要求学生进行焊接的写作练习，对焊接写作中的技巧进行反思，以便于帮

---

❶ John Wachen, Davis Jenkins, Clive Belfield, Michelle Van Noy. Contextualized College Transition Strategies for Adult Basic Skills Students: Learning from Washington State's I-BEST Program Model [R/OL]. https://www.sbctc.edu/resources/documents/colleges-staff/programs-services/basic-education-for-adults/ibest_ccrc_report_december 2012.pdf.

❷ John Wachen, Davis Jenkins, Clive Belfield, Michelle Van Noy. Contextualized College Transition Strategies for Adult Basic Skills Students: Learning from Washington State's I-BEST Program Model [R/OL]. https://www.sbctc.edu/resources/documents/colleges-staff/programs-services/basic-education-for-adults/ibest_ccrc_report_december 2012.pdf.

❸ Perin, D. Facilitating Student Learning through Contextualization (CCRC Working Paper No. 29, Assessment of Evidence Series) [R]. New York, NY: Columbia University, Teachers College, Community College Research Center, 2011.

助他们更好地理解焊接课程内容，并在进一步学习中得以应用。[1]

（四）项目的行政管理体制

1. 项目的管理与执行机制

I-BEST 项目的实施和协调需要大量的时间和努力，需要调动并整合各类资源。大部分学院都设立了协调行政岗位，由具备一定成人教育工作经验的人担任，主要负责组织与招聘，与财政拨款方联络沟通，收集并管理项目学生的数据，向学院和 SBCTC 报告项目进展，办理注册，咨询和职业发展规划，管理经费预算等。各学院对 I-BEST 项目的管理部门主要分为三类，有 21 所学院将项目安排在基础技能部门，6 所学院则由基础技能部门和专业技术技能部门共同管理，7 所学院则设在专业技术部门。34 所学院中有 21 所，I-BEST 项目的招录、协调和项目管理是由基础技能部门来负责。[2]

2. 学生支持服务体系的运行

学生支持服务体系是 I-BEST 项目的重要组成部分，帮助基础知识水平低下的学生做好"上大学"的准备是 I-BEST 支持服务体系的基本目标。对于不熟悉大学生活以及缺乏基础知识的学生来说，寻求帮助对他们完成学业至关重要，因而也需要特别的支持服务帮助他们适应学习和生活。体系包括支持课程、I-BEST 课程协调员和指定的顾问人员，以及 I-BEST 财政援助等，具体的支持项目可能因学院而异。大部分 I-BEST 项目不仅支持综合课程（基础技能和专业技能），也对课程或实验室进行援助。

项目指定的协调人员和顾问也对学生的学习帮助甚多，他们致力于帮助个体的学生，充当学生与各学院之间的联络员。大约有三分之一的学校有专门的指定联络点来支持 I-BEST 学生。而有些学院则在学期开始之初强制为学生提供就学建议。在没有专门支持人员的学校里，则由授课的教师兼任协调人员。

---

[1] John Wachen, Davis Jenkins, Michelle Van Noy. How I-BEST Works: Finding from a Field Study of Washington State's Integrated Basic Education and Skills Training Program［R］. 2010.

[2] John Wachen, Davis Jenkins, Clive Belfield, Michelle Van Noy. Contextualized College Transition Strategies for Adult Basic Skills Students: Learning from Washington State's I-BEST Program Model［R/OL］. https://www.sbctc.edu/resources/documents/colleges-staff/programs-services/basic-education-for-adults/ibest_ccrc_report_december2012.pdf.

（五）项目的经费开支与学生资助

I-BEST项目的学生大多来自低收入家庭，基础技能课程阶段的费用很低，而如果希望进一步求学则需要借助于奖学金，没有获得奖学金的学生将难以继续求学。为I-BEST学生提供的奖学金来源渠道很多，也有学生曾获得佩尔奖学金（Pell Grant）、国家需求奖学金（State Need Grant）等资助。

华盛顿州为I-BEST项目提供的拨款资助是全日制学生的1.75倍。拨款中还包括一部分额外资助用于补偿学院在教学、支持服务和项目管理上的开支。然而拨款并不能完全覆盖I-BEST项目实施中的开销，因此各学院还需要进行配套的资金管理，实际项目的开支包括管理费用、教学费用、学生补助、人工费等。

与项目最密切的则是机会奖学金（Opportunity Grant），是专门针对低收入成人继续接受教育或培训而设立的拨款资助。该奖学金的目的是帮助成人获得增加其收入的工作技能培训，并为参与者提供学费或其他费用。30%的I-BEST项目学生受到过机会奖学金的资助，而非I-BEST项目学生只有2%及以下的机会获得此类补助。奖学金提供学生支持服务，包括辅导、职业咨询、幼儿保育和交通。华盛顿州34所职业院校和社区学院全部提供可以获得机会奖学金的教育项目。SBCTC对符合当地劳动力市场需求、教育和职业发展道路的一部分、为毕业生提供高薪工作机会、积极开展社区合作这四项要求的项目都予以批准奖学金。

参加I-BEST项目的学生，只要能证明自己的经济情况，就有机会获得“机会奖学金”，覆盖学费及强制性费用，并且提供每学年高达1000美元的书本费和文具费。“机会奖学金”成为I-BEST项目能够成功实施的关键因素，I-BEST项目学生申请奖学金能够很快得到批准，极大地保证了学生继续求学的可能性。

但单靠奖学金并不能完全解决学生的学费问题。也有学生达不到奖学金申请的条件，这也需要学院自己想办法筹措资金为学生提供补助。例如可以利用当地劳动力发展委员会的资助。很多学校也可以获得诸如帕金森补助（用于课程开发和其他启动项目的成本），中学后教育拨款（用于改善项目选择、注册和支持流程），劳动力投资法案拨款（用于支持兼职项目协调人员），以及美国复苏与再投资刺激拨款（用于一般项目开支）。

三、经验与启示

（一）项目的成果与影响

I-BEST 项目实施至今已有十几年，得到了美国国内广泛的认可，哈佛大学肯尼迪政府学院于 2011 年将 I-BEST 项目评为“好创意”（Bright Idea），并在全美推广。截至目前，至少有 20 个州接受了 SBCTC 的援助，帮助实施类似的项目。[1]I-BEST 项目学生平均每年收入比没有接受过培训的同龄人多 2310 美元。

很多研究表明，参加 I-BEST 项目的学生比未参加本项目，只接受基础技能的学生更容易取得较好的学业成就。[2]学生拥有了与教师建立联系的双倍机会，学生在与基础技能培训教师的关系更像同伴，有助于他们厘清困难的概念和学习内容。又因为教室内一直拥有两名教师，增加了教师识别学习困难学生的几率，增加了学生获得帮助的可能性，不仅可以提供学业帮助，也可以提供建议和咨询。

通过学习，低知识水平的学生也可以获得大学水平的学分，除学分之外，很多学生通过学习也获得了相应资格证书，I-BEST 项目绝大多数学生都获得了“劳动力奖”，并将参与人数的比例从 8% 提高到 41%，获得人数从 5% 提高到 9%。[3]一项为期 18 个月的随访调查的结果显示，32% 的 I-BEST 项目学生获得了职业资格证书，而对照组（非 I-BEST 学生）只有 17% 获得。同时，在为期 24 个月的随访调查中发现，I-BEST 项目增加了代数和英语的学术课程，代数的入学率因此提高了 10%，完成率提高了 9%；英语的入学率提高了 9%，完成率提高了 6%。[4]

---

[1] The Intersector Project. The Result of I-BEST［EB/OL］.［2019-10-26］.http：//intersector.com/case/ibest_washington/.

[2] Davis Jenkins，Matthew Zeidenberg，Gregory Kienzl. Building Bridges to Postsecondary Training for Low-Skill Adults：Outcomes of Washington State's I-BEST Program［J］. Community College Research Center，2009，5（42）.

[3] PACE. Washington State's Integrated Basic Education and Skills Training（I-BEST）Program in Three Colleges：Implementation and Early Impact Report［R］. OPRE Report，2018.

[4] PACE. Washington State's Integrated Basic Education and Skills Training（I-BEST）Program in Three Colleges：Implementation and Early Impact Report［R］. OPRE Report，2018.

（二）启示与反思

1. 进一步创新职业培训方式和模式，满足多样化学生的学习需求

当前，职业教育扩招会带来生源水平及学生素质高低不一的情况，如何在现有教育资源条件下充分保障学生的就学需求和毕业后就业要求。借鉴I-BEST项目的教学模式，可以充分整合现有教育资源，满足多样化学生群体的学习需求，切实完成面向人人的培训目标。首先，学校可以按学历类型、知识水平、所学专业以及工作类型对不同来源的学生进行分类，按对半的比例，在课堂中安排不同层次的基础知识和职业技能综合教学，帮助学生适应培训课程，发展能力，或过渡到更高阶段的学习。其次，注重为学生量身定制操作性高、具备可行性的培训成长路径，为受教育水平不高的学生做好学习准备。最后，综合教学课堂中，两位教师都需要时刻对不同类型学生的反应保持关注，及时跟进他们的学习进度。

2. 实施时间短而灵活的学制，适应成人技能培训较高的目的性和实用性

相较于儿童，成人学习者的学习行为具有较强的自主性和目的性，通常是由于其生活环境、职业和个人发展需求而引起的自发性学习行为。成人技能培训必须要针对这些特点进行设计组织，基于目标学习群体的特征，创新课堂教学模式，建立成人学生的学习档案，注意综合课堂的教学模式创新，采取既有利于低水平成人学习者提升基础知识，又有助于吸引提升专业技能水平的普通毕业生，帮助他们全方位提升职业技能。更重要的是，采取学制短而灵活的授课方式，结合区域经济社会发展的紧缺专业，开发短而精的课程内容，保证学生的入学率，降低辍学率，也能够适时地为当前紧缺的行业提供专业化技能人才。

3. 加大财政补贴力度，拓宽培训项目资金来源渠道

保证低收入人群或弱势群体技能培训需求得到满足，首当其冲是解决其入学经费和生活费用问题。如果囿于财力、物力和物质条件的限制，职业培训的就学率和辍学率势必很低。第一，由政府拨款为主，社会捐赠为辅，为参与培训的学生，特别是社会人员，提供丰富的奖学金政策，并适度倾斜于培训改革项目的学生。第二，与行业企业合作，以校企合作的形式培养定制化技能人才，既解决了培养经费和学生费用的来源，也可以更好地了解并服务产业和行业的一线需求。第三，培训改革项目学校也需要调动并整合更多

资源，投入更多的人力、经费和设施，协调统筹现有资源服务于新项目，培训新教师并招录学生等，也需要财政经费对学校的运营进行一定的补偿。

4. 重视师资培训，整合现有师资力量，提高教师的团队教学能力

师资队伍建设是职业教育创新发展的重中之重。在职业教育扩招的背景下，教师更需要学会指导不同类型的学生，对教师的素养提出了更高的要求，尤其在综合型课堂教学中，一方面注意选拔具有团队精神和丰富专业技能授课经验的教师，加强宣传、引导教师形成团队教学的意识，鼓励基础知识教师和技能教师开展多形式的合作教学，激发教师的教学热情；另一方面对参与培训模式改革的教师进行团队教学培训。通过开发培训网站、组织项目工作坊、邀请专家进行课堂教学模式创新讲座等，对培训项目改革的目标、任务、教学模式进行阐释，帮助教师尽快磨合，适应团队教学的课堂节奏，培养信任感和合作能力。

瑞典中小学可持续发展教育的实施路径及其对我国开展生态文明教育的启示*

张　婧

摘　要　自2014年世界可持续发展教育大会后，可持续发展教育越来越得到更多国家的关注。瑞典对可持续发展教育非常重视，在实施路径上也颇具特色，主要包括通过户外课程培养学生可持续发展素养、通过绿色校园建设培养学生可持续学习能力、通过专题项目研究培养学生的可持续研究能力、通过跨学科方式提升学生可持续学习能力、通过互联网培训提升教师专业能力，这些实施路径为我国开展生态文明与可持续发展教育提供一定的借鉴。

关键词　可持续发展教育　生态文明　实施路径　瑞典

20世纪70年代在瑞典斯德哥尔摩举行的联合国人类环境会议（1972）之后，“可持续发展”这一概念在1987年发布的《我们共同的未来》（*Our Common Future*）报告中正式提出，环境问题引起了世界各国的广泛关注。

联合国教科文组织确定从2005年开始实施“可持续发展教育十年”（简称十年计划，DESD），各国根据国情开展可持续发展教育。2014年11月，十年计划结束之际，联合国教科文组织在日本召开了世界可持续发展教育大会，并发布了《联合国教科文组织可持续发展教育全球行动计划》（*UNESCO Roadmap for Implementing the Global Action Programme on Education for Sustainable Development*，*GAP*），在总结过去十年实践的基础上，确定了未来可持续发展教育的总目标，即“在教育和学习的各个层面和领域行动起来，

* 该文为北京市教育科学“十三五”规划优先关注课题“中小学生态文明与可持续发展教育的实施路径研究”（编号：CEJA17071）的成果，曾发表于《世界教育信息》2019年第17期，收入本书时有修改。

加快可持续发展进程”。[1]

2015 年联合国可持续发展峰会颁布的《变革我们的世界：2030 年可持续发展议程》(*Transforming our World：The 2030 Agenda for Sustainable Development*)，更加明晰了可持续发展教育的具体目标。2017 年 UNESCO 发布了《可持续发展教育目标：学习目标》，阐述了教育如何应对《变革我们的世界：2030 年可持续发展议程》17 个可持续发展目标，进而帮助每一个学习者掌握关键可持续发展素养（Key Competencies for Sustainability），这些素养是每个学习者在实现 17 项可持续发展目标中的高级别与高层次素养，主要包括系统思维素养、解决问题素养、价值观导向素养、战略素养、合作素养、批判思维素养、自我意识素养、预见性素养等。之后，全球可持续发展教育进入了一个发展的新阶段，瑞典作为世界范围内可持续发展教育的典范，在新世纪呈现出实施目标更具体、保障更有力、路径更明晰、效果更显著等特点。本文重点总结分析了瑞典可持续发展教育的实施路径，为我国开展生态文明教育提供有益借鉴。

一、瑞典可持续发展教育的发展历程

瑞典可持续发展教育经历了一个持续探索的过程。20 世纪 60 年代初期，环境教育开始萌芽，这一阶段学校主要强调学生对生态科学知识与信息的了解与掌握。20 世纪 80 年代，《瑞典教育法》(*Law of Swedish Education*)(1985) 指出，采用主题式学习方式开展环境教育，同时重视态度与行为的养成，引导学生运用所学科学知识初步尝试解决实际问题，这一阶段称为“规范性环境教育”阶段。[2]

20 世纪 90 年代，欧洲环境教育基金会（FEEE）发起“生态学校计划”，目的是鼓励各国积极参与“绿色学校”建设，以此推进环境教育。1998 年瑞典国家教育部发布了《绿色学校奖条例》《绿色学校奖指导手册》等指导性文件，出台了学校环境保护标准，同时整合学校的各个层面，包括学校硬件设

---

[1] UNESCO Roadmap for Implementing the Global Action Programme on Education for Sustainable Development［EB/OL］. http：//www.unesdoc.unesco.org/images/0023/002305/230514e.pdf.

[2] 徐学福 . 重反思的瑞典环境教育［J］. 外国中小学教育，2008（6）.

施与环境、教育与教学活动、健康与安全、学校福利等，涉及的领域广泛，正式开启了“绿色学校”建设之路。[1] 为了让学校更加深入地理解与重视可持续发展教育，瑞典政府在 2005 年将“绿色学校奖”这一奖项更名为“可持续学校奖”。

进入 21 世纪，随着《波罗的海 21 世纪教育》(*The Baltic Sea Education in Twenty-first Century*)(2002) 的出台，使得瑞典的可持续发展教育迈向一个新阶段。所有学前教育、中小学校把可持续发展教育纳入教师继续教育项目，可持续发展教育进展迅速。2007 年，瑞典教育局明确要求将可持续发展教育纳入高中新课程标准，四年后又重申了可持续发展教育作为高中阶段的必修课 40 课时[2]，在课时上突出了可持续发展教育。2014 年世界可持续发展教育大会之后，瑞典的可持续发展教育继续平稳向纵深发展，成效显著。

二、瑞典中小学可持续发展教育的主要实施路径

（一）通过户外课程培养中小学生的可持续发展意识

瑞典实施可持续发展教育的重要路径之一是通过户外课程与活动即户外与林中教室培养青少年儿童的可持续发展价值观。从幼儿园到中小学，每周均有固定时间由教师带领孩子们去户外场所上课，如公园、森林、农场等露天场所。教师提前设计学习任务单，让孩子们通过观察动植物，通过亲身体验，加深学生对知识与自然的理解，增强环保意识。同时在探究学习中，培养学生的学习兴趣与合作意识，在这一过程中潜移默化地培养了学生的可持续发展素养（见表 1）。

---

[1] Swedish Government Statement. Ecological Sustainability［R］.Governmental Document，1997.

[2] Education for Sustainable Society：Attainments and Good Practices in Sweden during the United Nations Decade for Education for Sustainable Development（UNDESD）［EB/OL］.［2019-12-10］.http：//www.skolverket.se/om-skolverket/publikationer/visa-enskild-publikation?_xurl_=http%3A%2F%2Fwww5.skolverket.se%2Fwtpub%2Fws%2Fskolbok%2Fwpubext%2Ftrycksak%2FRecord%3Fk%3D2687.

表1　不同学段户外课程主要特点

学段	户外地点	学习内容侧重	相关活动课程	可持续发展教育理念
幼儿园	森林、植物园、农场等	观察植物、动物	植物大家园 兔子旅社	学会尊重与合作 学会观察
小学	公园、社区、动植物园、博物馆、艺术馆等	动植物、水生生物、湿地、生态系统、烹饪、户外数学和消防等研究	未来城市竞赛 小小消防员 我是小环保大使	学会合作 学会生存
中学	博物馆、垃圾分类中心、市政中心、社区等	社会问题专题研究、能源项目调查研究	绿色社会研究 绿色社区 城市小议员	学会合作 学会思考 参与绿色社会建设

以瑞典丹德吕德（Danderyds）地区的瓦萨小学（Vasaskolan）为例，这所小学每周都设有户外课程，如教师带领学生在学校附近的公园里观察各种植物花卉，了解它们的生长特点，各个小组分别记录观察到的花朵与植物，查阅相关资料，以小组为单位向全班汇报。学生们还会在老师的带领下去湖边打捞水生生物，作为研究标本，开展合作学习。

（二）通过绿色校园建设培养中小学生的可持续发展的价值观

瑞典的中小学极其重视绿色校园的设施建设和装饰，有效利用校园建设的各种设施培养学生的可持续学习能力。以瓦萨小学（Vasaskolan）为例，学校将校园中的垃圾回收设备、净化装置、新能源、清洁能源如太阳能设施、校园生态环境等全部纳入学习内容，在学科教学课堂中有效融入。如该小学设有小动物爱心园，以收养的受伤的猫、松鼠等为学习对象，开设动物权利课程，教师引导学生观察记录小动物每天的变化，课堂上还会扮演不同的小动物，体会它们的心情，学会尊重自然、爱护动物、保护环境，实现人与自然和谐发展，培养可持续发展价值观。

（三）通过跨学科方式提升中小学生可持续学习能力

可持续发展教育的跨学科设计与整体性实施是瑞典中小学推进的最大特点。以蒂布尔中学（Tibble Senior School）为例，该校的跨学科、整体推进颇具特色。其路径如下：启动跨学科项目（选择研究问题）—学习相关领域知识开展调查研究—评估学习内容。以该校的新能源研究项目为例，教师设计出研究思路，涉及物理、化学、历史、地理等学科，教师指导学生收集相关资料并作出分类整理，用于项目研究（见表 2）。

表 2　新能源研究项目过程

实施阶段	教师任务	学生活动	跨学科活动
启动阶段	（1）新能源相关知识 （2）学校、家庭、社区使用的新能源有哪些 （3）新能源对环境保护、经济增长的作用与使用利弊	（1）图书馆、电脑查阅收集相关新能源知识 （2）观察学校、家庭、社区使用的新能源 （3）思考利弊	教师活动： 物理、化学、历史、地理、商科等学科教师共同研讨，给出研究思路，设计问题 学生活动： 以小组为单位分配研究任务，认领自己感兴趣的学科视角
实施阶段	（1）教师指导开展问卷调查与访谈 （2）教师指导学生查阅文献资料、记录、整理数据与访谈	（1）设计问卷、展开调查 （2）记录整理数据、分析数据 （3）从不同学科内容进行整合与思考	教师活动： 组织学生查阅不同学科文献，根据调查数据进行整合分析思考 学生活动： 从不同区域不同的发展阶段分析新能源的发展以及新能源的原理、利弊
评价阶段	（1）学生的收集整理信息能力与效果 （2）面向未来思考的能力与批判思维能力	（1）分组进行项目研究汇报 （2）写出研究报告 （3）对新能源的用途有自己的见解 （4）提出面向未来的新能源经济发展、环境保护的建议	教师活动： 多学科教师共同进入课堂，参加学生汇报活动并且给出指导建议 学生活动： 分组汇报，聆听老师的建议与评价，与老师探讨，继而再完善研究报告，提出社会经济发展建议

这种方法在教师指导下，以学生主动学习为主，多学科领域的教学内容更加丰富，学生需要运用自然科学与社会科学的知识从不同角度分析问题，拓展了学生的思维，提升了可持续学习能力，跨学科方法为传统的课程教学提供了新思路。

（四）通过专题项目研究培养中小学生参与绿色社会建设的能力

可持续发展课程是瑞典高中阶段必修课。瑞典学校每学年有两周时间用来开展可持续发展教育，所有的教师与学生都要参与其中。首先由学科教师合作完成一项课程计划，列出学生将要进行的专题研究项目与评价标准。学生分组选择研究项目后，教师会给予学生一些引导实施建议，以便更好地开展研究与撰写报告，以蒂布尔中学（Tibble Senior School）为例。蒂布尔中学地处瑞典斯德哥尔摩北部郊区，在校学生1000多名，年龄在16~19岁，学校开设的商业经济学和法律课程非常有特色。笔者在2016年赴瑞典参加可持续发展教育全球可持续发展教育行动计划会议时参观访问过蒂布尔中学（Tibble Senior School）与瓦萨小学（Vasaskolan）。该校高一年级学生在可持续发展教育周期间，学生们根据老师们提前拟定的新能源应用调查、学生可持续消费现状调查、垃圾回收与利用调查等专题，选择研究题目后，开展调查研究，进行数据分析，展开讨论，撰写研究报告，对一些问题提出自己的建议，提交给学校以及相关部门。如学生们发现学校附近有个垃圾收集中心位置不合理，通过调查研究，写出调研报告递交给市政府，政府通过考察，最后采纳了学生们的提议，迁走了此垃圾收集中心点。学生们在这一学习过程中，获得了可持续发展思维方式与分析问题、解决问题的可持续思维能力，为当地的环境保护作出了贡献。

（五）通过可持续发展教育“互联网+”课程提升中小学生的信息素养与网络学习能力

进入21世纪后，瑞典充分利用互联网方便快捷的优势，为教师、学生提供更加丰富多样的可持续发展教育信息。近五年来，在互联网技术与新媒体的发展与广泛应用背景下，瑞典政府更是加大了对中小学校网络信息技术的投资来保障可持续发展教育的常态发展。政府每年拨专款用于教师培训，提升信息技术、自然科学、环境保护等科目的教师的专业能力，参加培训教师涵盖了从学前教育到成人教育的各个层面，教师培训进入了互联网培训阶段。[1]在教师的引领下，学生的可持续发展实践与能力的培养取得了突出的成绩。以学习型教师网络（the Learning Teacher Network，LTN）为例。LTN成立于2002年，其办公地点设在瑞典的卡尔萨德（Karlsad），属于非营利的国际教育网络。该组织一直致力于服务从学前到大学各级教育培训机构的从业者和教育者，是从事和致力于可持续发展教育（ESD）、全民教育、终身学习

---

[1] Dennis Beach，Carl Bagley，Anita Eriksson，Catarina Player-Koro. Changing Teacher Education in Sweden：Using Meta-ethnographic Analysis to Understand and Describe Policy Making and Educational Changes［J］. Teaching and Teacher Education，2014（44）.

的传播与研讨的国际平台。2014 年，世界可持续发展教育大会后，LTN 成为联合国教科文组织 GAP 的官方核心合作伙伴，学习型教师网络积极联合其他国家，进行可持续发展教育方面的教育者与培训者能力提升方面的沟通与交流，为可持续发展教育进一步深入开展奠定了坚实基础。

LTN 属于国际性网络合作组织，具有强大的国内、国际培训指导功能。主要表现在以下两个方面：一是注重跨境、跨学科的国际培训，推进日常工作中的可持续发展教育研讨与指导，并注重跨境及跨学科协作的知识传递。二是国内教育领域的科研跟进与教师教育培训。通过《网络杂志教师学习快报》（*the Learning Teachers Newsletter*）定期沟通瑞典与世界各国开展可持续发展教育的具体行动，包括会议、培训、教育教学、青少年的可持续发展教育实践等，起到了很好的沟通交流，让更多的中小学校可以借鉴、了解其他国家的经验。培训主题包括“可持续发展创造性学习”“包容性和可持续性的世界领导”“创新教育和培训的知识与智慧”“学习与可持续性发展创新”“ESD 教育行动中的能力建设”“全机构实施可持续发展教育课程整合与案例”等。近年来，又引入在线开放课程 MOOC，在传统的课程教材的基础上，如习题、讲座、阅读等，开辟了一个交互式的用户论坛，用于支持学生、教师和助教之间的互动，提高学习效果，这种线下与线上的混合式学习方式，为可持续发展教育的推进提供了新的学习场域，增添了新的动力。

三、瑞典可持续发展教育对我国中小学开展生态文明教育的启示

（一）依托当地学习资源，将生态文明理念融入课程

瑞典可持续发展教育的显著特点之一是户外学习。利用社区周边的环境资源，学生的学习由课内转移到课外，让中小学生更多地接触自然、关心环境问题。我国的生态文明教育在各级教育行政部门的重视下，也取得了一定的成绩，但真正把生态文明理念融入课程是社会可持续发展教育持续开展的重要基础环节，需要进一步去进行整体设计与研发。在课程研发过程中，利用当地教育资源开展和渗透生态文明与可持续发展教育，是实施生态文明与可持续发展教育的重要途径。首都一些可持续发展教育实验学校借助区域教育资源渗透生态文明与可持续发展教育理念，引领教师在学科教学过程中尝

试以主题化方式实现跨学科的融合，以区域学习资源为基础，关注身边的社会、经济、文化、环境等实际问题，培养学生的参与绿色社会建设与解决问题的能力，通过调查研究、合作探究等方式培养学生理性思维、批判质疑等学习能力。如首都石景山区麻峪小学自制酵素净化距学校只有百米的永定河段，开发了校本课程，既学习了知识，又有具体的保护环境的行动，生态文明教育成效显著。

（二）将生态文明与可持续发展教育理念融入绿色校园建设

通过绿色校园开展生态文明教育是非常重要的实施路径之一。瑞典的绿色校园建设体现出整体性与细节性的协调一致，在可持续发展教育理念的指导下，以教育部要求为标准，每所学校精心设计，以节能减排、环保节约、回收利用等可持续发展理念为基础，整体构建学校的整体建设。我国在生态文明教育的整体设计中，应以绿色校园建设为基础，让学生时时、处处感受并学到生态文明的知识与理念，潜移默化地培养生态可持续发展价值观。在生态文明建设大背景下，我国教育行政部门应大力倡导建设节约型学校，体现绿色、生态、可持续发展理念，引领学校进行整体规划，反映学校办学理念、人文环境、时代发展等特色，注重自然与人文景观相结合。教师带领学生开展生态文明与可持续发展教育为主题的各项综合实践活动，关注身边的可持续发展问题，通过调查研究等合作探究过程，提出可行性的建议，培养解决问题的能力与素养。如首都很多中小学开展了校园环保创意、节水发明大赛、校园生态安全比赛、未来生活畅想等活动，激发了学生的创新能力，培养了生态文明素养。

（三）将生态文明课程融入“互联网 +”学习场域

瑞典的 LTN 在可持续发展教育的师资培训中发挥了很大的推动作用。从培训内容到培训方式都有了较为成熟的模式。我国在 2015 年由国务院发布了《关于积极推进“互联网 +”行动的指导意见》，推动了互联网与各领域的融合发展。近年来，随着信息技术的迅速发展，新媒体持续引领学习方式的改变，很多学习平台都设置了生态文明的版块与 MOOC 课程，如“学习强国”等权威平台，拥有丰富的生态文明教育的课程资源，学习者通过混合式学习开阔视野，形成新的互联网学习场域，虽然取得了一定的成绩，但还需要进一步面向中小学生精准设计学习课程，有的放矢，持续发力。2014 年世界可持续发展教育大会后，联合国教科文组织进一步指明了可持续发展教育深入推进的重要特征就是利益相关者的融合。[1]在生态文明建设过程中，需要社会各个层级部门的协力推进，学校、家庭、社区、社会多方合力，线上线下互动交流，融合创新，这是生态文明教育的必然发展趋势，也是培养具有高度可持续发展素养的教师队伍的必然要求。因此，学校教育融合互联网、新媒体培养青少年的生态文明素养，培养新一代生态公民，既是教育的责任，也是生态文明教育的时代诉求，更是共建人类命运共同体、社会可持续发展的根基所在。

---

❶ 张婧．可持续发展教育：架设通向优质教育的桥梁——瑞典 2016 国际可持续发展教育会议综述［J］．世界教育信息，2016（22）．

北美地区可持续发展教育的特点及启示——以加拿大安大略省和美国印第安纳州为例*

王　鹏

摘　要　当前，可持续发展愈加成为各国社会经济发展的主旋律，可持续发展教育愈加成为全球未来教育改革与创新的主导理念和发展主流。文章以加拿大安大略省和美国印第安纳州的实践为例，从可持续发展教育政策推进、生态校园建设、多方参与可持续发展教育、引导青少年参与绿色社会建设等视角，分析了北美地区可持续发展教育的特色并提出相关启示。

关键词　北美地区　可持续发展教育　安大略省　印第安纳州

《变革我们的世界：2030年可持续发展议程》《可持续发展教育全球行动计划》《可持续发展教育目标：学习目标》等文件的颁布，使可持续发展愈加成为各国社会经济发展的主旋律，可持续发展教育愈加成为全球未来教育改革与创新的主导理念和发展主流。笔者于2017年9月赴加拿大安大略省与美国印第安纳州参访了区域可持续发展领域的相关高校、幼儿园、中小学、非政府机构、教育基地及能源领域专家，本文结合此次考察的见闻，分析了北美地区可持续发展教育的特色并提出相关启示。

一、北美地区可持续发展教育的特色

（一）将可持续发展教育融入国家政策

为回应《可持续发展教育全球行动计划》(*Global Action Programme of*

---

* 该文曾发表于《世界教育信息》2019年第2期，收入本书时有修改。

Education for Sustainable Development），加拿大教育部门将可持续发展教育列入《学习型加拿大 2020》（*Learn Canada 2020*）计划，并将其作为实现 2020 年教育蓝图的一项关键内容，旨在增强学生的可持续发展意识，鼓励他们积极参与构建可持续发展社会。目前，可持续发展已经融入普通教育、特殊教育及信息教育，安大略省、曼尼托巴省也分别出台了区域推进可持续发展教育的政策文件。可持续发展教育逐渐成为加拿大教育领域崭新的名片。

加拿大约克大学成立了"学习促进可持续发展的未来"中心，其职责主要包括：提出教育政策、标准和优秀实践；开展教师能力培训；成立可持续发展社会团体，使教育与行动联系起来，推动学生参与项目；支持主动的合作、网络建设、创新项目等。中心通过基于本地环境的学习、经历完整的学习过程、基于行动的学习、与真实的情境与问题相联系、考虑不同的视角、提出质疑、合作学习七项教学策略推动环境与可持续发展教育以及公民教育。依据加拿大相关教育大纲，结合能源、气候变化等可持续发展议题，该中心还研发了科普指导手册与课程指导纲要，特别是从素养培育角度提出了不同学段、不同主题的教学内容要点与教育教学指导建议。此外，该中心与加拿大各地区教育部门都有广泛的联系，并重点开展可持续发展教育教师培训和课程资源库建设。

（二）户外教育项目鼓励学生在自然中进行体验式学习

户外教育鼓励学生在自然中进行体验式学习，学习如何克服逆境，与自然环境建立更深入的联系。北美地区户外教育发展较早、水平较高，户外课程、户外夏令营、户外学校使学生能够接触到最真实的自然。

多伦多和地区保护组织（Toronto and Region Conservation）是加拿大安大略省户外教育和环境教育的重要组织者，共有八个项目中心，开展基于课程的项目。科特赖特保护中心（Kortright Centre for Conservation）是该组织的成员，该中心有多处供一年级至十二年级学生和家长学习的开放型教学场地：林间步道；河流小舟；木质小屋；使用新能源建造的家庭样板间。到访者可以了解生态的多样性、认识碳排放、了解新能源。阿尔比恩山地域中心（Albion Hills Field Centre）也是该组织的成员，该中心依托安大略省科学技术、社会科学、艺术、数学、地理、体育与健康等教学大纲，开发周期不同的户外环境教育课程项目，让学生通过吃、住、学习的体验建立可持续发展理念。其具体学习项目有：理解生物多样性与绿色生态；学习历史与文化；学习积极生存技能；提升自然审美意识等。其中，“未来的环保领袖”特色项目让学生分别在课前、课中、课后监测个人生态足迹并进行比较与反思，增强项目对家庭与社区的影响。

美国印第安纳州果园学校（The Orchard School）注重利用自然资源培养儿童在自然环境下的生活技能及安全意识，使学生亲近自然，成为具有安全意识的自然探险者和自然环境保护者。学校注重协调教师、家长、志愿者、社区等多方资源，综合利用课堂、学校户外教育场地、社区相关场所等不同教育场所，课程内容涉及森林保护、气候变化、绿色城市、节约能源、水资源保护等主题。持续一周或数周的校内及社区户外活动项目使学生通过感官直接观察并获取相关数据，经历发现、探索、冒险等过程，增强对相关知识与技能、批判性思维、问题解决能力、持续探索、合作能力等相关素养的培养，提升学生探索自然的兴趣。

（三）建筑节能环保，注重细节设计

“绿色建筑”“生态建筑”“可持续发展设计”等概念在北美地区建筑行业已成为一种趋势，运用最新的节能环保手段和技术能够使建筑体现出人与环境和谐相处之道，提升建筑的整体节能与环保性能，使其成为兼具生态效益、社会效益和经济效益的工程。

自然保护协会（The Nature Conservancy）是一家致力于地区生态环境保护的非政府机构，在全美各州均有分支，其位于印第安纳州的艾佛瑞森保护中心，被美国绿色建筑委员会（USGBC）授予能源环境领袖建筑最高奖——白金奖。其以用不高于传统建筑的成本建设可持续的建筑为目标，将节能环保设计体现于各个细节：地板、嵌板、墙体等均选择本州所产硬木材与石灰石；利用地热能使房间气温常年保持在 55 华氏度左右；安装雨水管理系统，收集雨水用于景观灌溉及冲厕，年节水量 18%，预计 30 年可以为印第安纳州节约 69 万美元；建筑外墙用砖为原有建筑用材的再利用，花园长椅等均为原有木材的再利用；通过栽种本地树木、灌木、草和野花建造自然景观花园；进行屋顶绿化，可以保暖、收集雨水、净化空气及延长屋顶使用年限；利用自然采光栽种本土植物；办公区家具尽量使用循环材料，并保证所有材料均为印第安纳州 500 英里范围内生产；安装能根据室内光照调整灯光亮度的开关感应器，使采光充足的房间尽量利用自然采光，减少用电；建设风力发电设施。

（四）教育促进可持续发展成为学校和企业的社会责任

保护环境是学校和企业社会责任的重要内容，笔者到访的学校与相关机构均能自觉考虑自身行为对自然环境的影响，并力所能及地将自身对环境的负面影响降至最低，通过教育促使当地公众提升可持续发展意识，进而促进社会的可持续发展。

美国印第安纳州汉密尔顿县谢里登镇社区学校是该州唯一一所利用太阳能为所有建筑提供电能的学校，学校通过贷款持续投入 20 年资金，安装了屋顶太阳能光板、固定角度和可旋转角度的太阳能光板，致力于使学校达到能源“零消耗”，并能将多余的能源提供给周边地区。这给师生带来了思维模式的转变，装置屏幕显示的数据使师生了解到学校能源消耗的情况和太阳能发电的情况，直观地感受新能源给人们生活带来的变化。同时，学校的做法也提升了社区居民的可持续发展意识。

美国印第安纳州波利斯市城市公共绿色厨房（Urban Public Green Kitchen）秉承从农场到餐桌的理念，根据厨师需要在厨房的种植园中种植蔬菜与水果用于餐食制作，非自己种植的食材也尽力取材于本地，并拒绝使用一次性塑料制品。同时，种植园也接待学生参观学习。其隶属的公司还致力于为解决印第安纳州儿童的饮食问题提供公益帮助，每周用自己种植的食材制作数百份餐食，自 2013 年起，该公司已累计提供超过五万份餐食。

二、北美地区可持续发展教育的启示

（一）校园建筑应考虑节能环保要素

当前，很多学校在校园建筑的设计与建造时主要考虑其使用功能、美观性和舒适度，缺少对节能环保要素的细节设计与全面评估。综合北美节能环保示范建筑规划与建设的经验，笔者认为要高效利用建筑资源，如能源、土地、水、建材等，并更多地选用新能源、可再生能源及新型节能环保材料，设计好建筑的空间布局。同时，还应减少对环境的影响，防止建筑对土壤、空气和水的污染；尽量使用本地建材，减少运输对环境的影响，支持当地经济发展；鼓励建材回收与再利用。

（二）建设可持续发展教育资源库

建立可持续发展信息网络与教育平台是新时期可持续发展教育师资能力建设的重要内容。可组织相关人员开发可持续发展教育知识视频、国内外政策文件、教师手册与学生手册、优秀教育教学案例等资源，并通过平台设计方便教师进行分类检索，建设可持续发展教育资源库。

（三）加强可持续发展教育科普基地建设

以科普基地为依托开展各类科普活动已成为北美地区发展国家科技教育体系的关键方式，其科普基地建设模式对我国具有一定启发。第一，加强高校、科研院所、自然保护区、企业等不同类别的科普基地的深度合作。邀请高校、科研院所的相关专家或学生到保护区、企业开展科研项目研究，可以为研究提供数据与科研支持，还可以进行相关设备研发，使科研成果直接转化为教育资源，并充分调动高校学生的志愿服务精神，为学生与社区居民开展形式多样的科普活动。第二，创新科普基地管理体制。制定相关政策，让更多的学生有机会到科普基地学习实践，以保证基地教育价值的最大化。高校与科研院所也应尽可能地实现科研资源共享，将科学研究与科普教育有机融合。第三，创新宣传教育手段，吸引更多的公众走进科普基地，提升科普素养。第四，做好科普基地的中长期建设规划，通过项目合作等途径建立多渠道资金筹措体系，保证科普基地设施的保养维护和改造升级。

（四）与非政府环保机构合作开展可持续发展教育项目

在考察中，笔者深刻感受到了非政府环保机构在促进当地可持续发展目标推进中所占的重要地位。首先，强调以当地社区和环境为出发点，通过相关机构提供实地调查机会，增强学生对本地自然环境的认识，培养其生态文明价值观和责任感。其次，借助多方人力与物力联合开展可持续发展教育项目，包括以当地社会生态和文化为基础开发课程及编写教材，开展形式灵活的主题培训，通过夏令营、研讨会等方式使学生和当地生态环境进行亲密接触，并将教育辐射到家庭和社区，形成可持续发展的闭环链条。最后，学校还可与非政府环保机构一起争取专项基金与捐赠，为相关项目开展提供经费保障。

（五）引导学生通过项目研究参与绿色社区建设

应鼓励学生更加关注社区或农村可持续发展的实际问题，在尝试设计解决方案的基础上将自己提出的方案提交有关管理部门，或将方案变成现实的科技创新作品，并在实践中检验其效果，使科技创新真正用于改变生活、改变社会。同时，鼓励学生利用多种形式记录自己研究与解决实际问题的过程并进行反思，提升自身参与绿色社区建设的责任感与使命感。

（六）出台可持续发展教育政策文件

我国虽在国家和地方教育政策层面提及广泛开展可持续发展教育，但并未出台专门的政策文件，也缺少系统的推进举措。为此，有必要研制国家可持续发展教育政策文件，提出深入推进可持续发展教育的若干举措并切实落实，使可持续发展教育在引领学校发展与教育教学实践中作出独特的贡献。

配套先行・学生优先：开放中小学校体育场馆的日本经验*

马　莉

摘　要　在推进学校体育设施开放的过程中，日本自上而下形成了多层级相配套的法律政策与实施体系，建立了完备的保险制度，由公益团体依法处理人身伤害事故，通过多样化渠道筹措资金，形成了地区化综合型体育俱乐部经营模式。借鉴日本经验并结合我国国情，提出开放中小学校体育场馆的政策建议：遵循立法先行、公益开放、合作共赢的原则；坚持学生优先，有序开放；建立多元化经费筹措与激励机制。

关键词　学校体育场馆开放　全民健身　体育伤害事故　体育安全保险　运营委员会　体育俱乐部

根据国务院印发的《"健康中国 2030"规划纲要》，全民健身被纳入国家发展战略。2017 年 2 月，教育部和国家体育总局联合发布《关于推进学校体育场馆向社会开放的实施意见》(以下简称《意见》)，要求坚持校内优先、安全为重、服务公众、体现公益的原则，推进学校体育场馆向社会开放，到 2020 年建设一批具有示范作用的学校体育场馆开放典型。上述文件的颁布旨在通过开放学校体育场馆解决长期以来全民健身场馆不足的根本问题，以中小学生为重点人群，提高全民的身体素质，塑造健康中国。

但是，种种现实问题让不少学校望而却步。例如：学校场馆开放后成为公共健身场所，学生和成年人在学校运动受伤应当如何归责并处理？开放期间的规章制度、组织管理、设备维护以及人员配备等问题如何全面统筹？体育

*　该文曾发表于《中小学管理》2018 年第 11 期，收入本书时有修改。

设施维护以及各类专业人员的上岗和培训经费如何保障？针对上述问题，本文以日本为例解析发达国家学校场馆开放的法律、政策、管理、经费、保险、运作模式，以期为我国推进学校体育场馆向社会开放提供可资借鉴的经验。

一、自上而下形成多层级相配套的法律政策与实施体系

日本文部省于1976年发布《关于推进学校体育设施开放事业的通知》，提出“学校体育设施开放由教育委员会统一管理，在教育委员会登记的团体可使用学校体育设施。学校体育设施开放纳入学校预算，必要时可向使用者收取设施使用费”。[1] 以此为原则，各地区制定实施方针。

2014年2月，大阪市发布修订后的《大阪市学校体育设施开放事业实施方针》，进一步明确学校体育设施的管理责任和发生事故后的责任承担原则：“开放体育设施的管理责任由区、经济战略局以及大阪市教育委员会承担。但是由于使用者的原因产生的事故或设施破损以及人员伤亡等属于使用者的责任，学校不负有责任。”[2] 大阪市所辖住吉区于2015年4月发布《学校体育设施开放事业（住吉区）实施纲要》，明确学校体育设施开放工作由区长协助执行，区长应使学校、家庭、社区形成联合团体，为预算范围内经费的筹集提供协助。该纲要还对学校体育设施的合理使用、居民的要求、经费使用的公开透明等作出详细规定，同时对不能使用学校体育设施的情形也予以详细列举说明。[3] 可见，日本政府以立法为先，自上而下由原则到实施细则层层落实，对开放学校体育设施形成配套的法律与政策指导体系。

二、与保险制度密切结合，公益团体依法处理人身伤害事故

日本有完善的学校体育伤害事故处理法律体系，对伤害事故的归责、赔

---

❶ 日本文部科学省．学校体育施設開放事業の推進について［EB/ OL］．［2018-10-25］.http：//www.mext.go.jp/b_menu/hakusho/nc/ t19760626001/t19760626001.html.

❷ 日本大阪市政府．大阪市学校体育施設開放事業施設方針［EB/ OL］．［2018-10-25］.http：//www.city.osaka.lg.jp/keizaisenryaku/ page/0000256540.html.

❸ 日本大阪市住吉区政府．学校体育施設開放事業（住吉区）実施要 綱［EB/OL］．［2018-10-25］.http：//www.city.osaka.lg.jp/sumiyoshi/ page/0000308764.html.

偿与救济等有明确规定。[1]按照日本法律，如果因为学校建筑物、场地、设施设备的原因造成人员伤害，那么责任由国家担负；如果因为场馆和设施管理者的疏忽、活动组织者未尽到“安全注意义务”的原因造成人员伤害，那么责任由场馆和设施管理者承担。学校方面的当事人属于职务行为，政府为学校购买安全责任险，民事赔偿责任由保险解决。如果因为运动者个人不慎或使用器械不当造成运动伤害，则由个人承担责任。根据日本《国民健康保险法》，加入该保险的人员如果发生体育伤害事故则可享受国家医疗补贴。日本有完备的保险制度，如体育安全保险、学校灾害互助保险等，保障受害人得到及时救助。[2]责任分担原则消除了可能引起的法律纠纷，为学校开放体育场馆提供了法律保障。

日本国家级机构“学校体育健康中心”是由文部省认定的不以营利为目的的公益法人，负责学校伤害事故的责任认定。各省都成立了处理学校伤害事故的公益团体，大部分经济赔偿由政府或各种保险承担，解除学校和公众的后顾之忧。学校建立安全事故应急处理机制，一旦发生突发事件，首先对受伤者进行全力救助，之后由专门人员进行事故调查并向上级报告；学校对事故发生原因进行检讨并全面检查学校安全，避免再次发生类似事故。

三、学校场馆开放模式呈现地区化综合型发展趋势

近年来日本文部省规定，学校必须下设运营委员会，负责体育设施开放的日常运营和维护。运营委员会有三种模式：教委中心型、学校中心型和社区中心型。据 2002 年统计，其中教委中心型有 1909 个，占 59.6%；学校中心型有 955 个，占 29.8%，二者合计占 89.4%。[3]由于校方无暇顾及体育设施开放后的管理，学校场馆一般由社区体育俱乐部经营，学校仅派出代表参与。公众加入社区体育俱乐部后有组织地进校活动，同时必须购买体育安全保险，避免出现责任和赔偿纠纷。

---

[1] 李清．日本学校体育伤害事故的民事责任研究［D］．湘潭：湘潭大学，2015.

[2] 林建君，Teo Ee-Chon. 中日学校体育场馆设施开放利用分析及启示［J］．宁波大学学报（人文科学版），2015（3）.

[3] 季艺．日本学校体育设施社会开放新举措以及对我国的启示［J］．体育科研，2012（2）.

地区化综合型体育俱乐部是日本新兴的管理模式，广受欢迎。它由若干社区体育俱乐部组成，在地区范围内统一管理学校体育场馆，公众加入俱乐部后可以使用所辖各个场馆。作为文部省成功案例的兵库县加古川市教育委员会设立的地区级综合体育俱乐部，由 31 个社区俱乐部组成，民众可统一使用 31 个中小学校园的体育场地和设施，参与度较高。据统计，日本共有 14216 个学校体育场地与俱乐部合作，其中综合示范型室内和室外体育场馆所占比例最大（分别为 66.7% 和 50.0%），说明综合型体育俱乐部最受欢迎。[1]

四、多渠道解决资金问题，本校学生优先使用

日本学校场馆开放的资金渠道主要有三个：政府补贴金、俱乐部会员会费、部分学校运动培训班收取的费用。此外，政府还提供“彩票”收益辅助金、各财团的赞助金等。文部省设立“学校体育设施开放事业振兴费”，凡是对外开放的学校都可以申请资助；同时还建立“指定管理者制度”，对管理人员和运动指导人员发放补助，其余资金用于补助场地器材损耗和更新改造。对学校设施开放收费的调查表明：45.9% 的学校完全免费，13.9% 的学校全都收费，其余 40.2% 的学校部分收费。[2] 老人、残疾人和儿童一律免费使用，其余人依据活动种类交纳费用，收费项目仅限于游泳池、体育馆等开放成本较高的设施，所收费用作为体育设施的维护费，不能成为营利项目。

学校体育场馆设施在周末和节假日对本校学生优先开放。例如：大阪市政府规定，所有公立中小学体育场馆设施在假日和平日晚间都应向学生免费开放。在周末和节假日，中小学生都会回校参加各种体育社团、俱乐部的活动，大多数孩子都有自己喜爱并拿手的运动项目。[3]

---

❶ 日本体育厅 . 地域スポーツクラブ実態報告書［EB/OL］.［2018- 10-25］.http：//www.mext.go.jp/sports/b_menu/sports/mcatetop05/list/ detail/1379861.htm.

❷ 季艺 . 日本学校体育设施社会开放新举措以及对我国的启示［J］. 体育科研，2012（2）.

❸ 谷晨 . 日本学校体育设施对社会开放状况研究［J］. 体育文化导刊，2009（3）.

五、对我国推进中小学体育场馆开放的建议

（一）遵循立法先行、公益开放、合作共赢的原则

各地应以教育部门和中小学校为核心制定《中小学校体育场馆开放管理实施条例》，将法律责任界定、学校场馆开放条件、中小学生与公众的人身安全与治安管理、管理部门与责任人、经费来源与筹措、合作机制与模式、组织管理与制度规范、人员使用与培训、保险与救济、场馆使用规则、事故应急预案与处理等各方面工作进行整体规划布局，合理界定责任，规范场馆使用，保障经费来源，加强对学生和公众的教育引导，使中小学体育场馆开放进入法治化轨道，依法开放、合规使用。

开放中小学体育场馆是政府倡导的公益事业，应当建立责任分担、利益共享的合作机制和管理模式，建立以教育部门为主、多部门合作、全社会支持的组织管理机制，通过整体统筹、部门协同，吸引社会组织团体、赞助企业的加入和支持，充分利用大数据技术，搭建政府领导下的以教育部门为主、多部门合作、全社会支持的中小学体育场馆开放平台。

（二）坚持学生优先，有序开放

中小学生属于优先免费开放人群，在场馆安排和时间设置上应当优先保证中小学生在课余时间和节假日回校参加体育活动。比如：在时间安排上，平时放学后 15：30~18：00 可优先安排本校学生体育活动，18：00~21：00 是公众健身时段；周六优先安排本校学生的体育活动，周日是公众健身时间；寒暑假期间也应当优先保证学生的锻炼时间和场地。

遵循《意见》提出的“因地制宜，有序推进”原则，有序开放表现为以下四个方面。（1）开放人群有序化。按照中小学生—社区和学区公众—其他社会公众的次序开放，对各类人群的开放时间应当固定化。（2）开放工作组织化。中小学生应加入校内外体育社团和俱乐部，在教师和教练的指导下有组织地开展活动。公众应当加入社区或社团体育组织，通过协商预约等方式与学校确定活动时间，有组织地健身。（3）开放工作规范化、程序化。相关部门应制定开放规则和具有法律效力的协议，中小学生监护人和公众应事先签订协议，由于个人原因造成伤害事故的责任自负。（4）有序开放学校场馆。有条件的学校先做起来，从中积累经验、树立典型、以点带面、全面推广，

尽快树立一批有示范作用的学校体育场馆开放典型。

（三）建立多元化的经费筹措与激励机制

《意见》提出：将一定比例的体育彩票公益金用于全民健身事业，通过设立体育场地设施、建设专项投资基金和政府购买服务等方式，鼓励社会力量投资建设。中小学体育场馆开放经费应本着“共建共享”的原则，通过政府支持、地方建设、单位（社区）合作共建、社会力量公益性投资或捐赠、使用者合理收费等多种方式，建立以政府为主的多元化资金筹措渠道。同时，建立减少或减免投资捐赠单位、组织或个人所得税等优惠和激励机制，吸引更多组织、企业和个人加入，使这项事业健康可持续发展。

可持续发展教育在芬兰基础教育中的实施途径 *

王咸娟

摘　要　芬兰基础教育日渐凸显可持续发展价值观的落实，通过“七大横贯能力”培养，致力于培育芬兰中小学生可持续发展的跨领域能力；在课程实施上，把可持续发展素养弥散在全科教学和分科教学以及主题性跨学科教学当中；并且给予学校充分权力，开发校本化的跨学科课程，促进了学校管理和办学文化的积极变革。而基于现象的教学，也给芬兰基础教育推进可持续发展教育创造了一种变革式的教学法。可持续发展理念已经弥散于芬兰基础教育，并与之融为一体，成为芬兰教育文化的重要特质之一，值得借鉴。

关键词　跨学科　可持续发展教育　芬兰基础教育

环境教育在芬兰有着较为深远的历史。芬兰宪法规定，人人都需要对自然及其生物多样性、环境和文化遗产负责。教育和培训必须培养对环境和人类福祉负责的能力。自 1972 年斯德哥尔摩人类环境会议之后，芬兰对环境教育和环境保护态度更为严厉。自 1985 年后，芬兰国家核心课程将环境教育作为通识教育的教育目标之一，同时也是一个必不可少的跨学科学习主题，不仅贯彻基础教育，同时在职业教育与培训当中也一样给予重视。自 20 世纪 90 年代到 21 世纪初，随着国际可持续发展教育理念与实践的不断发展，芬兰环境教育逐步实现向可持续发展教育的过渡，在 2000 年修订的国家核心课程当中，可持续发展成为所有学科必须包含的内容。

2005 年，联合国教科文组织启动《联合国可持续发展教育十年（2005—2014）国际实施计划》。芬兰环境部、芬兰国家教育与文化部、芬兰国家教育

* 该文曾发表于《环境教育》2020 年第 9 期，收入本书时有修改。

委员会一起，在芬兰可持续发展国家委员会下组建了一个可持续发展教育小组委员会，该委员会对芬兰的可持续发展教育推进发挥了重要作用。在制定芬兰国家可持续发展战略之初，首先确立了不同利益相关者在可持续发展教育与培训过程中所应当承担的角色，同时也对芬兰国家可持续发展和国际可持续发展进程予以协同考虑，并且在战略制定过程中，将涉及芬兰全国各级各类教育与培训领域的所有决策者都视为未来芬兰推进可持续发展教育的实施主体。在此工作小组的推动下，可持续发展教育很快纳入芬兰国家核心课程大纲。

一、可持续发展：芬兰教育的重要价值导向

在芬兰人眼中，教育和培训的根本任务就是要确保所有年龄的公民能够具备相关的知识、技能、意愿、视野，使他们能够参与公平和可持续发展未来的建设并且践行可持续的生活方式。在 2006 年发布的《芬兰国家可持续发展教育与培训计划》中，芬兰教育部同芬兰可持续发展国家委员会共同提出，芬兰致力于通过可持续发展教育实现：

（1）提高人们对于人类健康与社会、经济、环境之间关系的理解；

（2）促进人们对于自身文化遗产的理解和认同，促进不同的文化、群体之间的信任，增进公平和正义；同时发展人们的跨文化交流和国际交往能力；

（3）帮助人们学会应对未来环境、社会等方面的变化、识别原因、后果以及一系列连锁反应并为之做好准备；

（4）帮助人们践行可持续生活方式，提高人们参与可持续发展社会变革的意愿；

（5）提高人们参与可持续发展未来决策的能力及动机，使之成为社区和社会变革的重要一员；

（6）以可持续发展视角，为职业教育的不同领域提供相应的职业技能，使社会产业各个分支都能够朝向更加可持续发展的方向创造先决条件。[1]

芬兰教育部门认为，在生态、经济和社会以及文化的共有基础上建设一

[1] Finnish National Commission on Sustainable Development, Sub-committee for Education, Strategy for Education and Training for Sustainable Development and Implementation Plan (2006—2014) [R].

个可持续发展的未来：（1）需要具备整体感知和理解事物的能力；（2）需要广泛的知识基础，包括社会、贸易、工业以及自然环境相关领域，同时还需要知晓各个社会系统是如何运作的、相关决策是如何做出的，以及公民有哪些机会去影响公共决策；（3）需要有能力和勇气来批判性地评估当前的社会和生活实践，并有能力来改变私人生活、教育机构、公共事务、工作和空闲时间环境中的实践；（4）还需要具备洞察变革的能力，以及为国家和全球平等和福祉有所担当的道德和责任；（5）具备信息获取、问题解决、沟通、批判性思维和创新思维，以及协调不同利益和处理冲突等方面的能力等。

基于这样的理论认知，芬兰国家教育委员会将跨课程协作或者跨学科学习作为芬兰全国基础教育进行可持续发展教育的重要途径。跨学科学习有利于给学习者呈现完整不可分割的知识原貌，通过多种方式、情境化和以问题为导向的学习，使学习者能够尽早获得承担责任和参与公共事务的意识和能力，同时也有利于学习者能够在未来的多元职业选择和职业情境中建立职业合作。

二、芬兰国家核心课程：凸显可持续发展价值观

2005年联合国启动《联合国可持续发展教育十年（2005—2014）国际实施计划》之际，芬兰发布《芬兰可持续发展教育国家行动计划》，为此后芬兰整个教育系统政策奠定了新的基调。芬兰中级以及中高级职业教育国家核心课程和基础教育国家核心课程分别于2003年和2004年将可持续发展教育作为一项重要内容，通过交叉性的跨学科主题学习进行推进。芬兰教育部门认为，可持续发展的学习内容必须与当地共同议题相结合，同时也必须在学校的教育文化当中来体现，基础教育和高中教育阶段可持续发展教育的核心原则是发展学习者的环境素养、思考和应对未来的意识和能力，并通过一种可持续生活方式和可持续学习能力、通过参与社会公共事务和影响决策来实现对于可持续发展未来的贡献。

（一）七大“横贯能力”之核心：可持续发展的跨领域能力

随着芬兰社会以及国际环境的不断更替，芬兰国家核心课程进行周期性的调整和补充。2016年，芬兰国家教育委员会发布了新一轮的基础教育国

家核心课程。新国家核心课程充分考量了当前世界的急速变化、不可预测性以及相互连通性等核心特征，强调了学习需求与具体情境的密切关系，新课程的重点是让学生和教师都成为活跃的、适应性强的学习者，探索整个世界。[1]七大“横贯能力”（Transversal Competences）是2016年国家核心课程的重要内容，旨在强调不同学科和领域需要具备的通用能力。“横贯能力”不同于知识或者能力，属于综合素养的范畴，包括了基于具体问题情境下的价值观、态度、意愿在内的综合表现。这七大“横贯能力”包括：（1）思考和学会学习的能力；（2）文化、交流与表达的能力；（3）照顾自我、经营与管理日常生活的能力；（4）多元识读能力；（5）信息与通信技术（Information and Communication Technology，ICT）相关能力；（6）工作生活能力与创业精神；（7）参与、影响和构建可持续发展未来的能力。此外，新国家核心课程更加凸显了：（1）学习者在学习过程中的主体地位；（2）可持续生活方式的养成和践行；（3）跨学科主题下教学方法的综合性；（4）学校当中不同相关者构成的学习共同体关系；（5）教育观更加开放和包容，体现了融合的教育观。

可以看出，2016年芬兰核心课程更好地考虑了学习者与周围世界的连接，将学生自身的经历和周围社区等现实情境带入学习之中，强化了学习需求与社会情境的强烈链接，虽然在某种程度上，它剥夺了教育提供者对于教育目标进一步阐释的自由，但教育和学习更加能够突出本地化特征和个性化特征，也给教师的教和学生的学提供了较大自由。

跨领域能力是联合国教科文组织一直所倡导的面向可持续发展未来所需要培养的重要能力。这种能力是全世界所有年龄段学习者都必须具备的能力，可以将这种跨领域能力理解为一种横贯的、多功能的、不受所处环境影响的能力。在此基础上，2017年联合国教科文组织将跨领域能力分为系统思维能力、预期能力、规范能力、战略能力、协作能力、批判能力、自我意识、问题解决能力等八个具体维度。可以看出，芬兰国家核心课程提出的七大“横贯能力”的体系构建借鉴了教科文组织关于跨领域能力的八大维度，同时也密切回应了芬兰社会的具体需求，例如创新和创业的需求、ICT产业发展前景需求、自我生存能力、外来移民教育与文化融合等，兼具国际共性及国家

---

[1] Paula Karlsson. Aalto University Teachers' Perspectives on the National Core Curriculum of the Basic Education［R］.

特性。

（二）弥散式的全科教学和分科教学、主题性跨学科教学：可持续发展素养的落实

在芬兰，综合学校 1~6 年级采取全科教学；综合学校 7~9 年级采取分科教学和跨学科教学。对于跨越学科界限的横贯能力的强调并不意味着芬兰废除了分科教学的传统。芬兰国家核心课程对 1~9 年级的每一个学科教学目标中所对应的横贯能力培养进行了列举，也就是说横贯能力弥散于各个学科的日常教学中，不能失去学科知识和技能的支撑。目前芬兰教育改革仍然是以分科教学为主，同时也在不断加强跨学科教学的成分。

跨学科主题学习是芬兰基础教育落实可持续发展素养的重要途径。2016 年国家核心课程设置了八个方面的跨学科主题：（1）立人 / 学会做人；（2）文化身份和国际化；（3）媒体素养和沟通；（4）公民参与与创业精神；（5）环境责任感；（6）福祉与可持续发展的未来；（7）安全和交通；（8）科技与个人。

对于不同地区的学校来说，跨学科主题性学习需要遵循以下要求：（1）每所学校每年选择一个主题，逐年更换；（2）基于主题和涉及学科之间的逻辑联系为切入点，进行横向或者纵向整合；（3）地方当局（包括教育以及其他相关部门）、校长、教师、家长、学生、社区等多方建立学习共同体关系，各司其职，实现角色多元、资源共享；（4）学校内部需要建立高效和密切的合作 / 沟通机制；（5）过程大于结果，鼓励积极的诊断性评价。

（三）跨学科课程开发：面向可持续发展的学校文化变革

在跨学科课程开发过程中，芬兰学校具有巨大的自主权，但同时也肩负了巨大责任。地方学校首先需要认真领会和解读国家核心课程精神，并结合学校实际进行个性化的情境表述，同时需要老师队伍进行深入思考、形成共识、构建共同愿景。每个学校每年选择一个不同的跨学科主题，根据不同主题的需要打破学科之间的壁垒，尝试跨学科横向或者纵向融合，并进行全校教学活动的总体设计，并将全年跨学科主题学习活动设计提交给当地教育行政部门、社区以及家长或相关部门。这是一个个性化过程，并非标准化课程。

每一个主题教学活动的设计都将学校、教师、家长、学生以及社区组建成一个学习共同体，家长委员会积极参与学校建设、物质场所和资源支持，

家长还要肩负为学校筹集经费等重要任务。因此，跨学科课程的开发并不是一个自上而下或者自下而上的单向过程，而是一个基于实践共识的共同研究和开发过程。这种共识的达成不光是教育系统的经验总结，而且还需要来自于家庭和社会的共同反馈，是家庭—学校—社会多方合作的过程和结果。

跨学科主题性学校不仅仅改变了学校的课程开发模式、师生关系、学习的内容和方法、知识建构的方法，更加密切了学习活动与社会情境的链接以及与不同群体的关系，在深层含义上跨学科主题学习实际更新了芬兰学校的文化内核，即学校是一个依托社区而成，互相联结的学习共同体并且共同为可持续发展的未来肩负责任。

（四）基于问题 / 现象教学：面向可持续发展的教与学变革

可持续发展教育是全方位的变革式教育，涉及学习内容和成果、教学法以及学习环境。因此，可持续发展教育不仅需要在课程当中设立如何可持续发展议题，同时还需要创建互动式、以学习者为中心的教学氛围。可持续发展教育要求从“教”转向“学”，要求实行注重行动、变革的教学法，这种教学法支持自主学习、鼓励参与与协作、注重解决问题和跨学科学习，强调把正规与非正规学习联系起来。只有运用这种教学法，才有可能发展必要的跨领域能力，促进可持续发展。芬兰国家教育委员会认为，社会情境是开展可持续发展教育的重要环境。要让每一个学习者，第一，学会认清生活情境和社会结构、运作方式，例如社会服务、社会休闲是如何产生和进行的，公共决策是如何形成并实施的，行政工作是如何运转的，以及各自在此过程中的作用和角色。第二，认清自然环境状况，学会把社区看作一个相互联结的有机整体。第三，认清地方社区与其他区域以及整个世界各个国家的关系以及运作规律，以此推己及人、由近及远了解人类的共同关系。第四，认清生态、经济、文化以及社会可持续性之间的密切关系。[1]

因此，“基于问题 / 现象的教学”是芬兰将学习需求与社会情境建立联结，面向可持续发展未来培育学习者跨领域能力的一个重要教学法。基于问题 / 现象的学习是以真实生活情境，或现象或问题作为学习的出发点，通过跨学科的综合视角进行分析，实现知识自我构建、能力自我习得并实现价值

[1] Finnish National Commission on Sustainable Development, Sub-committee for Education. Strategy for Education and Training for Sustainable Development and Implementation Plan (2006-2014) [R].

澄清的一种变革式教学法。

基于问题/现象的学习方法有以下几方面特征：第一，从关注“教”转向关注“学”，既着眼于发挥教师在课程设计中的主导作用，同时更加强调学生在学习过程中的主体地位；第二，强调从整体现象/问题入手，多元视角分析，更加消弭了学科壁垒，有助于知识体系的整体构建和全面思维视角的培育；第三，强调基于问题/现象的真实情境，强化了知识与实际、学校与社会的需求对接，使学习更加务实和有效；第四，鼓励问题导向的探究式学习，重在思维方式的训练。在基于问题/现象学习当中，问题的答案往往不是唯一和确定的，学习者需要通过问题串/任务链来设计自主/小组学习环节，同伴之间更加强调分工与协作，学习的目的并不在于寻求唯一的答案，而在探究过程当中训练思维方式，尝试将问题全面剖析，形成各自对世界的独特诠释。

基于问题/现象的学习教学方法并不取代芬兰基础教育中传统的学科教学模式，但在芬兰跨学科主题性学习当中已经显示出充分的活力。芬兰中小学师资培训课程也非常重视“基于问题/现象的学习”以及“问题解决”，致力于使教学变得更加趋近于学生生活的真实情境，以此希望教会学生如何善用所学知识，而非精通课本、教材和该课程。

三、隐形课程资源的整合：可持续发展教育大课堂

芬兰可持续发展教育的时间、空间、资源以及师资整合异常强大，源于芬兰各个地区的利益相关者能够主动寻求合作关系，例如地方政府、日托中心、企业、学校、博物馆、教育机构等自主进行多种形式的合作，包括线下的人力物力资源整合，以及利用线上新技术，使学习资源和学习环境进一步衍生和扩大化，成功地将学习环境扩展到了校外，是芬兰可持续发展教育的一个重要经验。每一个行政区域、每一个参与者都能够确保构建成功的伙伴关系并推广，并发展为新的合作模式。

（一）芬兰国家 LUMA 中心

在芬兰，LUMA 是“Luonnontietee”（芬兰语，意为自然科学，包括物理、地理、化学、生物、健康等多门学科）和“Mathematics”这两个词的组合。

芬兰教育部开展LUMA项目，旨在改进跨学科（科学、技术、工程、数学）教育实践和增强学生对这些学科的学习兴趣。2013年11月芬兰成立了国家LUMA中心，成为芬兰跨学科教育领域里程碑式的大事件，目前芬兰已经在全国建立了十多个LUMA中心。

芬兰国家LUMA中心是全国范围内不同大学各分支LUMA中心的总协调部门，旨在促进和支持从幼儿园到大学所有层次的教育机构、工商企业部门、教育部门、博物馆、科技中心、教师组织、媒体、学生、家长及其他任何相关组织和个体，围绕STEM教育开展国内及国际合作。而遍及芬兰全国的十余个LUMA中心，多数是依附于高校，其核心价值是“专业共享”，通过在国家LUMA中心牵头下实现不同资源占有者的协作，实现专业资源共享，构建一个基于跨学科的学习社群，为3~19岁儿童和青少年进行跨学科学习提供专业支持。

LUMA中心的课程非常丰富，多数是在学校常规课程之外通过免费预约的形式，一般在学生放学后或者假期提供跨学科学习机会。其教学/活动方法也沿袭了参与式、合作式、探究式、以学生为中心、基于现象/问题、情景式等理念，成为芬兰跨学科教学的重要校外教育力量。此外，LUMA中心还肩负着课程开发、资源整合和提供、师资培训、成人教育和继续教育的多重功能。

（二）户外学习

芬兰教育家里塔·朱塞纳尼奥（Riitta Juusenaho）博士认为，有效学习经常发生在教室和学校之外。学校外面提供的丰富多样及安全的学习环境为芬兰学生进行探究式的主动学习提供了有力的支持；学生自己的兴趣和需要以及当地环境决定了学生学习的内容。

在芬兰，多种形式的户外学习，例如学校营（School Camps）更多被看作是学习合作和人际关系技能的理想场所，因为其结合从不同科目中学习到的知识和技能，形成有意义的整体，从而更懂得如何去创建一个可持续发展的未来！

四、结语

经过20余年环境教育以及可持续发展教育的推进，可持续发展理念已经弥散于芬兰基础教育，并与之融为一体，成为芬兰教育文化的重要特质之一。无论从教育的价值观导向、学习内容的更新与务实、学习方法的创新与突破、能力培养的聚焦前瞻、学习环境的延展与真实、学习共同体的构建与运行……都体现出新时代教育如何通过变革的方法来回应可持续发展未来之所需。当然，芬兰人在以教育回应可持续发展未来挑战的过程中也面临一系列新挑战，但芬兰教育改革多年坚持既不盲从、也不冒进的理性之路，敢于创新又善于反思，已然成为世界教育改革的优秀范本，其优秀教育经验值得我们思考和借鉴。

第五篇　学习型社会与教育技术革新

● 主题一：学习分析

MOOCAP 学习者在线学习行为和学习效果评价模型研究 *

沈欣忆　吴健伟　张艳霞　李　营　马昱春

摘　要　中国慕课大学先修课（MOOCAP）是采用大规模开放在线课程（Massive Open Online Course，MOOC）和中国大学先修课程（Chinese Advanced Placement，CAP）相融合的方式，借助高等教育领域和基础教育领域的学科专家、资深教师，根据高中生的特点将大学课程进行重新设计的在线课程，是慕课大学先修课。本研究充分利用学习者在 MOOCAP 中的在线学习行为数据，采用德尔菲法、专家排序法、专家工作坊等多种研究方法，构建 MOOCAP 在线学习行为和学习评价模型，对 MOOCAP 课程的学习评价工作具有较强的指导性和可操作性，弥补了以往单凭学习成绩进行评价，或者仅依靠单一学习行为得出一些描述性结论的弊端，更具有全面性和系统性，为学生个性化的发展提供充分的过程评价数据依据，挖掘出学习者各自的学习特性，实现有针对性的“因材施教”。

关键词　慕课　在线学习　学习评价

一、引言

教育质量与教育公平一直是关系中国社会长远发展的最核心问题。在资源有限的情况下如何让两者都实现？教育经费的投入是遵守权利优先还是效率优先，到底是谁的学习需求应被优先满足？这是亘古难题，而信息技术为教育改革和这些问题的解决提供了方向和出路：在面对庞大的用户量的时候，

* 该文为教育部在线教育研究中心年度在线教育研究基金（全通教育）一般项目“学习者在线学习行为和学习效果评价模型研究”（编号：2016YB202）的成果，曾发表于《中国远程教育》2019 年第 7 期，收入本书时有修改。

大数据可以帮助其实现个性化学习。中小学的教育信息化逐渐深化，大学的在线教育风生水起，但是各个阶段的教育还是停留在各自的层面，初等教育、中等教育和高等教育之间的壁垒问题日渐凸显，如何衔接好高中和大学，解决当前中学生进入大学阶段之后由于课程内容、学习节奏和学习方式变化等原因造成的不适应问题，是当前教育的难点和盲点。

针对上述问题，全国40多所高水平大学和重点中学联合发起中国慕课大学先修课（MOOCAP），采用大规模开放在线课程（MOOC）和中国大学先修课程（CAP）相融合的方式，根据高中生的特点重新设计大学课程，将其精心制作成开放在线课程，向全国学生开放。MOOCAP实质上是一种有特定服务对象的MOOC，充分利用大学和中学的自主空间，结合互联网时代信息化平台，形成的一套优质教育资源体系。[1] 在我国，MOOCAP率先由北京大学于2013年推出。清华大学领衔的MOOCAP项目、edX领衔的High School Initiative项目代表了当前全球MOOCAP实践发展的前沿。

在现阶段，我国MOOCAP课程评价沿用MOOC组织认证方式，由MOOC教师根据平时成绩、期末考试成绩给出学生的最终成绩，这种方式基本上属于一种结果性评价，并没有在学习者的在线学习行为与学习效果间建立紧密联系。特别是仅依靠学习成绩去评价一个学生的学习效果存在一定的片面性，无法全面反映出作为即将进入大学的中学生对MOOCAP所持有的态度和他的在线学习习惯。然而，MOOCAP作为一种新型在线学习课程，可以全面记录学习者的学习和交流过程，形成学生学习的大数据。为此，本研究充分利用学习者在MOOCAP中的在线学习行为数据，采用德尔菲法、专家排序法、专家工作坊等多种研究方法，构建MOOCAP在线学习行为和学习评价模型，对MOOCAP的课程评价工作具有较强的指导性与可操作性，弥补了以往单凭学习成绩进行评价，或者仅依靠单一学习行为得出一些描述性结论的片面性，更具有全面性和系统性，为MOOCAP课程学习效果评价工作提供借鉴，为每一个学生个性化的发展提供充分的数据支持和过程评价依据，挖掘出不同学习者的不同学习特性，实现有针对性的“因材施教”。

---

[1] 学堂在线.MOOCAP：怎样做到“因材施教”?［EB/OL］.［2016-04-11］.http：//www.moocap.org.cn/announcement/#!/detail/home；于世洁.慕课大学先修课助推教育改革［N］.光明日报，2016-01-05.

二、文献综述

（一）有关 MOOCAP 的研究

MOOCAP 自启动以来，完成了官方网站（http：//www.moocap.org.cn）的建设，首批开设的 6 门课程已有 5 万多人选修。MOOCAP 课程建设和准入机制、学习过程评价和成绩考核方式是 MOOCAP 理事会重点研究的两个课题，也是其教师重点关注的两个问题。[1]北师大实验中学教师孙兆前在谈到自己对 MOOCAP 的看法时说道："只要内容好，我们都欢迎。但最关键的还是先修课如何评价以及学分如何使用。"[2]《中国教育报》记者万玉凤指出，"国内大学先修课在梯度设置、考核方式以及与大学招生衔接等方面还都存在进步空间"。[3]可见，在 MOOCAP 建设和使用中，如何对学习者的学习过程、学习行为和成绩进行评价和考核仍然是 MOOCAP 吸引学习者和获得持续发展的过程中需要重点解决的问题。

MOOCAP 既不同于传统课程，也不同于一般的网络课程。它是 MOOC 和 CAP 的融合，既具有 MOOC 开放、在线、大量等特点，同时又能让学有余力或对大学课程有兴趣的高中生及早接触大学课程内容，接受大学阶段的思维方式、学习方法，使学生真正享受符合其能力和兴趣水平的教育，助力其大学阶段的学习乃至未来的职业生涯。另外，MOOCAP 也深化了我国高中教育教学改革和我国人才培养模式改革。[4]因此，对于 MOOCAP 这种新型的课程形式，传统教学模式下的线下课程以及一般的网络课程的评估标准显然已经不适用。因此，构建适用于 MOOCAP 的学习者学习效果评价指标体系与评价量规势在必行。

目前，研究者对 MOOCAP 的研究还集中于对其内涵、作用及其发起机构

[1] 学堂在线．"中国慕课大学先修课（MOOCAP）建设"高峰论坛暨全国重点中学校长教育论坛在西安交大召开．[EB/OL]．[2016-04-11].http：//www.moocap.org.cn/announcement/#!/detail/15.

[2] 邓晖．慕课大学先修课：能否跑好人才培养的"接力赛"[N]．光明日报，2015-12-03.

[3] 万玉凤．在线大学先修课，"先修"什么？[N]．中国教育报，2015-11-30.

[4] CAP 大学先修课．什么是大学先修课．[EB/OL]．[2016-04-11]．http：//www.csecap.com/User_Instructions.aspx?id=43.#.

的介绍，[1]具体到学习者学习绩效评价的研究基本上还没有出现。作为在线大学先修课，MOOCAP 在课程内容呈现形式、在线学习过程等方面与 MOOC 存在较大的相似性，因此，本研究认为可以从已有的 MOOC 学习者学习效果、学习绩效评价等相关研究中借鉴经验。

（二）MOOC 的学习评价研究

MOOC 于 2012 年兴起，国外关于 MOOC 学习评价的研究较为具体和深入。不少研究者指出要关注对学习者学习过程和学习行为的评价，通过对学习者在 MOOC 学习过程中的各种学习行为进行评价来描述学习者的学习状态。库珀（Cooper）和沙哈米（Sahami）指出应关注评价学生的过程和行为，要将专家评价融入同行评价中。[2]哈维（Harvey）、格林斯（Glinsky）和基和洛（Lowe）对如何评估学习者在 MOOC 上的参与度和满意度进行了研究。[3]安德森（Anderson）等根据学习者学习行为数据（观看视频、完成作业、成绩等）描述其参与 MOOC 学习的情况。[4]吉拉尼（Gillani）分析了 Coursera 上一门名为“商业策略基础”的课程，结果表明讨论区的积极参与者多数是学业成绩较好的学习者，这说明学习者讨论区参与度这一在线学习行为与其学业成绩之间会存在一定的相关性。[5]库切（Coetzee）等研究了课程论坛的使用对课程通过率的影响，研究发现经常参与课程论坛的学生其课程通过率远高于那部分极少光顾课程论坛的学生，这说明课程论坛参与行为与学生学习效果之间存在相关性。[6]

自 MOOC 在国内备受关注开始，其评价也一直是国内研究者重点关注的

---

[1] 张晏慧．中国慕课大学先修课理事会清华成立——MOOCAP 课程全面启动［N］．新清华，2015-12-04；全国 40 余所大学和中学联合启动慕课大学先修课［J］．物理与工程，2015（6）；潘超．2015 年度中国现代远程教育十大新闻事件权威发布［J］．中国远程教育，2016（1）．

[2] Steve Cooper，Mehran Sahami. In：Communications of the ACM［J］. Association for Computing Machinery，Inc，2013，56（2）.

[3] L A Havey，J V Glinsky，R A Lowe. Maasive Open Online Course for Teaching Physiotherapy Students and about Spinal Cord injuries［J］. SPINAL CORD，2014，52（12）.

[4] A Anderson，D Huttenlocher，J Kleinberg，J Leskovec. Engaging with Massive Online Courses［A］//Proceedings of the 23rd International Conference on World Wide Web. New York：ACM，2014：687-698.

[5] N Gillani. Learner Communications in Massively Open Online Courses［J］. OxCHEPS Occasional Paper，2013（53）.

[6] D Coetzee，A Fox，M A Hearst，B Hartmann. Should Your MOOC Forum Use a Reputation System?［A］//In Proceedings of the 17th ACM Conference on Computer Supported Cooperative Work & Social Computing. New York：ACM，2014：1176-1187.

问题。国内关于 MOOC 评价的研究从对 MOOC 本身的评价逐渐转向对学习者在线学习行为的评价。大量研究者认为可以利用学习者的行为数据分析学习效果，结合成绩分析更好地揭示学习者的课程参与程度和努力程度。基于学习行为的特征分析能有效地判别学习者能否成功完成学习任务，研究者希望通过对在线学习行为的评价来间接反映或预测学习者的学习绩效。姜蔺等指出学习参与度是影响学习者学习效果的主要因素之一。学习者的参与度在很大程度上会影响其学习效果，并最终影响其通过率。[1] 危妙等从课程的访问情况、视频观看情况、作业完成情况、讨论四个方面分析学习行为以及与学习成绩、完成率、辍学率间的相关性，研究结果表明具有不同学习行为的学习者其在学习成绩、完成率、辍学率等方面会存在显著的差异。[2] 薛宇飞等基于 edX 平台数据，按文化背景选取美国、印度、英国的学习者，对其学习行为进行对比分析，以了解学习者群体在学习投入、学习活跃度、学习持续性等方面的异同，研究发现不同文化背景的学习者其学习行为存在较大差异，进而会引起其学习投入、学习活跃度以及学习持续性的不同。[3] 贾积有等对北大在 Coursera 平台上的 6 门课程 82352 位注册学习者的学习行为数据进行了汇总与分析，试图发现课程层面上学习者的网上学习行为及其对学习者学业成绩的影响，研究表明学习者的学习成绩与在线时间、观看视频次数、观看网页次数、浏览和下载讲义次数、平时测验成绩之和、论坛参与程度（发帖、回帖）等在线学习行为呈显著正相关。[4]

综上所述，随着 MOOC 的不断发展以及广泛使用，MOOC 学习评价已经成为国内外研究者关注的重点。并且已经对“MOOC 学习中，学习者的在线学习行为与其学习绩效或学习结果之间存在显著的相关性，可以通过对学习者在线学习行为的评价来反映或预测学习者对 MOOC 的完成情况”这一观点上达成共识。MOOCAP 作为 MOOC 在大学先修课中的应用，其本质上

---

[1] 姜蔺，韩锡斌，程建钢 . MOOCs 学习者特征及学习效果分析研究［J］. 中国电化教育，2013（11）.

[2] 危妙，傅霖，黎刚，等 . MOOC 课程平台学习行为与学习成效大数据分析［J］. 教育教学坛，2015（38）.

[3] 薛宇飞，黄振中，石菲 . MOOC 学习行为的国际比较研究——以“财务分析与决策”课程为例［J］. 开放教育研究，2015（6）.

[4] 贾积有，缪静敏，汪琼 . MOOC 学习行为及效果的大数据分析——以北大 6 门 MOOC 为例［J］. 工业和信息化教育，2014（9）.

还是一种 MOOC，只是在对课程内容进行设计时需要考虑高中生的特点。因此，本研究认为可以建立起 MOOCAP 在线学习行为与 MOOCAP 学习效果之间的联系，即通过评价学习者在 MOOCAP 中的在线学习行为来反映学习者的 MOOCAP 学习效果。

目前，虽然国内外研究者认为在 MOOC 学习中的学习者的在线学习行为与其学习效果之间存在一定的相关性，但这些结论往往是基于某一项或某几项在线学习行为，如论坛参与情况、课程访问情况、视频观看情况、浏览和下载讲义次数、作业完成情况等。基于某一项或者某几项在线学习行为得出的结论虽然能够在一定程度上说明在线学习行为与学习绩效之间的关系，但其全面性还有待考究。另外，现有的研究并没有对这些在线学习行为进行明确的分类，也没有进行具体的权重和分值分配，基于此得出的结论往往是描述性的结论，虽然能够让读者较为直观地了解 MOOC 在线学习行为和学习绩效之间关系的现状，但对具体 MOOC 学习评价实践的可操作性指导水平还有待提高。对于 MOOCAP 来说，目前还处于初步实践和探索阶段，同样存在与 MOOC 学习评价相同的问题。因此，有必要基于学习者在 MOOCAP 学习过程中的在线学习行为，研究对学习者学习效果的多角度、多层次评价指标体系，开发出适用于 MOOCAP 的学习效果评价量规。

三、研究设计

（一）研究目标

在传统的教学模式中，对学习效果的评价往往单纯以一次或者多次作业以及测验成绩为评价标准，即主要依赖基于结果的评价，而缺乏面向过程的学习行为和学习效果的分析评价模型。MOOCAP 学习平台利用信息化手段将学习的过程真实而有效地记录下来，从而使得对学习者的过程分析成为可能，因此本研究基于 MOOCAP 平台的学习者行为，研究学习者学习绩效的多角度、多层次评价指标体系，从而开发出 MOOCAP 学习的评价适用量规。

（二）研究内容和研究方法

以清华大学学堂在线 MOOCAP 学习者为对象，构建评价 MOOCAP 学习者学习效果的学习行为指标，并对每个学习行为指标进行定级得到评价量规，该成果可定量评价学生 MOOCAP 成效。

要定量评价学生 MOOCAP 成效，需要找到学习效果的相关学习行为指标，并给行为指标定级赋值，因此本研究主要有三个研究内容：

（1）通过三轮德尔菲法构建 MOOCAP 学习者学习绩效评价指标体系。

（2）通过专家排序法设定每个不同类别学习行为指标的权重。

（3）通过专家工作坊的方式对每个学习行为指标进行定级，得到评价量规。

本研究的专家组由 10 人组成，分别选取了对学堂在线 MOOCAP 的整体架构、需求、产品都非常了解的学堂在线 MOOCAP 项目组成员 3 人，在 MOOC 及远程教育领域方面的高校专家 3 人，使用过学堂在线 MOOCAP 平台并且教学经验丰富的中学一线教师 4 人。研究采用的德尔菲法、专家排序法和专家工作坊，都是由这 10 位专家来支持开展。在前两种方法中，与专家的沟通以在线形式为主；在专家工作坊中，10 位专家与项目组成员面对面开展研讨，对指标进行定级并得到评价量规。

四、研究过程

（一）构建 MOOCAP 学习绩效评价指标体系

通过文献调研，课程组成员了解了学习者学习行为与学习效果评价的关系，在梳理现有学习绩效评价模型的基础之上得到了 MOOCAP 学习绩效评价指标体系（初稿）。将学生的在线学习行为评价分为四个层面，分别是学习风格、学习成绩、综合能力和学习态度。其中，学习风格包括心智维度、社会维度、生理维度和其他偏好，学习成绩包括过程性行为和结果性成绩，综合能力包括协作能力、创新能力和表达能力，学习态度包括学习积极性、学习参与度和学术诚信。这里需要说明一点，该评估模型的构建有两个目的，一个是能够直观评价学生的学习情况，另一个是希望了解学习者的特征，比如其学习能力、学习习惯等。因此，除了学习成绩之外，在模型中加入了学习风格、学习态度等维度。

在构建 MOOCAP 学习绩效评价指标体系（初稿）后，开展德尔菲研究，在统计和听取三轮专家意见的基础上对 MOOCAP 学习绩效评价指标体系（初稿）进行修订，形成了MOOCAP学习绩效评价指标体系（修订稿）。将原有学习评价四个层面合并成了两个层面，分别为学习偏好和学习成绩。学习偏好反映学习者的学习习惯与倾向性，无法严格进行打分及分数比较，主要包括学习时间分布、模块学习时间分布、视频学习时间间隔、学习序列、论坛交流频率；学习成绩反映学习者的学习效果与成效，便于进行打分及分数比较，包括结果性成绩、作业行为、测试行为和其他参考指标（学习积极性、学习速度和学习效度）。三轮德尔菲法修订理由及结果见图1。

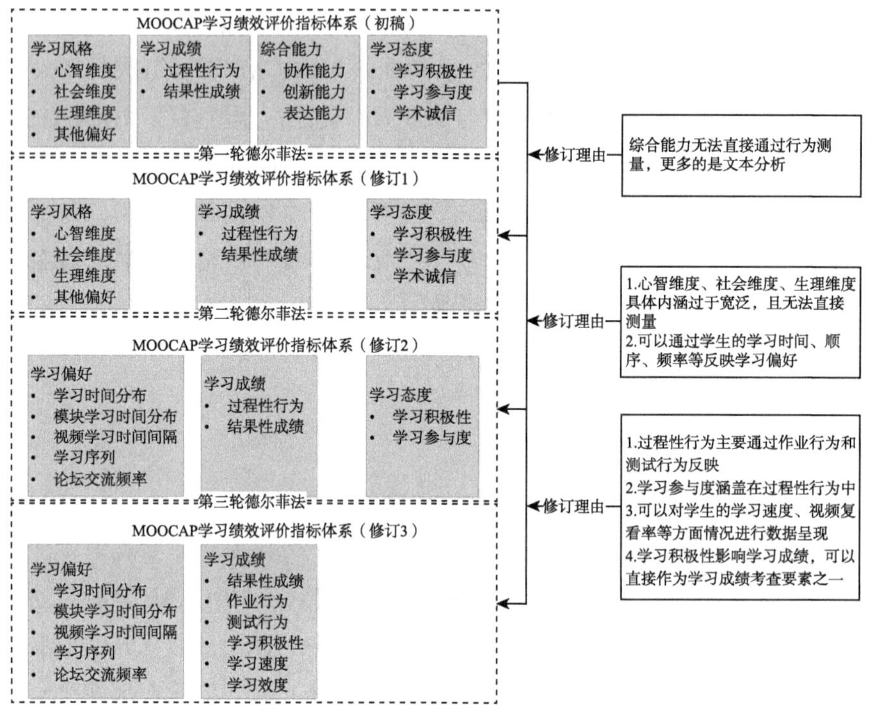

图1　三轮德尔菲法修订理由及结果

本研究依据清华大学MOOCAP平台，深入调研了多门MOOCAP的课程，了解学生学习路径和学习行为。学生在加入课程前的行为包括查找课程和学校、加课并申请认证证书、查看我的消息、分享、下载App、意见反馈等。加入课程后学生的行为分布在各个功能区，如课件区的观看视频、下载字幕、完成测试，课程信息区的查看课程更新与新闻、打包下载课件；讨论区的查找帖子、发布预定、接收更新、添加回复、评论、投票等；wiki区的查看wiki、编辑wiki、添加新文章等；我的主页区的查看我的课程、查看我的证书、查看优惠券等。另外，还有进度信息、考试、导学、教学大纲等。在了解学生主要学习行为后，结合 MOOCAP 学习绩效评价指标体系（修订稿），形成 MOOCAP 学习绩效评价指标体系（终稿），见表 1。

表 1 MOOCAP 学习绩效评价指标体系（终稿）

<table>
<tr><td colspan="4">学习偏好</td></tr>
<tr><td>学习偏好分类</td><td>学习偏好描述</td><td>行为指标</td><td>概念化</td></tr>
<tr><td>学习时间分布</td><td>习惯于什么时间段学习或者无固定学习时间点</td><td>登录时间点</td><td>时间偏好</td></tr>
<tr><td>模块学习时间分布</td><td>视频、作业、测试各花费的时间分布</td><td>视频、作业、测试的学习时长</td><td>投入偏好</td></tr>
<tr><td>视频学习时间间隔</td><td>习惯于连续性学习或者需要一定时间内化</td><td>各视频点击时间点</td><td>节奏偏好</td></tr>
<tr><td>学习序列</td><td>各章节学习是否按顺序</td><td>各单元视频观看顺序</td><td>序列偏好</td></tr>
<tr><td rowspan="3">论坛交流频率</td><td rowspan="3">论坛发帖和回帖的数量</td><td>发起话题的贴子数</td><td rowspan="3">交流偏好</td></tr>
<tr><td>对于自身发起的话题的回帖数</td></tr>
<tr><td>在他人话题下的回帖数</td></tr>
<tr><td colspan="4">学习成绩</td></tr>
<tr><td colspan="2">学习成绩分类</td><td colspan="2">行为指标</td></tr>
<tr><td rowspan="2">结果性成绩</td><td>作业成绩</td><td colspan="2">作业分数</td></tr>
<tr><td>测试成绩</td><td colspan="2">测试分数</td></tr>
<tr><td rowspan="4">作业行为</td><td>作业效能</td><td colspan="2">作业正确率 / 花费时间</td></tr>
<tr><td>作业完成率</td><td colspan="2">作业完成百分比</td></tr>
<tr><td>作业时效性</td><td colspan="2">作业是否按时完成</td></tr>
<tr><td>作业尝试数</td><td colspan="2">作业提交次数</td></tr>
<tr><td rowspan="3">测试行为</td><td>测试效能</td><td colspan="2">测试正确率 / 花费时间</td></tr>
<tr><td>测试完成率</td><td colspan="2">测试完成百分比</td></tr>
<tr><td>测试时效性</td><td colspan="2">测试是否按时提交</td></tr>
<tr><td rowspan="3">其他参考指标</td><td>学习积极性</td><td colspan="2">加课时间与首次学习时间差</td></tr>
<tr><td>学习速度</td><td colspan="2">视频时长 / 视频观看用时时长</td></tr>
<tr><td>学习效度</td><td colspan="2">课程分数 * 学习速度（课程分数为结果性成绩、作业行为和测试行为的加权分数）</td></tr>
</table>

（二）确定权重

确定指标权重的方法多种多样，比如因子分析法、相关系数法、专家排序法、RSR 法、Delphi 法、层次分析法、算术均数组合赋权法、连乘累积组合赋权法、模糊数学判断方法、优序图法等，其中“专家排序法”以其操作简便、易于掌握等特点被《教育督导及教育督导评估》（洪煌亮主编）等教育测评类专著所介绍。本研究所构建的绩效评价指标体系包括学习偏好和学习成绩，学习偏好不计成绩，只用来了解学生的学习风格和学习习惯，学习成绩中的其他参考指标（学习积极性、学习速度和学习效度）用来参考了解学生的学习能力，而作为分值呈现的是学习成绩中的三个指标，分别为结果性成绩、作业行为、测试行为，本研究采用专家排序法对结果性成绩、作业行为、测试行为以及作业行为和测试行为下所包含指标的权重予以确定。

回收 10 名专家的结果进行数理统计，计算评价指标的权值，计算公式为：$a_j=2\left[m(1+n)-R_j\right]/\left[mn(1+n)\right]$（式中，$a_j$ 表示第 j 项指标的权重，j 表示指标的序号，m 为专家人数，本研究中 $m=10$，n 为指标个数，R_j 表示第 j 个指标的秩和）。

学习成绩所包含的一级指标的专家排序结果见表 2。

表 2　学习成绩一级指标专家排序结果

专家序号	1- 结果性成绩	2- 作业行为	3- 测试行为
1	1	2	3
2	1	2	3
3	1	2	3
4	1	2	3
5	1	2	3
6	1	2	3
7	1	3	2
8	1	2	3
9	1	2	3
10	1	3	2
秩序和 R_j	10	22	28

根据专家排序法权重计算公式计算出学习成绩下所包含的一级指标的权重分别为：

a_1=2［m（1+n）−R_1］/［mn（1+n）］=2［10（1+3）−10］/［10×3（1+3）］=0.5

a_2=2［m（1+n）−R_2］/［mn（1+n）］=2［10（1+3）−22］/［10×3（1+3）］=0.3

a_3=2［m（1+n）−R_3］/［mn（1+n）］=2［10（1+3）−28］/［10×3（1+3）］=0.2

作业行为下所包含指标的专家排序结果见表3。

表3　作业行为所包含指标的专家排序结果

专家序号	1- 作业效能	2- 作业完成率	3- 作业时效性	4- 作业尝试次数
1	1	2	3	4
2	2	4	1	3
3	1	2	4	3
4	3	4	2	1
5	1	2	3	4
6	2	1	3	4
7	1	2	3	4
8	2	1	3	4
9	3	2	4	1
10	1	3	4	2
秩序和 R_j	17	23	30	30

专家排序法的实行是在作业行为项内部，即单从作业行为项内部考虑，其所包含的各指标项的权重之和应该为100%，但由于作业行为项所包含的指标项为学习成绩的二级指标，即最终计算出的作业行为各指标项的权重之和应为0.3。因此，作业行为项各指标的权重计算公式应为：a_j=2［m（1+n）−R_j］/［mn（1+n）］×0.3，则计算得到：

a_1=2［m（1+n）−R_1］/［mn（1+n）］×0.3=2［10（1+4）−17］/［10×4（1+4）］×0.3=0.1

a_2=2［m（1+n）－R_2］/［mn（1+n）］×0.3=2［10（1+4）−23］/［10×4（1+4）］×0.3=0.08

a_3=2［m（1+n）－R_3］/［mn（1+n）］×0.3=2［10（1+4）−30］/［10×4（1+4）］×0.3=0.06

a_4=2［m（1+n）－R_4］/［mn（1+n）］×0.3=2［10（1+4）−30］/［10×4（1+4）］×0.3=0.06

测试行为下所包含指标的专家排序结果见表4。

表4　测试行为所包含指标的专家排序结果

专家序号	1- 测试效能	2- 测试完成率	3- 测试时效性
1	1	3	2
2	2	1	3
3	3	2	1
4	1	3	2
5	2	1	3
6	1	2	3
7	1	3	2
8	2	1	3
9	2	3	1
10	1	3	2
秩序和 R_j	16	22	22

同理，最终计算出的测试行为各指标项的权重之和应为0.2。因此，测试行为项各指标的权重计算公式应为：a_j =2［m（1+n）－R_j］/［mn（1+n）］×0.2，则计算得到：

a_1=2［m（1+n）－R_1］/［mn（1+n）］×0.2=2［10（1+3）−16］/［10×3（1+3）］×0.2=0.08

a_2=2［m（1+n）－R_2］/［mn（1+n）］×0.2=2［10（1+3）−22］/［10×3（1+3）］×0.2=0.06

a_3=2［m（1+n）－R_3］/［mn（1+n）］×0.2=2［10（1+3）−22］/［10×3（1+3）］×0.2=0.06

据此，本研究得到了学习成绩一级指标和二级指标的权重，具体情况见表 5。

表 5　学习成绩一、二级指标权重

一级指标	二级指标
结果性成绩（50%）	作业成绩（教师决定占比）
	测试成绩（教师决定占比）
作业行为（30%）	作业效能（10%）
	作业完成率（8%）
	作业时效性（6%）
	作业尝试数（6%）
测试行为（20%）	测试效能（8%）
	测试完成率（6%）
	测试时效性（6%）

（三）制定 MOOCAP 学习绩效评价量规

在得到具体的行为指标并确定权重之后，本研究通过专家工作坊的形式，对各个行为指标进行了详细的划分定级，得到评价学生 MOOCAP 成效切实可行的评价量规。

1. 学习偏好行为指标

学习偏好部分的行为指标不计分数和权重，只描述学习状态，通过数轴、条形图、柱状图等形式呈现学习者的学习行为规律，从而反映学习者的学习偏好，可作为了解学生的一个渠道。时间偏好以登录时间点为行为指标，反映学习者习惯于什么时间段学习或者有无固定学习时间点；投入偏好以视频、作业、测试的学习时长为行为指标，以便于了解学习者各视频、作业、测试花费的时间分布；节奏偏好以各视频点击时间点为行为指标，反映学习者习惯于连续性学习还是需要一定时间内化再学习；序列偏好以各单元视频观看顺序为行为指标，了解学习者各章节学习是否按顺序进行；交流偏好以发起话题的帖子数、对于自身发起的话题的回帖数、在他人话题下的回帖数为行为指标，以统计学习者论坛发帖和回帖的数量，了解其论坛行为方式。

2. 学习成绩行为指标

学习成绩部分的行为指标分为两部分：计分数与权重的结果性成绩和行为成绩、不计分数与权重的其他参考指标。

计分数与权重的结果性成绩和行为成绩具体内容如下：

（1）作业分数和测试分数：满分各 100 分，共同构成了结果性成绩。其中，作业与测试的权重由授课教师决定。

（2）作业效能（作业效能 = 作业正确率 / 花费时间，测试效能参照作业效能计算）：划分为五个等级，作业效能比平均作业效能高 40% 及以上、高 20%~ 高 40%、低 20%~ 高 20%、低 20%~ 低 40%、低 40% 及以上，五种情况分别赋 100 分、80 分、60 分、40 分、20 分，最终的作业效能分数为每次作业效能分数的平均值。

（3）作业完成率（测试完成率参照作业效能计算）：划分为五个等级，作业完成数量 / 该门课程作业总数的百分比 =100%、≥ 80%~ ＜ 100%、≥ 60%~ ＜ 80%、≥ 40%~ ＜ 60%、＜ 40% 五种情况分别赋 100 分、80 分、60 分、40 分、20 分，此得分即为最终的作业完成率成绩。

（4）作业时效性（作业时效性 = 作业是否按时完成，考试时效性参照作业时效性计算）：划分为五个等级，按时提交作业数 / 该门课程作业总数 ≤ 20%、≥ 20%~ ≤ 40%、≥ 40%~ ≤ 60%、≥ 60%~ ≤ 80%、＞ 80% 五种情况分别赋 20 分、40 分、60 分、80 分、100 分，此得分即为最终的作业时效性成绩。

（5）作业尝试数（作业提交次数，作业提交次数越少分值越高）：划分为五个等级，作业提交次数比该门课程所有人平均作业提交次数低 40% 及以上、低 20%~ 低 40%、低 20%~ 高 20%、高 20%~ 高 40%、高 40% 及以上五种情况分别赋 100 分、80 分、60 分、40 分、20 分，最终所有作业取平均值，即为最终的作业尝试数成绩。

不计分数与权重的其他参考指标具体内容如下：

（1）学习积极性的行为指标为加课时间与首次学习时间差，时间差越短说明越积极。

（2）学习速度的行为指标为视频观看视频时长 / 用时时长，比值越小说明学习速度越快。

（3）学习效度：课程分数 × 学习速度，课程分数为结果性成绩、作业行为和测试行为的加权分数。

（四）研究成果的应用和评价

通过以上研究过程，得到了 MOOCAP 学习绩效评价模型，包括 MOOCAP 学习绩效评价指标体系和评价量规。为检验研究所形成的 MOOCAP 学习绩效评价模型的可操作性和在帮助学生挖掘自身的学习特点和优势方面所起的作用，研究者与清华大学学堂在线合作，运用所开发的评价量规对 MOOCAP 学习者的学习绩效进行评价，进行产品化，形成学堂在线 MOOCAP 学习绩效评价单。

教育部在线教育研究中心、学堂在线相关教师表示基于 MOOCAP 评价量规得到的 MOOCAP 学习绩效评价单可以作为本科教师（尤其是大学一年级教师）进行因材施教的重要参考。此外，部分教师认为 MOOCAP 学习绩效评价单也可用于 MOOCAP 学习者自查，帮助 MOOCAP 学习者快速了解自己的学习偏好和学习成绩，挖掘自身的学习特点和优势，诊断学习过程中存在的问题。

五、讨论和反思

本研究综合运用德尔菲法、专家排序法、专家工作坊等多种研究方法构建了 MOOCAP 学习绩效评价指标体系。该评价指标体系除了对学生的学习成绩进行定量考查外，还对学生的学习时间、学习交流、学习作息等方面的偏好以及与学习成绩相关的学习积极性、学习速度等方面的特点进行了定性描述，为教师提供了全面了解学习者学习状态的渠道，从而在实现因材施教的路上的又迈进了一步。此外，本研究基于 MOOCAP 学习绩效评价指标体系，充分利用 MOOCAP 本身的数据优势，开发出了 MOOCAP 学习绩效评价量规。该评价量规能够有效实现基于大数据的个性化评测，增加评测的有效性和公平性，同时帮助学生挖掘自身的学习特点和优势，为实现“以个性化评测引导个性化学习”提供了工具支撑。

由于本研究的最终成果是要产品化，对高中学生在 MOOCAP 平台上的学习结果有一个定量的评价，所以在评估模型中主要是用学生在平台上的作业和测试成绩作为量化评价的主要指标，而诸如视频观看时长、学习速度、论坛发言情况作为学生学习情况的参考指标。虽然贾积有等研究者指出学习者的学习成绩与在线时间、观看视频次数、观看网页次数、浏览和下载讲义次数、论坛参与程度（发帖、回帖）等在线学习行为呈显著正相关，但是较难对其进行量化评价。[1]视频观看5次算是满分，还是观看3次算是满分？在线时间长的学生真的一定是在该网站上学习，还是只是打开网页而已？这些都较难断定。另外，在德尔菲研究过程中与高校的几位老师进行沟通，了解到他们在MOOC教学过程中发现很多比较优秀的学生的视频学习时间往往是短的，他们的在线时间也没有显著多于其他学生。从这些有丰富MOOC教学经验的高校教师的角度来看，评价模型的定量评价部分不该加入视频学习时间、在线时间、下载讲义次数等。但是，如何利用学习者在线学习的各种学习行为，诸如视频学习时间、论坛参与情况等，构建一个可以量化的评价模型，是一件非常有意思的事情，这也是本研究试图继续开展的研究方向。

六、展望

MOOCAP作为MOOC的一种应用形式，具有MOOC共享教育、促进教育公平的优势，突破了时空的限制，以其普遍性、便捷性和高效性的特点建立了一套针对中学生的教育资源覆盖机制，从“地域教育”转变成“共享教育”。此外，突破了“阶段教育”之间的壁垒。MOOCAP并不是简单地把大学课程搬到中学，而是采用更加符合教育规律的方式，根据高中生的特点重新精心打造连接中学教育和大学教育的课程，从而帮助学生平滑过渡，实现“贯通学习”。更为重要的是，MOOCAP秉承以学习者为中心的理念，不同学生可以根据其自身特点、发展方向等选取不同类型的课程，在坚实的基础教育之上让学有余力的学生更早地发展自身特长。学习交流的过程会被全面记录下来，为形成一套独特的量身定做的学生学习档案、促进学生个性化的发展提供充分的数据支持。

MOOCAP作为高中和大学的连接桥梁，给学有余力的高中学生提供了接

---

[1] 贾积有，缪静敏，汪琼.MOOC学习行为及效果的大数据分析——以北大6门MOOC为例［J］.工业和信息化教育，2014（9）.

触大学教学资源的机会，而如何使高校老师更加清晰、直观地了解即将进入大学的学生的学习绩效、学习风格、学习偏好，这就需要构建 MOOCAP 学习者评价模型。本文介绍的评价模型是研究过程中的一个节点成果，研究仍将继续，模型还将利用大数据进行进一步迭代，更加全面地展示 MOOCAP 学生学习的效果和情况，为学生进入大学后个性化学习的施展奠定良好的基础。

MOOC 学习者在线学习行为和学习绩效评估模型研究*

沈欣忆　刘美辰　吴健伟　董现垒

摘　要　MOOC 的自主性和灵活性的特征，使得学习者具有多样化的学习行为模式，很多研究指出学习者在线学习行为模式与学习成果具有高度相关性。线上授课的教学方式因为其便捷性等各种优点，广泛被学生群体所接受，虽然线上授课弥补了传统教学的不可重复性等缺陷，但是由于每个学生的在线学习行为不同，其教学效果也因人而异。本研究尝试从在线课堂网站上获取学生的学习行为数据，建立学生在线学习行为与在线学习绩效评估模型，并进行抽样逐步回归，以了解学生在线学习行为对其学习成绩的影响。结果表明，学生某些在线学习行为，如作业完成比例、视频完成率等对其学习效果产生重要的正面影响，反之部分在线学习行为对学习效果也会产生不良影响。因此，根据本文研究结果对教师设计在线学习、对学生开展线上学习提供意见和建议，将有效提高在线学习的效率和效果。

关键词　在线学习行为　学习绩效评估模型　抽样逐步回归

一、引言

“互联网 +”时代，在线学习已经被应用在各个教育阶段，成为学习者不可或缺的学习方式。在线学习因其不受时空分离的影响，学习方式变得更加灵活，信息化时代所具有的精细化、碎片化和去权威化的特征更加凸显。[1] MOOC（Massive Open Online Course）的自主性和灵活性特征，使得学习者具有多样化的学习行为模式，很多研究指出学习者在线学习行为模式与学习成果具有

*　该文曾发表于《中国远程教育》2020 年第 10 期，收入本书时有修改。

[1] 夏青．技术时代下儿童时间的教育阐释［J］．中国教育学刊，2018（4）．

高度相关性。[1]在“互联网+”背景下，大数据迅速充斥着各行各业，教育领域也不例外，随着学习分析和人工智能技术等的发展，利用学生在线学习行为数据来评估学生的学习表现以为学生提供更好的服务已经成为不可阻挡的趋势[2]，数据挖掘成为深入探究在线学习行为以及行为数据背后隐藏的行为模式和学习绩效的关联性的重要方法。[3]

本研究选取“学堂在线”的一门课程，运用Python技术对学生在线学习行为数据进行整理加工，建立学生在线学习绩效评估模型，最后利用Stata进行抽样逐步回归，形成学生学习行为对学习绩效的贡献模型，分析和发掘有利于提高学生学习绩效的在线学习行为，助力在线学习过程性评估的研究，同时也为MOOC学习绩效提升提供实质性建议。

二、MOOC在线学习行为和学习绩效研究现状

（一）在线学习行为和学习绩效的关系研究

随着现代信息技术的迅速发展，网络技术在教育中的应用日益广泛和深入，研究学生在线学习行为和学习绩效的关系成为新的研究热点。郎波等利用学习向量化方法将在线学习行为数据分类，并通过遗传算法预测在线学习成绩。[4]孙发勤等利用数据和模型，通过机器学习相关知识研究了影响在线学

---

[1] Johnson M L，Sinatra G M. Use of Task—Value Instructional Inductions for Facilitating Engagement and Conceptual Change［J］.Contemporary Educational Psychology，2013，38（1）；高洁.在线学业情绪对学习投入的影响——社会认知理论的视角［J］.开放教育研究，2016(2)；李爽，王增贤，喻忱，宗阳.在线学习行为投入分析框架与测量指标研究——基于LMS数据的学习分析［J］.开放教育研究，2016(2).

[2] J Francisco，P García，F B Ángel，L S E Mar í a. An Adaptive Hybrid MOOC Model：Disrupting the MOOC Concept in Higher Education［J］.Telematics and Informatics，2018，35（4）；Y H Tsai，C H Lin，J C Hong，K H Tai .The Effects of Metacognition on Online Learning Interest and Continuance to Learn with MOOCs［J］.Computers & Education，2018，121（6）.

[3] Jes ú s Peral，Alejandro Maté，Manuel Marco . Application of Data Mining Techniques to Identify Relevant Key Performance Indicators［J］.Computer Standards & Interfaces，2017，50（2）；EB Gregori，J Zhang，C Galván-Fernández，Fernández-Navarro，Francisco de Asís.Learner Support in MOOCs：Identifying Variables Linked to Completion［J］. Computers & Education，2018，122（5）；M Aparicio，T Oliveira，F Bacao，M Painho. Gamification：A key Determinant of Massive Open Online Course（mooc）Success［J］. Information & Management，2018，56（1）.

[4] 郎波，樊一娜.利用学习向量化样本分类的在线学习成绩预测［J］.计算机系统应用，2019（3）.

业成就的主要因素、次要因素以及无关因素。❶赵西粉等以北方民族大学为例研究了在线学习效果的主要影响因素。❷吴林静等提出了一种基于数据挖掘的网络学习行为分析模型，并根据分析结果为网络学习中的各类利益相关者提供了教学参考。❸郭芳侠等研究了学习者的在线学习行为与学习效果之间的相关性，以及男女生的在线学习行为及学习效果的差异。❹胡艺龄等建立了学习者在线学习行为模型并对学习数据进行了模式分类与解析。❺魏顺平等以江苏电大新生为研究对象，分析了其对于某一课程的在线学习行为数据，研究了学生在线学习行为特点及其影响因素。❻陈圆圆等基于数据挖掘进一步分析了成人学习者的在线学习行为与其学习效果之间的关系。❼

在线学习行为已被证实与学习绩效有着紧密的联系，学习行为可以作为预测学生学习绩效的重要表征，通过对学习行为的监控引导学生进行有益的学习行为，从而提升学生的有效学习比率。

（二）学习行为指标研究

MOOC学习的自主性导致学生的学习行为多种多样，研究者从不同的视角对学习行为进行选取和分类。

有的研究从学生努力程度出发，考察学生的时间管理情况，主要以时间投入长度、投入频率和投入规律为重要指标。Joo等在研究中发现学生在在线学习中的表现受其对学习时间的分配和管理情况的影响。❽Kwon认为时间管理是e-learning成功的一个显著因素，并发现了学习者的行动水平、时间管理

---

❶ 孙发勤，冯锐．基于学习分析的在线学业成就影响因素研究［J］．中国电化教育，2019（3）．

❷ 赵西粉，李秋琳，梁春茉．在线学习平台学习效果影响因素分析——以北方民族大学为例在线学习平台学习效果的影响因素原因分析［J］．智库时代，2019（3）．

❸ 吴林静，劳传媛，刘清堂，等．网络学习空间中的在线学习行为分析模型及应用研究［J］．现代教育技术，2018(6)．

❹ 郭芳侠，刘琦．在线学习行为与学习效果的相关性研究——基于Blackboard的翻转课堂教学实践［J］．高等理科教育，2018（1）．

❺ 胡艺龄，顾小清，赵春．在线学习行为分析建模及挖掘［J］．开放教育研究，2014(2)．

❻ 魏顺平．在线学习行为特点及其影响因素分析研究［J］．开放教育研究，2012(4)．

❼ 陈圆圆，刘盛峰，董克，等．基于数据挖掘的成人学习者在线学习行为与学习效果分析［J］．安徽广播电视大学学报，2019（1）．

❽ Y Joo，M Jang，H Lee．An in-depth Analysis of Dropout Factors Based on Cyber University Student's Dropout Experiences［J］．The Journal of Educational Information Media，2007，13（3）．

和学习结果之间的关系。[1]Lin 等对影响在线学习的关键因素进行分析，最终得到八个影响因子，学习时间管理是其中的关键因素之一。[2]Jo、Yoon 和 Ha 指出学生的自我调节能力，特别是他们的时间管理策略，是驱动正常参与在线学习活动的隐性心理特征，会导致高绩效。[3]Lin 等对 167 名研究生在 9 门在线课程中的学习数据进行分析，以了解学生的学习成绩与其在课程各个模块中所花时间之间是否存在关系，包括课程学习总时长、课件 / 教学视频学习时长、学习资源学习时长、同步在线会话时长四个方面。分析发现，学生在同步在线会话中所花时间越长，考试成绩获得 A 的可能性越大，但是学习总时长、课件 / 教学视频学习时长、学习资源学习时长与考试成绩之间不存在这样的关系。[4]

有的研究从学生的学习积极性出发，以参与意识和互动程度为主要指标。Bolliger 等在研究中发现，在在线学习中，学生的参与意识与其学习结果之间存在必然联系，参与意识越强，在参与学习活动中投入的时间越长，其获取较高学习成绩的可能性越大。[5] Morris 等提取 345 名学生的在线课程访问日志，将学生分成完全参与在线学习活动、不完全参与在线学习活动、成功学习者、不成功学习者四种类型，采用多元回归分析方法分析参与频率、参与持续时间等八个变量与学习成就之间的关系，发现完全参与在线学习活动的学习者和成功学习者的在学习活动中的参与频率和参与持续时间明显多于其他两类学生。[6]

有的研究从在线学习的某个要素出发，专门研究某个要素或者学生的某

---

[1] S Kwon. The Analysis of Differences of Learners' Participation, Procrastination, Learning Time and Achievement by Adult Learners' Adherence of Learning Time Schedule in E-Learning Environments [J]. Journal of Learner-Centered Curriculum and Instruction, 2009, 9 (3).

[2] YM Lin, Z L Berge. Student Barriers to Online Learning: A factor Analytic Study [J]. Distance Education, 2005, 26 (1).

[3] I Jo, M Yoon, K Ha. Analysis of Relations between Learner's Time Management Strategy, Regularity of Learning Interval, and Learning Performance: A Learning Analytics Approach [A]. Paper Presented at the E-learning Korea , 2013.

[4] C Lin, K Muhkeyjee, R Lucio. Relationship between Grades Earned and Time in Online Courses [J]. Online Learning, 2017, 21 (4).

[5] D U Bolliger, C Halupa. Online Student Perceptions of Engagement, Transactional Distance, and Outcomes [J]. Distance Education, 2018, 39 (3).

[6] L V Morris, C Finnegan, S S Wu. Tracking Student Behavior, Persistence, and Achievement in Online Courses [J]. Internet & Higher Education, 2005, 8 (3).

个学习行为与学习绩效的关系。在 Watanabe 的一项关于在线英语学习时间管理研究中，发现那些有在作业提交前临时突击学习倾向的学生往往比那些每周平均分配在线学习时间的学生在学习上投入的时间少得多，当然最终的考试成绩也是比每周平均分配学习时间的学生差得多。❶

有的研究从学习偏好出发，了解不同学习习惯的学生行为模式。沈欣忆等对 MOOC 学习绩效评价指标进行梳理，构建了 MOOCAP 学习绩效评价指标模型，指出学习偏好可以分为时间偏好、投入偏好、节奏偏好、序列偏好、交流偏好这几个类型。❷

也有一些研究关注学习过程的动态，研究不同的学习阶段学生的学习行为特征。Hou 等对基于项目的学习环境中学生交互的时间管理模式进行了研究，研究发现在不同的学习阶段，学生在不同的交互行为上投入的时间会发生变化：学习初期，学生之间的交互更多的是收集和分享信息；学习中后期则以问题分析和讨论为主。这说明，学习初期学生会在信息的收集与分享上投入较多的时间；而随着时间的推移，学生在问题分析和讨论上投资的时间会逐渐增多。❸ Dringus 等对学生在线开放式话题（没有教师规定的特定截止日期的话题）中的时间投资变化趋势进行了研究，研究发现学生在一个开放式话题中的时间投资集中爆发在第 21~28 天，31 天之后基本趋于稳定；一周中，学生在话题中的时间投资倾向于前半周；一天中学生在话题中的投资变化趋势不明显。❹

很多关于在线学习参与的研究都将时间维度作为对学习者参与程度的详细描述，并报告说时间管理和分配对于描述学习者和预测学习效果具有重要

---

❶ T Watanabe，N Aoki. Time on Task and Time Management in an English E-learning Program［J］. Iated，2011.

❷ 沈欣忆，吴健伟，张艳霞，等.MOOCAP 学习者在线学习行为和学习效果评价模型研究［J］. 中国远程教育，2019（7）.

❸ H T Hou，K E Chang，Y T Sung. Analysis of Time-Management Pattern of Interactive Behaviors during Online Project-Based Learning［A］// IEEE International Conference on Advanced Learning Technologies. IEEE，2011.

❹ L P Dringus，T Ellis. Temporal Transitions in Participation Flow in an Asynchronous Discussion Forum［J］. Computers & Education，2010，54（2）.

意义。[1] 另外，在线学习的一些习惯和偏好也可以作为预测学习绩效的重要指标。本研究将结合学习形式（视频、作业、论坛）、时间偏好等重要指标，系统梳理在线学习的学习行为，以全面分析和挖掘哪些学习行为对绩效有正面影响，希望有助于探索学生学习投入的特点和规律，为 MOOC 课程的设计和支持提供依据，进一步降低 MOOC 课程的辍学率。

三、研究设计

（一）数据来源

获取 16000 多名同学在 2018 年于“学堂在线”网站学习“财务管理”课程的学习行为数据和本学期个人期末考试成绩，利用学生在线学习绩效评估模型分析学生在线行为对学习成绩的影响，并根据学生在线学习行为预测其学习成绩。

（二）构建学生在线学习绩效评估模型

梳理 MOOC 平台“学堂在线”网站上“财务管理”课程中的学生行为，将学生在线学习行为变量分成以下五类（如图 1 所示）：（1）视频（Video）学习行为：学生看视频总数、视频完成率、视频观看总时长、视频观看间隔、视频观看跳数、学生是否按顺序观看视频、视频复看率等；（2）作业（Classwork）学习行为：学生的作业得分率和作业完成比例等；（3）论坛（Forum）学习行为：学生在讨论区的活跃程度，如学生在讨论区的发帖数、回帖数、发帖字数以及发帖回复数；（4）学习时间偏好（Time Preference）：学生习惯在凌晨、上午、下午、晚上四个时间段中的哪一时间段进行在线视频学习，学习多长时间、多少次；（5）页面访问情况（Page Visits）：学生在线访问与课程相关页面的次数，如课程公告访问次数、课件访问次数、其他页面访问次数。

---

[1] L P Macfadyen，S Dawson. Mining LMS Data to Develop an “Early Warning System” for Educators：a Proof of Concept［J］. Computers & Education，2010，54（2）；L Wong. Student Engagement with Online Resources and Its Impact on Learning Outcomes［J］. Journal of Information Technology Education Innovations in Practice，2013，12（1）；A C Hamane. Student Engagement in an Online Course and Its Impact on Student Success［D］. Pepperdine University，2014.

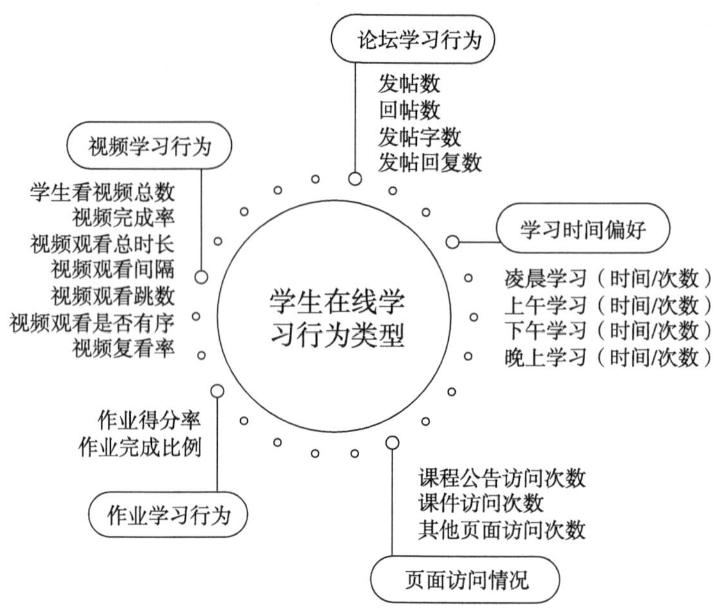

图 1　学生在线学习行为与学习绩效评估模型组成部分和子组成部分

构建学生在线学习绩效评估模型，如下所示：

$$y=\alpha+x_1\beta_1+x_2\beta_1+\cdots+x_{25}\beta_{25}+\varepsilon \quad (1)$$

式（1）中，标量α表示截距；记$X_1=(x_1, x_2, \cdots, x_8)$，表示与视频（Video）相关的学生在线学习行为的度量；$X_2=(x_9, x_{10})$，表示与作业（Classwork）相关的学生在线学习行为的度量；$X_3=(x_{11}, x_{12}, x_{13}, x_{14})$，表示与论坛参与（Forum）相关的学生在线学习行为的度量；$X_4=(x_{15}, x_{16}, \cdots, x_{22})$，表示与学习时间偏好（TP）相关的学生在线学习行为的度量；$X_5=(x_{23}, x_{24}, x_{25})$，表示与页面浏览（PV）相关的学生在线学习行为的度量；ε 表示误差。

表 1 列出了用于衡量学生在线学习绩效的每个子因素的 25 个具体数据项，每个数据项都表示学生在线学习绩效评估模型中的独立变量。

表 1　学生在线学习绩效指标及变量含义

一级指标	指标含义	变量	变量含义
X_1	视频（Video）	v_1	视频观看总数
		v_2	视频完成率
		v_3	视频观看总时长
		v_4	视频观看间隔均值
		v_5	视频观看间隔方差
		v_6	视频观看拖拽数
		v_7	视频观看是否有序
		v_8	视频复看率均值
X_2	作业（Classwork）	v_9	作业得分率
		v_{10}	作业完成比例
X_3	论坛（Forum）	v_{11}	论坛发帖数
		v_{12}	论坛回帖数
		v_{13}	论坛发帖字数
		v_{14}	发帖回复数
X_4	学习时间偏好（TP）	v_{15}	凌晨学习时间
		v_{16}	上午学习时间
		v_{17}	下午学习时间
		v_{18}	晚上学习时间
		v_{19}	凌晨学习次数
		v_{20}	上午学习次数
		v_{21}	下午学习次数
		v_{22}	晚上学习次数
X_5	页面浏览（PV）	v_{23}	课程公告访问次数
		v_{24}	课件访问次数
		v_{25}	其他页面访问次数

（三）抽样逐步回归

逐步回归的基本思想是将自变量逐个引入模型，每引入一个解释变量后

都进行 F 检验，同时对已经选入的解释变量逐个进行 t 检验，当原有的解释变量由于后面的解释变量被引入后变得不显著时，将其删除。这样每次引入新的变量之前回归方程中只包含统计显著的变量。反复进行该过程，直到既没有显著的解释变量被选入回归方程，也没有不显著的解释变量从回归方程中被剔除为止。逐步回归常常被用来解决自变量间的多重共线性问题。

求解该模型需要估计 26 个参数：表 1 中 25 个自变量的参数（$\beta_{25\times1}$）和截距项（α）。除了完全对学习绩效不产生影响的变量以及完全共线性的变量，我们希望所有其余变量均被包含在模型中。本研究尝试通过结合逐步回归和基于大数定律的抽样来进行建模。

使用 Spike-and-Slab 变量选择模型对学生在线行为变量进行抽样。这种贝叶斯变量选择方法适用于观测值相对较少且变量较多的回归情况。首先，利用“Spike and Slab Prior”对方程中的 25 个学生在线学习行为变量进行稀疏化。即抽取样本 $y=(y_k)(k=1, 2, \cdots, 25)$：当时，令 $y_k=1$；$\beta_k=0$ 时，$y_k=0$。记 β_y 是 $\beta_{25\times1}$ 中 $\beta_k\neq0$ 的子集。通常，可以利用伯努利分布来获得γ：

$$y_k \sim \pi^{yk}{}_k (1-\pi_k)^{1-yk},\ k=1, 2, \cdots, 25 \tag{2}$$

一般地，可以主观先验设置 π_k。例如，对于模型中每次逐步回归的迭代，如果希望包含大约 M 个在线学习行为变量，可以初始化 $\pi_k=\frac{M}{k}$，其中 $k=25$ 表示在线学习行为变量的总数，而 M 表示在每次逐步回归中期望的抽样个数。

接下来，基于所获得的 y，选择对应于 $y_k=1$ 时自变量 X^T 的子集 X_y，作为每次回归迭代获取在线学习行为的随机变量（子集）。使用逐步回归估计模型参数，估计方程中的一组 α 和 β。逐步回归保证模型中包含的变量是显著的，并且没有多重共线性。重复上面的抽样和逐步回归过程，直到模型收敛，将第 i 次回归迭代的结果记录为 $\varphi^i=(\alpha, \beta)^i$。用方程式（3）计算（$\varphi^i$）的平均值（即 $\bar{\alpha}$ 和 $\bar{\beta}$）：

$$\bar{\varphi}=\frac{\Sigma_{i-1}{}^{N}\varphi^i}{x} \tag{3}$$

最后，估算该模型的拟合值（记为 $\tilde{y}_i$）

$$\tilde{y}_i=\bar{\alpha}+x_1\bar{\beta}_1+x_2\bar{\beta}_2+\cdots+x_{25}\bar{\beta}_{25} \tag{4}$$

四、结果分析与讨论

使用 Stata/MP 14.0，运行程序 10000 次获得收敛的运算结果。模型估计的拟合优度 R2 为 0.398，说明模型拟合效果较好。将每位学生拟合得到的期末成绩与其真实期末成绩进行比较，如图 2 所示，可以发现，通过模型得到的期末成绩曲线与真实期末成绩曲线趋势走向一致，该模型精确度相对较高。也就是说，学生的在线学习行为能够在一定程度上预测学生的学习绩效。

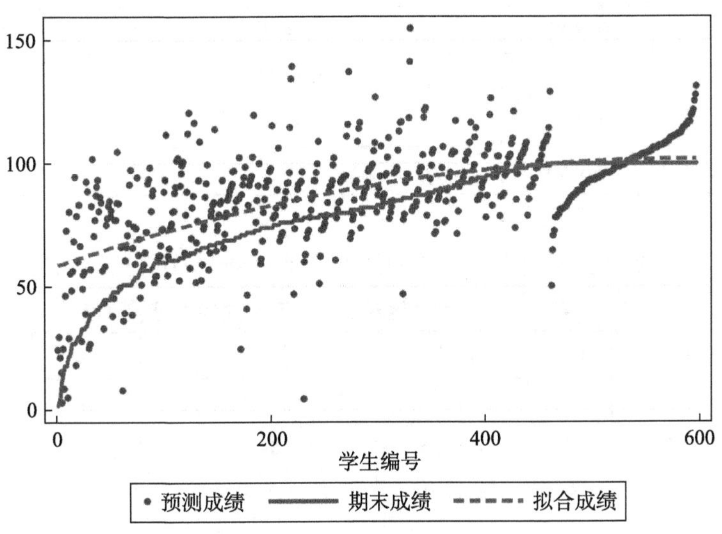

图 2　模型预测结果与真实结果的对比

（一）总体变量影响情况

估计的模型系数如表 2 所示，正的、较大的拟合参数说明该变量对在线学习成绩具有较高的正向影响；负的、较大的拟合参数表示该变量对在线学习成绩具有较高的负向影响。当变量的拟合参数较小时，该变量对在线学习成绩的影响力也相对较小。

表 2　模型的参数估计和系数

参数	系数	参数	系数	参数	系数
β_1	0.1050	β_{10}	56.8133	β_{19}	0.6731
β_2	14.9085	β_{11}	2.2105	β_{20}	0.5876
β_3	–0.0963	β_{12}	1.7798	β_{21}	0.4922
β_4	–1.7744	β_{13}	0.6208	β_{22}	–0.1849
β_5	0.0443	β_{14}	0.0255	β_{23}	0.5471
β_6	0.0087	β_{15}	–0.5476	β_{24}	0.0254
β_7	4.6528	β_{16}	–0.5388	β_{25}	–0.8135
β_8	–0.7297	β_{17}	–0.5250	α	29.2907
β_9	0.6594	β_{18}	0.2465	R^2	0.3982

根据拟合参数从大到小对表 2 中所有行为变量排序，结果如表 3 所示。

表 3　学生在线行为变量对在线学习绩效的贡献值排序

子变量	参数	系数	子变量	参数	系数
作业完成比例	β_{10}	56.8133	视频观看间隔方差	β_5	0.0443
视频完成率	β_2	14.9085	发帖字数	β_{13}	0.0255
视频观看有序	β_7	4.6528	课件浏览次数	β_{24}	0.0254
发帖数	β_{11}	2.2105	视频观看拖拽数	β_6	0.0087
回帖数	β_{12}	1.7798	视频观看总时长	β_3	–0.0963
凌晨学习次数	β_{19}	0.6731	晚上学习次数	β_{22}	–0.1849
作业得分率	β_9	0.6594	下午学习时间	β_{17}	–0.5250
发帖回复数	β_{14}	0.6208	上午学习时间	β_{16}	–0.5388
上午学习次数	β_{20}	0.5876	凌晨学习时间	β_{15}	–0.5476
课程公告访问次数	β_{23}	0.5471	视频复看率	β_8	–0.7297
下午学习次数	β_{21}	0.4922	其他页面浏览次数	β_{25}	–0.8135
晚上学习时间	β_{18}	0.2465	视频观看间隔均值	β_4	–1.7744
视频观看总数	β_1	0.1050			

可以发现完成作业比例、视频观看率、视频观看有序、积极参与发帖回帖等行为对学生在线学习绩效的影响较大；较高的视频观看间隔及视频复看

率、过多地将精力投入其他网页、偏好凌晨时间学习等行为不利于学生的学习绩效。

（二）指标内变量影响情况

如表4所示，对于视频来说，视频完成率、视频观看有序对在线学习绩效有较大影响，而视频观看总时长、视频观看间隔均值、视频复看率均值对在线学习绩效有负面影响。在这个指标内的分析，有一个有趣的现象，我们往往认为学习的时间对学习绩效是有正面影响的[1]，但是从视频观看总时长的影响系数（-0.0963）可以发现，并不是视频学习时长越长越好；从视频观看拖拽数（0.0087）可以发现，并不是说拖拽会对绩效起到负面效应。可以得出初步的结论，对于成绩好的学生来说，往往是通过认真观看视频就较好地掌握了知识，并不是需要反复观看视频来提升知识掌握度，如果视频讲解过于细致甚至可以有拖拽视频的行为，视频学习是有序的，并且视频之间的学习间隔时间不会很长。

表4 视频在线行为变量及影响系数

指标	变量	变量含义	影响系数
视频（Video）	v_1	视频观看总数	0.1050
	v_2	视频完成率	14.9085
	v_3	视频观看总时长	-0.0963
	v_4	视频观看间隔均值	-1.7744
	v_5	视频观看间隔方差	0.0443
	v_6	视频观看拖拽数	0.0087
	v_7	视频观看是否有序	4.6528
	v_8	视频复看率均值	-0.7297

如表5所示，对于作业来说，作业得分率和作业完成比例均对学习绩效

[1] S J Jez, R W Wassmer. The Impact of Learning Time on Academic Achievement［J］. Education and Urban Society，2015，47（3）；D E Marcotte，D. E. Schooling and Test Scores：A Mother-natural Experiment［J］.Economics of Education Review，2007（26）；V Lavy. Do Differences in School's Instruction Time Explain International Achievement Gaps in Math，Science，and Reading? Evidence from Developed and Developing Countries（NBER Working Paper No. 16227）［R］. Cambridge，MA：National Bureau of Economic Research，2010.

有正向作用，尤其是作业完成比例，是取得良好成绩的重要条件。

表 5　作业在线行为变量及影响系数

指标	变量	变量含义	影响系数
作业（Classwork）	v_9	作业得分率	0.6594
	v_{10}	作业完成比例	56.8133

如表 6 所示，对于论坛来说，论坛发帖数、论坛回帖数、论坛发帖字数、发帖回复数均对绩效产生正向作用，尤其是论坛发帖数和论坛回帖数，对成绩影响较大。基本可以判定，论坛是学习绩效的重要影响要素，论坛中的积极表现对学习绩效有重要影响作用。

表 6　论坛在线行为变量及影响系数

指标	变量	变量含义	影响系数
论坛（Forum）	v_{11}	论坛发帖数	2.2105
	v_{12}	论坛回帖数	1.7798
	v_{13}	论坛发帖字数	0.6208
	v_{14}	发帖回复数	0.0255

一般我们说学习次数多有正影响，暗含的条件是“其他条件不变的情况下”，以凌晨学习为例实际上对比的是一个凌晨学习了 6 个小时（凌晨学习时间长）和 6 个凌晨每次学习 1 个小时（凌晨学习次数多），哪个更好。如表 7 所示，从学习时间偏好看，可以发现凌晨学习时间长对成绩有负面作用，凌晨学习次数多对成绩有正面作用；上午学习时间长对成绩有负面作用，上午学习次数多对成绩有正面作用；下午学习时间长对成绩有负面作用，下午学习次数多对成绩有正面作用；晚上学习时间长对成绩有正面作用，晚上学习次数多对成绩有负面作用。简单来说，在凌晨、上午和下午不适合进行长时间突击学习，更适合有规律的适量时间的学习，而晚上是适合长时间进行学习的时间段。

表 7　学习时间偏好在线行为变量及影响系数

指标	变量	变量含义	影响系数
学习时间偏好（TP）	v_{15}	凌晨学习时间	–0.5476
	v_{16}	上午学习时间	–0.5388
	v_{17}	下午学习时间	–0.5250
	v_{18}	晚上学习时间	0.2465
	v_{19}	凌晨学习次数	0.6731
	v_{20}	上午学习次数	0.5876
	v_{21}	下午学习次数	0.4922
	v_{22}	晚上学习次数	–0.1849

如表 8 所示，对于页面浏览来说，课程公告访问次数和课件访问次数对学习绩效有正面影响；其他页面访问次数越多，势必占用学生学习时间，从而对学习绩效产生负面影响。

表 8　面浏览在线行为变量及影响系数

指标	变量	变量含义	影响系数
页面浏览（PV）	v_{23}	课程公告访问次数	0.5471
	v_{24}	课件访问次数	0.0254
	v_{25}	其他页面访问次数	–0.8135

五、促进 MOOC 学习绩效提升的教学策略建议

（一）视频学习：引导学生按顺序、有规律地进行视频学习

视频学习有多种类型，有顺序学习的、有逆序学习的、有乱序学习的。分析发现，顺序学习视频的影响系数是 4.6528，位列影响系数第三，仅次于作业完成率和视频完成率。一般来说视频课程的讲解顺序有一定的逻辑性，按顺序学习课程视频会提高学生对知识的掌握程度，提升学习效果。另外，视频的学习应该是一个持续性的过程，根据人类遗忘曲线，学习过程中间隔太长时间会影响学习效果。分析发现，学习间隔较长的学习行为往往会伴随着较高的复看率，从复看率影响系数（–0.7297）可以看出，其并不是对学习

有正向影响的行为。

2013年版关于MOOC教学视频评价指标的《网络课程评价指标》❶文件中提及视频及内容组织结构、顺序合理，强调学习者在视频学习过程中视频学习顺序的重要性。因此，教师在开展MOOC教学的时候设计好视频学习的先后顺序，并按顺序、有规律地依次开通视频学习，给予学生有限的视频学习时间，确保学生按照一定的节奏在教师固定的时间内按顺序、有规律地进行视频的学习，有助于学生用较少的时间高效完成知识的学习。

（二）作业设计：关注作业设计，提高学习者作业完成率与完成质量

作业部分的作业完成比例对学生在线学习绩效的正向影响（56.8133）最大，且与其他四部分差距显著，完成在线作业部分明显有利于期末成绩的提高。视频、论坛和页面浏览三部分对学生在线学习绩效的正向影响依次减弱且均不显著，表明进行上述三部分在线学习行为对于提高在线学习绩效并无明显影响。

已有研究将MOOC学习者课程作业得分视为衡量个体学习过程中知识能力变化状况的指标。❷这也充分说明作业的完成率与完成质量很大程度上决定了学习者真正的学习是否发生。因此，在教育教学过程中，应该抓住影响学习效果的关键因素，即作业完成比例与完成质量。这一影响因素与其他因素之间存在显著差距，甚至可以说比其他影响因素重要得多。在开展MOOC学习的过程中，教师应尤其重视作业部分的设计、提交、评价等环节，督促、保障学习者按时、高效地完成作业。

（三）学习共同体：提升论坛活跃度，促进教师和学习者形成学习共同体

论坛的发帖数（2.2105）、回帖数（1.7798）对学习绩效的影响要明显高于论坛发帖字数（0.6208），论坛中学习者之间的交互属性显得尤为重要，甚至超越了帖子内容字数。

由此可见，通过论坛帮助教师和学习者形成学习共同体，促进学习共同

---

❶ 教育部．关于印发《国家教育资源公共服务平台教育资源审查办法（暂行）》的通知［EB/OL］．［2013-09-02］．http：//www.moe.gov.cn/s78/A16/s5886/s5892/201310/t20131014_158327.html.

❷ 张晓蕾，刘威童，黄振中．如何理解MOOCs学习完成率——对MOOCs学习者留存问题研究的评析［J］．电化教育研究，2019（4）．

体成员间的交流与思考，可以有效提升学习者的学习效果。只有教师和学生在网络上形成虚拟网络学习共同体，达到教学相互督促、相互提高，方能对学生的学习质量起到充分的保障作用。[1]教师在MOOC教学过程中，应有意识地提升论坛的活跃度，即增加论坛的发帖数、回帖数，同时形成学习共同体，让学习者养成参与论坛发帖、同伴讨论的习惯，将有助于课程教学效果的有效提升。

（四）学习习惯：引导学习者制定学习计划，避免考前突击，养成良好的在线学习习惯

通过数据分析发现，有四分之一的学习者观看视频间隔天数的方差较大，这表示有四分之一的学习者在观看视频过程中喜欢考前突击，在临近期末考试时观看视频更为频繁。进行抽样逐步回归之后发现，观看视频间隔天数的方差对学生在线学习绩效几乎没有影响，这表示大部分情况下选择考前突击的方式对于提高学习成绩并不会有太大影响。

考前突击现已成为部分学习者应对考试的常态，但通过分析得知在线学习考前突击的学习效果并不明显，反而容易因为熬夜学习，使得精神状况不佳，学习效率低下。因此，教师在开展MOOC学习中，应充分利用已有的优质教育资源，让学习者有充足的时间自主学习。[2]在此过程中关注学习者的学习持续性、连续性，帮助学习者制定学习计划，采用半监督的学习模式，即在学习者自主学习的过程中通过安排视频、作业互评、讨论答疑等手段进行适当干预，使学生学习时间分布相对均衡，缓解考前突击现象。[3]

六、结语

随着在线学习的应用推广，如何提升在线学习效果成为研究热点。本研究采用爬虫相关技术手段，从在线学习平台中获取每个学员的学习行为数据，运用Python技术对所得数据进行加工整理，再建立相关模型，其模型涵盖的

---

[1] 马晓春．学习共同体：MOOC实现有效学习的关键［J］．计算机教育，2014（21）．

[2] 郝连科，刘帅，王悦．MOOC与传统课堂教学优势互补研究［J］．通化师范学院学报，2016（6）．

[3] 魏迎梅，谢毓湘，蒋杰．应用普及型SPOC课程半监督混合式教学模式与实践［J］．计算机工程与科学，2018（51）．

变量较为全面，最后进行抽样逐步回归得出结论，直观地发现对学生在线学习成绩有较大影响的在线学习行为变量。本研究在每次迭代求解过程中，首先利用 Spike-and-Slad 先验函数进行变量选择，然后使用逐步回归模型对所选择的自变量参数进行估计。上述迭代过程可以保证参数估计不会受到自变量之间多重共线性的影响，且拟合的参数均在指定的显著性水平下（本文设定 p=0.05）通过检验。同时，进行多次迭代并对估计参数取均值保证了参数拟合收敛，进而保证 25 种在线学习行为对学生在线学习绩效的影响效应的精确估计。这种方法除了能够避免多重共线性的同时给出各参数的精准估计，还能最大限度地保留各自变量（25 种学习行为）对因变量（学习绩效）的影响力。

通过对在线学习行为的分析发现，作业完成比例、视频完成率、视频观看有序等行为对最终在线学习效果产生重要的正面影响；部分在线学习行为也会严重影响在线学习效果，产生负面效果。因此，在开展 MOOC 学习过程中，教师如何引导学习者产生良性的在线学习行为，避免或减少不良的在线学习行为将对整门课程的教学效果发挥至关重要的作用。未来，关注并培养教师对在线学习的整体设计及对学习者的过程性引导将具有重要意义。

主题二：现代远程教育

基于文本挖掘的普通高校现代远程教育发展研究*

林世员　戴美林　陈祥和

摘　要　从 1999 年至今，普通高校现代远程教育已经试点了 20 年，其发展已经从规模扩张转向了内涵发展新阶段，对它的认识也应该从单纯描述规模转向深入分析结构。本文基于 68 所高校提交的发展报告，利用机器评分的方法对报告文本进行分析，并基于此分析普通高校现代远程教育发展现状，梳理存在问题。研究发现，普通高校现代远程教育较好地完成了试点任务，整体呈现出良好的发展态势，办学理念和定位清晰准确，办学基本条件充分，教学关键环节落实到位，但在招生、学习支持与学生管理两项指标上得分较差。因此试点高校要加强招生、学习支持与学生管理等方面工作水平，尤其是学生支持服务要从标准化的支持服务转向更具针对性的个性化支持服务。

关键词　普通高校现代远程教育　办学关键环节　发展现状监测

一、研究背景

普通高校现代远程教育（又称“网络教育”）是普通高校继续教育领域起步最晚但发展速度最快的办学形式。❶20 年来，各试点高校在学历继续教育、非学历继续教育两个领域，广泛开展网络教学模式、网络学习资源建设与共享机制、网络教育管理模式的探索与实践，形成了中国特色的现代远程教育发展模式与路径。普通高校现代远程教育试点的 20 年，是高校现代远程教育不断明确人才培养定位和人才培养模式、教育服务模式的 20 年，为经济

---

*　该文为教育部项目“全国高校继续教育发展年度报告”（编号：311800001）的系列研究成果之一，曾发表于《开放学习研究》2019 年第 6 期，收入本书时有修改。

❶　陈丽．中国教育改革开放 40 年 · 终身教育卷［M］．北京：北京师范大学出版社，2019：33.

社会发展培养了大批应用型人才，其在网络教学模式、学习评价模式、数字化资源建设与开放共享等方面的试点与探索为我国现代信息技术在教育领域的应用积累了宝贵的经验。

对普通高校现代远程教育的认识应该从关注规模转向描述结构，即从培养了多少人、建设了多少资源、提供了哪些服务这些规模性总结转向如何培养人、如何建设资源、如何提供服务、如何保证质量等的结构性分析，从影响普通高校现代远程教育发展的关键环节对其进行结构性的系统总结，进而从质量的视角呈现普通高校现代远程教育的发展水平。对这些结构性问题的回答以及发展水平的呈现，既是对20年来普通高校现代远程教育的回顾与反思，更是对走向内涵发展新阶段普通高校现代远程教育的再认识。

二、研究设计与研究过程

（一）研究对象与数据来源

本文的研究对象包括教育部批准的68所开展现代远程教育的普通高校，数据的来源是68所高校提交的2017年度高校继续教育发展报告。

（二）评分标准的构建

充分借鉴国际发达国家和地区在高等教育、远程教育质量保障方面的标准，结合国内相关教育评估指标体系，以及上海、北京、山东发布的高校继续教育质量报告的要点，对继续教育发展年度报告编制要点进行梳理，通过充分的比较分析和专家征求意见，构建了包含10项一级维度、20项二级维度、43项三级指标的评分标准。

（三）研究方法

本研究运用郭玉娟、胡韧奋所建立的基于文本挖掘的继续教育机构评价指标。[1]采用基于规则的机器评分方法对报告进行打分，对每一所学校在10项一级维度和43项三级指标上的表现进行机器自动赋分。在此基础上，对普通高校现代远程教育的10个维度、43项三级指标进行分析，形成68所普通高校现代远程教育的整体发展水平判定。

---

[1] 郭玉娟，胡韧奋．基于文本挖掘的继续教育机构评价方法新探［J］．开放学习研究，2019（6）．

（四）研究过程

（1）专家打分一致性验证。随机选取 20 所高校的年报，邀请 3 位专家分别依据具体的评价指标对 20 份报告进行评分。对评分结果进行一致性分析；根据分析结果，调整具体的评分指标。

（2）机器评分规则建立。在专家评分指标的基础上，将 43 条具体评价指标翻译为机器评分规则，用 Python 中的正则表达式编译为程序语言，形成了机器评分规则。

（3）人机打分一致性验证。用人工打分随机选取的 20 所高校的报告作为测试样本，进行机器评分，对机器评分结果和专家评分结果进行一致性分析，根据分析结果对机器评分规则进行调整。

（4）机器评分。根据最终的机器评分规则输出全部报告的评分结果。表 1 显示的是 68 所高校在 10 项一级维度上的得分情况（满分为 5 分）。

表 1　普通高等学校现代远程教育评价得分

序号	一级维度	得分（平均值）	标准差
1	愿景与使命	4.34	0.59
2	招生	2.99	0.48
3	专业建设	3.63	0.75
4	课程设计与开发	3.65	0.69
5	学习支持与学生管理	1.93	0.54
6	学习评价	3.51	0.62
7	内部质量保证	3.06	0.80
8	研究与创新	4.41	0.32
9	基础设施	3.44	0.97
10	师资队伍	3.29	0.65

三、研究发现

通过机器评分的结果可以看出，在 10 项一级维度上，有 9 个维度的得分接近或超过 3 分，总体办学水平良好，在愿景与使命、研究与创新两项指标上表现出较高的办学水平。

（一）办学定位明确，以研究创新引领试点工作

使命和愿景是远程教育机构承诺其提供高质量远程教育服务的表示，并影响和指导机构未来的发展。[1]在愿景与使命评价维度上，68所普通高校的平均得分为4.34分（见表2），尤其是在"体现了开放、共享、灵活和信息化的理念"与"和所在区域建立了紧密的互动发展关系"等评价指标上，许多高校都获得了满分，这说明试点高校充分利用现代信息技术的开放性、灵活性和便捷性，构建开放的教育服务模式，并且紧密对接区域经济社会发展，服务国家战略的办学定位。但在"与区域紧密对接""共享国外资源"两项评价指标上，高校之间的差异还比较大。对办学使命和定位的明确，不仅有利于从业者明确自己的工作职责，也让办学机构能够对照实际产出与预期声明之间的关系，而且有利于学习者和其他人理解办学机构正在做出的努力。[2]

表2　愿景与使命维度各项评价指标得分情况

评价指标	得分	标准差
1. 体现了开放、共享、灵活和信息化的理念	3.82	0.99
2. 和所在区域建立了紧密的互动发展关系	4.41	1.62
3. 办学有具体的价值目标	5	0
4. 面向大众开展多层次、多类别、多种学习形式的学历继续教育	4.44	0.96
5. 引进、共享国内外相应领域内的教育教学资源，并应用于本校的教学和管理中	4.04	2.97

在研究与创新维度上，68所普通高校的平均得分为4.41分，为所有评价维度中得分最高的维度（见表3）。现代远程教育本身就是我国利用现代信息技术开展学历继续教育的一种创新尝试，其试点的性质决定了高校要坚持试点工程的创新性与探索性，围绕试点工程的几项主要任务注重对远程教育办学模式、人才培养模式的研究探索，并用于实践的指导。同时我们也能够看到，在"设立了专门的继续教育研究机构""有研究成果产出"这两项具体的评价指标上，在平均得分上要低于同维度的其他指标，而且在显性研究成果

[1] Distance Education Accrediting Commission. Accreditation Standards［R］. https://www.deac.org/UploadedDocuments/2018-Handbook/2018-Accreditation-Handbook-Part-Three.pdf.

[2] Alan Tait. Planning Student Support for Open and Distance Learning［EB/OL］. https://www.tandfonline.com/doi/abs/10.1080/713688410.

的产出方面高校间的差异性较大。

表 3　研究与创新维度各项评价指标得分情况

评价指标	得分	标准差
1. 设立了专门的继续教育研究机构	3.88	0.53
2. 有研究成果产出	3.85	1.05
3. 引导并激励教师积极在课程中尝试新型教学模式	4.74	0.80
4. 形成了特色创新的人才培养模式	4.99	0.12
5. 将学校科研成果应用到社会中去，或者向社会提供智力支持	4.62	0.57

（二）教学条件准备较为充分

基础设施和师资队伍是现代远程教育人才培养和教育教学的硬件保证因素。[1] 通过对基础设施具体的 5 项评价指标的分析可以看出（见表 4），包括计算机教室、多功能教室和所需工程实验室等教学设施的齐全方面看，这项评价指标是基础设施维度得分最低的，说明在此方面还有很大的努力空间。技术的进步推动了教学条件尤其是基础设施条件的发展，以教室为例，技术推动了教室从传统教室到电子教室（多媒体教室、网络教室）再到智慧教室的三次迭代发展。[2] 在学校各类资源向学习者开放这一指标上，68 所高校的得分为 5 分的满分，且标准差为 0，说明高校都注重向学习者开放学习资源。在办学收入支出用于办学能力改善比例高于 50% 的评价指标上，虽然得分较高，但是高校间的差异性较大，标准差为 2.97。新技术在教学中的使用必须投入大量的资金用于基础设施的换代升级，并且要准备与之相对应的人力资本[3]，这可能是导致高校间差异较大的原因。

---

[1] 庞思勤，刘畅．高等学校教学条件与保障体系研究［J］．北京理工大学学报（社会科学版），2004（3）．

[2] 吴淑苹，蒋国珍，魏顺平．“互联网 +”时代开放大学云教室建设与应用研究［J］．中国远程教育，2017（1）．

[3] Guri–Rosenblit S. Digital Technologies in Higher Education：Sweeping Expectations and Actual Effects［M］. NewYork：Nova Science，2010；Rumble G. The Costs and Economics of Online Education［A］// In T. Anderson & O. Zawacki–Richter（Eds.），Online Distance Educa–tion：Towards a Research Agenda. Athabasca：Athabas–ca University Press. 2014：197–216.

表 4 基础设施维度各项评价指标得分情况

评价指标	得分	标准差
1. 教学设施齐全，包括计算机教室、多功能教室和所需工程实验室	3.82	0.99
2. 教学资源丰富，能有多种类教学资源支持学生的学习，如实体资源和电子资源	4.41	1.62
3. 学校各类资源向学生开放	5	0
4. 有明确的收支记录	4.44	0.96
5. 办学能力改善的支出占收入比例高于 50%	4.04	2.97

分析师资队伍维度的五项评价指标可以看出（见表 5），普通高校现代远程教育根据远程教育教学的特殊性，对教师进行了合理的角色区分，以适应远程教学的需要。教师的角色定位是一个动态变化的过程，随着教育实践的发展，教学要求、教学模式和教学内容都在发生变化，教师的使命和职责也在不断发展变化。[1] 无论是主讲教师、辅导教师的类型角色，还是内容组织与传授者、学习引导者、资源建设者的功能角色，远程教育的教师都由教学的主导者转向了学习的伴随者，这都归因于远程学习过程中学习者主体地位的凸显和确立。一个不容忽视的隐患在于实践领域专家的聘用方面 68 所高校的得分比较低，说明高校在这方面还有很大的改进空间。尽管高校在师资队伍维度方面的得分较高，但是一项研究表明只有 9% 的教师认为远程教育能够达到与面对面教学同样的效果[2]，而参与远程教育的动机和对远程教育的情绪深刻影响着教师对远程教育的态度。[3] 从这个角度来说，高校远程教育师资队伍的建设应该由招聘了多少老师、对老师进行怎样的考核转向如何通过针对性培训进一步提升教师的认同感和远程教育的深度参与。

---

❶ 孔磊 . 远程教育教师的角色定位——第 3 次“中国远程教育青年论坛”综述［J］. 中国远程教育，2011（4）.

❷ Jaschik S，Lederman D. The 2014 Inside Higher Ed Survey of Faculty Attitudes on Technology［R］. Conducted by Gallup，2014.

❸ Jennifer Bunk，Rui Li，Esther Smidt，Christopher Bidetti and Brett Malize. Understanding Faculty Attitudes About Distance Education：The Importance of Excitement and Fear［EB/OL］. http：//citeseerx.ist.psu.edu/viewdoc/download?doi=10.1.1.912.2650&rep=rep1&type=pdf.

表 5 师资队伍维度各项评价指标得分情况

评价指标	得分	标准差
1. 教师的专业结构和办学专业结构匹配	2.91	0.51
2. 为适应实践需要，为应用型课程聘请了专门的实践领域专家	2.19	2.15
3. 有一套合理的教师聘任方案或机制	2.99	1.51
4. 对教师进行了合理的角色区分	4.43	0.64
5. 基于考核结果对教师给予适当的反馈，如奖励、惩罚或针对性培训等	3.91	1.10

（三）人才培养关键环节基本落实到位

人才培养涉及专业建设、教学内容、教学方法和评价方法，对应到专业建设、课程设计与开发、学习支持与学生管理、学习评价等内容维度。通过对 68 所高校的分析可以看出，在专业建设、课程设计与开发、学习评价三个维度上，高校的得分普遍较高，且标准差较小，说明高校都比较注重专业建设和课程设计与开发，并且在学习者学习评价方面做了一些创新性尝试。

从表 6 可以看出，在依据学校优势和特色对接社会需求设置相应专业进行人才培养上，68 所高校呈现出较大的一致性，都能够从本校的优势、特色专业出发开设远程教育专业。这符合试点之初教育部对“拟开展网络教学的专业或专业领域，试点学校在全国或本区域应具有优势地位，社会对此专业或专业领域的人才需求旺盛”的要求，这也是高校严格按照国家教育行政部门进行人才培养的有力证据。在专业完整科学的教学计划与课程大纲、实验实习和社会实践以及定期收集用人单位的反馈评价以持续优化人才培养方案等评价指标上，68 所高校的得分都普遍较高，但同时高校间的差异性比较大，尤其是在定期收集用人单位对毕业生的反馈评价，并据此优化人才培养方案指标上，标准差达到了 1.67。说明有些高校在这一方面做得较差。学校内部评估及动态调整机制对于高校的专业建设至关重要，但 68 所高校在这一评估指标上得分仅为 1.5 分，说明高校对专业的定期评估与动态调整机制并未形成。专业设置与建设，体现出高校现代远程教育的专业结构和人才培养层次，更体现了人才培养的目标和办学水平。专业会随着产业结构的调整和人才需求的变化而变动不居[1]，人才市场的需求变化影响着专业的设置。[2]高校对专业的定期评估与动态调整首先要解决专业的设置问题，其次专业建设主要围绕专业人才培养目标制定、课程开发、教材建设、实验室与实习基地建设等内容来展开[3]，专业的定期评估与动态调整也要围绕以上几个方面持续进行。

表 6　专业建设维度各项评价指标得分情况

评价指标	得分	标准差
1. 专业设置的标准和原则体现机构的优势和特色，且具有一定规模的社会需求	4.93	0.61
2. 建立了学校内部专业评估及动态调整机制	1.5	1.01
3. 有完整、科学的教学计划和课程大纲，并严格落实教学计划	4.44	1.32
4. 设置了满足人才培养需要的形式多样的实验实习、社会实践活动	3.94	0.98
5. 定期收集用人单位对毕业生的反馈评价，并据此优化人才培养方案	3.35	1.67

课程的设计与开发一直是远程教育的重要环节，直接影响了人才培养导向和教学质量。课程是远程教育质量保证的关键环节之一。高校现代远程教育在课程设计与开发维度上表现得较为出色，尤其是在课程及资源建设成果方面，拥有丰富的课件与试题库，建立了相对完善的网络课程资源库；形成了相对完善的课程设计与开发机制，能够开展学习者、用人单位的需求调研，并据此设计课程内容、教学环节与教学方法，并在开发过程中聘请专家进行评审；在课程实施的过程中，能够对课程教学进行定期督导，发现存在的问题并及时调整课程设置与教学（见表 7）。一个突出的问题在于试点高校在定期以多种方式开展学习者满意度调查，并据此改进课程方面相对要弱一些，说明高校在课程实施中对学习者主体地位的贯彻尚有很大的提升空间。远程教育是一种以学生为中心的学习方式，其课程的设计与开发要以学生为中心来进行，远程教育的质量最终要体现在学生的成长和进步上。[4]

---

❶ 冯向东 . 学科、专业建设与人才培养［J］. 高等教育研究，2002（3）.

❷ 张婕 . 高校特色专业建设：现实与前瞻［J］. 教育研究，2011（5）.

❸ 张婕 . 高校特色专业建设：现实与前瞻［J］. 教育研究，2011（5）.

❹ Ehlers，U. Quality in E-learning from a Learner's Perspective，European Journal of Open and Distance Learning［EB/OL］.［2010-04-12］.http：//www.eurodl.org/materials/contrib/2004/Online_Master_COPs.html#r4.

表 7　课程设计与开发维度各项评价指标得分情况

评价指标	得分	标准差
1. 教学环节完整且明确，能根据知识类型和教学目标设计科学的教学活动	3.18	1.28
2. 定期以多种方式开展学习者满意度调查，并据此改进课程	2.63	1.55
3. 拥有丰富的课件和试题库，建立了完善的网络课程资源库，有自主开发的公开课程	4.43	1.06
4. 对课程的开设和审核有企事业单位、学习者需求调研和专家评审等环节	3.99	0.61
5. 有教学督导队伍，对教学管理工作进行定期检查	4.01	1.73

学习评价服务是美国远程教育和培训委员会认证远程教育机构质量的重要指标之一，同时也是美国高等教育研究所《在线教育质量：远程互联网教育成功应用的标准》的重要指标之一。学习评价主要指对学生学习状况的评估，依据一定的教育价值观或目标，运用有效的评价方法对整个学习过程和学习结果作出事实把握和价值判断。[1]通过表 8 可以看出，试点高校在学生的毕业标准方面做得较好，且学校间的差异较小，说明高校在学习者毕业的整体性学习评价上有较高的水平。但是，在学生的学习期间内的学习评价尤其是在有合理、明确的学习评价标准方面高校的表现却差强人意，得分仅为 2.71 分。原因或许在于对学生的毕业国家教育行政部门有着相对明确的标准，而对学习者的课程学习评价更多依靠高校自主进行的原因所致。另外，如何把评价结果及时有效地反馈给学习者并帮助学习者改进自己的学习，也是提升远程教育质量的有效措施之一。高校普遍建立了多种方式的学习评价反馈渠道，在此项评价指标上试点高校的得分也较高。

表 8　学习评价维度各项评价指标得分情况

评价指标	得分	标准差
1. 有合理、明确的学习评价标准	2.71	0.79
2. 有明确、合理且符合相关规定的学生毕业标准	4.01	0.32

[1] 曹梅．网络学习的学习监控和学习评价的理论与技术框架［D］．南京：南京师范大学，2002.

续表

评价指标	得分	标准差
3. 建立了如调查问卷、电话、邮件等学生对学习评价的反馈渠道，构建了社会第三方对毕业生的评价机制	3.82	1.23

（四）内部质量保证工作扎实推进

在内部质量保证机构的设立这一评价指标上，68 所试点高校的得分为 2.91（见表 9），这说明大部分的高校通过一定形式设立了内部的质量保证机构，这些机构有些是专门的质量保证机构，如中国石油大学（华东）远程教育学院设有专门的质量管理部，负责学校远程教育质量标准的制订、质量政策的出台和质量工作的监控。

表 9　内部质量保证维度各项评价指标得分情况

评价指标	得分	标准差
1. 设立内部质量保证机构	2.91	0.82
2. 制订并公布了科学合理的质量保证标准	3.24	0.67
3. 对办学质量进行定期评估	1.79	1.63
4. 面向教师、学生、用人单位定期开展满意度调查	3.50	1.55
5. 定期接受外部评审机构的认证评估	3.84	1.79

在制订并公布了科学合理的质量保证标准方面，试点高校的得分较高，并且学校间的差异较小。说明高校在质量保证标准的制订方面做出了很大的努力。但是在标准的制订方式上有着显著的差异，一是引进国际上比较通用的标准如 ISO9000 族标准，如华南师范大学、东北财经大学、中国石油大学（华东）、南开大学等高校都依据 ISO9000 标准建立了本校远程教育的工作流程和标准；二是自行制订人才培养关键环节的标准，如教学管理标准、学籍管理标准和支持服务标准等。但是在质量标准的系统性方面，68 所试点高校并没有从教育教学全流程或者人才培养全过程的角度建立全覆盖的质量保证标准。

在质量保证的实施及制度执行方面，试点高校除要接受国家教育行政部门的专业申报备案、年度发展报告提交的质量监控措施外，还要接受部分省级教育行政部门的年度质量检查以及学习中心备案检查，以及行业组织的网络统考。高校参与的这些外部机构的质量保证措施，也对高校提升内部质量保证具有积极作用。另外，有些学校也制订了一些内部质量保证制度，如面向教师、学生和用人单位定期开展满意度调查，以发现教育教学过程中存在的问题并及时改进。在对学校的办学质量进行定期的评估方面，试点高校普遍呈现出较低的水平，说明虽然高校建立了内部的质量保证机构，也针对关键环节制订了质量保证标准，但在具体的执行上仍然比较乏力。

（五）个别关键环节比较薄弱

招生、学习支持与学生管理是10个一级维度中最弱的两个环节，且高校间的差异性较小，说明高校在招生、学习支持和学生管理两个维度的弱势。

招生是高校现代远程教育办学的关键环节，也是教育行政部门实施监管的重点。[1]国家教育行政部门规定了现代远程教育的招生以在职成人为主，并明确要求招生宣传要实事求是，不得虚假宣传和违规承诺，并对高校的招生进行信息化监控。高校严格按照国家教育行政部门的要求，直接负责招生工作，招生宣传材料由学校统一印发，学习中心只负责招生宣传、组织生源和信息录入工作，所以在“招生工作由主办高校直接管理负责”这一评价指标上得分较高，且高校间的差异较小。但是在“有详细的专业、学制、学分、学费、毕业等内容介绍”评价指标上，高校的得分仅为2.57分，且标准差较小，呈现出较高的一致性（见表10）。根据相关要求，招生专业、层次、学习年限、学习形式和学位证书样式都需在招生材料中予以明确。在此项评价指标的得分较低，说明高校在招生宣传材料的规范性上需要进一步加强。

表10　招生维度各项评价指标得分情况

评价指标	得分	标准差
1. 有详细的专业、学制、学分、学费、毕业等内容介绍	2.57	0.59
2. 招生工作由主办高校直接管理负责	3.40	0.71

学生的学习支持是教学的关键环节，对教育教学质量与人才培养质量至关重要。学习支持由远程教育机构面向学习者个体和群体提供，主要包括课

[1] 林世员，陈丽，彭义平．我国高校现代远程教育外部质量保障体系建设——现状、反思与建议［J］．中国远程教育，2016（5）．

程资料或学习资源。[1] 通常来讲，学习支持分为学术性支持和非学术性支持两种类型。从表 11 反映的情况来看，在“有课件、平台、媒体使用指南，常见问题解答等”这一非学术性支持的评价指标来看，至少 68 所高校提交的报告没有呈现高校在此方面的努力，可能实践中有些高校在此方面做了一些努力。尽管如此，在“有规范、系统的学习支持服务管理文件与信息服务”“提供及时、有效的答疑、辅导”两项评价指标上，高校的情况也不容乐观，呈现出在学习支持方面的整体低迷。

表 11　学习支持与学习管理维度各项评价指标得分情况

评价指标	得分	标准差
1. 有规范、系统的学习支持服务管理文件与信息服务	2.93	0.76
2. 有课件、平台、媒体使用指南，常见问题解答等	0.00	0.00
3. 提供及时、有效的答疑、辅导	2.87	1.33

四、研究结论

通过对 68 所高校继续教育发展报告的文本分析可以得知，在 10 个一级评价维度中，除招生、学习支持与学生管理两个维度的得分较低外，其余 8 个一级评价维度都呈现出比较高的水平，说明高校现代远程教育的发展现状整体良好。普通高校现代远程教育已经较好地完成了试点任务，整体呈现出较好的发展态势。68 所高校在专业设置、网络教学活动设计、学习评价设计、网络教学资源建设、内部质量保证等方面都进行了探索，在网络教学组织、网络教学管理和网络教学资源建设方面形成了相对成熟和固定的模式，并且呈现出较好的发展态势。

同时我们又看到，在得分较高的 8 个一级评价维度中，高校在部分更具体的二级评价指标中也有很大的提升空间，比如对办学质量进行定期评估、有具体明确的学习评价标准、建立专业动态评估和调整机制、实践领域专家聘任为教师等方面，这些指标都指向影响办学质量和人才培养质量的关键环节。这说明尽管从整体上来看普通高校远程教育呈现出了较为良好的水平，

[1] Alan Tait. Planning student support for open and distance learning［EB/OL］. https：//www.tandfonline.com/doi/abs/10.1080/713688410.

但是在一些更为具体甚至关键的环节上普通高校远程教育需要加强专项建设，以内涵建设提升整体发展水平。

五、讨论与建议

针对基于文本分析呈现出的结果，普通高校现代远程教育已经较好地完成了试点任务，应该尽快结束试点转入正常办学，并进入内涵建设的新阶段。

一是要加强优质课程体系的建设。尽管在课程设计与开发维度上 68 所高校呈现出较好的发展水平，但是这一指标只是针对单一课程的设计与开发，并没有对高校的课程体系进行考量。单一的优质课程并不意味着课程的组合能够形成满足人才培养需求的课程体系。课程体系要更为系统，不仅决定了上哪些课，而且决定了课程之间如何衔接组合，是人才培养方案中最为核心的部分。因此，今后 68 所高校的课程建设要由精品优质课程建设转向科学合理的课程体系建设，开发既注重实践能力，又兼顾知识体系和成人学习者需求的课程体系。[1]

二是要加强学习支持与学生管理的能力和水平。以往远程教育学习支持模式的设计和选择更多指向学习者群体，高校习惯用固定的阶段、流程、渠道为学习者提供标准化的支持服务。但是“互联网 +”时代的教育服务模式更多指向的是一种定制化服务，定制化服务的提供最终要落实到内容、资源、方法、环境等教育的环节之上[2]，也包括个性化的学习支持服务。需深入考察不同性别、年龄、收入群体的学习预期、能力基础等，据此提供差异化服务，不断提高学生满意水平。[3]

三是要加远程教育教师的教学能力建设。转入内涵建设新阶段的现代远程教育，在远程教育师资队伍建设上也要由试点阶段关注教师总体规模、职称结构、评聘制度等转向对教师远程教学能力的建设，在教师的远程教学态度准备度、能力准备度两个维度进行针对性培训：让教师愿意参与远程教育

---

[1] 冯晓英，路广欣．能力为本的专业培养方案暨课程体系开发模式分析［J］．现代远程教育研究，2013（4）．

[2] 林世员．互联网 + 终身教育体系建设：动因、内涵与特征［J］．开放学习研究，2018（4）．

[3] 王秀凤．新型开放大学学生满意度实证研究——以北京开放大学为例［J］．开放学习研究，2019（4）．

和使用远程教学手段，并能够将远程教育中的教学和在校内教育的教学相结合，相信远程教学手段能够提升教学效率和质量；通过培训提升远程教育教师开展混合式教学的设计能力、技术工具应用能力、教学策略应用和教学活动组织能力以及运用现代信息技术持续改革创新教学的能力。

四是要进一步完善现代远程教育质量保障制度，在设立专门质量保障机构和对办学进行定期评估方面尤其需要重点关注。普通高校现代远程教育的内涵建设，要具体落实到依据学习者反馈完善课程、调整学习评价标准和方式、基于学习者个体的及时有效支持服务等更为细微、关键的办学环节，这些具体办学环节的质量持续提升如果脱离定期的监测和评估则难以实现。因此高校要把质量保障制度建设进一步下沉到如何依托专门机构推动已有制度的实施上，而不仅仅是依靠业务部门对业务工作质量要求的落实。

后试点时代普通高校网络教育的转型发展*

林世员　高小军　李翠红　王　林

摘　要　普通高校网络教育进入后试点时代的转型发展是一个十分紧迫的实践问题。本文从教育综合改革、在线教育发展以及政策调整三个维度分析了高校网络教育面临的发展形势，重点分析了其在开放办学、服务定位、资源共享、质量保障等方面存在的问题。基于此，提出了完善质量保障体系、兼顾校内办学与社会服务、深化教学改革、完善课程体系、注重合作办学等方面的发展建议。

关键词　高校网络教育　形势　问题　发展建议

从 1999 年教育部批准清华大学、浙江大学、北京邮电大学、湖南大学等 4 所普通高等学校首批试点开始，时至今日我国网络教育试点已经开展了 20 年。作为我国教育信息化在继续教育领域的典型实践，过去十几年中在网络教育在人才培养模式、教学模式、学习支持服务和质量保障等方面进行了深入探索，取得了重要进展和明显成绩。虽然试点工作没有按照当初的设计在试点 4~5 年后进行全面评估，并一直试点了 20 年。但随着“利用网络实施远程高等学历教育的网校审批权”的取消，普通高等学校网络教育实质已经进入了后试点时代。从教育行政部门角度看，后试点时代普通高校网络教育是否继续维持试点初期形成的小范围参与、大规模办学的状态，是必须要认真对待并需要妥善解决的问题。从高校的角度看，后试点时代高校网络教育不应再坚持探索、试错的办学取向，其办学应转向示范、创新的新阶段，把前期试点、探索的有益经验予以总结、推广，并持续创新现代信息技术支撑的

* 该文曾发表于《继续教育》2017 年第 12 期，收入本书时有修改。

教育教学改革和社会服务模式。

党的十八大提出了“深化教育领域综合改革”的总体要求，随着教育综合改革的深入推进，继续教育的改革发展也进入系统性攻坚阶段。作为我国继续教育的重要组成部分，高校网络教育的转型发展不仅要面对国际国内MOOC和在线教育发展的新趋势，更要面对新的政策环境，围绕如何“构建灵活开放的终身教育体系”这一终极命题，普通高校网络教育的转型发展仍然任重道远。

一、普通高校网络教育发展面临形势

教育的时代性和历史性表明了教育在其现实性上、在其实际的运作过程中，还应该具有动态的、发展的、受制于各种因素和历史情境的一面。[1]教育的这一特征决定了普通高校网络教育转型发展需基于其面对的客观环境和形势。普通高校网络教育发展的外部社会环境、政策环境都发生了深刻变化，对网络教育发展产生直接或潜移默化的影响，这都内在地规定着高校网络教育转型发展的目标、路径与措施。

（一）教育综合改革的深入推进

2013年《中共中央关于全面深化改革若干重大问题的决定》提出了“深化教育领域综合改革”的战略任务，提到了要推进继续教育改革发展。教育综合改革的提出，是出于我国教育改革和发展正处在一个非常重要和关键的时期的现实情况，这一现实情况在于我国的教育结构和发展模式已经难以面对社会的多样性和持续性变化。我国现有教育体系在开放性和满足个性化学习需求方面严重不足，尤其是在教育服务模式、组织模式以及制度保障方面问题较为突出。全面建成小康社会对提升我国人力资本水平的迫切要求正在倒逼我国教育领域进一步加快综合改革。

教育综合改革的价值取向在于形成一个满足大规模个性化学习需求的开放教育体系，这一开放教育体系针对《国家中长期教育改革和发展规划纲要（2010—2020年）》提出的战略目标，回应社会对更高水平的普及教育、惠

---

[1] 唐汉卫.论教育改革的逻辑［J］.教育研究，2011（10）.

及全民的公平教育、更加丰富的优质教育、体系完备的终身教育、充满活力的教育体制等的关切。大规模个性化开放教育体系首先面向社会全体学习者，回应更高水平的普及教育目标；大规模个性化开放教育体系以个体学习者的需求提供教育服务，回应惠及全民的公平教育目标；为了向所有学习者提供个性化的教育服务，这一教育体系主张教育向所有有意愿、有能力提供教育服务的机构和个人开放，并呼吁所有机构开放办学并提供优质教育资源和服务，回应更加丰富的优质教育目标；大规模个性化开放教育体系其本质就是一个完备的终身教育体系，它具有充满活力的教育体制和灵活的运行机制。

继续教育是终身教育体系的重要组成部分。教育综合改革的不断推进，对包括网络教育在内的继续教育提出了一系列新任务：要在构建终身教育体系，形成充满活力、富有效率、多元开放的教育新格局方面承担重要任务；要在实现更高水平的普及教育，提高新增劳动力和主要劳动年龄人口的平均受教育年限，服务高等教育大众化，整体提升教育质量和教育现代化水平方面承担重要任务；要在推进教育公平，缩小城乡、区域之间的教育差距，保障公民依法享有接受良好教育的机会方面承担重要任务；要在建设优质教育资源，促进开放共享，最大限度地向社会开放资源方面承担重要任务。服务学习型社会建设，不断满足广大社会成员多样化、个性化、终身化学习需求。

（二）我国在线教育的快速发展

《国家中长期教育改革和发展规划纲要（2010—2020 年）》明确提出，“信息技术对教育发展具有革命性影响，必须予以高度重视”，党的十八届三中全会提出“构建利用信息化手段扩大优质资源覆盖面的有效机制”，十八届五中全会决定要求“推进教育信息化，发展远程教育，扩大优质资源覆盖面”。尤其是《国务院关于积极推进“互联网 +”行动的指导意见》提出“互联网 +”行动计划以来，“互联网 +”为我国教育改革带来了重要契机，以“互联网 +”推动我国终身教育体系建设成为我国教育改革创新发展的必然选择。

随着互联网的发展，现代信息技术推动的教育改革和实践创新在我国已有了丰富的创新实践。我国在线教育的发展从两个层面快速推进：一是伴随国际上以大型开放式网络课程 MOOCs 为代表的全球教育革命，国内的北京大学、清华大学、上海交通大学等高校纷纷建立自己的在线课程和 MOOC 平台，各种形式的MOOC联盟也相继出现，在线教育逐渐受到传统学校教育的重视，并逐步进入校内全日制教育教学中。为此教育部公布了《关于加强高等学校在线开放课程建设应用与管理的意见》，肯定MOOC等新型在线开放课程和学习平台的兴起，而不分学籍、不限年龄地域等资格、几乎所有人都能上线收看、并报名参加课程的MOOC，正在使高等教育机构的教学内容、方法、模式和教学管理体制机制发生变革，也给高校网络教育教学改革发展带来新的机遇和挑战。

二是在传统的社会在线教育市场，更多教育机构和企业加入到在线教育行业大军。截至2016年底，我国网民规模达到7.31亿，普及率达到53.2%。❶网络的普及成为在线教育快速发展的支柱之一。根据艾瑞咨询发布的《2014年中国在线教育发展报告》，2017年中国在线教育用户规模将达到1.2亿人，市场规模将达到1700多亿元，其中高等学历教育、职业教育和企业e-learning三个细分领域将占到50%左右。社会在线教育机构其服务对象包括在校学生和走出学校的成人，与高校网络教育在在职成人的教育服务定位上高度重合，而且其服务模式更为灵活，服务内容也更具针对性，对高校网络教育的挑战十分巨大。

（三）国家网络教育发展政策的调整

教育政策的根本目的是进行利益分配❷，教育政策调整的是国家、社会组织和个人三类不同主体之间的关系。分析近几年来我国在继续教育尤其是网络教育政策上的调整，其实主要针对国家和高校、高校和高校之间的关系调整，但其最终目的都是促进学习者的利益获得。这些出台的系列政策，为我国高校网络教育营造了一种全新的政策环境，对网络教育发展产生了深刻影响。

2014年，国务院下发《关于取消和下放一批行政审批项目的决定》，取消了“利用网络实施远程高等学历教育的网校审批权”。这项审批制度的取消，进一步调整了政府和高校之间的关系，为高校在利用现代信息技术自主开展

---

❶ 中国互联网络信息中心．第39次《中国互联网络发展状况统计报告》[EB/OL]．http：//www.cnnic.cn/hlwfzyj/hlwxzbg/hlwtjbg/201701/t20170122_66437.htm.

❷ 劳凯声，刘复兴．论教育政策的价值基础[J]．北京师范大学学报（人文社会科学版），2000（6）.

学历继续教育进一步奠定基础。问题在于，这一政策出台后，国家教育行政部门的下位政策跟进不及时，既有网络教育试点政策在审批取消之后，对其他高校是否具有延续性和适用性，国家教育行政部门没有针对的文件出台。国家教育行政部门前置监管的审批虽然结束了，但自主决定招生规模、自主招生考试等政策制度仍然仅仅维持在原有的68所试点高校。这一政策理顺了国家和高校之间的关系，但对试点高校和非试点高校之间的关系没有进一步调整，看似是为高校网络教育的发展提供了更加广阔的空间，为其他非试点高校进入网络教育领域提供了政策上的支持，但实质上并没有起到实质推动作用。

2015年10月，国务院发布《关于第一批取消62项中央指定地方实施行政审批事项的决定》，明确取消了由省级教育行政主管部门负责的“校外学习中心（点）审批”。校外学习中心审批制度正式取消，这一政策为高校网络教育的支持服务体系建设奠定了又一制度基础。这一政策同样在国家教育行政部门和办学机构之间的关系上做出了调整，释放了高校的办学自主权。问题在于，不同省级教育行政部门针对取消学习中心审批制度之后如何加强事中事后监管上的措施却各不相同。有些省份仍然坚持对本省域内新设校外学习中心进行审批；有些省份则对设在本省的学习中心实行备案制度，同时加强监管；有些省份则索性采取消极政策，既不实行备案，也不进行监管，有些高校要设学习中心不知该找哪个部门，履行何种程序。这一现象的背后，其实是国家教育行政部门和省级教育行政部门长期以来在高校网络教育监管方面没有形成合理、明确职责关系问题的集中反映。[1]

2016年11月，教育部发布《高等学历继续教育专业设置管理办法》，其第11条规定：普通本科高校、高等职业学校须在本校已开设的全日制教育本、专科专业范围内设置高等学历继续教育本、专科专业。这意味着试点高校如果没有开设全日制专科专业，则不能再进行专科层次的人才培养，同时也意味着试点高校在《普通高等学校本科专业目录》《普通高等学校高等职业教育专科专业目录》和《高等学历继续教育补充专业目录》范围之外设置的专业不能再继续招生。这一制度对普通高校网络教育人才培育层次、招生专

[1] 林世员，陈丽，彭义平．我国高校现代远程教育外部质量保障体系建设——现状、反思与建议［J］．中国远程教育，2016（5）．

业进行了规范，之前试点高校可在本校已设置专业范围内根据社会需求自主设置专业，以及在提交专业论证报告并报教育部备案后，可以举办社会急需的、专业目录之外的专业等专业设置宽松政策进一步收紧。

以上三项政策的出台，对高校网络教育的影响是深远的，办学审批权的取消为高校网络教育的普及发展奠定了基础，网络教育可能走出68所试点高校的范围，成为不同类型高等学历继续教育整合发展的动力；学习中心审批权的取消、新的专业设置管理办法对既有试点政策进行调整，使得高校网络教育在既有试点轨道内的运行出现转轨的可能，高校网络教育很可能打破既有的路径依赖，走向新的增长点。

二、普通高校网络教育存在的主要问题

试点是一个探索的过程，也是一个试错的过程。在十几年试点过程中，高校网络教育不断矫正办学中的各种问题，为现代信息技术支撑的教育教学及其管理积累了丰富的经验。即便如此，我国普通高校网络教育仍然存在一些问题，既有先天性不足，亦有政策导致的问题；有发展中存在的问题，更有认识上不足的问题；有制度设计的问题，也有落实不力的问题。

（一）开放程度较低，合作机制较弱

网络教育本身是一种开放办学的实践形式，在《关于支持若干所高等学校建设网络教育学院 开展现代远程教育试点工作的几点意见》中对网络教育课程资源共享、校外教学支持服务体系共享有了明确的引导，网络教育在发展过程中也以多种形式探索了课程资源开放共享的模式，依托公共服务体系开展校外教学支持服务。但资源开放共享的机制并没有形成，资源开放共享难以持续，探索、宣传较多，实际运行并取得成效的较少。公共服务体系建设是促进高校网络教育和电大开放教育健康、稳定和可持续发展，构建终身教育体系的重要举措，公共服务体系按照当初设计承担为试点高校网络教育提供招生、学生学习支持服务、教学与管理服务、提供考试服务、促进教学资源共享等任务，从实际运行情况看，公共服务体系在促进教学资源共享以及优质资源整合等方面的功能没有充分发挥出来，高校在实践办学中仍然坚持自我办学、自我发展的思路，试点高校彼此间的开放程度较低，合作机制

没有充分形成。

这一问题，同样也出现在试点高校内部。部分试点高校内部的继续教育资源没有实现整合，函授教育、网络教育、夜大学（业余）教育、高等教育自学考试、非学历继续教育等没有统一归口管理，存在部门分割的现象。有些试点高校虽然将不同形式的继续教育进行了统一管理，但没实现真正有效的资源整合和教学、管理的统一，函授教育、夜大学教育、自学考试、网络教育等各种成人高等教育办学形式之间，虽然面向同一社会群体办学，但相互之间政策不一致，入学标准不统一，教学过程不统一，质量标准也不统一。同一高校内部不同继续教育办学机构、不同继续教育形式之间的协调、合作机制较弱。

（二）重视校外办学，忽视校内服务

大多数高校没有将继续教育作为履行高校职能的重要途径，没有把继续教育纳入学校整体发展规划以及学校人才培养体系的重要组成部分，有些学校甚至只把继续教育视为创收的手段。高校对继续教育的错误定位导致继续教育在高校中处于边缘地位，生存的压力使得普通高校网络教育只能面向市场办学寻求发展空间，面向社会成人群体提供教育服务，以学费的形式获得发展的资金。高校网络教育在没有国家投入的情况下完全靠教育服务的学费收入支持自身发展，并为国家培养了大批人才，这一贡献应该给予充分肯定。但在注重对外办学的同时，高校网络教育却忽视了校内服务，多数高校网络教育学院的平台、信息化设施、数字化资源等未开展对校内全日制教育提供服务，形成校外办学和校内服务脱节的问题，并没有积累足够的面向校内全日制教育提供办学服务、教学管理和实施的经验，不仅进一步加剧了网络教育在普通高校中的边缘化，而且当MOOC浪潮来临，高等教育开始注重在线教育，促进信息技术支撑的教育教学改革时，已经在信息化教育教学探索多年的网络教育难以为其提供支持。

（三）优质资源建设与共享程度较低

虽然高校网络教育资源建设已基本形成规模，构建了立体化的学习资源，但从整体来看，资源建设的速度、质量和多样性方面还远不适应网络教育的发展，许多资源媒体形式变化了，但内容仍是传统面授教材的翻版；缺乏基于成人学习特点的教学设计，真正适合成人业余自主学习的优质教学资源相对短缺；教学资源结构不平衡，非学历继续教育资源短缺问题尤为突出。整体来看，试点高校网络教育教学资源重复建设现象突出，优质资源不足，共享机制不完善，技术标准不统一，资源开放共享程度较低，不适应网络教育开放办学、资源共享的发展要求。虽然有诸如部分试点高校成立“网络教育教学资源研发中心”共同致力于网络教育教学资源建设与共享的探索，但多数试点高校基本以自建自用为主，国内外、校内外的优质资源没有被充分整合利用。

（四）质量声誉较低，影响健康持续发展

在十几年的试点过程中，质量声誉问题一直是政府和高校十分关注的问题。教育部陆续出台了有关网络教育学院、公共服务体系及学习中心的审批及管理、招生及就业、证书及电子注册、统考、年报年检、评估和教学规范等政策文件 100 多个，建立了网络教育的信息化质量监管平台和机制。而各试点学校在网络教育的各个环节，如学生管理、教师管理、考试管理及其他各方面积极制订相应的规章制度，以保证网络教学有章可循，实现对网络教育的科学、规范管理，保证网络教育的质量，部分高校还尝试引入 ISO9000 质量认证体系规范远程教育的质量管理。尽管多方努力和尝试，依然没有解决质量声誉的问题。质量声誉的高低可能与实际的质量有出入，但较低的质量声誉一定会影响网络教育的健康持续发展。网络教育质量声誉较低的原因，固然与部分办学机构存在违规办学有关，但更为重要的原因在于没有建立起一套完整的质量保障制度，质量标准的缺失，质量保障机制的不完善，在很大程度上影响了人们对于开放办学尤其是入学限制较少的网络教育的印象。

三、普通高校网络教育发展建议

针对普通高校网络教育发展面临的新形势以及网络教育自身存在的问题，现就普通高校网络教育发展提出如下建议。

（一）以现代信息技术为支撑，推动普通高校各类学历继续教育融合发展

在我国，教育信息化已经由起步、应用阶段，进入了融合、创新阶段，现代信息技术对教育的影响更为深入，也更加系统。高校网络教育作为一种

在现代信息技术支撑下发展、探索的教育形式，应该在高校学历继续教育的信息化转型中发挥引领、示范作用，推动高校学历继续教育综合改革。一是利用现代信息技术，整合各类高等学历继续教育资源，逐步实现函授教育、夜大学（业余）的招生入学、教学辅导、管理服务、考试等环节的信息化和网络化，推动高等学历继续教育教学与管理的现代化，实现资源共享、支持服务共享与技术支持共享。二是推进高等学历继续教育证书制度、考试制度的改革和融合，将网络教育、函授教育、夜大学（业余）等高等学历继续教育类型纳入统一管理，按照宽进严出的原则统一入学标准和毕业、学位授予标准。

（二）建立网络教育质量标准，完善网络教育质量保障体系

提高质量是教育改革发展的核心任务，同样也是高校网络教育转型发展的核心任务。《国家中长期教育改革和发展规划纲要（2010—2020年）》提出要“制定教育质量国家标准，建立健全教育质量保障体系”，借鉴美国、韩国、日本等发达国家的先进经验，我国要尽快建立完善我国高校网络教育的质量保障制度。一是研究建立网络教育质量保障标准，质量保障标准是教育质量保障制度的核心内容，也是网络教育质量保障的基础和依据。国家教育行政部门尽快组织专家团队或者委托第三方机构全面调研分析国际网络教育、在线教育和远程教育的质量保障标准，结合我国网络教育的政策与实践，研究制订全面、科学、基础的国家网络教育质量保障标准，并向社会公布；引导各个地区、办学机构基于国家标准，制定本地区、机构的质量保障标准，并向社会公布。二是完善网络教育质量保障机制，基于管办评分离的原则，充分调动政府、学校、行业、第三方机构等多主体的积极性与主动性，构建完善的网络教育质量保障体系；建立第三方评估与认证机构以实现真正意义上的质量保障。

（三）优势互补与加强合作，普通高校与开放大学（电大）密切合作

普通高校的网络教育与开放大学（广播电视大学）的开放教育其本质是同一类型的教育，其面向对象、政策制度、实践形式基本一致，而且普通高校、开放大学（广播电视大学）又有着彼此需要、十分互补的优势，普通高校的学科、师资优势，开放大学（广播电视大学）的系统优势以及在终身教育体系建设和公共服务平台建设中被各级政府赋予重要任务的优势，二者本

应该优势互补、资源整合，实现共赢，但过去二十年的发展过程中，二者并没有进行实质的深入合作，甚至彼此限制。在现代信息技术推动教育正在发生整体系统性变革的今天，教育的组织模式和服务模式都在发生深刻的变化，单一机构的封闭办学再也难以满足大规模、个性化的学习需求，网络教育或者开放教育发展的过程中，普通高校、开放大学（广播电视大学）如何准确定位，真正突破机构壁垒需要认真考虑。

（四）转变办学思路，高校网络教育要兼顾校内服务与社会办学

在前期发展过程中，由于高校网络教育办学定位最终落实到面向在职成人的继续教育，所以高校网络教育更多倾向于面向社会开展办学，与校内全日制教育结合不够紧密，虽然有些学校的网络教育在注重社会办学的同时，也对校内教育开展了一些服务，如平台共享、部分资源向校内学生开放、共建资源等，但就整体办学来说，仍然忽视了对校内全日制教育的服务。随着现代信息技术对教育的渗透与影响越来越深入，现代信息技术与教育教学的深度融合趋势愈来愈明显，任何教育的改革发展与创新都离不开现代信息技术的支撑。高校网络教育在二十年的探索实践中，在平台、课程、技术，以及基于技术的教与学、支持服务等方面积累了丰富的资源和先进的经验，理所当然应该在高校信息化建设以及基于信息化的教育教学改革中做出更积极的反应和更大的贡献。因此，高校网络教育在继续坚持面向社会办学，提供继续教育服务的同时，更要积极参与校内全日制教育的教育教学改革，一是以技术、平台、课程等累积优势支撑全日制教育改革发展，二是利用对外办学过程中与行业企业、机构建立的合作渠道，为学校教师的实践和学生的实习提供平台。

（五）深化教学改革，形成真正数字化环境的教育教学模式

尽管普通高校网络教育利用现代信息技术推动教学模式创新，教学活动由单向传播向高交互学习转化，多种网上交互手段和交互方式为师生、生生提供了良好的交互环境。但其教学设计与实施，依然沿袭了行为主义的认知模式，其学习评价依然是标准、统一化的终结性、形成性评价，真正基于数字化环境的教学模式、评价模式没有完全建立。而随着大数据技术、学习分析技术的发展，以个体学习者为起点的教学与评价的组织与实施具有了实现的可能，普通高校网络教育要摒弃基于大工业生产逻辑建立的标准、统一化

的教育服务模式，尤其要打破班级授课制的惯性思维，注重学习效果的同时，更要注重学习体验。真正基于数字化环境的教学如何组织，可能没有一定之规，但把传统教育教学模式数字化仅仅是教育信息化的浅显层次，探索并形成数字化环境的教育教学模式是教育信息化在融合、创新阶段的重要使命，也是普通高校网络教育转型发展的重要任务之一。

（六）加强专业课程体系建设，积极推进数字化学习资源开放共享

普通高校要紧密结合科学技术进步、经济社会转型、产业调整升级以及学习者职业发展、创新能力提升等多样化需求，加强专业和课程体系建设，推动相关专业设置与产业需求、课程内容与职业标准和岗位能力、教学过程与实践实训结合。高校要根据专业建设要求，创新课程体系，建立课程标准，开展课程认证，及时更新课程内容，引入新理论、新知识、新技术和新方法，强化实践环节，重视高新技术、职业技能、实习实训等教学内容建设。高校应加强网络教育在线开放课程及平台建设，建立在线开放课程质量评价、课程运行保障和效果测评等制度，推动优质网络（在线）课程、微课程向社会开放，探索资源共享、开放和服务的新机制。

高等远程教育质量保证核心要素的研究 *

沈欣忆

摘　要　远程教育迅速发展，但其质量受到诟病，建立质量保证体系是解决质量声誉的关键，质量保证标准是质量保证体系的根本和准则。本研究立足于质量保证核心要素的研究，是标准构建的先驱性问题。本研究通过文献得到了远程教育质量保证核心要素，通过大范围调研以及专家排序法，得到核心要素的重要性排序。研究成果可为远程教育质量保证标准的制定奠定基础，进一步促进质量保证体系的构建和远程教育的发展。

关键词　远程教育　质量保证　要素

一、引言

自 1999 年我国开展现代远程教育试点工程以来，网络教育快速发展。教育部网络教育的统计数据表明，2013 年，网络本专科生毕业人数为 1299253 人，招生人数为 1871519 人，在校生人数为 4924833 人[❶]，占高等教育总人数的六分之一，网络教育已经成为中国高等教育的重要组成部分。

远程教育大力发展的这十几年中，其质量被社会所诟病，《人民日报》头条出现了远程教育的批判文章，指其论文可抄考试可免，拿文凭容易；社会地位低，经费投入少；生师比悬殊难保教学质量，含金量低。[❷]政府和办学机构为此做了诸多努力。教育部陆续出台了有关网络教育学院、公共服务体系

---

* 该文曾发表于《开放学习研究》2017 年第 3 期，收入本书时有修改。

❶ 中国教育部. 2013 年教育数据统计［EB/OL］.［2014-12-31］.http：//www.moe.edu.cn/publicfiles/business/htmlfiles/moe/s7255/201303/149845.htm.

❷ 人民网. 远程学历教育竟如此注水［EB/OL］.［2014-12-21］.http：//cpc.people.com.cn/n/2013/0502/c83083-21337402.html.

及学习中心的审批及管理、招生及就业、证书及电子注册、统考、年报年检、评估和教学规范等政策文件 80 多个，建立了网络教育的信息化质量监管平台和机制。办学机构在远程教育的各个环节如学生管理、教师管理、考试管理等方面积极制订相应的规章制度，部分办学机构还尝试引入 ISO9000 质量认证体系规范远程教育的质量管理。然而，政府和远程教育办学机构的这些努力和尝试，并没有从根本上解决质量水平和质量声誉问题。

究其原因，政府和办学机构的这些工作零散、不成体系，其工作停留在质量管理层面，并没有落实到真正的系统的质量保证工作当中。❶现阶段，建立科学的、系统的、完整的国家层面的高等远程教育质量保证体系显得尤为重要和紧迫。2014 年初《国务院关于取消和下放一批行政审批项目的决定》取消利用互联网实施远程高等学历教育的教育网校审批，进一步增进了建立远程教育质量保证体系的迫切性。❷

远程教育质量保证体系由多层次内容组成，通过前期的研究，得到远程教育质量保证体系从上位到下位共四层❸，分别是质量定位、学分体系、质量保证标准以及质量保证组织实施模式（如图 1）。质量保证标准是规范远程教育体系内部的准则和根本，标准可规范机构的运行，也是质量保证组织实施模式开展的重要依据，所以在远程教育质量保证体系中需要解决的一个核心问题是建立一套符合中国实际的远程教育质量保证标准。❹质量保证标准从宏观上可使政府在管理中明确方向，定期开展评估工作，为进一步质量保证体系的建立奠定基础；从微观上可规范机构办学行为，指导办学方向，强化学校质量自律，在质量管理工作中有法可依、有理可循，是保证和促进其教育质量水平不断提高的客观需要。❺

---

❶ 陈丽．亚洲国家现代远程教育质量保证体系比较研究［J］．现代远程教育研究，2012（2）．

❷ 新华网．取消审批权，远程学历教育的春天真的来了吗［EB/OL］．［2014-12-31］.http：//news.xinhuanet.com/edu/2014-07/16/c_126759295_2.htm.

❸ 沈欣忆，杨利润，陈丽．国家层面的远程教育质量保证政策体系框架研究［J］．电化教育研究，2014（6）．

❹ 杨亭亭．两岸远程开放大学教学质量标准的比较研究［J］．现代远距离教育，2005（2）；张凤龙，张志军，王淑娟，等．网络教育质量保证体系概念界定［J］．中国远程教育，2002（7）．

❺ 孙晖．从比较的视域看我国开放大学质量标准的建构［J］．陕西广播电视大学学报，2011（4）；孔得伟，王以宁，张海．我国远程教育质量保证体系建设策略思考［J］．现代远距离教育，2005（1）．

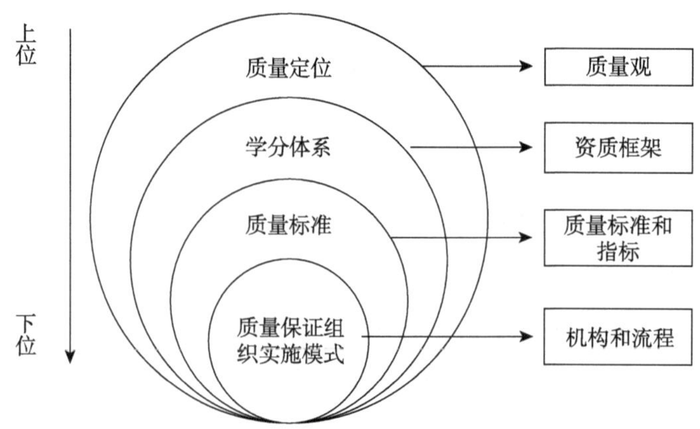

图 1　国家层面的远程教育质量保证体系框架

构建远程教育质量保证标准已经成为远程教育领域专家的研究热点，有些学者从不同的角度和层次系统地阐释了质量保证具体操作时应该包含哪些内容。[❶] 质量保证核心要素的研究是质量保证标准构建的先驱性问题和基础性问题，本研究通过问卷调研、专家排序法等方式，构建远程教育质量保证核心要素，为标准的构建奠定基础。

二、远程教育质量保证要素研究

（一）国内远程教育质量保证要素的研究

2001 年 5 月，教育部启动对开放教育试点的中期评估，组织成立“广播电视大学教学工作评估课题组”，负责研制评估方案和评估方法，最后形成评估指标包括 8 个一级指标，19 个二级指标，覆盖指导思想、工作思路、队伍建设、适用的现代远程教育的设施和手段、多种媒体教学资源的应用与建设、教学模式改革与实施、实践教学、教学管理改革和课题研究等方面。[❷] 强调在入学关和出口关的基础上，加强教学过程的监控与管理，同时强调学习支持

❶ 叶成林，丁新．远程教育政策制定的理论体系［J］．电化教育研究，2003（2）；李葆萍．我国远程高等教育质量保证政策体系研究［J］．现代远程教育研究，2010（3）；李怡．哈曼框架下远程教育质量保证体系要素分析［J］．现代远程教育研究，2008（3）．

❷ 徐旭东．中英远程高等教育质量保证的比较——以中国广播电视大学与英国开放大学为例［J］．现代远距离教育，2006（4）．

服务体系的重要性。

人大网院的郝成义与冯霞（2003）提出，人民大学网络教育学院正在制订一套相对比较完整的网络教育质量保证体系，体系涵盖了网络教学的规划、网络教学基础设施的建设、教学系统设计、教学过程实施和教学评价的质量保证措施。❶

陈信等人（2005）基于上海电视大学的实践，对远程教育质量保证体系的构建进行探索。他们提出现代远程教育质量保证体系包含：（1）上位的理念系统，主要是质量观、对质量保证的认识、质量的规格、质量保证的原则等；（2）规范系统，主要指远程教育的标准、规范和措施，规范系统体现了理念系统的内涵，是理念系统的目标实现的进一步落实；（3）组织系统是跟质量保证相关的教学、管理、技术服务、后勤等各职能部门构成，根据理念系统和规范系统的要求，履行质量保证具体工作；（4）实施系统主要由教学设计与资源建设、教学设施与条件、教学过程与管理的实施等构成，教学设计与资源建设包括专业设计、课程设计、课程建设三大部分，教学设施与条件包括办学网络、教学设施和队伍建设，教学过程与管理包括教学模式、教学实施、支持服务、教学管理、考试等环节。（5）监控系统，根据智利标准和实施规范，对教学过程进行检测和监控，贯穿于整个教学过程，并为教学过程提供反馈；（6）评估与反馈系统，包括教学质量督导评估制度、课程评估制度、教学过程评估制度、学生考试评估制度等内部评估和用人单位、教育行政部门评估、社会中介评估等外部评估。❷

徐辉富与王瑶（2008）指出目前很多开放远程教育机构开展质量保证的内容，包括“中央电大的人才培养模式改革和开放教育试点”项目，其一级指标包括指导思想、教学点的建设、队伍建设、远程教育教学设施的完善与使用、教学资源的应用与建设、教学模式的改革、教学管理模式改革和教育教学效果。❸

北京广播电视大学的谭璐（2011）认为系统研究某个对象，在明确研究

---

❶ 郝成义，冯霞．谈网络学院主要教学环节质量保证过程［J］．中国远程教育，2003（3）．

❷ 陈信，孙耀庭，徐辉富，等．现代远程开放教育质量保证体系的构建研究——上海电视大学的实践与探索［J］．教育发展研究，2005（9）．

❸ 徐辉富，王瑶．远程高等教育质量保证：反思与评论［J］．中国远程教育，2008（5）．

主体和环境之后，重点应该考虑系统的层次内容与关联结构。远程教育系统主要包含四个子系统：课程子系统、学生子系统、管理子系统与后勤子系统。课程子系统（教的系统）和学生子系统（学的系统）是两个特征子系统，决定了该系统的性质。每个子系统都由若干要素构成，课程子系统包含课程设计的合理度、课程资源的充实度、课程讲授的清晰度等质量关联要素，学生子系统包含学生的学习成绩、毕业率、职业发展状况等要素，管理子系统包含决策规划的适宜程度，系统运行效率、业务执行水平等，后勤子系统包含设备的速度和稳定程度、学习支持服务有效性等。她强调系统之间的相互作用，子系统相互关联，子系统之间的要素也紧密关联。[1]

罗洪兰、邓幸涛和杨亭亭（2001）认为对生产全过程需要有个检测系统，对产品加工过程进行质量监督，质量保证体系由此成立，鉴于工业质量控制理论，他们通过对国内外文献的综述，提出学校从系统设计、教学资源建设到实施过程，都应有质量标准，其办学条件也应有质量标准，由此构建出远程教育质量保障体系模型：教育系统设计、教学实施过程、办学基础条件和教育系统评估。[2]该模型侧重如何确保教学条件，尚未充分突出远程教育系统的特点，比如对学习者的支持和服务。

北京师范大学远程教育研究中心陈祎、陈丽等人（2002）根据远程教育的特点和实质，参考国外远程教育的质量保证相关研究，将远程教育的质量保证分为五个要素，即教育系统设计、远程教育课程的设计与审核、课程的发送、学习者支持、学生的评价。[3]

丁新和马红亮（2003）提出无论是远程学历教育还是远程非学历教育，由于其成分、类型、层次都比较复杂，因此适宜建立多元化的质量标准。从纵向上，可以建立国家级、省市级以及学校级三级质量标准；在横向上，可以建立不同类型院校、不同教育层次和不同专业的质量标准。这种多元化多级化的质量标准，不仅有助于国家在宏观上进行质量控制和监督，同时也有助于调动各院校办学的能动性、自主性，此外也兼顾了各类院校、各类专业

---

[1] 谭璐. 现代远程教育质量保障的系统分析［J］. 北京广播电视大学学报，2011（1）.

[2] 罗洪兰，邓幸涛，杨亭亭. 中国电大远程教育质量保证体系及标准初探（上）［J］. 中国远程教育，2001（11）.

[3] 陈祎，陈丽，殷丙山. 远程教育质量保证的系统观与评估方法［J］. 中国电化教育，2002（12）.

固有的差异。同时，他们提出保证远程教育质量的6个条件：（1）招生规模要适度；（2）设计开发高质量的远程教育课程和学习材料；（3）为学习者提供完善的学习支持服务；（4）远程教育应由大学的专职教师而不是其他的兼职教师完成；（5）专职教师应分配给远程学习的学生与校内学生同样的工作量；（6）与传统大学享有同样的地位和待遇，保证所需资金、政策、制度和资源。❶

中央广播电视大学的于云秀（2004）基于远程教育的系统观，提取出质量保证体系的五大要素：教学资源、学习过程控制、学习支持服务、教学管理和系统运作。❷丁兴富（2005）依据国际比较研究的结果，提出网络远程教育质量保证体系共同的基本要素，包括资源设计、开发与发送及其评估，学习支持服务，双向通信交互，课程考核与学生学业评价，管理，教师的专业发展与配需，研究，基础设施，财政。❸

冯琳和刘莉（2006）认为网络教育质量的要素主要有7个，即网络学习的支撑环境，课程开发，教学过程的跟踪、服务和管理，课程整体结构，对学习者的支持，对教师的支持，学习评价和检查。❹

王福胜和徐乃庄（2007）分析了网络教育的质量与质量观，对网络教育内部质量研究进行了综述，并提出了网络教育质量保证要素，包括规划、实施和监控三个层次，以及教学规划、教学资源、教学管理、支持服务和过程监控五个基本要素，最后以上海交通大学的网络教育实践为案例进行了说明。❺

张琳和刘林（2008）提出，远程教育质量的因素可以从五个方面来考虑，分别是远程教育机构特征、远程学习特点、远程学习者特征、远程教育资源以及社会对远程教育的认可度。❻接着他们提出评价远程教育质量从四个方面着手：学生模块、学习支持模块、课程资源模块和后勤保障模块。而该文

---

❶ 丁新，马红亮．构建全面多元的远程教育质量观［J］．中国远程教育，2003（19）．

❷ 于云秀．广播电视大学开放教育的质量保证［J］．中国远程教育，2004（19）．

❸ 丁兴富．远程教育质量保证国际比较研究及其主要结论——“远程教育质量保证及质量评估与认证国际比较研究”成果（1）［J］．中国远程教育，2005（2）．

❹ 冯琳，刘莉．远程教育质量保证：国际视野与中国特色——“2006网络教育国际论坛”述略［J］．中国远程教育，2006（11）．

❺ 王福胜，徐乃庄．高校网络教育内部质量保证体系构建［J］．开放教育研究，2007（4）．

❻ 张琳，刘林．从影响因素视角谈现代远程教育质量评价观［J］．现代远程教育研究，2008（3）．

中所指的后勤保障模块其实就是指非学术型支持，所以总结来说，该文认为评价质量是从教学三要素出发，包括学生、教师提供的学生支持和资源。但是该模型着重从教学的角度出发，缺少对机构的考虑和对教师本身发展的考虑。

李怡（2008）认为质量保证体系要素可以划分为四类，分别是思想层面（教育目标的质量管理）、物质层面（教育资源的质量管理）、制度层面（培养过程的质量管理）和绩效层面（教学成果的质量管理）。[1]

裴雯雯（2009）提出，远程教育质量保证分为内部质量保证和外部质量保证，内部质量保证由课程开发子系统、学生支持子系统和教学管理子系统组成，课程开发与学生支持相辅相成，教学管理对课程开发管理评估，教学管理对学生支持监督支持；外部的质量保证对内部质量的各个环节进行指导和监督。[2]

张进宝等人（2010）基于网络课程内涵、形式以及网络课程资源特征分析，提出网络课程建设应该包含 6 个核心要素：课程资源、教学设计、在线学习活动、学习支持、学习评价与反馈以及技术支撑手段。[3]

（二）国外远程教育质量保证要素的研究

国外远程教育的起步时间早于中国远程教育，其对远程教育的研究也早于中国。早在 1979 年，英国的凯伊和鲁姆波尔对远程教育系统进行了分析，认为远程教育有课程和学生两大系统，课程子系统负责课程的设置、开发和多种媒体课程材料的设计、制作和发送；学生子系统负责对教学过程的组织和管理、教学咨询、学籍学业管理以及提供双向通信和支助服务；之后，凯伊和鲁姆波尔对他们提出的系统划分进行了补充，提出除了课程和学生两个系统外，还有机构层面的管理系统以及支撑这三个系统的后勤系统，共四大系统。1985 年，来自瑞典的霍姆伯格系统地提出了远程教育具有两大功能要素，一个是前期的设计、开发和发送多种媒体的课程材料，另一个是学习支持，在学生学习时通过各种双向通信机制实现师生交互、为学生提供学习支

[1] 李怡．哈曼框架下远程教育质量保证体系要素分析［J］．现代远程教育研究，2008（3）．

[2] 裴雯雯．现代远程教育内部质量保证体系的构建［J］．现代远程教育研究，2009（6）．

[3] 张进宝，李松，陈鹏．网络课程内涵及其建设的核心要素［J］．现代远程教育研究，2010（1）．

持服务；之后，霍姆伯格进一步提出，学习支持服务可以再细分成完全基于信息技术媒体的非连续通信和人际面授交流。1996 年，穆尔按照远程教育的流程提出了六要素，分别是课程来源、课程设计和制作、课程传送、互动、学习环境和政策管理架构，其中第六个要素的作用是协调和管理前五个要素。

Chickering 和 Gamson（1987）提出了 Seven principles for good practice in undergraduate education，并在之后提出技术是实现七项原则的“杠杆”。[1] 这七项原则所对应的“最佳实践”，指的是鼓励学生与教师间的交互，促进学生间的相互交流，灵活应用学习策略，给予及时反馈，强调任务的及时性，及时沟通期望，并且尊重学生多样性天分以及学习的方式。

McNaught（2001）定义了七项远程教育质量要素：清晰的规划；可信赖的基础设施；有效的教师支持系统与学生支持系统（包括培训与书面指南）；师生间的有效沟通渠道；对学生学习进行有效反馈；对课程开发设立清晰的标准；对学生投入进行评价。[2] McNaught 所提的标准非常重视远程教育的交互性。

Frydenberg（2002）在分析了有关远程教育的质量保证文献后，提出了九项质量要素：机构使命、技术设施、学生服务、教学设计与课程开发、教学与教师、课程传送、财务情况、合法性以及评估。Frydenberg 进一步指出，目前的质量保证指标主要是远程教育提供者的意见，包括远程教育教师、远程教育机构的管理者、远程教育认证机构的工作人员三类角色，应当更加关注远程学习者对质量保证的认识。[3]

Davey Yeung（2003）通过问卷调查等方法，以香港地区各大学为样本，用实证研究的方式研究影响网络学习质量保证因素，提出了基于网络学习的 7 个质量保证因素：教学支持、课程开发、教学过程、课程结构、学生支持、

---

[1] Arthur W. Chickering，Zelda F. Gamson. Seven Principles for Good Practice in Undergraduate Education［J］. AAHE Bulletin，1987（3）.

[2] Carmel McNaught. Quality Assurance for Online Courses：From Policy to Process to Improvement?［A］.//Meeting at the Crossroads. Proceedings of the Annual Conference of the Australasian Society for Computers in Learning in Tertiary Education，2001.

[3] J. Frydenberg. Quality Standards in E-learning：A matrix of Analysis［C/OL］. The International Review of Research in Open and Distance Learning，2002. http：//www.irrodl.org/index.php/irrodl/article/viewArticle/109/189.

教员支持和评估。❶

Gregory（2003）以不同的交互方式为变量，将在线教学划分为采用了同步讨论的网络课程、采用了异步讨论的网络课程、采用了同步讨论的混合课程以及采用了异步讨论的混合课程，比较分析了学生对不同类型在线教学有效性的看法。研究调查结果显示：学生对不同类型的在线教学质量总体较为满意，将能否及时参与有意义的交互活动作为影响在线教学质量的核心要素。也就是说学生非常重视教学交互活动。❷

Ehlers（2004）认为远程学习并非是机构单向地向远程学习者传递材料，而是学习者与学习环境发生交互，进而完成学习。通过主成分分析与聚类分析的方法提取出七项影响远程教育质量的因素，分别是：教师支持、合作、技术、投入产出预期、机构信息与课程信息的透明度、课程结构与呈现以及交互情况。❸

Stewart，Hong 和 Strudler（2004）经过文献、访谈等方式形成了在线教学质量评价指标体系，共 44 个。面向 34 所高校的 1405 名学生发放，经探索性分析后得到七项因素：师生交互与同伴交互、技术问题、网页布局、链接导航、内容传递、在线应用以及对课程的期待。❹

Ingrid，Eunsook 和 Neal（2004）开发了网络教学质量评价指标体系，该指标体系由网页呈现结构、链接与导航、技术、课程期待、教学过程以及交互六部分共 44 项具体的标准构成。他们首先通过文献的梳理整理出初步的评价指标体系，然后通过专家、学生和实践人员的访谈修订指标体系，接着将指标体系放于网上搜集各方的反馈和数据，从而进一步修订指标体系。❺

Elizabeth Hensleigh（2006）在系统梳理了美国现有主要的网络教育质量

---

❶ Davey Yeung. Towards an Effective Quality AssranceModel of Web - Based Learning: The Perspective of Academic Staff［J］.Turkish Online Journal of Distance Education，2003（6）.

❷ Vicki L. Gregory. Student perceptions of the effectiveness of Web-based distance education［J］. New Library World，2003，104（10）.

❸ Ehlers. Quality in e-Learning from a Learner' s Perspective［J/OL］. European Journal for Distance and Open Learning，2004. http：//www.eurodl.org/materials/contrib/2004/Online_Master_COPs.html.

❹ Ingrid Stewart，Eunsook Hong，Neal Strudler. Development and Validation of an Instrument for Student Evaluation of the Quality of Web-Based Instruction［J］. American Journal of Distance Education. 2004，18（3）.

❺ S. Ingrid，H. Eunsook，S. Neal. Development and Validation of an Instrument for Student Evaluation of the Quality of Web-Based Instruction［J］. American Journal of Distance Education，2004，18（3）.

标准、质量指南以及质量指标的基础上，提出了从师生交互与及时反馈、学生支持服务、学生技术支持、课程结构评估与评价以及总体学习体验等五方面评价网络教育质量。第一步先基于文献综述选取指标，形成 15 个一级维度，75 个二级维度；第二步进行专家评审，共邀请 9 位专家对每一个一级维度下的测量题目的适切性进行评价，最终把 75 个二级维度删减为 62 个二级维度；第三步进行学生访谈，共邀请 10 位学生评价测量题目是否表达清晰；第四步试测与数据分析，对 601 名参与过网络课程学习的学生进行问卷调查，共收回 568 份。通过验证性因素分析得出，从 15 个一级维度中筛选出师生交互与及时反馈、学生支持服务、学生技术支持、课程结构评估与评价以及总体学习体验等 5 个。[1]

Salvador（2008）采用扎根理论的方法，选取 University of Wisconsin-Madison 所开设的 Master of Engineering in Professional Practice（MEPP）Distance Education Program 以及 Sloan Consortium 自 2001 起每年评选出的最佳网络教育实践项目共 11 项网络教育项目作为研究案例。研究结果显示：高质量的远程教育项目特征可划分为五大类，即学习者的多样性及参与性、有经验并且负责任的专业人员、项目设计及结构的灵活性、课程内容与实践紧密联系的程度以及先进的技术与技术支持。此外，该研究发现师生交互情况是影响网络教育项目质量的核心因素。[2]

Bangert（2008）旨在探究网络教学的有效性的评价指标。该工具采用了 Chickering 和 Gamson（1987）所提出的 7 条有效教学原则作为理论基础，对 498 名参与过在线学习的本科生及研究生进行了问卷调查，探索性因素分析筛选出师生交互、学习积极性、完成任务的时间以及学生间的合作情况四项核心维度。该研究随后又针对 809 名参与过在线学习的本科生及研究生进行了问卷调查，以验证该工具的有效性。[3]

Chang 和 Roger（2008）采用线性回归的方法分析了学生对网络课程交互

---

[1] Elizabeth Hensleigh. The Development of an Instrument to Assess Student Opinions of the Quality of Distance Education[D]. Texas A&M University，2006.

[2] Salvador L. Carranza. A Grounded Theory of High-quality Distance Education Programs：Student Perspectives[D]. University of Wisconsin-Madison，2008.

[3] Bangert，Arthur W. The Development and Validation of the Student Evaluation of Online Teaching Effectiveness [J].Computers in the Schools，2008，25（1）.

的理解与学生对以学生为中心的网络课程满意度之间的相关性。研究面向855名参与过在线学习的学生进行了问卷调查，结果表明：师生交互、生生交互、学生与课程内容的交互以及学生对在线课程特征的理解是影响学生满意度的核心因素。❶

较有影响力的一个项目是IDRC资助的国际项目“Quality Assurance Models, Standards and Key Performance Indicators for ICT-supported Distance Education in Asia”，旨在通过调研亚洲各国远程教育质量保证标准、准则和实践，建立一套符合亚洲各个国家国情的质量保证标准和模式。该项目调研了10个亚洲地区的国家，总结和比较了亚洲地区已有的质量保证框架。该研究最后得出的标准分为6个领域，分别是环境、教学、支持、机构、循环、成果。其中环境、教学、支持是学生较为关注的，而机构、循环和成果是其他的利益相关者专家、评价者、机构从业人员等比较关注的。在6个领域下面，得出了18个要素，分别是基础设施、内部质量保证机制、机构可信度、课程、教与学、评价、教师支持、学生支持、信息和公开、行政、机构目标和任务、财政、合作关系、研究、可持续质量提升、学习成果、投资收益、社会贡献。

三、远程教育质量保证关键要素分析

国内具有代表性的远程教育要素说是来自丁兴富的远程学习圈（如图2所示）。❷丁兴富从教学三要素（教师、教材和学生）出发，认为远程教育在教学三要素的基础之上发生了扩展和重组，在传统教学中资源主要是指教材，而在远程教育中，资源包括课程资源（内容和媒体）。因此，在远程教育中有三大系统，分别为学生子系统、教师子系统和课程子系统，学生、教师和课程三个子系统相互作用的时空区域，即远程教育系统中学生、教师和资源三个要素相互作用的时空区域。教师子系统提供学习支持服务，课程子系统提

❶ Shu-Hui H. Chang, Roger A. Smith. Effectiveness of Interaction in a Learner-Centered Paradigm Distqance Education Class Based on Student Satisfaction［J］. Journal of Research on Technology in Education. 2008, 40（4）.

❷ 丁兴富，吴庚生 . 网络远程教育研究［M］. 北京：清华大学出版社，2006.

供教学媒体和课程资源，学生子系统包括教学过程和交互。

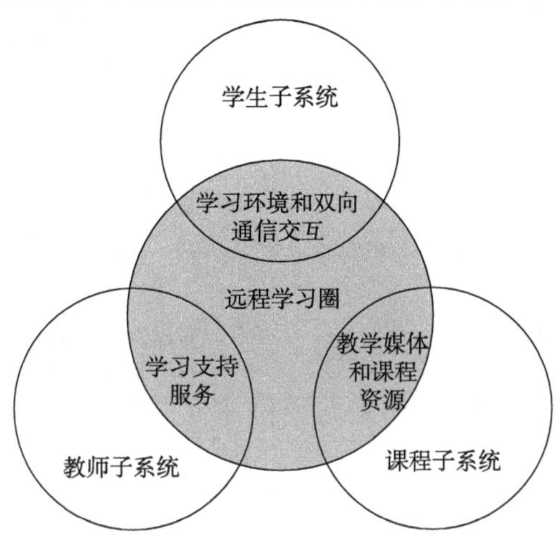

图 2　远程教育学习圈

凯伊（Kaye）和鲁姆波尔（Rumble）在 1981 年提出了他们对远程教育系统的划分（如图 3 所示）。他们认为远程教育主要包含了四个系统，分别是学生子系统、课程子系统、管理子系统和后勤子系统，学生子系统包括学生招生注册工作、课程教学和辅导、学习评价；课程子系统包括课程设计与制作、课程发送；管理子系统包括决策、规划、管理、控制等；后勤子系统包括分配、维持和支持。课程子系统支持学生子系统的运行，为学生提供学习材料，管理子系统支撑课程子系统和学生子系统的运行，后勤子系统则为另外三个子系统提供服务和保证。

根据凯伊和鲁姆波尔在 1981 年提出的远程教育系统划分和丁兴富提出的学习圈可以总结出，机构子系统中，需要有前期的机构资质、师资队伍建设，需要过程中的组织管理、质量保证机制，并以学术研究来促进机构的发展；课程子系统包括专业建设、课程设计与开发、支持课程开展的基础设施，学生子系统包括从招生、学习支持到学习评价的环节。因此，远程教育质量保证要素为机构子系统的机构资质、师资队伍、组织管理、研究和质量保证，课程子系统的专业建设、课程设计与开发和基础设施，学生子系统的招生宣传、学习支持与学生管理、学习评价（如图 4 所示）。

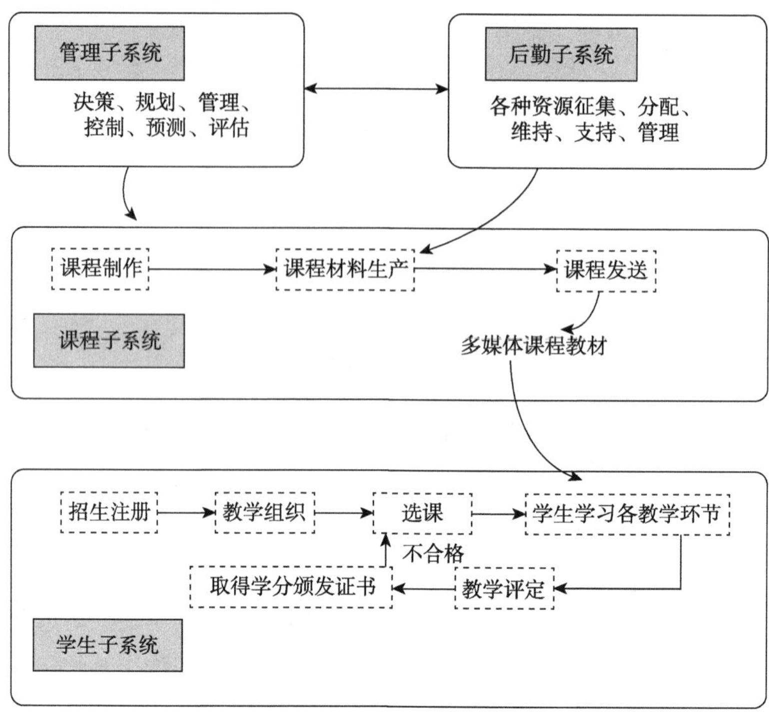

图3　凯伊和鲁姆波尔的远程教育系统划分

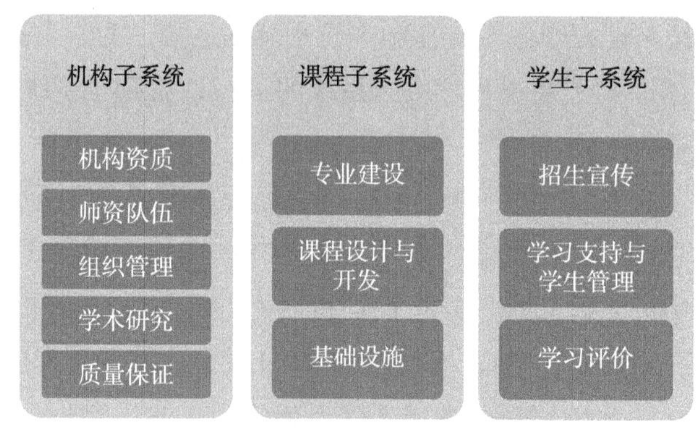

图4　远程教育质量保证核心要素

四、不同角色对远程教育质量保证要素重要性判断

（一）调研简介

本研究通过问卷调查的方式深入了解远程教育各个利益相关者对质量要素重要性的观点，从而能够为远程教育质量保证标准的框架制定提供基础信息，也为标准中要素权重的确定提供参考。问卷采用里克特五级评分量表形式，从“非常不重要”到“非常重要”，计 1 分到 5 分（1= 非常不重要，2= 不重要，3= 无法判断，4= 重要，5= 非常重要）。

本调查研究采用的抽样方法为分层随机抽样。按六大区域（华北、东北、华东、中南、西南、西北）和两类机构（电大和网院）进行随机分层抽样，每个地区抽取总数 1/4 的电大和网院。对于网院，华北地区抽取 5 所，东北地区抽取 2 所，华东地区抽取 4 所，中南地区抽取 3 所，西南地区抽取 2 所，西北地区抽取 1 所；对于电大，华北地区抽取 1 所，东北地区抽取 2 所，华东地区抽取 2 所，中南地区抽取 2 所，西南地区抽取 1 所，西北地区抽取 1 所。总共抽取 26 个网络教育机构。

在本研究中，调研远程教育各个利益相关者对质量标准的观点，包括两大类利益相关者，一是代表机构的远程教育机构工作人员，二是跟质量最直接相关的群体学习者。为了确定远程教育机构的工作角色，访谈了北京师范大学网院教育学院、北京语言大学网院教育学院、北京开放大学、北京邮电大学网院教育学院和中国石油大学网络教育学院等多家网院教育机构的管理层和一线工作人员，最终确定了机构工作人员主要有 9 种角色，分别是管理层、招生人员、教务人员、主讲教师、辅导教师、教学设计人员、课程资源建设人员、技术支持人员和研究人员。本次调查涉及 9 种机构工作角色和学生，一共 10 种角色。因此，本研究计划调研 26 个网络教育机构，每个机构选取大约 120 名学生和 50 名教职工。

本研究问卷发放渠道有两种，一种是纸质问卷，另一种是网络问卷。纸质问卷为重要发放形式，网络问卷为补充形式，一些地区学生较难聚集，以网络问卷形式让学生完成问卷。整体问卷发放基本按照之前设计的实施方案，纸质问卷每个机构发放 170 份，包括学生 120 份，教职工 50 份，发放的机构数为 22 个，所以总共发放的纸质问卷为 3740 份，回收 3148 份，纸质问卷回

收率为84.2%，其中有效问卷为2172份，纸质问卷样本有效率为68.996%。网络问卷总共回收2930份，有效问卷为2076份，网络问卷样本有效率为70.9%。纸质问卷和网络问卷总共回收的有效问卷数为4248份。

（二）数据分析

通过统计分析，得到不同角色对各个要素的打分，如表1所示。

表1 不同角色对要素的打分 （单位：分）

要素	管理层	招生人员	教务人员	主讲教师	辅导教师	教学设计人员	资源建设人员	技术支持人员	研究人员	学生
办学资质	4.43	4.34	4.49	4.37	4.32	4.44	4.39	4.37	4.48	4.47
组织管理	4.37	4.35	4.44	4.40	4.31	4.36	4.33	4.28	4.43	4.36
师资队伍	4.31	4.23	4.40	4.37	4.35	4.35	4.29	4.30	4.50	4.42
基础设施	4.36	4.30	4.45	4.38	4.36	4.38	4.41	4.39	4.52	4.46
招生宣传	4.34	4.38	4.39	4.32	4.30	4.33	4.29	4.32	4.43	4.42
专业建设	4.37	4.31	4.41	4.42	4.34	4.37	4.33	4.35	4.48	4.42
课程设计与开发	4.33	4.19	4.34	4.34	4.26	4.31	4.30	4.01	4.44	4.41
学习支持与学生管理	4.41	3.99	4.09	4.32	4.38	4.39	4.04	4.07	4.50	4.47
学习评价	4.31	4.15	4.29	4.24	4.28	4.33	4.25	4.23	4.45	4.40
内部质量保证	4.29	4.11	4.29	4.24	4.27	4.27	4.22	4.21	4.42	4.27
学术研究	4.31	4.24	4.33	4.38	4.40	4.35	4.37	4.27	4.85	4.03

五、不同角色在各要素上的话语权权重

在问卷调研中，问卷发放给了10种角色，分别为管理层、招生人员、教务人员、主讲教师、辅导教师、教学设计人员、课程资源建设人员、技术支持人员、研究人员和学生。笔者认为不同的角色对于同一要素的熟悉程度和了解程度有所区别，比如学生可能对学习支持与学生管理这一要素较为熟悉，但是对于办学资质和师资队伍的话语权就略低一些；比如教学设计人员对课

程设计与开发要素较为熟悉，但是对于组织管理、办学资质、内部质量保证等话语权不那么高。因此，需要确定各个角色在不同要素上的话语权权重，从而得到相对客观而全面的数据来确定要素的重要性排序。本研究采用专家排序法来确定话语权权重。

专家针对每个要素，根据10种角色对其的了解程度进行排序，其中认为最有话语权的记为1，其下依次记为2、3……，如果有若干项指标的重要性一致，则取其排序的平均值，例如a、b、c三项指标的重要性都排在第一位，则可以都填写2（1、2、3的平均值）。计算权重的公式[1]为：

$a_j=2\left[m(1+n)-R_j\right]/\left[mn(1+n)\right]$

其中a_j表示第j项指标的权重，j表示指标的序号，m为专家人数，n为指标个数，表示第j个指标的秩和。

将专家对要素的排序问卷发放给10位国内外远程教育领域资深专家。2位专家来自加拿大阿萨巴塞卡大学，1位专家来自北京交通大学，1位专家来自北京大学，4位专家来自北京师范大学，另外2位是来自一线实践的专家，对远程教育领域颇有见解。专家问卷回收率100%。对10位专家的排序进行统计，计算各角色在每个要素上的话语权权重。

针对办学资质要素，10位专家对各个角色的话语权进行排序，再根据公式算出每个角色在这一要素中的话语权权重。管理层在办学资质要素中的话语权权重A11=2［10×（1+10）−10］/［10×10×（10+1）］=18.2%，招生人员话语权权重A12=12.7%，教务人员话语权权重A13=12.0%，主讲教师话语权权重A14=9.1%，辅导教师话语权权重A15=6.3%，教学设计人员话语权权重A16=8.7%，课程资源建设人员话语权权重A17=7.6%，技术支持人员话语权权重A18=6.2%，研究人员话语权权重A19=11.3%，学生话语权权重A110=7.9%。可见管理层在办学资质要素上的话语权权重最高，其次是招生人员、教务人员和研究人员，权重最低的是学生和辅导教师。

根据如上的方法，对每一要素进行专家排序，得到各角色对不同要素的话语权权重（如表2所示）。

[1] 崔峻山．“专家排序法”的简化及应用［J］．教育科学研究，1993（5）．

表 2 “办学资质”要素专家角色排序

专家序号	角色									
	管理层	招生人员	教务人员	主讲教师	辅导教师	教学设计人员	课程资源建设人员	技术支持人员	研究人员	学生
1	1	2	8	3	6	7	9	10	4	5
2	1	2	3	4	8	7	5	6	9	10
3	1	3	3	8.5	8.5	6	6	6	3	10
4	1	9	8	2	7	3	4	5	10	6
5	1	3	4	6	7	8	9	5	2	10
6	1	4	5	3	9	6	7	8	2	10
7	1	5.5	2.5	10	8.5	5.5	5.5	8.5	2.5	5.5
8	1	6	4	9	7	5	8	10	2	3
9	1	2	3	8	8	8	8	8	4	5
10	1	3.5	3.5	6.5	6.5	6.5	6.5	9.5	9.5	2
秩和 R_j	10	40	44	60	75.5	62	68	76	48	66.5

由表 3 可见，管理层对机构运营等宏观层面较为了解，而对于具体的课程设计与开发、学习支持和学习评价方面关注得并不多。招生人员专注于招生工作和宣传工作，对其他远程教育环节了解不多。教务人员的工作相对偏行政，了解机构的组织结构以及机构内部的人员，但是对于具体的课程设计和教学设计以及学术研究内容不甚了解。主讲教师对课程设计与开发和学习评价最有话语权，而对组织管理和招生宣传的话语权较小。辅导教师对学习支持与学生管理和学习评价最有话语权，但他们对宏观层面的办学资质、组织管理和招生宣传的情况不甚了解。教学设计人员对课程设计与开发方面最有话语权，而在招生宣传方面的话语权最小。课程资源建设人员在课程设计与开发和基础设施要素上最有话语权，而在招生宣传要素上话语权较小。技术支持人员的主要工作为维护和更新软硬件设施，保证其正常工作，同时对教师和学生在教学过程中进行技术支持，对基础设施比较有话语权。对于研究人员来说，无可非议最有话语权的就是学术研究。对于学生来说，最有话

语权的是学习支持与学生管理，其次是学习评价和招生管理，这些是跟学生息息相关的环节。

表 3 各个要素角色权重汇总

单位：%

要素	管理层	招生人员	教务人员	主讲教师	辅导教师	教学设计人员	课程资源建设人员	技术支持人员	研究人员	学生
招生宣传	16.1	17.0	11.7	8.7	7.0	7.6	6.2	4.9	7.7	13.0
办学资质	18.2	12.7	12.0	9.1	6.3	8.7	7.6	6.2	11.3	7.9
组织管理	18.0	12.4	14.6	8.5	7.3	9.4	8.1	6.5	10.4	4.8
师资队伍	14.3	5.5	13.8	13.3	13.0	10.7	8.3	5.0	8.7	7.4
基础设施	14.4	6.6	11.5	9.0	8.5	10.4	12.1	12.1	6.4	9.0
专业建设	15.9	7.9	9.3	14.8	10.6	10.5	7.5	4.3	9.4	9.7
课程设计与开发	7.9	4.4	6.9	15.3	11.5	15.8	13.5	8.7	7.8	8.3
学习支持与学生管理	8.0	5.9	12.5	11.3	16.5	9.4	6.5	8.6	6.0	15.4
学习评价	8.0	5.1	11.5	15.7	16.5	11.3	6.8	4.5	7.4	13.2
内部质量保证	16.2	6.6	13.6	11.3	11.3	11.2	7.6	5.7	9.9	6.5
学术研究	13.2	3.6	6.9	13.9	12.0	12.2	9.8	7.2	18.2	3.0

六、远程教育质量保证要素的重要性排序

根据专家排序法得到了各角色对机构资质的话语权权重，结合各角色对机构资质的打分平均值，得到每个要素的加权平均值，如表 4 所示。

表 4 远程教育质量保证要素重要性排序

要素	加权平均值	排序
办学资质	4.4175	2
组织管理	4.3725	5
师资队伍	4.3575	7

续表

要素	加权平均值	排序
基础设施	4.4020	3
招生宣传	4.3583	6
专业建设	4.3775	4
课程设计与开发	4.3020	8
学习支持与学生管理	4.2950	10
学习评价	4.3020	8
内部质量保证	4.2650	11
学术研究	4.4250	1

将上述的要素排序图示化，如图 5 所示。

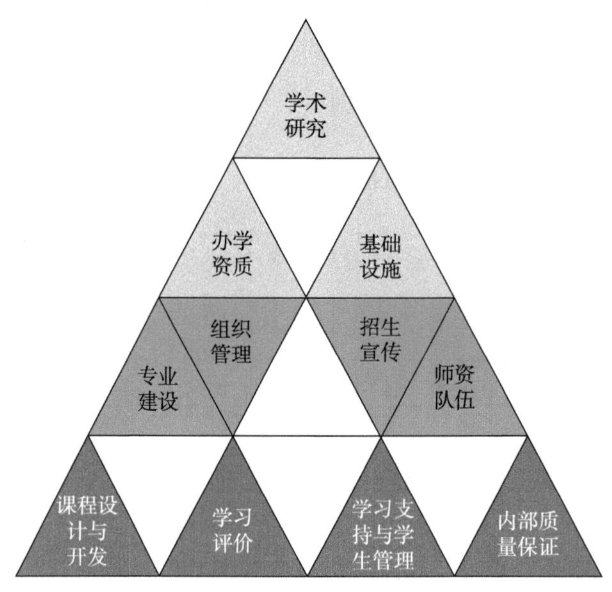

图 5　远程教育质量保证要素层次塔

通过远程教育质量保证层次塔，可以清晰地看到远程教育质量保证要素的重要顺利。该塔的排序，有些跟研究者当初的预计一致，而有些确实跟研究者的预判有较大差异。

（一）对机构子系统的重视程度高于学生子系统

层次塔顶尖为学术研究、办学资质和基础设施，各个远程教育利益相关者关注机构层面的运营和基础设施，而对与学生学习环节息息相关的学习支持、课程设计与开发、学习评价的重视程度相对较低。

（二）非常重视现代远程教育研究

现代远程教育随着技术的进步发展，其学习方式、教学手段、资源制作、学习支持等各方面都发生了巨大的变化，需要通过对现代远程教育领域的理论和实践各个层面的研究，解决面临的一系列问题，研究远程教育实际问题，促进远程教育的教与学，使学生真正掌握知识，符合社会需求，同时促进现代远程教育质量提升和现代远程教育的可持续发展。有研究者提出远程教育想要良性向前发展，需要远程教育机构、质量评估机构和学术机构三角鼎力合作，在远程教育生态中，学术机构是必不可少的族群，其研究成果可以帮助解决远程教育机构实际存在的问题，也可以帮助评估机构制定相应标准，更好地完成评估工作。❶

（三）对内部质量保证的重视程度相对较低

在质量保证工作中，较为被关注的是外部的质量保证，包括统考、年报、年检等制度，也包括定期的外部审查互动，而对内部的机构质量管理和质量保证重视程度相对低一些。

七、总结

本研究始于一个实际问题，即远程教育在社会上的质量声誉较低，如何提高远程教育质量并提升远程教育质量声誉，值得深入思考。笔者认为先前政府和办学机构在质量上的诸多努力都没有起到实质效果的原因是他们的工作停留在质量管理层面，较为零散、不成体系，没有真正落实到质量保证工作中，再加上公众并不了解远程教育的质量管理工作，一些害群之马机构的出现，让公众对远程教育有了偏见。质量保证是提升高等远程教育质量的关键，建立一个系统的完善的高等远程教育质量保证体系迫在眉睫。高等远程

❶ 沈欣忆，杨利润，陈丽．基于生态观的远程教育质量保证体系构建［J］．中国电化教育研究，2014（7）．

教育质量保证体系的核心就是质量保证标准，质量保证核心要素的研究是质量保证标准构建的基础。

通过文献得到了远程教育质量保证核心要素，通过大范围调研，得到核心要素的重要性排序。总体来说，本研究取得了一定的成果，但是仍然存在一些可以改进的地方，比如问卷调查的样本选取问题，涉及全国六大区域、两大机构，问卷调查涉及的范围较广，因此在问卷的实际发放过程中存在一定的困难。各个区域或者机构的问卷联系人不同，其执行能力有所差异，问卷的填写质量也存在一定的差异，这对问卷最终的数据处理结果产生一定的影响。

● 主题三：互联网 + 终身学习

规范与引导：互联网教育企业质量评价指标体系研究 *

沈欣忆　李　营　吴健伟

摘　要　近年来，互联网教育蓬勃发展，但恶性竞争、盈利难题、师资良莠不齐、个性化学习体现不足等问题也逐渐暴露，建立统一的标准对行业进行规范已迫在眉睫。本文采用文献研究法、调查法、德尔菲法、专家排序法等研究方法，构建了初创型和成长型互联网教育企业质量评价指标体系，初创型互联网教育企业质量评价指标体系涵盖创始团队、产品与市场、资源和创新四个维度，共 21 条指标；成长型互联网教育企业质量评价指标体系涵盖创始团队、战略、产品与市场、资源和创新五个维度，共 31 条指标。指标体系包含评分规则和权重，具有较好的可操作性。互联网教育企业质量评价指标体系旨在解决行业痛点，规范行业发展，并为投资者和求职者提供决策参考，同时为企业自我评估、质量决策和改进提供依据，引导发展方向。

关键词　互联网教育　企业质量　评价指标体系

一、问题的提出

从 2011 年开始，互联网教育市场规模和用户规模便以 10% 以上的速度保持高速增长，2017 年初的数据显示市场规模为 1941.2 亿元。[1]互联网教育蓬勃发展，蕴藏着巨大的商机，但其背后的问题逐渐暴露，恶性竞争、师资良莠不齐、个性化学习体现不足等问题饱受诟病，甚至还出现了诚信问题。

---

*　该文曾发表于《教育科学研究》2019 年第 6 期，收入本书时有修改。

[1] 2016 年中国在线教育行业市场现状及发展趋势分析［EB/OL］.［2018-06-05］. https：//www.sohu.com/a/78562103_372506；在线教育用户规模达 1.44 亿网民使用率近两成［EB/OL］.［2018-06-05］. http：//it.people.com.cn/n1/2018/0123/c1009-29780335.html.

据此前央视财经报道称，市场机构对400家互联网教育企业开展调查，截至2016年底，70%的公司处于亏损状态，盈利的仅占5%。目前，部分互联网教育企业采用纯资本、纯商业化的模式，忽视了互联网教育的本质是教育，应当按照教育的发展规律去发展互联网教育，否则是昙花一现。

解决行业痛点，规范行业发展是当务之急，亟待构建互联网教育企业质量评价指标体系。对于行业来说，解决行业痛点，规范行业发展；对于投资者来说，可将评估结果作为企业选择的决策参考；对于企业来说，突出重点引导方向，为企业自我评估、质量决策和质量改进提供科学依据。

二、权威企业质量奖评价准则

质量是企业的生命线。从质量和组织关系方面看，提高质量是组织生存和发展的保证。❶质量的英语“Quality”一词源于拉丁文，指某一给定实体的性质，只描述事实，不作价值判断，随着时间的推移，质量的定义中慢慢出现了价值判断的成分。❷质量须建立在一个过程中，包括前期的产品设计、产品生产加工过程和后期的产品测试过程。❸企业质量渗透到企业各部门，每个部门、每个人都有自己的工作质量要求和质量职责。❹从顾客的角度出发，质量是产品的“适用性”，顾客很少知道“规范”是什么，“适用性”即为产品使用过程中成功地满足顾客要求的程度。❺在本研究中，质量定位于“大质量观”，质量不止指向结果性的产品，更指向过程性的企业管理。为引导和激励企业追求卓越的经营质量，提高企业综合质量和竞争能力，各国纷纷从政府层面设置质量奖。目前，世界上已有88个国家和地区设立了质量奖。❻

日本于1951年设立“戴明奖”，是世界上最早设立质量奖的国家，其主要目的是通过认可以统计控制技术为基础的全公司质量控制（CWQC）或全

---

❶ 马林，罗国英．全面质量管理基本知识［M］．北京：中国经济出版社，2001．

❷ 汉语大词典编辑委员会．汉语大词典普及本［M］．上海：汉语大词典出版社，2000．

❸ 罗洪兰，邓幸涛，杨亭亭．中国电大远程教育质量保证体系及标准初探（上）［J］．中国远程教育，2001（11）．

❹ 张麟云．质量与企业竞争力［J］．化工质量，2006（1）．

❺ 张瑞敏．互联网时代《朱兰质量手册》的精神实质［J］．上海质量，2014（2）．

❻ 张志强，上官单彬，王玮．政府质量奖与企业经营绩效——基于2001—2016年全国质量奖获奖企业的Choice数据［J］．财会通讯，2018（26）．

面质量控制（TQC）的成功实施所带来的绩效改进来传播质量理念。❶戴明奖包括十项考察项目，分别为方针、组织及其运作、培训与宣传、信息收集及利用、分析、标准化、控制与管理、质量保证、效果、远期计划。

美国于1987年设立“波多里奇国家质量奖”，用以奖励质量和绩效方面取得卓越成绩的企业，以提高美国的生产力以及美国在世界市场上的竞争能力❷，每年由总统为获奖者颁奖。波多里奇国家质量奖有七个评价标准，分别为以顾客和市场为中心、以人为本、过程管理、经营绩效、领导、战略、测量分析与知识管理。

欧盟委员会和欧洲质量组织设立了欧洲质量管理基金会，并于1992年首次颁发了“欧洲质量奖”。❸欧洲质量奖的评价准则包括领导、方针战略、人员、合作伙伴与资源、过程、人员结果、顾客结果、社会结果和主要绩效结果九大方面。该模型认识到管理与领导层对驱动质量改进所发挥的重要作用，同时强调了人力资源、过程和计划的作用。❹

我国于2001年设立全国质量奖，授予在质量、经济、社会效益等方面取得显著成绩的组织最高荣誉。目的是贯彻落实《中华人民共和国产品质量法》，激励和引导我国企业追求卓越的质量经营，增强组织综合竞争能力，使组织更好地服务用户、服务社会，为提升我国组织整体管理水平、提高经济社会发展质量做贡献。❺中国质量协会在充分参考上述世界三大奖的基础上提出了中国自己的质量评估体系——《卓越绩效评价准则》，包括七大评价要素：领导、战略、顾客与市场、资源、过程管理、测量分析与改进、结果。

这些质量奖对于企业经营效益有较大的影响，为企业的运营结果带来较

---

❶ 徐敏，余洪斌．日本戴明奖最新评价标准分析［J］．中国质量技术监督，2015（1）．

❷ 曲扬，王为人．波多里奇质量奖获奖企业的八个提炼［J］．中国质量，2006（12）；李天恩，徐雪梅．美国波多里奇奖发展趋势预测［J］．中国质量，2013（12）．

❸ 赵陕雄．全球主要国家和地区重要质量奖简介［EB/OL］．［2016-03-28］．http：//www.cqn.com.cn/news/zgzlb/disi/1135184.html；张志强，朱伟．世界三大质量奖简析［J］．中国质量，2015（12）．

❹ 李军．三大质量奖比较研究及其启示［J］．标准科学，2004（7）．

❺ 9家组织获得第十四届全国质量奖［EB/OL］．［2014-10-01］．http：//www.gov.cn/xinwen/2014-10/10/content_2762284.htm．

大的提升。[1] 为进一步厘清已有企业质量评价标准或准则之间的异同，从评价要点、主要特点、存在的不足及应用范围四个方面对四大质量奖进行对比分析（如表 1 所示）。

表 1　四大质量奖对比分析

奖项名称	评价要点	主要特点	存在不足	应用范围
美国波多里奇国家质量奖	领导、战略、以顾客和市场为中心、测量分析与知识管理、以人为本（或称为人力资源利用）、过程管理、经营绩效	关注质量管理的先进性，关注大质量，自身的持续改进	过于关注绩效，要求较高	针对美国的产品、服务和医疗教育组织
欧洲质量奖	领导、人员、方针战略、合作伙伴与资源、过程、人员结果、顾客结果、社会结果、主要绩效结果（或最终核心表现）	关注最卓越的企业标杆	过于关注绩效，要求较高	针对欧洲的营利性企业
日本戴明奖	方针、组织及其运作、培训与宣传、信息收集及利用、分析、标准化、控制与管理、质量保证、效果、远期计划	非竞争性，意在推广全面质量管理	适用于日本特殊的文化背景	企业、个人、企业项目三类
全国质量奖	领导、战略、顾客与市场、资源、过程管理、测量分析与改进、结果	借鉴波多里奇国家质量奖模式，结合了中国实际	没有持续改进，可操作性不强	针对中国实施全面质量管理的企业

综上，本研究认为企业质量的评价应从领导、战略、顾客与市场、资源以及过程管理这五个维度入手，以此作为初步质量评价指标体系的构建框架。由于互联网教育企业具有教育企业的基因，其服务对象和服务过程有其特殊性，在对其质量进行评价时，领导、战略、顾客和市场、资源以及过程管理

[1] D D Wilson，D A Collier. An Empirical Investigation of the Malcolm Baldrige National Quality Award Causal Model [J]. Decision Sciences，2000，31（2）；B B Flynn，B Saladin. Further Evidence on the Validity of the Theoretical Models Underlying the Baldrige Criteria [J]. Journal of Operations Management，2001，19（6）；S M Meyer，D A Collier. An Empirical Test of the Causal Relationships in the Baldrige Health Care Pilot Criteria [J]. Journal of Operations Management，2001，19（4）；R Jacob，C N Madu，C Tang. An Empirical Assessment of the Financial Performance of Malcolm Baldrige Award Winners [J]. International Journal of Quality & Reliability Management，2004，21（8）.

各自的具体含义和评价要点也应有教育属性，具体包含哪些更加细化的评价指标需要结合互联网教育企业的特点做更加深入的研究。

三、研究过程

本研究过程共分为四个步骤：第一步，评价指标体系初建；第二步，评价指标的筛选与修订；第三步，确定指标权重；第四步，评分规则的制定。

在研究过程中，研究者通过对各类互联网教育企业 CEO 或创始人访谈发现，不同发展阶段的公司的状态具有明显区别。基于此，本研究形成了两套评价指标体系，即初创型企业质量评价指标体系和成长型企业质量评价指标体系。

（一）评价指标体系初建

评价指标体系的初建分为两个阶段，首先通过对国内外已有的企业质量评价标准以及相关研究的分析，将所涉及的指标进行整理和归纳，梳理出互联网教育企业质量评价指标体系共计 155 条指标。在此基础上，通过问卷和访谈调查相结合的方式，进一步深入调研互联网教育企业的发展现状以及实践者的实际需求，对指标进行删减和浓缩。

1. 调查对象的选取

本次调查主要是面向互联网教育企业负责人或创始团队成员，调查对象的选取采用分层抽样的方式进行。将中关村互联网教育创新中心入驻企业根据主营业务划分为三类，从每类中抽取 5~6 个企业，共计 16 个企业，并基本涵盖所有赛道，接着对被抽取企业的负责人或创始团队成员进行访谈和问卷调查，调查对象共计 16 人。

2. 调查工具

将通过文献梳理初步拟定的评价指标体系制成调查问卷，请企业负责人对指标进行初步的重要性判断，以此作为指标初步修正的依据之一。访谈则采用半结构化的方式进行，内容主要涉及企业基本情况、创始团队及负责人素质、对影响企业质量关键要素的看法、企业已有评估现状等方面。

3. 调查结果分析

采用质性研究中的三级编码方式（开放编码—主轴编码—核心编码）对访谈内容进行整理。首先通过开放编码对访谈的文本记录进行初步整理，将原始文本逐步概念化，在该阶段共获得246个编码，平均每份访谈记录产生15个编码、24个微观领域；接着利用主轴编码将开放编码中获得的各个分散的概念重新组织起来，在各概念之间建立合理联系，在该阶段将42个微观领域进行了范畴化，建立起各微观领域之间的联系；最后，核心编码是在主轴编码所形成的类属关系中选择一个核心范畴，整合其他范畴，建立联系，从材料中整理出较为清晰的逻辑线。经过三级编码所形成的图示如图1所示。

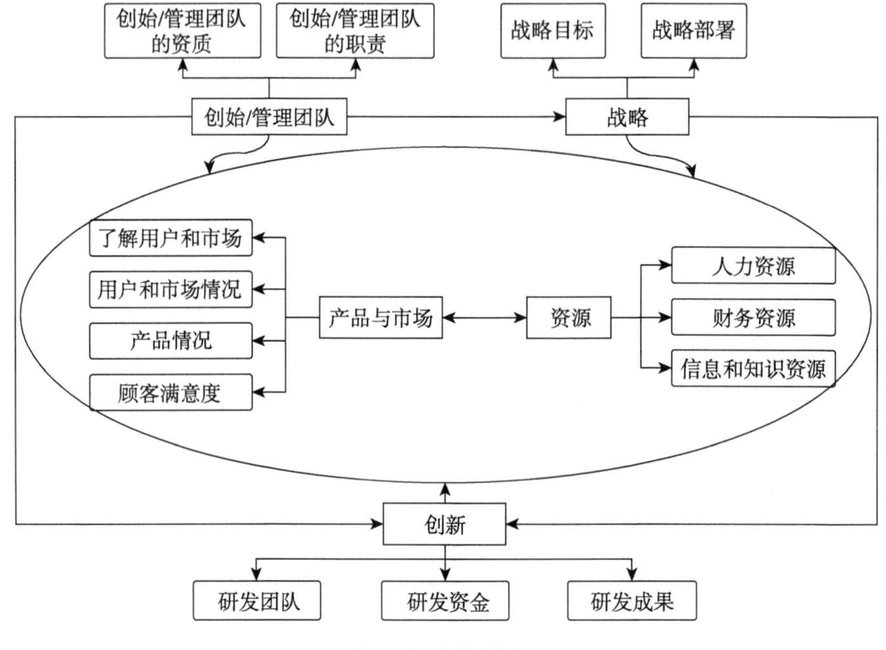

图1　核心编码图示

与此同时，统计问卷指标重要性的平均分，结合问卷和访谈的结果对评价体系中的指标进行修订，初步构建了初创型和成长型互联网教育企业质量评价指标体系。

（二）评价指标的筛选与修订

本研究采用专家德尔菲法筛选和修订评价指标体系。专家团队由互联网教育领域的学术专家、互联网教育企业的负责人或创始人、以及中关村互联网教育创新中心管理人员组成，人数分布见表 2。

表 2　德尔菲专家团队构成

单位：人

学术专家	互联网教育创新中心管理人员	互联网教育企业实践者		总计
		孵化器	加速器	
6	5	2	5	18

专家德尔菲调查共进行了两轮。首先依据初步构建的评价指标体系设计第一轮德尔菲调查表，请专家从指标表述是否清晰及可操作性等方面提出意见。然后依据第一轮问卷的反馈意见，对指标进行调整，形成第二轮调查表，并在其中加入第一轮的调查结果和反馈信息，作为专家进行重要性再判断的参考。此外，为了更好地获取专家意见，在第二轮德尔菲调查表中添加了三个开放性的问题，促进专家对指标的思考。

对第二轮德尔菲中获得的专家调查结果进行汇总，分别计算各指标专家评分的平均值、标准差、≥ 4 分的人数与百分比，综合考虑统计结果，并参考专家的反馈意见，对指标进行修订。以初创型企业“创始团队”维度为例进行修订说明，表 3 呈现了初创型企业“创始团队”维度的重要性分数统计结果，大多数指标平均分都在 4 分以上，且评分≥ 4 分的人数较多，但其中“创始团队具有良好的学历背景”仅有 4 人为其打分≥ 4 分，平均分较低，且标准差大，说明参与德尔菲调查的专家普遍认为该指标不够重要，不能作为判断企业质量好坏的有效依据，故予以删除；而“明确公司的使命、愿景和方向”的平均分较高且有 76% 以上的专家为其打出 4 分以上的高分，但是标准差却高达 0.71，说明专家对该指标的看法差异较大，在之后对这类存在较大差异的指标进行了有针对性的访谈，了解评分的理由并转达其他专家的看法，最终大家得到了较为一致的想法——该指标有必要保留，因此不予以修改。此外指标“战略”维度的下属指标也存在一定的争议，依据统计数据和针对性访谈的结果，认为“战略”对于初创型企业来说非常重要，但仅能达到战略目标规划的阶段，缺乏部署战略的精力和能力，而且战略目标规划主要依赖于创始团队，因此将“战略目标”及其下属指标列入维度“创始团队”。

表 3　初创型企业指标体系中“创始团队”统计结果

二级指标	三级指标	≥ 4 分的人数（人）	≥ 4 分的人数占比（%）	平均分（分）	标准差
创始团队的素质	创业团队具有丰富的行业经验	17	100.00	4.71	0.47
	创始团队具有良好的学历背景	4	23.53	2.88	0.78
	创始团队具有良好的社会关系	14	82.35	4.12	0.70
	创始团队成员结构合理	17	100.00	4.65	0.49
创始团队的职责	明确公司的使命、愿景和方向	13	47.00	4.00	0.71
	重视人才的引进	16	94.12	4.24	0.56
	持续获取优质资本	16	94.12	4.59	0.62

（三）指标权重的确定

在评价指标体系中，不同指标在评估互联网教育企业的质量上所起的作用各有不同，为了对互联网教育企业进行更科学有效的评估，也引导互联网教育企业重视发展中的薄弱环节，抓关键，因此需要赋予各评价指标不同的权重，本研究采用专家排序法来确定指标权重。

专家组共有 14 人，由中关村创新教育中心成员、领域内学术专家、互联网教育企业实践专家组成。通过专家德尔菲调查修订后的评价指标体系制成指标排序秩次表，请专家对这些指标的重要性进行排序，其中最为重要的记为 1，其下依次记为 2、3……，如果有若干项指标的重要性一致，则取其排序的平均值，例如 a、b、c 三项指标的重要性都排在第一位，则可以都填写 2（1、2、3 的平均值）。计算权重的公式[1]为：

---

[1] 崔峻山．“专家排序法”的简化及应用［J］．教育科学研究，1993（5）．

$aj=2[m(1+n)-Rj]/[mn(1+n)]$

其中 a_j 表示第 j 项指标的权重，j 表示指标的序号，m 为专家人数，n 为指标个数，表示第 j 个指标的秩和。

（四）评价规则的制定

评价规则，即对互联网教育企业进行评估时的打分依据。评价规则的制定是根据现有的质量奖以及已有的企业质量评价标准初步制定，通过组织专家会议的方式对评价规则进行修订，最终达到一致的意见。评价规则尽可能量化、易于操作。例如成长型企业中有一条指标为“员工了解并认同企业文化”，对应的评价规则是百分之多少员工了解并认同企业文化则获得多少分，随机抽查员工，假设抽查 5 个员工，有 4 个员工了解并认同，即 80% 的员工，该条指标的得分为 80 分。

四、研究成果与讨论

（一）研究成果

本研究的研究成果为针对初创型和成长型互联网教育企业的两套质量评价指标体系。初创型互联网教育企业质量评价指标体系包含四个维度，分别为创始团队、产品与市场、资源和创新，权重为 0.35、0.27、0.19 和 0.19，共计 21 条指标；成长型互联网教育企业质量评价指标体系包括五个维度，分别为创始团队、战略、产品与市场、资源和创新，权重为 0.16、0.17、0.29、0.17 和 0.21，共计 31 条指标（如图 2 所示）。

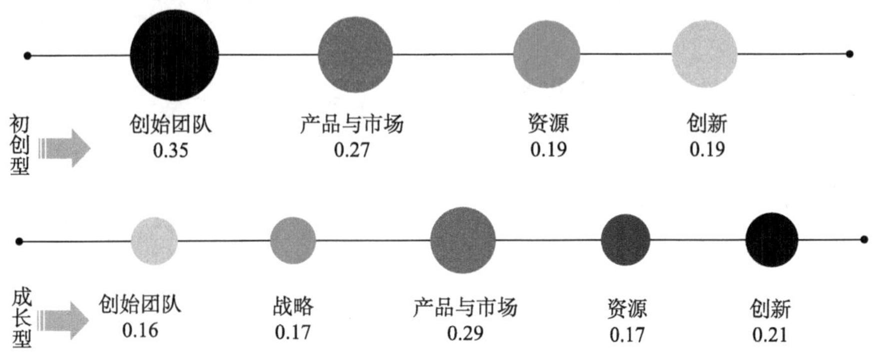

图 2　初创型和成长型企业质量评价指标体系维度

以初创型互联网教育企业质量评价指标体系的“创始团队”维度为例（如表4所示），展示本研究的指标体系。

表4　初创型指标体系“创始团队”指标

一级指标	权重	二级指标	权重	三级指标		权重	评分规则
创始团队	0.35	创始团队的素质	0.16	成员资质	具备良好的个人资质	0.046	创业经验：创业年限、创业次数、创业质量、创业动机；行业经验：相关任职公司、任职时间；学历背景：毕业院校、学历、留学与否；个人素养：个人品格、气质、脾气。根据创始团队成员四方面的情况酌情打分
				社会关系	具有丰富的社会关系资源	0.049	非常丰富81~100分，比较丰富61~80分，一般41~60分，比较少40~21分，几乎没有0~20分
				成员结构	具有合理高效的团队结构	0.065	团队结构分工能覆盖主要业务范围61~100分；不能覆盖主要业务范围0~60分
		创始团队的职责	0.096	确定方向	明确公司的使命、愿景和方向	0.037	明确且非常合适81~100分，明确且较合适61~80分，明确但一般41~60分，明确但较不合适21~40分，明确但非常不合适1~20分，不明确0分
				资本获取	持续获取知名公司的优质资本	0.059	最近一期融资5000万元以上或领头企业投资81~100分；1000万~5000万元或是知名非领头企业投资41~80分；1000万元以下或是不知名企业投资0~40分。（备注：融资额或投资企业中只要有一项满足，则给予对应分数）

续表

一级指标	权重	二级指标	权重	三级指标		权重	评分规则
创始团队	0.35	战略的制定	0.093	战略目标	明确公司的远中近期战略目标	0.045	具有且非常合适 81~100 分，具有且较合适 61~80 分，具有但一般 41~60 分，具有但较不合适 21~40 分，具有但非常不合适 1~20 分，不具有 0 分
				战略规划	制定战略目标的规划和关键量化指标	0.048	既有战略目标实施步骤又有可量化的阶段性评价指标 81~100 分；有战略目标实施步骤但没有可量化的阶段性评价指标 41~80 分；具有设置战略目标实施步骤及可量化指标的计划和意愿 0~40 分（备注：根据计划完善程度、意愿强烈程度酌情打分）

（二）讨论与分析

初创型和成长型互联网教育企业质量评价指标体系有相同或相似的指标，但由于初创型和成长型企业处于不同的发展阶段，其发展状态、关注重点、发展目标等有所区别，其评价指标体系呈现出不同的侧重点。

1. 互联网教育企业质量评价指标重在“教育”

互联网教育企业与其他互联网企业的关键区别在于“教育”，互联网教育企业质量评价指标的“教育性”体现于两个方面，一个是对创始团队的“教育”质量评价，另一个是对产品的“教育”质量评价。通过前期调研发现，教育互联网企业的创始团队跟其他创始团队相比有一些独有的特征，比如很多创始团队具有教育机构的从业履历、大部分有比较高的教育背景、对教育有着浓浓的情怀等，评价指标要侧重于评价创始团队有关教育的背景和对教育的理解。对于产品来说，鉴于互联网教育企业的产品往往直接针对的是学生，指标要在内容的科学性、准确性和严谨性上进行把控，另外指标要注重产品对学生个性化学习的支持。

2. “战略”在初创型企业中被弱化

“战略”作为一级指标出现在成长型指标体系中，是一个独立的评价维度，而在初创型指标体系中，“战略”只是“创始团队”的下属指标，并且所占比重较小。愿景和方向是企业战略制定的基础，基于愿景和方向企业会选择不同的战略。通过访谈了解到，很多初创型企业还在摸索前进中，能隐约看到愿景和方向，但是仍相对模糊。在这样的情况下，初创型企业战略的制定也较难实现，所以在初创型企业中弱化了有关“战略”指标的重要性。

3.“产品的满意度测量和改进”在成长型企业中被强化

对于初创型企业来说，不断地进行满意度测试和产品的改进是他们在发展过程中的必经阶段，只有通过不断的改进，形成满足市场需求的产品，才能使初创型企业得以发展。而企业发展到了一定阶段，度过了生存期到了发展期，往往容易忽视“产品的改进”。比较典型的例子就是诺基亚，诺基亚在2007年的时候，曾经是手机市场的统治者，市场份额高达40%，导致其丧失了对市场的嗅觉，面临颠覆性的改变毫无准备。对于成长型企业来说，不断地改进产品甚至颠覆产品做出破坏性的创新是非常有必要的。

4.“员工职业发展”是成长型企业所要着重考虑的

处于初创期的企业，考虑的最多的是生存问题，这个阶段，没有多余的精力花费在其他方面，“无论黑猫白猫，能抓到老鼠的就是好猫”，“先做野孩子再做好孩子”。而对于成长型企业，需要为了自身的发展而考虑更多的内容，员工的发展是促进公司发展的一项非常重要的抓手。[1]随着全球经济一体化进程的加快以及知识经济时代与信息技术时代的到来，企业竞争日趋激烈，能够在竞争中立于不败之地的最大资本就是员工的能力素质，员工的发展在一定程度上决定企业的发展质量。[2]

五、总结

构建互联网教育企业质量评价指标体系的根本目的在于通过标准化、科学化的工具和手段对互联网教育企业进行全面考察，了解不同阶段互联网教育企业的质量状况。质量评价指标体系将引导互联网教育企业把提高企业质

---

[1] E Locke，D Henne. Work Motivation Theories in Cooper and Robert［J］. International Reviews of Industrial and Organizational Psychology，1986（1）.

[2] R Hoppock. Jobsatisfaction［M］. NewYork：Harper & Row，1935：16.

量作为发展的核心，并且帮助其明确提高自身质量的重点工作，为企业质量提升提供系统工程管理的思路。

但是，归根到底互联网教育企业的核心是“教育”，教育要回归其本质，就是培养“人”。很多企业善于利用技术突破和颠覆性创新，用互联网思维经营教育或许会有别样天地，但是要清楚一点，教育需要“慢工出细活”，互联网具备的优势是速度，而教育需要的是温度。我们在用人工智能、云计算等新技术开展教育时，需要思考这些技术除了能带来知识之外，能完成人的全面的成长培养吗？能完成情感培养、心智培养、审美培养吗？对于互联网教育企业的评价，回归“教育”本质或许才是最重要的评价标准。

从强化完善既有教育到重构新型教育体系
——“互联网 +”时代教育信息化的战略转型 *

林世员

摘　要　从20世纪80年代我国教育信息化萌芽开始，以教育信息化带动教育现代化成为我国教育信息化的战略目标。但“乔布斯之问”同样困扰着我国教育信息化的实践，究其原因或在于我国教育信息化的战略方向出现了偏差，其价值取向和路径选择受传统教育框架的影响较深。教育信息化所坚持的价值取向和变革逻辑，很大程度上决定着教育信息化的效果。在“互联网 +”时代，教育信息化推动教育变革应坚持重构新型教育体系的价值取向，实现教育信息化的战略转型。

关键词　“互联网 +”　教育信息化　教育变革　战略转型

以教育信息化推动教育改革与发展已经成为国际教育领域的共识，虽然不同的国情与文化背景决定了不同国家的教育信息化发展模式各有特色，但世界各国都把教育信息化作为促进教育变革发展、提升国家综合竞争力的前瞻性选择。以教育信息化带动教育现代化是我国教育信息化的目标，更是我国教育现代化的重要战略举措。在数字化时代和信息社会，教育现代化的实现更离不开现代信息技术的支撑与推动。“互联网 +”战略的提出，明确了以互联网为代表的现代信息技术在推动形成各行各业发展新生态中的重要作用，也对教育领域的信息化及其推动的教育变革提出了新的要求。在“互联网 +”时代，以教育信息化推动的教育变革应指向怎样的蓝图，选择何种战略路径和措施，对这些问题的研究与探索不仅具有一定的理论价值，更具有重大的

---

* 该文曾发表于《开放学习研究》2017年第3期，收入本书时有修改。

实践意义。

一、我国教育信息化发展现阶段特征

从20世纪80年代我国教育信息化萌芽开始，到1999年“教育信息化”首次在官方文件中被提出，再到2012年首个教育信息化国家规划出台，我国教育信息化伴随着国家信息化战略的推进不断前行。从20世纪90年代末到2004年，我国教育信息化的主要任务是基础设施建设，教育信息化整体处于起步阶段；自2004年开始，我国教育信息化开始注重信息技术在教育教学中的应用，并从更为宏观的教育层面来认识教育信息化推动的教育变革；自2010年开始，信息技术与教育的融合开始成为我国教育信息化的战略方向，我国教育信息化在注重应用的基础上，开始向融合阶段过渡；2015年，以“互联网+”探索新型教育服务供给方式的提出为标志，我国教育信息化开始以推动教育组织模式和服务模式变革的视角来重新认识现代信息技术对教育的影响。应该说，我国教育信息化已经整体度过起步阶段，处于应用阶段，并正在向融合、创新阶段发展，呈现出起步、应用、融合三期叠加的特点，部分地区和领域还处在加强基础设施建设的起步阶段，而在个别领域出现了融合乃至创新的趋势和现象。

教育信息化的不同阶段有着不同的目标、不同的重点工作，信息技术对教育变革的影响也在不同层面展开。在教育信息化的起步阶段，信息技术对于教育的推动更多侧重于教学手段的变化，对于教学方法的影响微乎其微，其整体教学实施依然基于传统的理念与方法；在教育信息化的应用阶段，信息技术对教育教学的推动触及到了原则和方法的层面，开始运用技术更好地组织、呈现内容与丰富各类资源，基于现代信息技术支撑的数字化资源建设与共享成为潮流，技术支持的教学设计与实施成为重点，但此阶段技术对于教育的影响依然处于传统教育的框架内，其逻辑是如何利用信息技术解决教育存在的问题，技术被寄予强化完善传统教育的希望，是典型的“教育+信息技术（互联网）”阶段；在教育信息化的融合、创新阶段，信息技术对于教育的推动开始从整体的系统性变革被关注，其逻辑是信息时代的教育体系如何设计，教育教学如何组织与实施，处于“信息技术（互联网）+教育”

阶段。

我国教育信息化现阶段的特征，以及其未来发展趋势，决定了我国教育信息化要由“教育+信息技术（互联网）”的逻辑转向“信息技术（互联网）+教育”的逻辑。逻辑的转变基于教育信息化发展阶段的变化，信息技术对教育变革支撑能力的提升，以及我国教育综合改革的客观需求。

二、“互联网+”时代教育信息化的战略目标

在向融合、创新过渡的“互联网+”时代，教育信息化该选择何种战略目标与方向，是我国教育信息化乃至教育改革发展需要重点关注和亟须明确的问题。

《国务院关于积极推进“互联网+”行动的指导意见》所提出的“互联网+”战略，是在互联网广泛且深度浸入社会各领域并已引发许多颠覆性创新和产生了许多新业态的前提下，我国政府提出的新战略。“互联网+”时代，教育领域技术的变化体现在以下两个方面：一是云计算、大数据、VR、AR等大量颠覆性技术进入教育领域，很大程度上颠覆了技术影响教育的范式，为教育教学带来完全不同的实现方式，甚至在一定程度上触及了对既有教育规律的认识，如联通主义所提出新的知识观与学习观；二是现代信息技术成为教育的创新要素，对教育的影响深入涉及教育要素及其关系的变化，要素及其关系的变革导致教育教学结构的变化，进而会产生新的教育模式和新的教育形态。

“互联网+教育”战略的提出，赋予我国教育信息化一种全新的价值取向。对于“互联网+教育”,《国务院关于积极推进“互联网+”行动的指导意见》提出推进“探索新型教育服务供给方式”的重点行动，并从数字资源建设与开放、学习模式、教育模式、服务模式、学分认定与转换等角度论述了新型教育服务供给方式。尤其是教育模式、服务模式以及以学分认定与转换为核心的教育制度改革创新，已经脱离了教与学的微观层面，打破了“工具的技术”推动教育变革的思维，开始以“生态的技术”从整体角度考虑信息技术支撑的新型教育体系。《国家中长期教育改革和发展规划纲要（2010—2020年）》提出了“构建体系完备的终身教育”战略目标，同时也作出了

"信息技术对教育发展具有革命性影响，必须予以高度重视"的战略判断。可以说，我国终身教育体系的构建需依托现代信息技术的支撑，推动教育的整体变革是我国教育信息化的价值取向，而通过教育整体变革以构建新型开放教育体系则是"互联网+"时代我国教育信息化的战略目标。

人类社会进入知识社会，终身教育变得越来越重要。❶终身教育已经成为教育改革的指导原则和组织原则，它被认为是教育应对当前和未来复杂挑战的不可或缺的工具。❷终身教育体系要求打破各级各类教育相互隔离的状况，强调教育的整合、统一与沟通，把各个教育阶段、层次和类型看作整体的有机组成部分，形成各种教育纵向衔接、横向沟通、纵横交叉的新格局。❸终身教育体系的核心价值在于破除教育的时空限制、机构壁垒与制度藩篱，构建服务国民终身学习的新型开放教育体系。新型开放教育体系的本质是大规模、个性化的开放终身教育体系，它具有面向所有学习者提供教育服务的教育承载能力，又应具备为每一个学习者提供个性化教育服务的能力，做到规模化与个性化的有效统一，它迥然不同于基于工业化大生产逻辑构建的统一化、标准化教育模式。古老的教育模式不是为当今技术丰富的时代寻求更高层次学习的多样化的学生群体而设计的。❹为实现规模化与个性化的统一，这一教育体系要实现教育的双向开放：一方面面向所有学习者开放，为每一位学习者提供个性化的学习服务；另一方面又向所有有意愿和有能力提供教育服务的机构和个人开放，以提升开放教育体系的承载能力和服务水平，支持开放教育体系面向学习者的开放与个性化服务。

三、重构新型开放教育体系的路径选择

新型开放教育体系需借助于以互联网为代表的现代信息技术进行构建，

---

❶ Steffens，Karl. Competences，Learning Theories and MOOCs：Recent Developments in Lifelong Learning［J］.European Journal of Education，2015，50：（1）.

❷ Carolyn Medel-Añonuevo，Toshio Ohsako，Werner Mauch. Revisiting Lifelong Learning for the 21st Century［EB/OL］. http：//www.unesco.org/education/uie/pdf/revisitingLLL.pdf.

❸ 欧阳忠明，肖玉梅，肖菲. 终身教育——探寻学习的财富［M］. 重庆：西南师范大学出版社，2014：44.

❹［英］约翰·丹尼尔. 巨型大学与知识媒体：高等教育的技术策略［M］. 丁兴富，译. 上海：上海高教电子音像出版社，2008：8.

然而工具层面的技术已无法提供完全的支撑，需把技术作为创新要素以重构教育生态，重新设计信息时代的教育体系。为了构建大规模个性化的开放教育体系，需借助现代信息技术重点推动教育组织模式、教育服务模式的变革，并以开放学习制度的完善提供保障。

（一）打破以“单纯工具的技术”推动教育变革的思维

以互联网为代表的现代信息技术能打破信息传递和交互的时空限制，使教与学可以在不同的时间与空间里发生，这是作为手段和工具的技术对教育最直接和显性的影响。而如何破除机构壁垒，推动终身教育体系所期望建立的双向开放教育体系，显然是工具层面的现代信息技术无法实现的。

从哲学的角度来看技术的本质，技术不仅展示了人对自然的能动关系，也是人类社会生活关系的形成、存在、发展的根本力量和度量尺度。[1]从这个意义上来说，技术不再单纯是工具技术，它因改变了人与人以及人与物之间的关系，引发了不同的组织方式，因而技术也是各种社会关系的体现。教育技术是人类在教育教学活动中所应用的一切物质工具、方法技能和知识经验的综合体，它分为有形的（物化形态）和无形的（观念形态）技术两大类。有形技术是教育技术的依托，无形技术是教育技术的灵魂。[2]

在教育信息化的早期阶段，人们关注的焦点更倾向于有形技术的建设，以及重视技术产品本身对教育教学的影响，对于教育信息化对教育的变革更多从工具技术的角度来理解和推进。一定程度上忽略了技术作为一种文化及技术背后的力量对教育的深层次影响，没有从宏观视角来研究探索信息时代教育的整体变革。这也导致我国教育信息化实践工作过程中，现代信息技术对于教育的影响还处在较为浅显的层次，突出表现在倚重技术本身对教育微观、中观层面的影响上，更多依靠信息技术来强化完善既有教育框架和教育模式，而忽视了技术背后的力量对教育宏观、整体的变革，离融合和创新还较远。

“互联网 +”突破了互联网单纯是一种技术工具的认识局限，把互联网当

---

❶ 杨瑛霞，田爱奎，夏天，等．从技术哲学看教育技术的内涵与本质［J］．电化教育研究，2007（3）．

❷ 李世改，李红梅．技术哲学视野下的教育技术哲学［J］．电化教育研究，2007（3）．

作更具生态性的要素来看待。[1]在“互联网+”时代，信息技术推动的教育整体变革不应仅依赖于工具的技术在教育中的应用。互联网是技术但绝不仅仅是工具的技术，技术的背后还有更为宝贵的互联网基因、互联网思维。互联网的实质是一种关系，而且它也在改变生产关系，这才是互联网变革教育的根本力量所在。互联网对于社会变革更大的影响来自于对传统行业的组织流程再造[2]，正是作为教育“基因”的要素及其关系在互联网影响下产生了变化才使得教育组织方式和流程能够进行整体性变革，这是技术推动教育根本性变革的要义所在。因此，应该发挥互联网在教育各要素配置、流转中的优化和集成作用，实现教育资源开放与共享，资源配置的多样性与灵活性，推动教育的整体变革。

（二）以重构教育生态的角度认识信息技术与教育深度融合的内涵

只有当教育技术真正被统一到整个教育体系中去和促使我们重新思考和革新这个教育体系的时候，教育技术才具有价值。[3]美国教育部发布的第四期国家教育技术计划《改革美国教育：技术推动的学习》中，鲜明地提出要对教育系统进行“革命性变革而不是渐进式改良”。[4]信息技术与教育的深度融合是运用信息技术重新组织教育，形成新的教育教学模式、教育服务模式以及教育组织模式。教育信息化不仅仅是现代教育技术的应用问题，更重要的是教育思想、教育观念、教育模式和教学方式的转变问题。[5]在教育信息化的融合、创新阶段，现代信息技术的主要任务不再是在传统教育框架内强化和完善既有的教育，而是通过推动教育的系统性、整体性变革以构建新的教育体系。

伯特伦·C. 布鲁斯（Bertram C. Bruce）在《创新和社会变革》一文中，引用科恩（Cohen）1988 年依据对大量新课程的历史分析得出的观点来证明新

---

[1] 马化腾，等 . 互联网 +：国家战略行动路线图［M］. 北京：中信出版集团，2015：21.

[2] 郭文革，陈丽，陈庚 . 互联网基因与新、旧网络教育——从 MOOC 谈起［J］. 北京大学教育评论，2013（4）.

[3] UNESCO .Learn to Be：The World of Education Today and Tomorrow［M］. Paris：The United Nations Educational，Scientific and Cultural Organization，1972：131.

[4] U.S. Department of Education，Office of Educational Technology .Transforming American Education：Learning Powered by Technology［EB/OL］. http：//tech.ed.gov/wp-content/uploads/2013/10/netp2010.pdf.

[5] 蒋笃运，张豪锋，王萍，蒋晓龙 . 教育信息化若干重大问题研究［M］. 北京：科学出版社，2008：4.

技术被应用于教育微观、单一层面或领域时所产生的创新无力问题：当我们使用新课程时，它们在现存的教学组织形式中使用。在少数情况下，这意味着它们被有效地使用了，但是甚至在这些情况下新内容并没有带来本质的变化，也就是在班级组织方式、教学方式、学习方式上没带来变化……而有时候，现有的组织改变了材料。[1]这证明，如果忽视技术推动教育系统变革的宏观整体设计，而寄希望于技术在教育某一领域或某一层面引发变革实现的机会十分渺茫，效果也将大打折扣。

技术之所以能够推动教育的整体变革，在于教育体系的要素在技术的影响下发生了深刻变化，这是教育整体性变革的内在原因。这些要素的变化体现在办学与服务主体、学术主体、教育内容、课程资源、教育媒体、教育方法、教育途径等多个方面。办学与服务主体的变化主要体现在越来越多的非传统意义上的教育机构参与到教育服务中来，各种非制度化教育机构的地位正在不断上升。[2]学术主体的变化体现在教师要素的变化，以及教师与学生关系的变化上，教师的来源更为广泛和多元，大量没有经过正式认证的"教师"进入教育服务领域；教师在教育教学中的权威进一步被解构，甚至远程学习可以不需依赖教师的参与[3]，新型的师生关系正在形成。技术工具的进步，一直在影响着教育内容的表达方式、教育内容的传播结构。[4]过去互联网是内容的传递者而不是生产者；现在则不同，每个人都可以成为内容的生产者，互联网作为一个社会形态的元素，正在为社会源源不断地输出新的内容、制造新的话题。[5]学习的内容可能不再预先设计，而是在学习过程中交互生成。课程资源的载体和呈现形式更为立体、丰富和多元，尤其是生成性资源越来越成为数字学习时代的重要课程资源。教育媒体的变化是互联网技术影响教育变革的第一层次。技术对教育媒体的影响，不仅在于教育媒体形态的演变，单纯由印刷媒体转为视听媒体，或由视听媒体演变为数字媒体，更在于多种

---

❶ 陈丽，等．技术进化与社会发展［M］．北京：北京师范大学出版社，2004：43.

❷ 吴林富．教育生态管理［M］．天津：天津教育出版社，2006：32.

❸ Betty Collis. Tele-Learning in a Digital World: The Future of Distance Learning［M］. Boston: International Thomson Computer Press, 1996: 11.

❹ 汪琼，尚俊杰，吴峰．迈向知识社会——学习技术与教育变革［M］．北京：北京大学出版社，2013：2.

❺ ［美］克莱·舍基．认知盈余：自由时间的力量［M］．胡泳，哈丽丝，译．北京：中国人民大学出版社，2012：2-3.

教育媒体形态的融合与创新，这是数字时代教育媒体形态的典型特征。工具的改变，必然会对原有学习模式有所影响。[1]随着互联网连接一切与跨界融合在教育领域的进一步渗透，教育的边界在淡化，课堂无边界与校园无边界的趋势会越来越明显。技术逐渐模糊了学校教育、社会教育和家庭教育的边界，学校教育原有的核心地位正在发生变化，社会教育在整个教育体系中发挥的作用越来越重要。

教育要素及其关系发生的形式多样和程度不一的变化，成为“互联网 +”时代新型开放教育体系构建的“基因”，使得教育内部结构发生了变化，为教育系统性、整体性变化做好了准备。而信息技术与教育深度融合正是要在推动教育要素及其关系变化的基础上，构建新的教育生态。

（三）推动以组织模式、服务模式为核心的整体变革

教育的组织模式是教育资源的整合与配给方式，相对于教与学，教育组织模式的变化更为缓慢或隐蔽。教育服务模式是指教育服务产品的提供者与生产者为教育消费者提供教育服务的解决方案。组织模式与服务模式密切联系，没有组织模式变化引起的教育资源整合、配给方式的优化，服务模式的变革尤其是以个体学习者为中心的教育服务模式则难以实现。信息技术在教育领域的应用在教育信息化初级阶段更多体现在教与学等层面，我国教育信息化已有的战略规划没有深入触及教育组织体系和教育服务模式的变革。在“互联网 +”时代，教育信息化在教育领域中的应用与变革，应在解构传统的教育组织结构、关系结构的基础上，通过跨界融合、连接一切和协同创新，重新构建连接与关系，推动教育组织模式和服务模式变革。

教育的开放不仅体现在对所有学习者的开放，也体现在对所有教育服务提供者的开放。终身教育希望把原来相互割裂的各种教育以及各种教育因素、教育资源加以统合化、一体化，实现社会整个教育训练机构和渠道能够使人们在其生活的所有部门都可根据需要方便地获得学习和教育的机会。[2]而在互联网的连接一切、跨界融合的推动下，教育边界与学校边界正逐渐淡化，

[1] 翟本瑞．教育与社会：迎接资讯时代的教育社会学反省［M］．台北：扬智文化事业股份有限公司，2000：245.

[2] 高志敏，等．终身教育、终身学习与学习化社会［M］．上海：华东师范大学出版社，2005：15.

一切具有教育功能的机构都正在或即将被整合到终身教育体系中，教育与学习突破了学校、国家的限制，在更加宽泛的社会空间与更加广阔的地域空间中发生。教育组织模式的变革有三个层次：一是由每个教育机构单独提供教育的模式转向所有教育机构共同实施教育的模式，把教师和学生分别固定在不同教育机构的教育组织模式需要进行调整；二是由主要依靠正规教育机构（学校）组织教育的模式转向所有具有教育功能的正规教育机构和非正规教育机构共同组织教育的模式，以学校教育为核心的教育组织模式必然要被重新界定；三是由某个地区或国家独立组织教育的模式转向在世界范围内组织教育的模式。

从技术推动教育变革的角度来看，教育服务模式的变革体现在两个方面：一是随着教育组织社会空间与地域空间的扩大，由专业教育机构提供教育教学过程中某一环节的专业化教育服务势在必行。如在 MOOCs 发展中，出现的专业服务机构，阿里巴巴集团与北京大学合作成立华文慕课，并且与 Coursera 合作提供相关服务；英国的 FutureLearn 与 Pearson 合作，由后者的全球考试中心提供 MOOC 课程线下考试服务。二是以大工业生产规模化、标准化为特征的教育服务提供方式越来越不能满足教育和学习发展的个性化需求，个性化教育的提出正是从推进个体发展和实现个人价值的角度，将教育的价值取向关注重心转向了个人。个性化教育要求一种新的教育服务模式与之相适应，构建围绕学习者个性化学习需求提供定制服务的服务模式显得尤为重要。这种定制化的教育服务模式，围绕学习者个体提供针对性的服务，根据学习者的学习需求提供不同的教育内容与资源，根据不同学习者的学习动机选择不同的评价方式，根据不同的学习能力和风格安排不同的学习进程与教学方式。

（四）完善教育制度以保障教育整体变革

以生产力面貌呈现的现代信息技术，其所推动的教育变革，必然要在教育生产关系的框架内发挥作用，其同样遵循推动生产关系变革和受生产关系制约的规律。这能从一个侧面解释“乔布斯之问”，教育系统的封闭性在广泛引进现代信息技术的同时，又极力排斥现代信息技术对传统教育框架的影响。传统教育框架不排斥现代信息技术的巨大潜力促使既有教育结构发生适当的变化，但它排斥这种潜力使既有教育结构和传统教育框架发生瓦解。接受一定程度的改良，但拒绝根本性变革，是传统教育框架对现代信息技术变革教育的制约。推动教育的整体变革，要从生产关系层面打破传统教育框架的束缚，必然需要教育制度的改革以推动和支持。

大规模个性化开放教育体系这一创新的教育业态，必然要在某些环节或更大程度突破既有模式与路径，如新型教育组织模式和服务模式这些创新可能得不到既有政策支持，乃至会与既有制度、政策相冲突。这就要求教育行政部门及时调整与完善相关政策，为“互联网+”支持的大规模个性化开放教育体系的建立提供制度保障与政策支持。能否建立一种灵活、开放的终身教育制度，对于新型教育组织模式和服务模式的建立至关重要，进而影响大规模个性化开放教育体系的建立。

灵活、开放的终身教育制度的建立，需要两项基础制度的支撑：一是资历框架制度，二是质量保障制度。我国应借鉴世界发达国家和地区的先进经验，加快制定国家资历框架制度，将国民的正规教育、非正规教育统一纳入框架体系，从而建立各级各类学习成果的衔接和沟通机制，形成纵向衔接、横向沟通的终身学习立交桥。需尽快研究制订我国各级各类教育的质量保障国家标准，探索建立我国教育质量保障运行机制，尤其注重建立第三方服务机制。